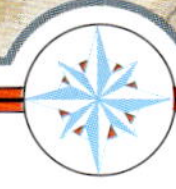

Vis-à-Vis

KROATIEN

Hauptautor: Leandro Zoppé

DORLING KINDERSLEY
LONDON • NEW YORK • MÜNCHEN
MELBOURNE • DELHI
www.dorlingkindersley.de

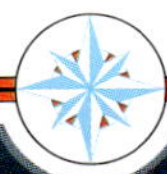

Ein Dorling Kindersley Buch

www.dorlingkindersley.de

Produktion
Fabio Ratti Editoria srl, Mailand, Italien

Texte
Leandro Zoppé, Gian Enrico Venturini,
Božidarka Boža Gligorijević, Iva Grgic, Sanja Rojić

Fotografien
Adriano Bacchella, Aldo Pavan, Lucio Rossi, Leandro Zoppé

Illustrationen Modi Artistici

Kartografie
Grafema Cartografia srl, Novara,
LS International Cartography snc, Mailand, David Pugh

Redaktion und Gestaltung
Fabio Ratti Editoria srl, Mailand: Donatella Ceriani, Oriana Bianchetti, Saras Cattel, Emanuela Damiani, Alessandra Lombardi, Giovanna Morselli, Federica Romagnoli.
Dorling Kindersley Ltd., London: Douglas Amrine, Fiona Wild, Jane Foster, Jason Little, Anna Streiffert, Maris Renzullo

•

Titel der englischen Originalausgabe
Eyewitness Travel Guide *Croatia*
Zuerst erschienen 2003 in Großbritannien
bei Dorling Kindersley Ltd., London
A Penguin Company

•

Für die deutsche Ausgabe:

Aktualisierte Neuauflage 2013/2014

•

Programmleitung Dr. Jörg Theilacker, Dorling Kindersley Verlag
Projektleitung Stefanie Franz, Dorling Kindersley Verlag
Übersetzung Barbara Rusch, München; Martina Bauer, Wien
Redaktion Gerhard Bruschke, München
Schlussredaktion Philip Anton, Köln
Satz und Produktion Dorling Kindersley Verlag, München
Druck Leo Paper Products Ltd., China

ISBN 978-3-8310-1925-0
7 8 9 10 11 16 15 14 13

Dieser Reiseführer wird regelmäßig aktualisiert. Angaben wie Telefonnummern, Öffnungszeiten, Adressen, Preise und Fahrpläne können sich jedoch ändern. Der Verlag kann für fehlerhafte oder veraltete Angaben nicht haftbar gemacht werden.
Für Hinweise, Verbesserungsvorschläge und Korrekturen ist der Verlag dankbar. Bitte richten Sie Ihr Schreiben an:

Dorling Kindersley Verlag GmbH
Redaktion Reiseführer
Arnulfstraße 124 • 80636 München
travel@dk-germany.de

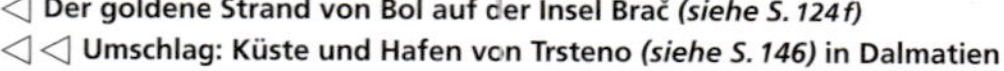
◁ **Der goldene Strand von Bol auf der Insel Brač *(siehe S. 124 f)***
◁◁ **Umschlag: Küste und Hafen von Trsteno *(siehe S. 146)* in Dalmatien**

Einsame Bucht auf der Insel Mljet im

Inhalt

***Holzfäller* von Mijo Kovačić, Museum für Naive Kunst, Zagreb**

Nationalpark Mljet *(siehe S. 136 f)*

Die Regionen Kroatiens

Römisches Amphitheater in Pula

Zu Gast in Kroatien

Dalmatinisches Gericht *Buzara*: Scampi in Tomatensauce

Grundinformationen

Hafen von Makarska *(siehe S. 128 f)*

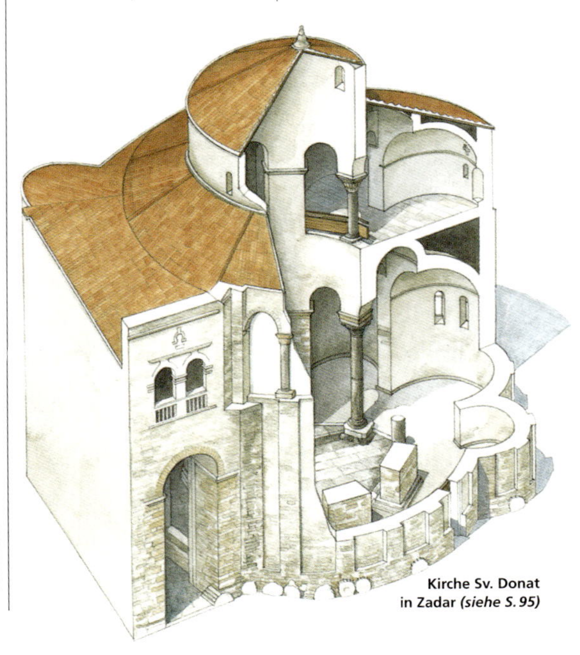

Kirche Sv. Donat in Zadar *(siehe S. 95)*

Benutzerhinweise

Dieser Reiseführer soll Ihren Besuch in Kroatien zu einem Erlebnis machen. Der Abschnitt *Kroatien stellt sich vor* widmet sich der Geografie, Geschichte und Kultur des Landes. Die sechs Regionalkapitel zeigen die wichtigsten Sehenswürdigkeiten in Text und Bild. Informationen über Restaurants, Hotels, Läden und Märkte sowie Unterhaltung finden Sie im Abschnitt *Zu Gast in Kroatien*, nützliche Tipps zum Reisen oder zu alltäglichen Notwendigkeiten liefern die *Grundinformationen*.

Hinweis: In Istrien, der Kvarner Bucht und in einigen Gegenden von Dalmatien spricht man Kroatisch und Italienisch, dort haben Städte und Orte meist zwei Namen. Sind beide offiziell anerkannt, wird hier zuerst der kroatische, dann der italienische Name in Klammern wiedergegeben.

Die Regionen Kroatiens

Kroatien ist in sechs Regionen unterteilt, denen jeweils eine eigene Farbe zugewiesen ist. Auf der vorderen Umschlaginnenseite sind die Regionen auf einer Übersichtskarte von Kroatien eingezeichnet. Alle Sehenswürdigkeiten sind in jedem Kapitel auf der jeweiligen *Regionalkarte* eingetragen.

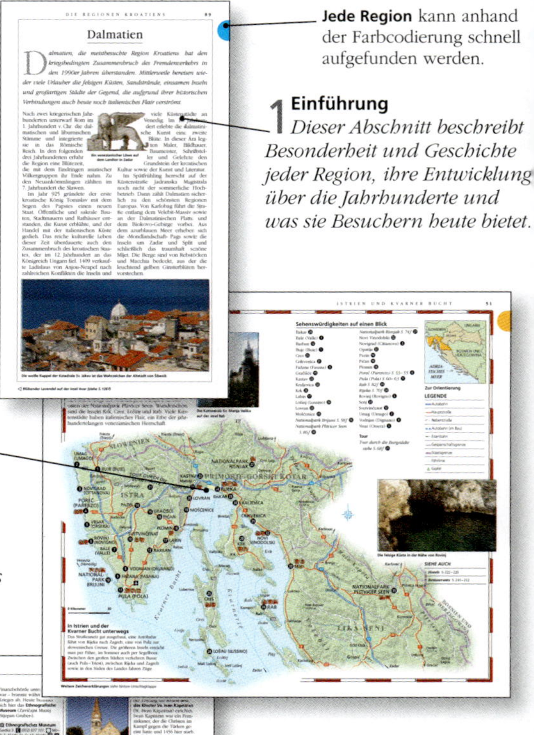

Dalmatien

Dalmatien, die meistbesuchte Region Kroatiens, hat den kriegsbedingten Zusammenbruch des Fremdenverkehrs in den 1990er Jahren überstanden. Mittlerweile bereisen wieder viele Urlauber die felsigen Küsten, Sandstrände, einsamen Inseln und großartigen Städte der Gegend, die aufgrund ihrer historischen Verbindungen auch heute noch italienisches Flair verströmt.

Jede Region kann anhand der Farbcodierung schnell aufgefunden werden.

1 Einführung
Dieser Abschnitt beschreibt Besonderheit und Geschichte jeder Region, ihre Entwicklung über die Jahrhunderte und was sie Besuchern heute bietet.

2 Regionalkarte
Diese Karte zeigt das Straßennetz und eine Übersicht der Region. Alle Sehenswürdigkeiten sind nummeriert. Die Seite gibt auch hilfreiche Tipps für das Erkunden des Gebiets mit dem Auto oder der Bahn.

3 Detaillierte Informationen
Alle wichtigen Städte und bedeutenden Sehenswürdigkeiten werden ausführlich beschrieben. Sie folgen der Nummerierung, die auf der Regionalkarte zu Beginn des Kapitels vorgegeben ist.

Die Infobox enthält Informationen über öffentliche Verkehrsmittel, Öffnungszeiten und besondere Veranstaltungen der einzelnen Sehenswürdigkeiten.

4 Beschreibung der Sehenswürdigkeiten

Für jeden Ort sind die Hauptsehenswürdigkeiten aufgelistet. Karten zeigen die Orte und Strände der größeren Inseln.

5 Wichtige Städte

Bei allen größeren Städten findet sich ein eigener Abschnitt über Museen, Denkmäler und andere Sehenswürdigkeiten. Die wichtigsten davon sind in der jeweiligen Zentrumskarte eingetragen.

Zentrumskarten zeigen Hauptstraßen, Haltestellen, Parkplätze und Fremdenverkehrsbüros.

6 Detailkarte

Aus der Vogelperspektive wird das Zentrum eines Stadtteils gezeigt. Fotos illustrieren interessante Sehenswürdigkeiten.

7 Hauptsehenswürdigkeiten

Den Highlights Kroatiens werden zwei oder mehr Seiten gewidmet. Historische Gebäude werden im Aufriss gezeigt, zu wichtigen Museen finden Sie farbige Grundrisse. Karten der Nationalparks verzeichnen Wege und Einrichtungen.

Sterne markieren herausragende Sehenswürdigkeiten.

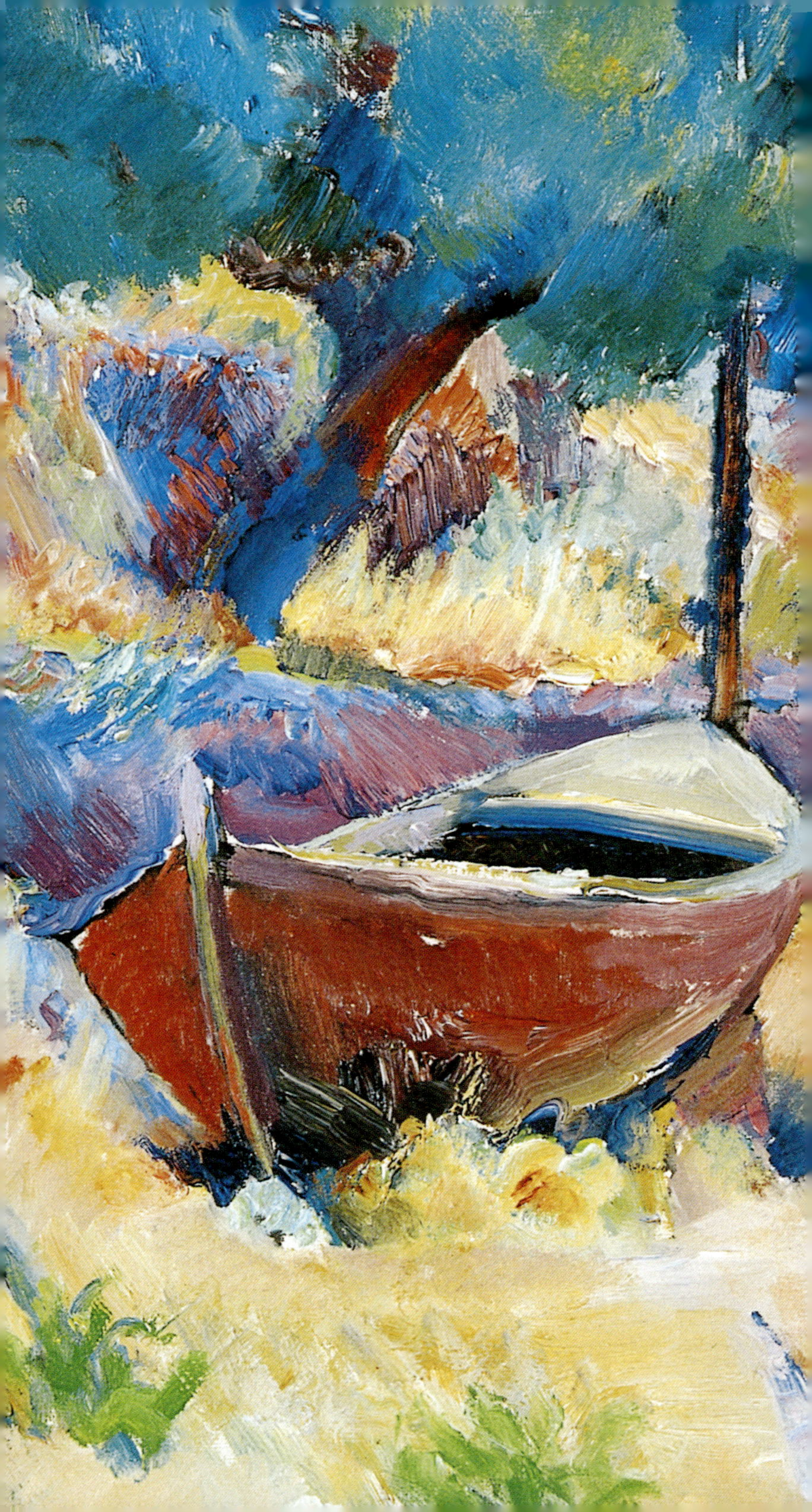

Kroatien stellt sich vor

Kroatien entdecken

Mit einer über 4800 Kilometer langen Küste und rund 1200 Inseln zählt Kroatien zu den beliebtesten Urlaubsparadiesen in Europa. Neben wunderschönen Stränden finden sich malerische alte Häfen und exzellente Restaurants mit Blick auf das Meer. Doch in Kroatien gibt es noch mehr zu entdecken als nur die Küste: Im Inneren des Landes locken die kulturellen Highlights Zagreb und Varaždin ebenso wie zahlreiche Burgen, Thermen und Naturparks. Im Folgenden finden Sie einen Überblick über die Hauptattraktionen.

Christusmosaik, Poreč

Urlauber am weißen Sandstrand von Makarska, Dalmatien *(siehe S. 128f)*

Istrien und Kvarner Bucht

- **Malerische alte Hafenstädte**
- **Kaiserliches Opatija**
- **Nationalpark Plitvicer Seen**
- **Insel Rab**

Die Hafenstädte von Istrien sind berühmt für ihre gedrungenen Mauern, Kirchtürme und mittelalterlichen Häuser in steilen, kopfsteingepflasterten Gassen, die zu malerischen Häfen führen. Vielleicht am hübschesten ist **Rovinj** *(siehe S. 56)*, aber auch **Poreč** *(siehe S. 53–55)* mit seiner **Euphrasius-Basilika** (6. Jh.) und **Pula** *(siehe S. 60–63)* mit seinem **Römischen Amphitheater** aus dem 1. Jahrhundert sind ausgesprochen sehenswert. **Opatija** *(siehe S. 67)* genießt man am besten in einem der eleganten Uferpromenadenhotels aus dem 19. Jahrhundert, die einst Österreichs kaiserlicher Elite als Ferienvillen dienten. Die Kristallüster, Stucksäulen, Parks und Gärten setzen sich deutlich vom übrigen, »italienischeren« Istrien ab. Nicht versäumen sollten Sie den **Nationalpark Plitvicer Seen** *(siehe S. 86f)* mit seinen Klippen, Wäldern und Wasserfällen. Sonnenanbeter kommen am Strand von Lopar auf der Insel **Rab** *(siehe S. 82f)* auf ihre Kosten, einem der schönsten in der Kvarner Bucht.

Der alte römische Hafen von Rovinj, Istrien *(siehe S. 56)*

Dalmatien

- **»Insel-Hopping«**
- **Seafood-Restaurants**
- **Traumstrände**
- **Küstenstädte der Antike**

Regelmäßiger Fährdienst verbindet die Inseln vor der dalmatinischen Küste bestens mit dem Festland. Auf **Hvar** *(siehe S. 126f)* duftet es nach Lavendel, die Insel **Korčula** *(siehe S. 132–134)* glänzt mit venezianischen Befestigungsanlagen, und auf **Mljet** *(siehe S. 136f)* locken Kiefernwälder, ruhige Buchten und ein Kloster an einem See. Dalmatien ist Kroatiens teuerste Region, hat aber auch viel zu bieten: spektakuläre Sonnenuntergänge, saubere Sandstrände und kühles Wasser. Atemberaubend ist auch ein Spaziergang an den alten Stadtmauern von **Dubrovnik** *(siehe S. 140–146)* entlang, wo man den Blick über die ockerfarbenen Dächer der Stadt genießen kann. Nicht weniger eindrucksvoll ist der **Diokletianpalast** in **Split** *(siehe S. 118–123)* mit seiner Renaissance- und Barockarchitektur. Auch **Trogir** *(siehe S. 112–115)* ist ein lebendiges Zeugnis der bewegten Geschichte.

Zagreb

- **Schickes Nachtleben**
- **Zauberhafte »Oberstadt«**
- **Kathedralen und Kirchen**
- **Galerien und Museen**

Zagreb ist mittlerweile aus dem historischen Schatten Belgrads herausgetreten und hat sich zu einer selbstbe-

◁ ***Mittag auf Koločep*** **(1931) von Jerolim Miše (1890–1970)**

wussten Stadt gemausert. Mit seinen Bars, Clubs, Casinos, Restaurants, Theatern und Konzertsälen ist Zagreb die Hauptstadt und Unterhaltungsmetropole Kroatiens. Die **»Oberstadt«** *(siehe S. 154–159)* bezaubert mit mittelalterlichen Gässchen, Kirchen und wunderschönen Ausblicken. Im Zentrum erheben sich die neugotischen Türme der **Kathedrale Maria Himmelfahrt** *(siehe S. 152)*. Sehenswert sind auch die Museen, so die **Galerie der Alten Meister** *(siehe S. 164f)* und das **Atelier Meštrović** *(siehe S. 156)*, das dem berühmtesten Künstler Kroatiens gewidmet ist.

Die imposante Burg in Veliki Tabor *(siehe S. 210)* in Nordkroatien

Zagreb bei Nacht, im Hintergrund die Kathedrale *(siehe S. 152)*

Zentralkroatien

- **Märchenhaftes Samobor**
- **Landhäuser und Burgen**
- **Naturpark Lonjsko Polje**

Auch der am wenigsten besuchte Teil des Landes hält einige Schätze bereit. Westlich von Zagreb liegt in den bewaldeten Hügeln, die so typisch für die Gegend sind, **Samobor** *(siehe S. 170)*, wo man pastellfarbene Häuser, Holzbrücken, Bäche voller Forellen, Ruinen aus dem 13. Jahrhundert und familiengeführte Restaurants mit Spezialitäten der Region entdecken kann (unbedingt probieren: Würste mit Räuchersenf und danach das Vanillegebäck *kremšnita*). Die auch bei Zagreb gelegenen **Landhäuser** *(siehe S. 172f)* der kroatischen Aristokratie sind ebenso einen Besuch wert wie die Burgen **Ogulin** und **Hrvatska Kostajnica** *(siehe S. 174f)* in **Sisak**. Naturfreunde können im **Naturpark Lonjsko Polje** *(siehe S. 176)* heimische Posavina-Pferde, Turopolje-Schweine und Schwarzstörche bewundern.

Schwarzstorch im Naturpark Lonjsko Polje

Slawonien und Baranja

- **Naturpark Kopački Rit**
- **Barockperle Osijek**
- **Topolje: Charme der Provinz**

In den flachen, fruchtbaren Ebenen Slawoniens findet sich der **Naturpark Kopački Rit** *(siehe S. 194f)*, ein Feuchtgebiet, dessen Flora und Fauna man am besten per Boot erkundet. Bei einem Spaziergang entlang der Drau in **Osijek** *(siehe S. 190–193)* kann man sich sehr gut von einer Besichtigung des barocken Stadtteils **Tvrđa** *(siehe S. 192f)* erholen. Die ungarisch beeinflussten Bauernhöfe um das zauberhafte **Topolje** *(siehe S. 189)* herum sind häufig mit trocknenden Chilischoten verziert. In Slawonien und der Baranja trifft man zwar oft noch auf schmerzvolle Spuren des Krieges, doch ist man überall auch mit dem Wiederaufbau beschäftigt.

Nordkroatien

- **Barockstadt Varaždin**
- **Atemberaubende Burgen**
- **Historische Thermen**

In die sanfte Hügellandschaft Nordkroatiens gelangt man zum Beispiel mit dem Mietwagen von **Varaždin** *(siehe S. 202f)* aus. Die ehemalige Hauptstadt des Landes stammt aus dem 12. Jahrhundert, was man an der mittelalterlichen Burg und am Rathaus sieht. Kopfsteinpflaster, Kirchen und Straßencafés dagegen sind österreichisches Barock pur. Die Burg (14. Jh.) **Veliki Tabor** *(siehe S. 210)* wird von der einhundert Jahre älteren, an einem See liegenden **Trakošćan** *(siehe S. 206f)* noch übertroffen. Die römische Thermenstadt **Varaždinske Toplice** *(siehe S. 213)* befindet sich inmitten eines dichten Waldes.

Zum Trocknen aufgehängte Chilischoten in Topolje, Baranja

Kroatien auf der Karte

In Kroatien (Hrvatska) leben etwa 4,3 Millionen Menschen auf einer Fläche von 56 542 Quadratkilometern. Seit dem Zerfall des ehemaligen Jugoslawien und der Unabhängigkeit Kroatiens sind Slowenien, Ungarn, Serbien sowie Bosnien und Herzegowina die Nachbarn des Staates. Kroatien ist kein großes Land, bietet aber eine bemerkenswerte landschaftliche Vielfalt. Das Land umfasst im Wesentlichen drei Naturräume: Einen großen Teil nimmt das weiträumig mit Wäldern und Wiesen bedeckte Bergland ein, das einige über 2000 Meter hohe Gipfel umfasst. Die weite Pannonische Ebene erstreckt sich zwischen den Flüssen Drau (Drava), Save (Sava) und Donau (Dunav). Die Gesamtlänge der stark zerklüfteten festländischen Küste beträgt mehr als 2000 Kilometer, zusammen mit den Küsten der Inseln sogar mehr als das Doppelte.

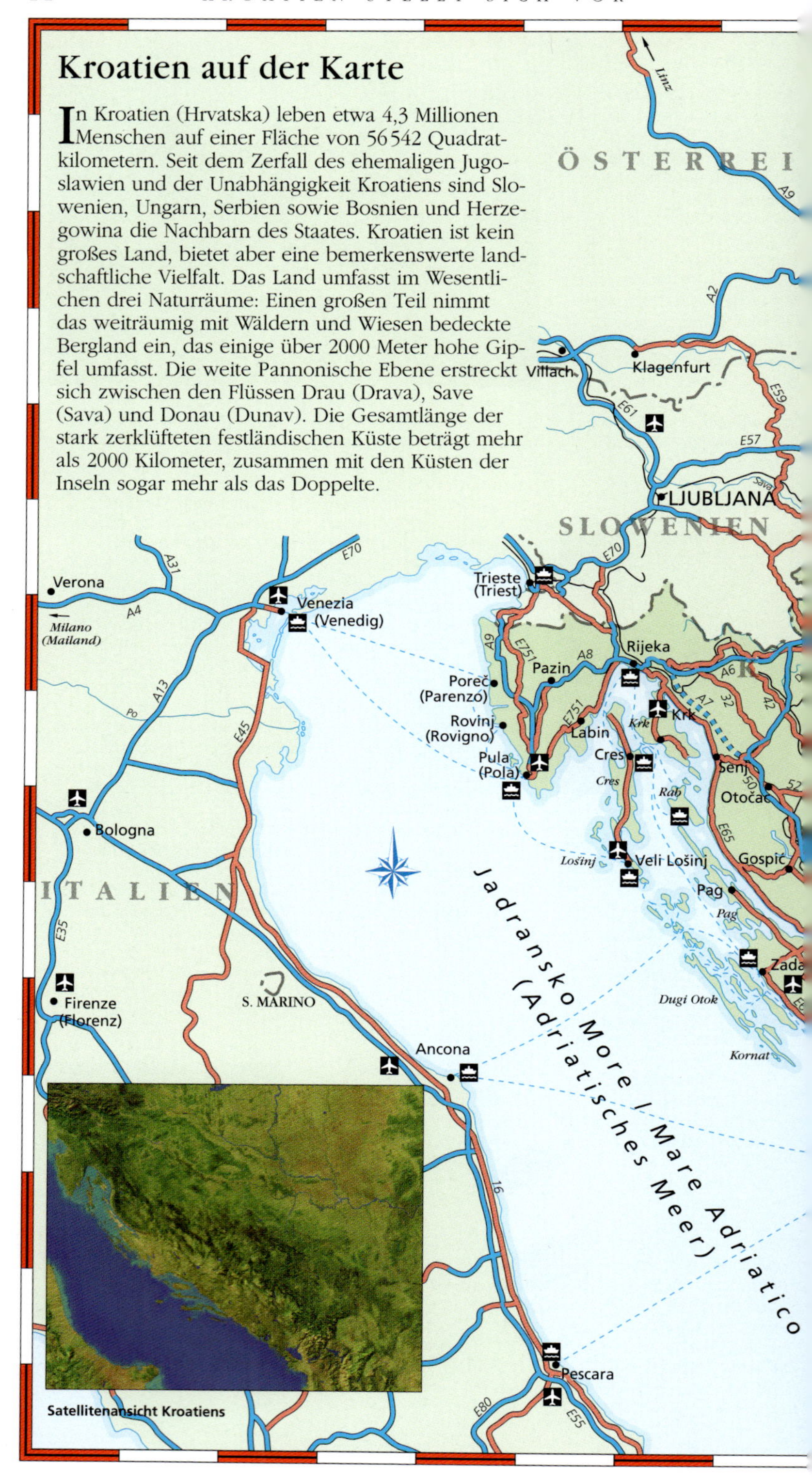

Satellitenansicht Kroatiens

Westeuropa
NORWEGEN
FINNLAND
SCHWEDEN
ESTLAND
LETTLAND
LITAUEN
RUSSLAND
IRLAND
GROSS-BRITANNIEN
DÄNEMARK
NIEDERLANDE
WEISS-RUSSLAND
BELGIEN
DEUTSCH-LAND
POLEN
LUXEMBURG
TSCHECH. REPUBLIK
UKRAINE
ATLANTISCHER OZEAN
FRANK-REICH
SLOWAKEI
ÖSTERR.
SCHWEIZ
UNGARN
SLOWENIEN
Zagreb
RUMÄNIEN
PORTUGAL
ANDORRA
BOSNIEN & HERZEGOWINA
SERBIEN
KROATIEN
MONTE-NEGRO
KV
BULGARIEN
SPANIEN
Korsika
ALBANIEN
Sardinien
ITALIEN
GRIECHEN-LAND
MAROKKO
ALGERIEN
TUNESIEN
UNGARN
Wien
Győr
E60
E65
84
E66
Balaton (Plattensee)
Čakovec
Koprivnica
A4
Bjelovar
Čazma
Virovitica
Drava (Drau)
Duna (Donau)
SERBIEN
Osijek
Našice
Daruvar
Sisak
Kutina
E70
A3
Sava (Save)
A5
Vukovar
Glina
Đakovo
Požega
Novi Sad
Vinkovci
Nova Gradiška
Slavonski Brod
Banja Luka
Beograd (Belgrad)
E761
E73
BOSNIEN UND HERZEGOWINA
E71
E761
Knin
E73
SARAJEVO
E760
Sinj
A1
Split
Brač
Mostar
Hvar
Hvar
E65
A10
Opuzen
Korčula
A1
Lastovo
Nationalpark Mljet
Dubrovnik
0 Kilometer 75
Bari
LEGENDE
Internationaler Flughafen
Fährhafen
Autobahn
Hauptstraße
Autobahn (im Bau)
Eisenbahn
Staatsgrenze
Fährlinie

CD SHOP
New York
ŽELJEZARIJA
VASCO
URAR
CASIO

Ein Porträt Kroatiens

Kroatien ist Treffpunkt von mediterranem und zentralem Europa, von Alpen und Pannonischer Ebene. Das atemberaubend schöne Land verblüfft mit seinen abwechslungsreichen Landschaften. Nachdem die Wunden der schrecklichen Kriegsjahre verheilt sind, schickt sich Kroatien an, eines der beliebtesten Reiseziele in Europa zu werden.

Seine Unabhängigkeit von der damaligen Sozialistischen Republik Jugoslawien erklärte Kroatien 1991, nachdem 1990 die ersten freien Wahlen seit dem Zweiten Weltkrieg stattgefunden hatten. Im Herbst 1991 eskalierte der Konflikt mit Serbien in einem grausamen Krieg mit unzähligen Opfern. Die Wirtschaft brach zusammen, viele historische Schätze wurden beschädigt oder zerstört. Vier Fünftel von Kroatien unterstanden von 1992 bis 1995 der UNO, die von den Serben zurückeroberten Gebiete – Krajina und Slawonien – sogar bis 1998.

Nationalflagge Kroatiens

Kroatien hatte seine Unabhängigkeit bereits im Jahr 1102 verloren, als die kroatischen Adligen die verwaiste Krone an König Koloman übergaben. Unter Koloman fiel das Land an Ungarn – bis 1918. Nach dem Ersten Weltkrieg erklärte Kroatien zunächst seine Unabhängigkeit, schloss sich dann aber unter dem Druck der Großmächte dem Königreich der Serben, Kroaten und Slowenen an. Aus den Trümmern des Habsburger Reichs entstand ein Staat der »Südslawen«: Jugoslawien.

In Kroatiens steilen Bergregionen mit ihren traumhaft schönen, unberührten Wäldern leben nur wenige Menschen. Dichter besiedelt sind die Küste und die Inseln, wo der Fremdenverkehr für viele die Haupteinnahmequelle bildet. Die politischen Wirren der 1990er Jahre haben demografische Veränderungen nach sich gezogen: Viele Serben haben Kroatien verlassen.

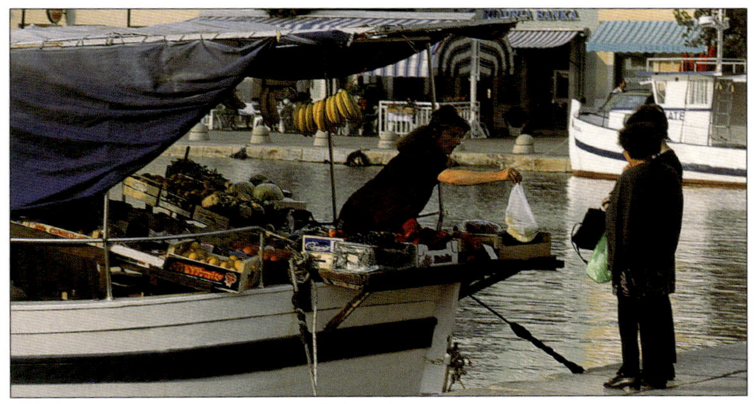

Obsthändlerin auf einem Boot im Hafen von Mali Lošinj

◁ **Passanten in der Krešimirova ulica im quirligen Stadtzentrum von Split** ***(siehe S. 119)***

Ein Fischer flickt seine Netze im Hafen von Fažana

Bevölkerung

Die einschneidenden politischen Veränderungen und die sich anschließenden Wirren zu Beginn der 1990er Jahre hatten maßgebliche Auswirkungen auf die Bevölkerung. Bemerkenswert ist aber auch, dass die Einwohnerzahl Kroatiens zurzeit niedriger ist als unmittelbar vor der 1991 erklärten Unabhängigkeit. Für diese demografische Entwicklung zeichnen vor allem zwei Faktoren verantwortlich: die Abwanderung zahlreicher Serben, die nur teilweise durch zugewanderte Kroaten aus anderen Teilen Ex-Jugoslawiens ausgeglichen wurde, sowie die Emigration vor allem junger Menschen auf der Suche nach Arbeit in andere europäische Länder (vor allem EU-Staaten), in die Vereinigten Staaten oder nach Australien.

Auch innerhalb Kroatiens kam es zu erheblichen Bevölkerungsbewegungen. Die tragischen Ereignisse in den 1990er Jahren haben auch die Landflucht verstärkt – die Bevölkerung in den großen urbanen Zentren wächst nach wie vor stetig. Da viele Städte zudem ihre Fläche durch Gebietsreformen erweitert haben, lässt sich dieser Prozess nur schwer statistisch erfassen. Dies gilt insbesondere für Zagreb, Rijeka, Split, Osijek sowie Zadar.

Die typische Frauentracht von Konavle

Wirtschaft

Die in den größeren Städten konzentrierte Fertigungsindustrie beschäftigt etwa 20 Prozent der Arbeitnehmer. Der Dienstleistungssektor wurde modernisiert und bietet eine wachsende Zahl von Arbeitsplätzen. Nach einem Krisenjahrzehnt hat sich die Tourismusbranche erholt und beschäftigt heute sieben Prozent der Arbeitnehmer.

Die Nachfrage nach frischem Fisch in den Urlaubszentren hat das Fischereiwesen zu neuem Leben erweckt. Vor allem im Limski-Kanal und um Ston expandiert zudem die Muschelzucht. Durch die Privatisierung eines Großteils des Agrarlands, die Einführung moderner Maschinen und die Rationalisierung der Erntearbeit wurden viele Landarbeiter arbeitslos. Obst- und Weinanbau haben jedoch zugenommen, die Qualität der Erzeugnisse ist gut.

Die dringende Notwendigkeit, im Krieg beschädigte öffentliche und private Gebäude wieder aufzubauen, und die gestiegene Nachfrage nach Einrichtungen für den Tourismus kommen der Bauindustrie zugute. Hier arbeiten sieben Prozent der Arbeitnehmer. Obwohl ein Großteil der Bevölkerung einen gestiegenen Lebensstandard genießt, ist die Arbeitslosigkeit immer noch hoch. Abhilfe erhofft man sich durch die Mitgliedschaft in der Europäischen Union und einen verstärkten Ausbau der Infrastruktur. Vor allem der Bau eines modernen Straßennetzes mit neuen Autobahnen, die Modernisierung der Eisenbahn und der Ausbau der Häfen sollen die Attraktivität des Landes erhöhen und die Arbeitslosenzahlen reduzieren.

Tradition und Brauchtum

Seit der Unabhängigkeit haben viele traditionelle Feste wieder Einzug gehalten. Diese Feiern erinnern an historische, religiöse oder militärische Ereignisse. Einige weisen heidnische Züge auf und vermischen christliche mit vorchristlichen Elementen, andere sind mit dem Kirchenkalender verbunden. Bei diesen Anlässen trägt man über Generationen hinweg sorgfältig gehüteten Schmuck und traditionelle Trachten, die, auch wenn sie neu geschneidert sind, den alten Mustern genau entsprechen.

Fester Bestandteil der Volkskultur sind die bäuerlichen Feste zur Ernte, zum Almabtrieb oder zum Holzschlag. In Dubrovnik feiert man den Festtag des Schutzpatrons der Stadt, des hl. Blasius, besonders aufwendig – eine Tradition, die auch der Kommunismus nicht unterbinden konnte. An diesem Tag kleiden sich die Bewohner in traditioneller Tracht und tragen alte Standarten. Spektakulär ist auch die von Musikkapellen begleitete Parade bei der Antiken Olympiade in Brođanci, bei der die jungen Teilnehmer goldbestickte Gewänder tragen. Weitere bedeutende Feste sind der Bumbari in Vodnjan mit Eselsrennen, das Folklorefestival in Đakovo und die Schwert- bzw. Säbeltänze *moreška* und *kumpanija* auf Korčula im Gedenken an die Türkenkriege.

Das lebhafte Stadtzentrum von Split ist ein beliebter Treffpunkt

Eines der zahlreichen kirchlichen Feste in Split

Sprache

Über einhundert Jahre lang versuchte man, kroatische und serbische Sprache miteinander zu verschmelzen. Im Jahr 1991 wurde das Kroatische zur offiziellen Amtssprache erklärt – dies ist sogar in der Verfassung niedergelegt. Für die kroatische Identität war die Sprache gerade unter der Fremdherrschaft immer von entscheidender Bedeutung. Unterschieden werden drei Hauptdialekte: *Štokavski* im Süden und Osten, *Čakavski* in Istrien und Teilen Dalmatiens und *Kajkavski* in Zagreb sowie im Norden. Eine dem venezianischen Dialekt ähnliche Mundart spricht man an der Küste.

Religion

Außer während der kommunistischen Ära spielte die Religion in Kroatien immer eine wichtige Rolle. Heute sind die großen heiligen Stätten wieder zu bedeutenden Zentren des Glaubens geworden. Mehr als 90 Prozent der Kroaten sind Christen. Weit über 80 Prozent sind Katholiken, zur orthodoxen Gemeinde bekennen sich etwa vier Prozent. Sie hat seit der Abwanderung der Serben jedoch erheblich an Größe und Einfluss verloren. Der Minderheit der Protestanten gehören viele Ungarn an, der muslimischen vor allem Bosnier.

Flora und Fauna

Kroatien fasziniert durch seine abwechslungsreiche Landschaft. Zu ihr gehören schroffe Schluchten und tiefe Flusstäler ebenso wie die atemberaubend schöne, stark zerklüftete Adriaküste mit ihren schier unzähligen Inseln und Eilanden. Von der Halbinsel Istrien bis nach Gorski Kotar erstreckt sich eine Hochebene, die in der hügeligen Weinbauregion Zagorje ausläuft. Die längst verkarsteten Gesteinsschichten aus porösem Kalkstein finden sich von Gorski Kotar bis Istrien und im Velebit-Gebirge. Dort haben Wind und Regen aus den Felsen bizarre, *kukovi* genannte Gebilde herausmodelliert. Diese wurden wie auch viele der Tausenden Felsinseln – Reste einer alten Bergkette – im Volksmund mit Kosenamen belegt und sind Gegenstand zahlreicher Legenden.

Eine Möwe rastet auf einem Felsen vor der Insel Pag

Berge

Rund 40 Prozent von Kroatien sind Bergland, das bis zu 2000 Meter hohe Gipfel besitzt. Die oberen Lagen werden zur Viehzucht genutzt. In den Mischwäldern wachsen je nach Höhe und Mikroklima Kiefern, Tannen, Kastanien und Buchen. Zu Kroatiens Wildtieren zählen u.a. Braunbären, Wölfe, Wildschweine, Luchse, Dachse, Füchse, Rehe und Gämsen. Die einst starke Abholzung der Wälder wurde reduziert.

Wälder *bilden in Kroatien eine wichtige Ressource. Vegetation bedeckt insgesamt über 30 Prozent der Gesamtfläche des Landes.*

Gämsen *galten in Kroatien als ausgestorben. Heute lebt hier wieder rund ein Dutzend der Tiere, »Einwanderer« aus Slowenien.*

Pannonische Tiefebene

Das Tiefland begrenzen breite Flüsse, die zugleich auch Staatsgrenzen darstellen. Die weite Pannonische Ebene ist die Kornkammer Kroatiens. Hier werden Mais, Weizen, Soja und Tabak sowie an den Hügeln Wein angebaut. Die Ebene war früher dicht bewaldet. Hier wuchsen vor allem die wegen ihres hochwertigen Holzes in ganz Europa begehrten slawonischen Eichen. Nur kleine Reste dieser Wälder sind verblieben.

Die slawonischen Eichen *waren schon in der Antike wegen ihres extrem harten Holzes begehrt. Aus ihnen wurden die meisten Schiffe der Flotten Venedigs und Dubrovniks gebaut.*

Das kroatische Tiefland *zählt zu den fruchtbarsten Gebieten Europas. Ein Teil der Agrarerzeugnisse wird exportiert.*

Nationalparks

Seit 1949 werden in Kroatien bedeutende Naturgebiete unter Schutz gestellt. Der Startschuss fiel mit dem Nationalpark Plitvicer Seen auf dem Lika-Plateau. Wenige Jahre später wurde nördlich von Rijeka der Nationalpark Risnjak gegründet, ihm folgte 1985 der Nationalpark Krka nördlich von Šibenik. Der Nationalpark Paklenica im Herzen des Velebit-Gebirges entstand 1949. Im Jahr 1978 wurde er mit seinen über 2400 Pflanzenarten von der UNESCO zum Weltbiosphärenreservat erklärt und später in die Liste des Welterbes aufgenommen. An der Adria liegen gleich vier Nationalparks: Mljet (1960), Kornati (1980), Brijuni (1983) und der 1999 gegründete Nationalpark Velebit. Darüber hinaus gibt es sehr viele Naturschutzgebiete, zahlreiche Biotope sowie zwei Feuchtgebiete: Kopački Rit und Lonjsko Polje. Seit 2008 ist das Gebiet um Stari Grad auf der Insel Hvar eine UNESCO-Welterbestätte.

Dichte Tannen- und Buchenwälder im Nationalpark Risnjak

Küste

Die Küste Kroatiens ist vom mehr oder weniger starken Einfluss des kalten Nordostwinds Bora geprägt. An geschützten Orten gedeiht eine mediterrane Pflanzenwelt mit Oliven, Zitronen und Wein. Im mittleren Teil der Küste sowie auf einigen Inseln wachsen im Windschatten von Steinmauern niedrige Rebstöcke, ansonsten sind in der Gegend zwei duftende Pflanzenarten verbreitet: Lavendel (besonders auf Hvar) und Ginster.

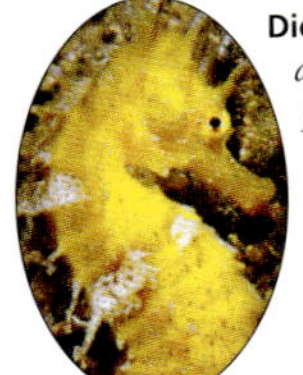

Die Unterwasserwelt *ist äußerst artenreich. Auch das Seepferdchen tummelt sich vor der Küste Kroatiens.*

Ginster *wächst in Kroatien überall. Im Frühjahr erstrahlen seine Blüten in leuchtendem Gelb.*

Seen und Flüsse

Kroatiens Seen sind nicht groß, bisweilen jedoch äußerst eindrucksvoll. Dies gilt etwa für die Plitvicer Seen und die durch den Fluss Krka geformten Gewässer. Eine wertvolle Ressource bilden die Flüsse. Donau (Dunav), Drau (Drava), Save (Sava) und Kupa sind wichtige internationale Schiffsverkehrsadern (obwohl seit einiger Zeit teilweise gesperrt). Die Flüsse sind zudem fischreich und bei Anglern äußerst beliebt.

Seerosen *blühen im Spätfrühling in vielen Gebieten, vor allem aber in den Sümpfen von Lonjsko Polje und Kopački Rit.*

Störche *leben an Flüssen und in Naturschutzgebieten. Die Feuchtgebiete stellen für den seltenen Schwarzstorch einen idealen Lebensraum dar.*

Kunst

Jahrhundertelang vereinte die kroatische Kunst ost- und westeuropäische Elemente. Während der 400 Jahre dauernden Herrschaft der Republik Venedig über die kroatische Küste, die bis ins 18. Jahrhundert hineinreichte, stand das Land in engem Kontakt mit seinem adriatischen Gegenüber: Italienische Meister arbeiteten auf den Inseln, dalmatinische Künstler brachten von der anderen Seite des Meeres Romanik, Gotik und Renaissance in ihre Heimat. Nach dem Rückzug der Türken Ende des 17. Jahrhunderts wurden viele Kirchen barockisiert und reich verziert. Im 20. Jahrhundert entwickelte sich die naive Kunst zu einer wichtigen künstlerischen Stilrichtung. Zum berühmtesten zeitgenössischen Künstler stieg der Bildhauer Ivan Meštrović auf *(siehe S. 157)*.

Maria Banac, **Skulptur von Ivan Meštrović**

Bildhauerei

Die Bildhauerei hat in Kroatien antike Wurzeln. Eine inspirierende Rolle mag der in der Region vorhandene Stein gespielt haben, aus dem in Pula und Split Bauten entstanden, die zu den wichtigsten römischen Monumenten zählen und Generationen von adriatischen Bildhauern als Vorbild dienten.

Die (Stein-)Bildhauerei erreichte höchste Ausdruckskraft in der Romanik, mit den Portalen der Kathedralen von Trogir und Split, den Fensterrosen von Zadar und Rab sowie den Kapitellen in den Kreuzgängen in Dubrovnik und Zadar. Von der Kunstfertigkeit der Renaissance zeugen in der Kathedrale in Šibenik Werke von Juraj Dalmatinac, Nikola Firentinac (Niccolo Fiorentino) und Andrija Aleši.

Höchste Steinmetzkunst entstand in jahrzehntelanger Arbeit zum Beispiel in der Kathedrale von Korčula-Stadt, zeigt sich aber auch in Werken in Hunderten anderen kroatischen Orten.

Im 20. Jahrhundert erreichte die Bildhauerei erneut ein hohes Niveau mit Ivan Meštrović, der Hauptfigur einer Künstlergruppe, zu der auch Antun Augustinčić zählte.

Andrija Buvina

Von diesem Bildhauer ist nur bekannt, dass er im 13. Jahrhundert lebte und in Split

Szene von Andrija Buvina am Portal der Kathedrale von Split

geboren wurde. Dokumente seines einfachen, linearen Stils sind die im Jahr 1214 geschnitzten Nussbaumtüren vom Portal der Kathedrale seiner Heimatstadt. In 28 Szenen wird detailreich das Leben Christi dargestellt.

Meister Radovan

Der aus Dalmatien stammende Bildhauer Meister Radovan lebte ebenfalls im 13. Jahrhundert. Sein Name ist am Hauptportal der Kathedrale von Trogir verewigt. Radovan begann dieses komplexe, reich verzierte Meisterwerk mit Säulen, Bogen und Relieffiguren um das Jahr 1240. Es wurde jedoch von anderen Künstlern vollendet.

Meister Radovans Portal der Kathedrale von Trogir

Das Portal schmücken Szenen aus dem Leben Christi, etwa die Verkündigung, die Flucht nach Ägypten und das Martyrium auf Golgotha. Andere Skulpturen versinnbildlichen die Monate. Die starke Ausdruckskraft des Künstlers zeigt sich besonders in den Darstellungen von Adam und Eva.

Juraj Dalmatinac

Juraj Dalmatinac, auch bekannt als Giorgio Orsini, war ein von Venedig stark beeinflusster dalmatinischer Bildhauer und Baumeister, der in Italien und Dalmatien arbeitete. Der um das Jahr 1400 in Zadar geborene und 1475 verstorbene Künstler war auch mit dem Bau der Katedrala Sv. Jakov in Šibenik *(siehe S. 108f)* betraut. Für dieses Meisterwerk der kroatischen Renaissance schuf Dalmatinac zudem die Porträtköpfe des Frieses in den Apsiden sowie die Statuen von Adam und Eva, die sich zu beiden Seiten des Portals befinden.

Porträt von Dalmatinac, Kathedrale von Šibenik

Malerei

Die Malerei erlangte in Istrien und Dalmatien erst gegen Ende des 14. Jahrhunderts durch Kontakt mit der venezianischen Schule Bedeutung: Italienische Meister schufen Altargemälde für Klöster und Kathedralen. Aus dem Drang, diesen großen Vorbildern nachzueifern, entwickelten sich Dubrovniks bedeutende Künstler.

Im späten 17. und 18. Jahrhundert dominierte auf dem kroatischen Festland der von Deutschland und Österreich beeinflusste Barock in der Architektur und der Malerei. Eine Schlüsselrolle spielte dabei der Tiroler Mönch Ivan Ranger *(siehe S. 206)*. Danach schwand das Interesse an der religiösen Malerei. Im 19. Jahrhundert stiegen in Kroatien von einer paneuropäischen Kultur inspirierte junge Künstler auf, in den 1930er und 1940er Jahren entwickelte sich die naive Kunst.

Polyptychon von Lovro Dobričević in Dubrovniks Sv. Marija

Vincent von Kastav

Die kleine Kirche Sv. Marija na Škriljinah in Beram birgt einen der schönsten Freskenzyklen Istriens. Er trägt die Signatur des istrischen Malers Vincent von Kastav (Vincenzo da Castua), eines Künstlers aus dem 15. Jahrhundert. Kastav gestaltete die Fresken an den Seitenwänden und der Stirnwand gemeinsam mit seinem Assistenten 1471. Sie sind in einfachem, aber kraftvollem Stil gehalten. Das *Leben Christi und Marias* zeigt schöne Heiligenfiguren. Am bekanntesten ist jedoch der *Totentanz*: Auf dem Fresko bestraft der Sensenmann die Sünder, zu denen die Mächtigsten der Erde zählen – vom Papst bis zu den Feudalherren.

***Totentanz* von Vincent von Kastav**

Lovro Dobričević

Über Lovro Marinov Dobričević (Lorenzo De Boninis) ist nur wenig bekannt. Er lebte im 15. Jahrhundert, war ein Schüler Paolo Venezianos und gilt als einer der bedeutendsten Vertreter der Schule von Dubrovnik. In Dubrovnik können auch zwei seiner Meisterwerke bewundert werden: die *Taufe Christi* (um 1448) im Dominikanermuseum und das Polyptychon *Maria, Christus und die Heiligen Julian und Nikolaus* (1465) in der Marienkirche Sv. Marija na Dančama.

Julije Klović

Julije Klović (Giulio Clovio) zählt zu den berühmtesten Miniaturenmalern der Renaissance. Die schönsten und bekanntesten Werke des 1498 in Grižane geborenen Kroaten befinden sich außerhalb seiner Heimat. Der Maler erlernte und verfeinerte seine Kunst in Venedig und führte danach Auftragsarbeiten in Rom, Mantua, Perugia und in zahlreichen Klöstern aus. Klović starb 1578 in Rom.

Miniatur von Klović

Die Schule von Hlebine

Der expressionistische, später naive Maler Krsto Hegedušić (1901–1975), Gründer der Gruppe Zemlja (»Erde«), unterstützte die künstlerische Arbeit zweier Amateurmaler aus dem bei Koprivnica gelegenen Dorf Hlebine: Ivan Generalić und Franjo Mraz, die ihre Umwelt in lebhaftem Stil auf Glas und Leinwand abbildeten. Mit Mirko Virius gründeten sie die Schule von Hlebine, die von 1930 bis zum Zweiten Weltkrieg ihre Blütezeit erlebte. Ihre Ideen übernahmen andere Maler, etwa Ivan Večenaj, Dragan Gaži, Franjo Filipović und Josip Generalić, die sich auf die Darstellung der Außenseiter, der Armen und der Arbeiter konzentrierten. Weltbekannt wurde die Schule 1952 durch die Biennale in Venedig sowie durch Ausstellungen in Brasilien und Brüssel. Naive Kunst präsentieren die Galerie Hlebine in Koprivnica und das Museum für Naive Kunst in Zagreb.

***Holzschneider* (Generalić), Museum für Naive Kunst, Zagreb**

Architektur

Durch die geografische Lage des Landes sind ebenso wie in die Malerei auch in die Architektur Kroatiens vielfältige Stilelemente – italienische und deutsche, byzantinische und slawische – eingeflossen. Diese Synthese zeigte sich erstmals in der römischen Epoche, charakterisiert aber auch die Moderne. Einige Baustile gewannen besondere Bedeutung, etwa die Romanik und Gotik mit den beeindruckenden Kathedralen an der Adriaküste, ein Erbe der jahrhundertelangen Herrschaft Venedigs. Im Hinterland Kroatiens dominiert Barockarchitektur mit den typisch üppigen Formen und Verzierungen.

Die byzantinische Euphrasius-Basilika in Poreč

Protoromanik und Romanik

Von kroatischer Baukunst kann man ab der Protoromanik sprechen, der Zeit des Fürsten Branimir I. (879–892), des Gründers des ersten kroatischen Staates. Die zunächst byzantinisch beeinflussten Sakralbauten in Istrien und Dalmatien wiesen bereits einige romanische Stilelemente auf. Es waren kleine Kirchen mit unregelmäßigem Grundriss, die in den Siedlungsgebieten der kroatischen Stämme entstanden. Bei der Gründung von Šibenik (1066) errichteten Zisterzienser erste romanische Bauten. Der Stil verbreitete sich und sollte bis ins 16. Jahrhundert für die Errichtung von dreischiffigen Kathedralen mit Apsiden, Klöstern mit Kreuzgängen sowie von Profanbauten wie Rathäusern und Loggien maßgebend sein.

Die Kirche Sv. Križ in Nin (siehe S. 100) *aus dem 9. Jahrhundert gilt als kleinste Kathedrale der Welt und zählt zu den schönsten protoromanischen Bauten Kroatiens. Die Kreuzkuppelkirche mit drei Apsiden ist so ausgerichtet, dass das Licht auf bestimmte Stellen am Boden trifft und als Sonnenuhr und Kalender dient.*

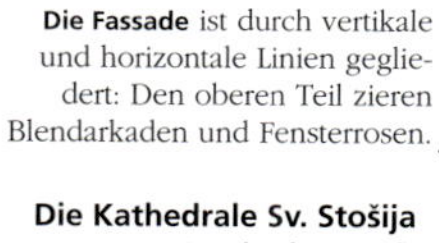

Die Fassade ist durch vertikale und horizontale Linien gegliedert: Den oberen Teil zieren Blendarkaden und Fensterrosen.

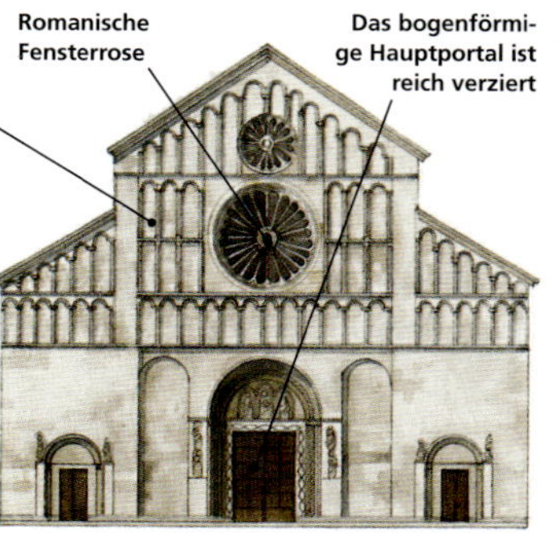

Romanische Fensterrose

Das bogenförmige Hauptportal ist reich verziert

Die Kathedrale Sv. Stošija in Zadar (siehe S. 94) *wurde im 9. Jahrhundert gegründet, im 12. und 13. Jahrhundert umgebaut und verbindet kroatische und italienische Romanik vor allem in der Fassade, die denen der Kirchen im italienischen Pisa und Lucca gleicht.*

Gotik

Der gotische Baustil in Kroatien zeugt besonders deutlich von der langen Herrschaft Venedigs an der istrischen und dalmatinischen Küste. Er entwickelte sich unter venezianischem Einfluss im 14. und 15. Jahrhundert und ist ein eindrucksvolles Erbe dieses engen kroatisch-venezianischen Kontakts. Es entstanden dalmatinische und istrische Sakralbauten, aber auch Profanbauten wie Villen in Pula, Rab, Pag, Zadar, Šibenik und Split.

Fassade des Rathauses in Split

Die Katedrala Sv. Marko in Korčula-Stadt (siehe S. 132f) *ist ein romanischer Bau, was man am Glockenturm erkennen kann. Die Fassade ähnelt Kirchen im süditalienischen Apulien. Gotische Elemente sind u. a. die Spitzbogen über dem Hauptportal, ein Werk des Meisters Bonino aus Mailand.*

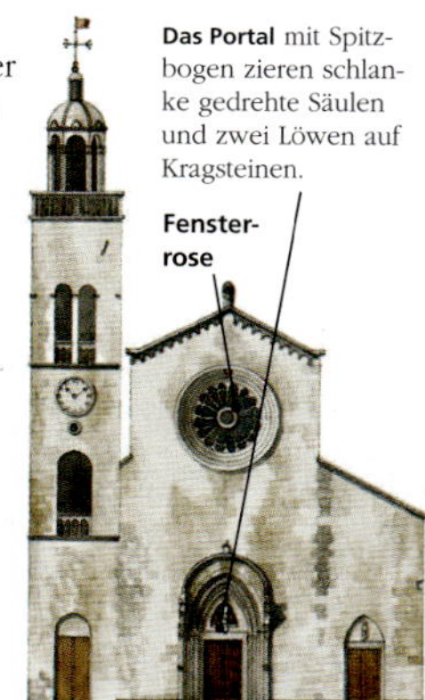

Das Portal mit Spitzbogen zieren schlanke gedrehte Säulen und zwei Löwen auf Kragsteinen.

Fensterrose

Renaissance

Der Renaissance-Stil konnte sich nur in den Landesteilen entwickeln, die nicht unter türkische Herrschaft fielen. Die wichtigsten Architekten und Bildhauer dieser Epoche waren Juraj Dalmatinac *(siehe S. 20)*, Nikola Firentinac und Andrija Aleši, die hauptsächlich an der Adriaküste sowohl Sakral- als auch Profanbauten entwarfen und ausschmückten. Die Kathedrale Sv. Jakov in Šibenik *(siehe S. 108f)* stand Modell für die Kirchen Sv. Stjepan in Hvar, Sv. Marija in Zadar und Sv. Spas in Dubrovnik. Renaissance-Bauten finden sich auch in Nordkroatien, wo in diesem Stil sowohl private Residenzen (Varaždin und Čakovec) als auch Kastelle (Trakošćan und Veliki Tabor) errichtet wurden.

Der zweite Stock mit Fenstern und der Statue des hl. Blasius, des Schutzpatrons der Stadt, wurde später hinzugefügt.

Die Fenster im venezianisch-gotischen Stil verdeutlichen die engen Bande zwischen Dubrovnik und Venedig.

Der Palača Sponza in Dubrovnik (siehe S. 144f) *weist aufgrund seiner langen Bauzeit gotische und Renaissance-Elemente auf. Das 1312 begonnene Bauwerk (aus dieser Zeit stammen die schönen gotischen Fenster im ersten Stock) wurde 1516–22 umgebaut und mit Renaissance-Arkaden im Erdgeschoss versehen.*

Barock

Dieser Baustil war nach dem Rückzug der Türken am Ende des 17. Jahrhunderts typisch für das wiedererstarkte Christentum Kroatiens. Man tilgte die Spuren der osmanischen Herrschaft und ließ die Baumeister, meist deutscher Herkunft, öffentliche und private Bauwerke errichten, die wie Kirchen, Schlösser und Klöster üppige Ornamente zierten. Die bemerkenswertesten Beispiele des kroatischen Barock befinden sich in Varaždin, Požega, Osijek, Križevci, Ludbreg und Krapina.

Der Vojković-Oršić-Kulmer-Rauch-Palast, *heute Museum für Kroatische Geschichte* (siehe S. 158), *zählt zu den vielen schönen Barockbauten Zagrebs. Fassade und Innenräume sind mit eleganten Säulen, bogenförmig verzierten Fenstern und geschmücktem Türbogenfeld gestaltet.*

Moderne

Ab dem 19. Jahrhundert war Zagreb das politische und kulturelle Zentrum Kroatiens. Die Stadt spielte auch im Bereich der Architektur eine Vorreiterrolle: Unter dem Einfluss des Wiener Sezessionsstils und später der klassischen Moderne wurde im 20. Jahrhundert in der Hauptstadt architektonisch experimentiert. Interessante Beispiele für die Moderne sind in Zagreb die Kirche Sv. Blaž und die Villa Krauss.

Mimara-Museum (Zagreb) im Stil der Neorenaissance

Der funktionale und doch elegante Bau ist symmetrisch angelegt

Das Dekor im Sezessionsstil weist keine figurativen Züge auf.

Die Fassade zieren Skulpturen und Basreliefs der kroatischen Künstler Robert Frangeš-Mihanović und Rudolf Valdec.

Die frühere National- und Universitätsbibliothek *am Marulićev trg in Zagreb wurde von dem einheimischen Architekten Rudolf Lubinsky entworfen und gilt als wichtigstes Bauwerk des Sezessionsstils in Kroatien.*

Das Jahr in Kroatien

Die politischen Wirren der 1990er Jahre hatten natürlich auch nachhaltige Auswirkungen auf das kulturelle Leben in Kroatien. Heute ist der Veranstaltungskalender wieder reichlich gefüllt mit Konzert-, Theater- und Sportveranstaltungen. Es werden wieder die religiösen und regionalen Feste oder Stationen im bäuerlichen Jahreszyklus gefeiert, darunter Weinlese, Dreschen, Fischerei- oder Jagdsaison. Zudem zelebriert jeder Ort den Tag seines Schutzheiligen und den mit Episoden aus der örtlichen Geschichte verbundenen »Stadttag«. Kroatiens Hauptstadt Zagreb bietet während des ganzen Jahres ein reiches Kulturangebot, die Feste in den Städten und Ortschaften an der Küste finden im Allgemeinen nur im Sommer statt.

Typische Tracht von Pag

Frühling

Der Frühlingsanfang fällt in Kroatien mit einer Reihe wichtiger religiöser Feste zusammen. Mit dem wärmeren Wetter beginnen mehrere Festivals und Veranstaltungen, die den ganzen Sommer über dauern. Die Osterzeit ist in erster Linie von den zahlreichen Feierlichkeiten und Riten der katholischen Kirche geprägt.

Prozession in der Karwoche auf der Insel Korčula

März

Karwoche *(Ostern)*. Auf Korčula wird Ostern mit Prozessionen der Bruderschaften gefeiert, die Gesänge und Mysterienspiele aufführen.

April

Musikbiennale von Zagreb *(Apr)*. Festival der modernen Musik.

St.-Georg-Tag, Senj, Lovran *(23. Apr)*.

St.-Vinzenz-Tag, Korčula *(28. Apr)*. *Kumpanjija*-Tanz zur Erinnerung an eine Schlacht zwischen verfeindeten Armeen. Zum Finale bieten einheimische Mädchen in Tracht einen Kreistanz dar.

Mai

Kroatisches Weinfest, Kutjevo *(Mai)*. Neben der Vorstellung kroatischer Weine wird ein Folklore- und Musikprogramm geboten.

Theatertage auf Hvar, Hvar *(Mai)*. Literatur- und Theaterfestival sowie Präsentation wissenschaftlicher Themen durch Forscher.

Regatta Rovinj–Pesaro–Rovinj, Rovinj.

Figurentheatertreffen, Osijek *(Anfang Mai)*. Aufführungen von professionellen und Amateurgruppen.

Ritterspiele von Rab *(9. Mai)*. Parade eindrucksvoll kostümierter und armbrustbewehrter Reiter.

Festival der Kleinbühnen, Rijeka *(erste Maihälfte)*. Gruppen aus ganz Europa nehmen an diesem Festival teil.

Josip-Štolcer-Slavenski-Gedenkfeier, Čakovec *(erste Maihälfte)*. Musikfestival zu Ehren des großen kroatischen Komponisten aus dem 20. Jahrhundert.

Festival der Kroatischen Tambourmusik, Osijek *(Mitte Mai)*. Festival alter Musik mit Trommeln und Instrumenten der damaligen Zeit.

Amateurfilm- und Videofestival, Požega *(Ende Mai)*. Festival mit Amateurkurzfilmen und -videos.

Sommer

Wenn in der Hauptsaison zahlreiche Besucher nach Kroatien strömen, quillt auch der Veranstaltungskalender über, und es finden vielfältige Musik-, Theater- und Tanzfestivals oder traditionelle Feste statt. Besonders farbenfroh sind die während des ganzen Sommers stattfindenden Folklorefeste.

Juni

Tanzwoche, Zagreb *(Mai/Juni)*. Internationales Festival für Tanz, Rhythmik und Darstellung, organisiert in Zusammenarbeit mit europäischen Verbänden.

Musikveranstaltungen, Pula *(ganzer Sommer)*. Veranstaltungen im Amphitheater.

Festival der Satire, Zagreb *(Juni)*. Internationales Festival zu Ehren der Satire.

Beim Festival Brodsko Kolo in Slavonski Brod *(Juni)*

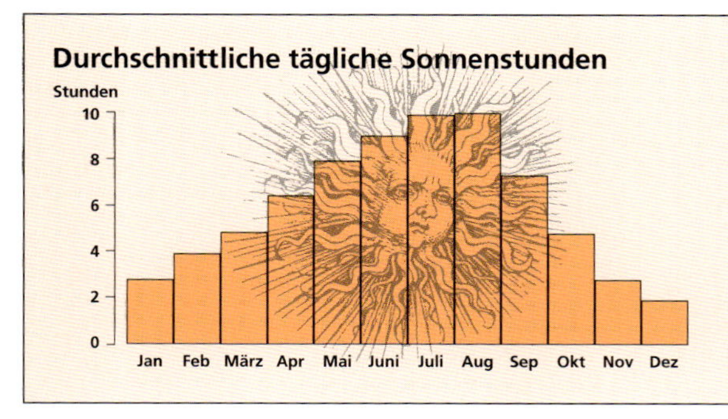

Sonnenschein
Die dalmatinische Küste zählt zu den sonnigsten Ecken Europas, einsamer Rekordhalter ist die Insel Hvar mit jährlich 2700 Sonnenstunden. Die Sommer an der Küste sind heiß und trocken, im Inland herrscht Kontinentalklima mit heißen Sommern und kalten Wintern.

Đakovački Vezovi, ein beliebtes Folklorefest in Đakovo *(Juli)*

Brodsko Kolo, Slavonski Brod *(Mitte Juni)*. Volkstänze in Trachten, Messen und Ausstellungen zahlreicher regionaler Produkte.
Margeritensommer, Bakar *(letzte Juniwoche)*. Konzerte und Aufführungen im Dialekt Čakavski.
Internationales Kinderfestival, Šibenik *(Ende Juni–Anfang Juli)*. Das Festival ist der Kreativität der Jüngsten gewidmet. Hier dreht sich alles um Musik, Tanz, Theater und Film.
Sommerfestival, Hvar *(Juni–Sep)*. Musikdarbietungen, Theateraufführungen sowie Folklore- und Tanzveranstaltungen.

Juli

Festival der Dalmatinischen Klapa-Chöre, Omiš *(Juli)*. Aufführungen traditioneller dalmatinischer Chorgesänge.
Rapska fjera, Rab *(Juli)*. Dreitägiges Mittelalterfestival mit typischem Handwerk, Gerichten und einem traditionellen Wettbewerb im Armbrustschießen.
Đakovački Vezovi, Đakovo *(erste Juliwoche)*. Folklore und Ausstellung von Stickarbeiten aus der Region.
St.-Theodor-Tag, Korčula *(29. Juli)*. *Moreška*, ein Tanz, der eine Schlacht zwischen Christen und Muslimen thematisiert.
Internationales Herrentennisturnier, Umag *(Ende Juli)*.
Internationales Folklorefestival, Zagreb *(Ende Juli)*. Kroatische Musik und Tanz mit internationalen Gästen.
Karneval von Pag, Pag *(Ende Juli)*. Traditioneller Tanz *(kolo)* sowie verschiedene Aufführungen der Einheimischen in Trachten.
Internationales Jazzfestival, Grožnjan *(Juli–Aug)*. An dem Festival in dem malerischen istrischen Städtchen Grožnjan nehmen international renommierte Jazzmusiker teil.
Labin Art Republik, Labin *(Juli–Aug)*. Klassische Konzerte und Volksmusik.
Musikfestspiele, Zadar *(Anfang Juli–Anfang Aug)*. Theater, Kirchen- und Instrumentalmusik.
Osor Musikfestival, Osor *(Mitte Juli–Mitte Aug)*. Fest der Kammermusik.
Sommer in Split *(Mitte Juli–Mitte Aug)*. Oper, Konzerte, Tanz, Theater und Aufführungen der ersten in kroatischer Sprache geschriebenen Stücke.
Internationales Theaterfestival, Pula *(Mitte Juli–Mitte Aug)*. Multimediafestival, an dem europäische Gruppen teilnehmen.
Dubrovnik Sommerfestival, Dubrovnik *(Mitte Juli–Ende Aug)*. Ältestes internationales Festival in Kroatien: Musik, Theater, Folklore, Ballett, mit Künstlern aus vielen Ländern.
Krk Sommerfestival, Krk *(Mitte Juli–Ende Aug)*. Musik und Literatur, Konzerte, Ballett, Aufführungen von jungen Künstlern und Folklore.
Konzerte in der Euphrasius-Basilika, Poreč *(Juli–Mitte Sep)*. Konzerte mit sakraler und weltlicher Musik, aufgeführt von kroatischen und europäischen Künstlern.

***Moreška*-Tanz am St.-Theodor-Tag *(29. Juli)*, Insel Korčula**

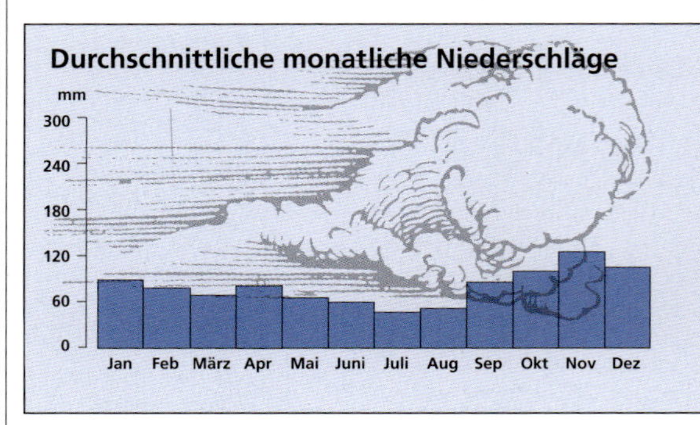

Niederschläge
An der kroatischen Küste regnet es nur sehr selten. Im Sommer drohen in diesem Gebiet deswegen regelmäßig Dürren. In den Bergen fallen dagegen reichlich Regen und Schnee. Im Nordosten des Landes können im Sommer Gewitter auftreten, im Winter schneit es.

Kostümierte Lanzenträger hoch zu Ross beim Folklorefestival, Sinj *(Aug)*

August

Sommerkarneval, Novi Vinodolski *(Aug)*.
Sinjska Alka, Sinj *(Anfang Aug)*. Folklorefestival zum Gedenken an den Sieg über die Türken, mit Reitturnier, Paraden, Tänzen, Volksmusik und Angeboten regionaler Produkte.
Baljanska Noć, Bale *(1. So im Aug)*. Stadtfest.
Festival der Bumbari, Vodnjan *(2. Sa im Aug)*. »Bumbari« ist die Bezeichnung der Einheimischen für Vodnjan. Bei diesem Volksfest findet ein sehenswertes Eselrennen statt, und es werden köstliche *crostoli*, venezianische Kuchen, verzehrt.
Trka na prstenac, Barban *(3. Wochenende im Aug)*. Ritterturnier, dessen Wurzeln bis 1696 zurückreichen.
St.-Rochus-Tag, Žrnovo und Postrana (auf Korčula; *16. Aug*). Verschiedene Veranstaltungen, darunter der traditionelle Schwerttanz *moreška*. Früher endeten die Festlichkeiten mit dem Opfern eines Ochsen.
Antike Olympiade, Brođanci *(letzter So im Aug)*. Volksfest mit farbenfrohen Kostümen und Straßenmusikanten.
Mediterranes Symposium für Bildhauerei, Labin *(Aug–Sep)*. Seit den 1960er Jahren ist das Symposium ein Treffpunkt für Bildhauer aus der ganzen Welt.

Festival von Vinkovačke Jeseni, Vinkovci

Herbst

In dieser Jahreszeit gehen die Urlauberzahlen auch an der sehr gut besuchten Adriaküste zurück. Dennoch bietet der Herbst einen überraschend umfangreichen Veranstaltungskalender. Dann spielt vor allem die Kultur eine wichtige Rolle, man genießt aber auch die Wein- und Erntefeste. Besuchern bieten sich jetzt ideale Möglichkeiten, Kroatiens kulinarische Spezialitäten zu entdecken.

September

Musikfestival Zlatne Zice Slavonije, Požega *(Sep)*. Volks- und moderne Musik mit dem traditionellen slawonischen Instrument, der *tamburica*.
Spitzen-Ausstellung, Lepoglava *(Sep)*. Ausstellung von traditionellen, handgefertigten Spitzen, die noch heute nach überlieferten Techniken geklöppelt werden.
Festival der kajkavischen Kultur, Krapina *(Sep)*. Aufführungen im lokalen kajkavischen Dialekt.
Internationales Marionettenfestival, Zagreb *(Anfang Sep)*.
Traubenfest, Buje *(drittes Wochenende im Sep)*.
Vinkovačke Jeseni, Vinkovci *(Sep–Okt)*. Musikfestival und Volkstraditionen wie etwa Trachtenumzüge.
Barockabende in Varaždin, Kathedrale von Varaždin *(zweite*

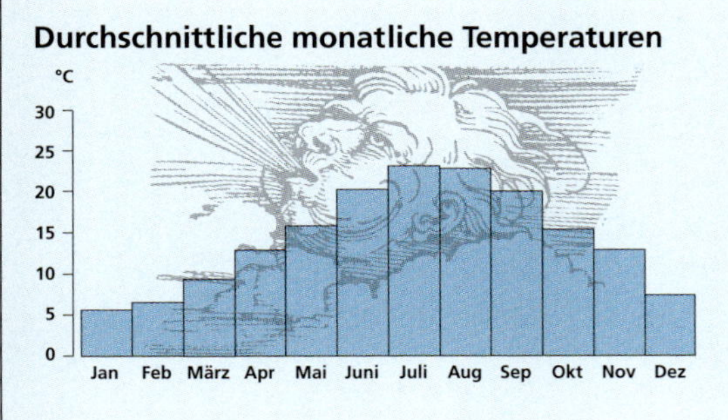

Temperaturen
An der Küste mit ihrem typischen Mittelmeerklima wechseln sich heiße, trockene Sommer mit milden Wintern ab. Im Inland bringt das dort vorherrschende kontinentale Klima heiße Sommer und kalte Winter. In den Gebirgsregionen des Landes herrscht ein alpines Klima.

Septemberhälfte–erste Oktoberhälfte). Barockmusik-Festival mit kroatischen und ausländischen Spitzenmusikern.

Oktober

Dora-Pejačević-Gedenkfest, Našice *(Okt).* Musikfest zum Gedenken an den kroatischen Komponisten, mit vielen Konzerten, Ausstellungen und Wettbewerben.
Bela Nedeja, Kastav *(1. So im Okt).* Weinfest.
Marunada, Lovran *(Mitte Okt).* Maronenfest.
Triennale der Keramik, Zagreb *(Mitte Okt–Mitte Nov).* Keramikfest.

November

St.-Martins-Tag, Dugo Selo, Samobor, Sv. Ivan Zelina, Velika Gorica, Zagreb *(Nov).* Traditionelles Weinfest, bei dem die Umwandlung des Mosts in Wein gefeiert wird.

Stadttag, Lipik *(4. Nov).* Traditionelles Stadtfest mit Tanz und Musik.

Winter

In Kroatien breitet sich die Kälte aus. In Zagreb und Slawonien fallen die Temperaturen unter null, in Istrien und Dalmatien pfeift die kalte Bora. Trotzdem kann man Kunst und Kultur genießen.

Dezember

Stadttag, Osijek *(2. Dez).* Osijeks wichtigster Festtag wird mit Musik und Tanz gefeiert.

Januar

Internationaler Wettbewerb für junge Pianisten, Osijek *(zweite Januarhälfte).* Nachwuchsmusiker unter 21 Jahren treten hier in verschiedenen Altersklassen an.
Blasiusfest, Dubrovnik *(Ende Jan oder Anfang Feb).* Mit Prozessionen feiert man den Schutzheiligen der Stadt.

Februar

Fastnacht in Sezona, Kraljevica. Traditioneller Maskenball.
Karneval von Rijeka, Rijeka. Farbenprächtige Kostümparade.
Karneval der Riviera, Opatija.
Internationaler Violinenwettbewerb, Zagreb *(erste Februarhälfte).* Zu Ehren des Geigers Vaclav Huml.
Karneval, Lastovo. Paraden und Feierlichkeiten.

Kostüm beim Karneval von Lastovo

Barockkonzert in der Kathedrale von Varaždin

Feiertage

Nova godina Neujahr *(1. Jan)*
Sveta tri kralja Hl. Drei Könige *(6. Jan)*
Uskrsni ponedjeljak Ostern *(März oder Apr)*
Praznik rada Tag der Arbeit *(1. Mai)*
Dan državnosti Staatsfeiertag *(25. Juni)*
Velika Gospa Mariä Himmelfahrt *(15. Aug)*
Dan neovisnosti Unabhängigkeitstag *(8. Okt)*
Božić Weihnachten *(25. und 26. Dez)*

Die Geschichte Kroatiens

Mit seiner Lage im Übergangsbereich zwischen Ost- und Westeuropa war Kroatien seit jeher ein Land, in das verschiedene Völker einwanderten und in dem die unterschiedlichsten Kulturen aufeinandertrafen. Sie alle prägten die Geschichte Kroatiens, die fast so alt ist wie die Menschheit selbst. Besonders stolz ist das Land auf seine enge Verbindung zum Westen. Schließlich kämpften einige Regionen über ein Jahrhundert lang für ihre Befreiung von der strengen türkischen Herrschaft.

Prähistorie

Anfang des 19. Jahrhunderts fand man im nordkroatischen Krapina menschliche Relikte aus der Zeit der Neandertaler. Der »Krapina-Mensch« beweist, dass in Kroatien seit der mittleren Altsteinzeit Menschen lebten. Prähistorische Funde gab es auch in anderen Teilen des Landes. Am ergiebigsten zeigte sich die Stätte Vučedol bei Vukovar, der Fundort der jungsteinzeitlichen »Taube von Vučedol« *(siehe S. 188)*.

Tongefäß aus Vučedol, 2800–2500 v. Chr.

Illyrer

Ab etwa 1200 v. Chr. lebten indoeuropäische Stämme in der Pannonischen Ebene, auf den Inseln und an der Küste. Die größeren (Histrer, Liburner, Dalmater, Japoden) hießen nach ihren Siedlungsgebieten, die ganze Region nannte man Illyrien. Die Illyrer handelten mit Bernstein und hatten Kontakt zu anderen mediterranen Völkern und nordeuropäischen Händlern. Mauerreste ihrer auf Bergen gelegenen Fluchtburgen sind noch heute vorhanden.

Kelten

Im 4. Jahrhundert v. Chr. verließen Land suchende keltische Stämme Gallien, folgten der Donau bis ins heutige Böhmen oder zogen bis zur griechischen Grenze. Etwa zur gleichen Zeit gründeten die Griechen befestigte Kolonien auf einigen dalmatinischen Inseln, zum Beispiel auf Vis und Hvar, sowie im Gebiet von Trogir und Salona. Griechischen Geschichtsschreibern zufolge kämpften die Kelten 335 v. Chr. am Südufer der Donau gegen Alexander den Großen. Ein Jahrhundert später griffen sie Delphi an und verblieben auf ihrem Rückzug in dem zwischen Save, Drau und Donau gelegenen Gebiet Paludes Volcae. Diese Scordisci genannten keltischen Gruppen vermischten sich mit den Illyrern. Kelten und Illyrer wurden schließlich im 2. Jahrhundert v. Chr. von den Römern besiegt. Diese vertrieben nach einigen Aufständen Teile der Bevölkerung, der Rest übernahm die Gebräuche der Eroberer.

ZEITSKALA

50 000–30 000 v. Chr. *Homo sapiens neanderthalensis* lebt bei Krapina

Der Krapina-Mensch lebte in der mittleren Altsteinzeit

1200 v. Chr. Illyrische Besiedlung des Balkans

279 v. Chr. Auf dem Balkan ansässige Kelten besiegen die Griechen

6500 v. Chr. | **3500 v. Chr.** | **500 v. Chr.**

6000–2500 v. Chr. Jungsteinzeit: Stätten von Danilo, Hvar und Butmir

2200–1800 v. Chr. Kupferzeit: Stätten von Lasinje und Vučedol

Bronzekappe 7.–6. Jahrhundert v. Chr.

390 v. Chr. Dionysios der Ältere von Syrakus erobert die Insel Vis und gründet eine Kolonie

◁ **Die Heiligen Paulus und Blasius auf einem Triptychon *(siehe S. 147)* von Nikola Božidarević (1476–1517/18)**

Römische Eroberung

Symbol des Römischen Reichs in Sisak

Rom eroberte Kroatien gleichsam in Etappen. Zuerst galt es, seeräuberische Angriffe von Liburnern oder Dalmatern auf römische Handelsschiffe zu beenden. Rom schickte mit der Flotte Legionen, die die Küstenstädte unterwarfen. Die erste Schlacht fand 229 v. Chr. statt – zuvor hatte die illyrische Königin Teuta einen römischen Gesandten ermorden lassen, der auf ein Ende der Piraterie gedrängt hatte. Die Rache Roms war gründlich. Epidaurum, Lissa und Pharos wurden angegriffen, erobert und zu Tributzahlungen an Rom verurteilt. Doch trotz gegenteiliger Versprechungen hörte die Seeräuberei nicht auf. Rom sandte deshalb seine Legionen aus, die östlich von Venedig in der 181 v. Chr. gegründeten befestigten Stadt Aquileia stationiert waren.

Bereits 177 v. Chr. hatten die römischen Truppen Istrien unterworfen, 20 Jahre später besiegte Publius Scipio Nasica erstmals die Dalmater bei Delminium sowie die im Mündungsgebiet der Neretva ansässigen Dalmater und Japoden. 119 v. Chr. schlugen die Römer die Scordisci und Illyrer und eroberten Segestica (Sisak). Ein weiterer römisch-illyrischer Krieg entzündete sich 87 v. Chr. Er sollte drei Jahre dauern und endete mit dem Sieg Roms. Im Jahr 48 v. Chr. unterstützten die Illyrer Pompeius in seinem Kampf gegen Cäsar mit Schiffen und Soldaten. Seine Niederlage schien zunächst auch ihren Untergang zu besiegeln. Doch viele Illyrer flohen mit ungebrochenem Kampfeswillen in die von den Römern nicht besetzten Wälder des Hinterlandes. Nur wenige Jahrzehnte später schlossen sich die illyrischen Stämme im Jahr 6 n. Chr. unter der Führung von Batone zu ihrem größten gemeinsamen Aufstand zusammen. Nach ersten siegreichen Schlachten drangen sie langsam in Richtung Italien vor. Doch nach drei harten Kriegsjahren gewannen die Römer aufgrund ihrer besseren Militärorganisation die Oberhand über Batones erschöpfte und ausgehungerte Armee.

In den folgenden Jahren wurde der Balkan unter Kaiser Augustus Teil des Römischen Reichs. Nach einem von Tiberius geführten Feldzug waren im Jahr 12 n. Chr. die illyrischen Verteidigungen niedergerissen. Neu gegründete Städte wurden durch breite Straßen verbunden, auf denen Armeen aufmarschieren konnten. Die Einheimischen erhielten den Status römischer Bürger und konnten öffentliche Ämter bekleiden. Insgesamt stammten sieben römische Kaiser aus Illyrien: Aurelian, Claudius II., Probus, Konstantin der Große, Valens, Valentinian und der wohl berühmteste, Diokletian.

Römische Straßen

Eine erste wichtige staatliche Investition der Römer war der Straßenbau. Die neuen Verkehrswege ermöglich-

Die Tabula Peutingeriana mit römischen Straßen

ZEITSKALA

229 v. Chr. Roms Armee zerstört illyrische Festungen, unterwirft die griechischen Kolonien Lissa und Pharos, erzwingt illyrische Steuern

107 v. Chr. Endgültiger Sieg Roms über die Scordisci, die aus der Region vertrieben werden. Rom verdankt den Sieg Quintus Minucius Rufus

300 v. Chr. | 200 v. Chr. | 100 v. Chr.

177 v. Chr. Die römische Flotte wird von Histrern angegriffen. Rom sendet eine Armee, die sie besiegt und vertreibt

Eines von vielen römischen Relikten aus der Stadt Sisak

119 v. Chr. Lucius Metellus besiegt die Scordisci und Dalmater bei Segestica (Sisak). Römer siedeln in Salona und beginnen mit dem Bau der Via Gabina von Salona nach Andretium

ten die schnelle Umstationierung von Legionen. Das Straßennetz war jahrhundertelang Basis der Verbindungswege in diesem Teil des Balkans.

Von Aquileia aus führten zwei Hauptverkehrsadern nach Pula auf der Istrischen Halbinsel sowie in Richtung Aemona (Ljubljana). Die wichtigste Verbindung in Dalmatien verlief von Aenona (Nin) nach Zadar und weiter über Scardona (Skradin), Tragurium (Trogir), Salona, Narona, Epidaurum (Cavtat) nach Catarum (Kotor). Von dieser Küstenstraße zweigten Wege ins Hinterland ab. Am belebtesten war die Straße, die von Salona über Klis und Sinj, bei der Stadt Aequum (Čitluk), in das heutige Bosnien führte. Eine andere Verkehrsader folgte dem Fluss Narenta (Neretva) bis nach Sirmium, dem heutigen Sremska Mitrovica, das eine der Hauptstädte des Römischen Reichs werden sollte.

Die nicht minder wichtigen Straßen im Hinterland folgten den Flüssen Save, Drau und Donau. Im Zentrum Pannoniens gewann die Stadt Siscia (Sisak) an Bedeutung. Von dort führten die Straßen weiter bis nach Andautonia (Šćitarjevo), Mursa (Osijek), Cuccium (Ilok), Marsonia (Vinkovci) und zu den Thermalbädern Aquae Salissae (Daruvar), Aquae Valissae (Lipik) und Aquae Iasae (Varaždinske Toplice).

Relief in den Thermen von Varaždinske Toplice

Stadtgründungen

Die Römer gründeten zunächst die istrischen Städte Poreč und Rovinj sowie Pula, das im 2. Jahrhundert große Bedeutung erlangte. Später wurden die illyrischen Städte auf den Hauptinseln und an der Küste roma-

Pula in römischer Zeit, Stich von 1819

nisiert. Die wichtigsten Siedlungszentren waren Senia (Senj), Aenona (Nin), Jadera (Zadar) und Delminium, heute ein Dorf östlich von Salona mit nur wenigen Relikten. Auch Promona bei Makarska, wo teilweise erhaltene römische Mauern stehen, und Burnum waren zu dieser Zeit schon besiedelt. Die Ruinen von Burnum liegen bei Kistanje an der Straße zwischen Knin und Benkovac. Die einstige Siedlung Blandona am Vrana-See gibt es heute nicht mehr, Scardona (Skradin), Tragurium (Trogir) und Salona (bei Split) dagegen schon. Das antike Narona liegt an der Mündung der Neretva bei Vid. Die Städte besaßen Befestigungsmauern, Foren, Triumphbogen und Aquädukte. Der am besten erhaltene Aquädukt versorgte einst Salona, er wurde unter Kaiser Diokletian bis nach Split verlängert und ist zum größten Teil immer noch in Gebrauch. Heute zählen zu den bedeutendsten römischen Monumenten Kroatiens das großartige Amphitheater in Pula *(siehe S. 62f)* und der überwältigende Palast des Kaisers Diokletian in Split *(siehe S. 120f)*.

6–9 n. Chr. Augustus erobert ganz Pannonien und beginnt mit dem Bau von Festungen an den Flüssen. Später wird die Region als »Provincia Pannoniae« Teil des Römischen Reichs

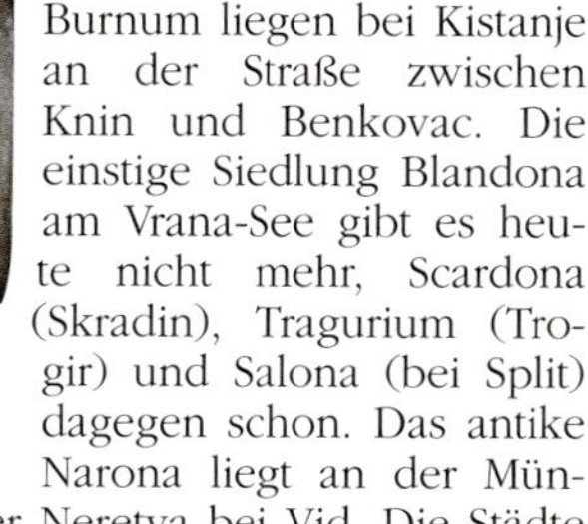

Statue des Kaisers Augustus

271 Aurelian erklärt die Donau zur Reichsgrenze, da er die am Strom lebenden Daker nicht besiegen kann

100 | **200**

12 n. Chr. Endgültige Niederlage der Illyrer. In Rom feiert Tiberius seinen Erfolg mit einem feierlichen Triumphzug, an dessen Spitze der gefangene Rebellenführer Batone vorgeführt wird

284 Diokletian wird Kaiser. Einige Jahre später beginnen die Arbeiten für den Palast in Split, in den er sich im Jahr 304 zurückzieht

Luftbild der römischen Ruinen der im Jahr 614 zerstörten antiken Stadt Salona

Invasionen der Ostgoten und Krise des Römischen Reichs

Nach einem relativ friedlichen Jahrhundert drangen 378 n.Chr. Ostgoten in Pannonien ein und zogen weiter nach Italien. Ab diesem Zeitpunkt und im ganzen 5. Jahrhundert wurde der Balkan von Hunnen, Vandalen, Westgoten und schließlich den Langobarden angegriffen, die 476 das Römische Reich zu Fall brachten.

Awaren und Slawen auf dem Balkan

Anfang des 6. Jahrhunderts drangen die Awaren und Slawen auf dem Balkan ein. Römer, die nicht in die Berge oder auf die Inseln flohen, wurden gefangen genommen und in die Sklaverei verkauft. 582 zerstörten die Awaren Sirmium (Sremska Mitrovica), eine der alten Hauptstädte des Römischen Reichs. Danach unterwarfen sie andere nomadische Stämme und formierten eine starke Armee, um Konstantinopel zu erobern. Doch der Versuch scheiterte. Einige Truppen kehrten in die asiatischen Steppen zurück, andere siedelten im Gebiet zwischen Donau und Theiß und überließen das Feld den Slawen. Diese besetzten Mähren und Böhmen und drängten nach Süden zur Adria, wo sie alle römischen Städte eroberten und 614 Salona zerstörten. Die Slawen siedelten auf dem Lande oder in den Ruinen der eingenommenen Städte, betrieben Ackerbau und Viehzucht und lebten in Gruppen aus erweiterten Großfamilien *(županija)*, denen jeweils ein *župan* vorstand.

Bulgaren und Rückeroberung durch Byzanz

Im Süden hielten die turkstämmigen Bulgaren, die am Unterlauf der Donau siedelten, die slawische Expansion auf. Nach dem Untergang Westroms wollte Byzanz den Balkan zurückgewinnen. Es besiegte mehrmals die

ZEITSKALA

395 Teilung des Römischen Reichs in ein Weströmisches und ein Oströmisches Reich

476 Odoaker setzt Romulus Augustulus, den letzten weströmischen Kaiser, ab und begründet das germanische Königtum in Italien

300 | **400** | **500**

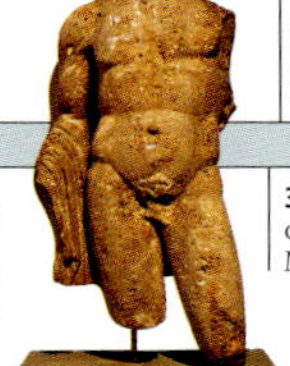

Römische Büste aus dem antiken Mursa

378 Ostgoten erobern und zerstören Mursa (Osijek)

437 Dalmatien fällt unter die Herrschaft Konstantinopels. Die Hunnen erobern Pannonien

500 Die Slawen besetzen Pannonien, das spätere Slawonien

lawen, versuchte aber auch, sie in ‹as Reich einzugliedern. Da seine 'lotte schnelle Truppenbewegungen ›rmöglichte, konnte Byzanz Grie-henland, Teile Makedoniens und die nseln Dalmatiens zurückerobern. Das Hinterland blieb in slawischer Hand.

Kroaten

Möglicherweise auf Anordnung des byzantinischen Kaisers Herakleios sie-delten sich im frühen 7. Jahrhundert Kroaten in Oberpannonien und Dal-matien an – ein slawisches, wohl aus dem heutigen Iran stammendes Volk. Sie mischten sich mit den einhei-mischen Römern oder Flüchtlingen aus dem Hinterland. Im Binnenland gründeten die Kroaten im 8. und 9. Jahrhundert Siedlungen, die Küs-tenstädte und Inseln unterstanden byzantinischen Gouverneuren, deren Flotte in Zadar ankerte. Im 9. Jahrhun-dert entstand ein erster kroatischer Staat in einem bergigen, heute Bis-kupija genannten Gebiet, das von der von Byzanz kontrollierten Küste und dem fränkisch dominierten Zentral-kroatien weit entfernt lag. In der klei-nen, Pet Crikvah genannten Siedlung wurden einige Kirchen errichtet, de-ren Fundamente bei archäologischen Ausgrabungen freigelegt wurden. Die Funde befinden sich heute in Split und Knin.

Franken

Ende des 8. Jahrhun-derts eroberten die Franken unter Karl dem Großen das heutige Nordkroatien, Böhmen, Slowenien, Istrien und Teile Dalmatiens. Das Ge-biet wurde in Grafschaf-ten aufgeteilt und loyalen

Grundmauern einer der Kirchen in Biskupija

Adeligen oder Bischöfen übertragen. Besondere Bedeutung für das Land gewann der Patriarch von Aquileia, der im 9. Jahrhundert Mönche und Priester aus dem byzantinischen Reich als Missionare aussandte, um die Kroaten zu christianisieren. Zu die-sen Priestern gehörten auch Kyrillos und Methodios, die die glagolitische Schrift entwickelten, um die Heilige Schrift in einer den Slawen verständli-chen Sprache verkünden zu können *(siehe S. 34f)*.

Erste kroatische Städte

Im 8. und frühen 9. Jahrhundert ent-standen erste kroatische Städte in der Nähe der byzantinisch regierten Zen-tren Zadar, Split, Dubrovnik und Tro-gir, deren Bewohner meist römischer Herkunft waren. In der Nähe von Zadar wurde Biograd gegründet, Knin wurde von Kroaten unter der Führung Fürst Višeslavs wie-derbesiedelt. Später entstand die Stadt Šibenik. In Pannonien erweckte Fürst Vojno-mir die römische Stadt Siscia (heute Sisak) und die antike Stadt Mursa (Osijek) zu neuem Leben.

Das bei Nin gefundene Taufbecken Fürst Višeslavs

614 Slawen und Awaren erobern und zerstören Salona. Die römische Bevölkerung flüchtet nach Split und auf die nahen Inseln

Ab 820 gründen Kroaten die Städte Biograd, Šibenik und Knin. Sinj und Osijek erwachen zu neuem Leben

600	700	800

Anfang 7. Jahrhundert Die Kroaten siedeln sich in Oberpannonien und Dalmatien an

799 Karl der Große besiegt und unterwirft die Kroaten in Laurana (Lovran). Beginn der kroatischen Christianisierung, Aenona (Nin) ist das kulturelle Zentrum. Erste Schriften auf Kroatisch

Büste Karls des Großen (742–814)

Kyrillos und Methodios

Die Brüder Kyrillos (827–869) und Methodios (815–885) spielten bei der Christianisierung der Slawen eine entscheidende Rolle. Die Söhne eines byzantinischen Offiziers wurden in Thessaloniki geboren. Die zu jener Zeit zu Byzanz gehörende Stadt zählte zu den weltläufigsten im Mittelmeerraum. Die Brüder lernten dort mehrere Sprachen, darunter Slawisch. Sie beschritten zunächst unterschiedliche Berufswege, traten dann aber beide ins Kloster ein. 863 wurden sie vom byzantinischen Kaiser Michael III. in das Großmährische Reich gesandt, um die slawische (nicht lateinische) Liturgie zu verbreiten. Sie entwickelten für die slawische Sprache das glagolitische Alphabet und übersetzten religiöse Texte. Vor allem an der Küste übernahmen kroatische Mönche die Glagoliza. Ihre Texte haben vielerorts überlebt. Die glagolitische war Vorläuferin der nach Kyrillos benannten kyrillischen Schrift.

Methodios *trat nach einer Laufbahn in Verwaltung und Militär in ein Kloster ein. 869 wurde er Erzbischof von Mähren und Pannonien und übersiedelte als päpstlicher Gesandter zur slawischen Bevölkerung nach Prag, wo er missionarisch arbeitete und die Übersetzung der Bibel in das Altslawische vollendete.*

Die Priester, darunter Kyrillos und Methodios, wurden in Rom mit größter Feierlichkeit empfangen.

Methodios und sein Bruder übergaben dem Papst die Reliquien des hl. Clemens, des vierten römischen Papstes. Dieser war im Jahr 102 auf der Krim verstorben.

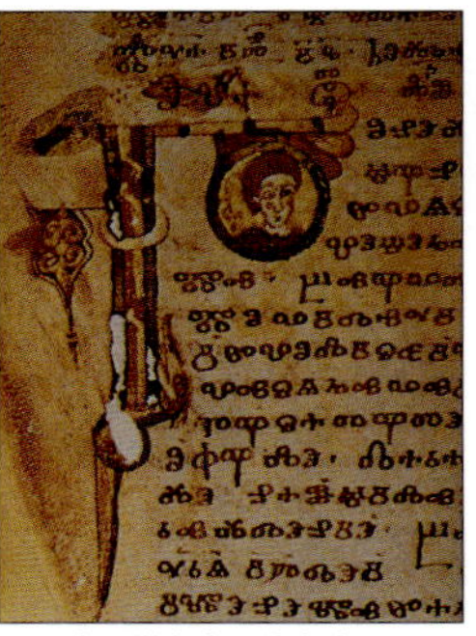

Das glagolitische Alphabet *besteht aus 40 Buchstaben, deren Abfolge auf dem griechischen Alphabet basiert. Für bestimmte slawische Laute, die im Griechischen nicht vorhanden sind, wurden eigene Zeichen eingeführt.*

Die Christianisierung der Kroaten *spiegelte sich schon bald in Kunst und Handwerk, so auch in Sakralobjekten, die mit traditionellen Techniken der Steinbildhauerei und Goldschmiedekunst gefertigt wurden. Die schlichte Christusdarstellung auf diesem kleinen Kreuz von Zadar stammt aus dem 9. Jahrhundert.*

Die glagolitische Schrift *verbreitete sich beim slawischen Klerus. Sie war in römisch kontrollierten Gebieten verboten, wurde aber jahrhundertelang in abgelegenen Klöstern verwendet.*

Kyrillos und Methodios wurden 1979 zu den Schutzheiligen des europäischen Kontinents ernannt. Viele Kirchen, Studienzentren, Universitätsinstitute und Bibliotheken (etwa in Bulgarien) sind Kyrillos oder oft auch beiden Missionaren gewidmet.

Kyrillos *hieß eigentlich Konstantin. Er benannte sich um, als er in Rom Mönch wurde. Der »Slawenapostel« widmete sich humanistischen Studien, war Philosophielehrer und später verantwortlich für die Bibliothek von Byzanz. Der für seine Arbeit hoch geschätzte Gelehrte starb 869 in Rom.*

Kyrillos und Methodios in Rom

Im Jahr 867 lud Papst Hadrian II. die Brüder nach Rom ein und erkannte die slawische Liturgie an. Nach seiner Rückkehr nach Mähren wurde Methodios vom Patriarchen von Aquileia und dem Erzbischof von Salzburg angegriffen, die die Missionierung der Slawen nur Priestern deutscher Herkunft übertragen wollten. Methodios wurde eingekerkert, gefoltert und erst nach 15 Monaten durch die Intervention Papst Johannes' VIII. wieder befreit.

ZEITSKALA

863 Fürst Rastislaw holt Kyrillos und Methodios als christliche Missionare in das Großmährische Reich

869 Der kranke Kyrillos zieht sich in ein Kloster in Rom zurück und stirbt. Methodios wird Erzbischof von Pannonien und Mähren sowie päpstlicher Gesandter zu den Slawen und siedelt nach Prag über

893 Die Glagoliza wird durch griechische Zeichen verändert. Das neue kyrillische Alphabet verbreitet sich unter Serben, Makedoniern und Russen

860 | 870 | 880 | 890

866 Kyrillos und Methodios übersetzen die Bibel und sakrale Texte ins Slawische und entwickeln die Glagoliza. Slawische Liturgie wird in Böhmen eingeführt

867 Kyrillos und Methodios werden von Papst Hadrian II. nach Rom eingeladen. Er erlaubt die slawische Liturgie

Mosaik am Grab des Kyrillos

885 Papst Stephan V. verbietet die slawische Liturgie

Ungarn

Ende des 9. Jahrhunderts schien die Lage auf dem Balkan stabil. Jedoch wurde die Region erneut erschüttert durch die letzte große Invasion des 1. Jahrtausends: Die vom Ural kommenden Ungarn drangen in Europa ein, siedelten sich unter der Führung ihres Königs Arpad am Mittellauf der Donau und in den Tälern Siebenbürgens an und vertrieben die Slawen und andere Stämme. Ihre Feldzüge führten sie auch nach Mitteleuropa, doch dort wurden sie 955 von Kaiser Otto I. in der Schlacht auf dem Lechfeld bei Augsburg vernichtend geschlagen. In der Folge zogen sie sich in ihr heutiges Siedlungsgebiet in Ungarn und Siebenbürgen zurück.

Statue des ersten kroatischen Königs Tomislav

Kroatisches Königreich

845 erhielten die Kroaten unter Herzog Trpimir inoffizielle Autonomie von den Franken. Ihr neuer Staat, der auch Teile Dalmatiens kontrollierte, wurde unter Branimir I. (879–92) vom Papst anerkannt. 925 krönte man Fürst Tomislav zum ersten König. Nach seinem Tod 928 herrschte Anarchie, bis König Petar Krešimir IV. (1058–74) an die Macht kam, Kroatien vereinte und die dalmatinischen Inseln eroberte. Als das morgenländische Schisma 1054 die Spaltung zwischen Ost- und Westkirche besiegelte, schlug sich Kroatien auf die Seite Roms. Nach dem Tod Petar Krešimirs IV. wurde Zvonimir, Schwager des ungarischen Königs Ladislaus I., von Papst Gregor VII. als Krešimirs Nachfolger gekrönt. Er erklärte sich zum Untertan Roms, die kroatische Aristokratie weigerte sich jedoch, am Krieg gegen die Türken teilzunehmen, und ermordete 1089 Zvonimir.

Relief des Königs Zvonimir in der Taufkapelle von Sv. Ivan in Split

Union mit Ungarn

Der Nachfolger des ungarischen Königs Ladislaus I., Koloman (1095–1116), eroberte Kroatien und wurde zum König von Dalmatien und Kroatien gekrönt. 1102 entschied man sich für eine Union von Kroatien und Ungarn. Dem neu gegründeten kroatischen Parlament *(sabor)* stand ein vom König bestimmter *ban* (Vizekönig) vor. Der Staat wurde in Gespanschaften aufgeteilt, die von kroatischen und ungarischen Adligen regiert wurden. Im folgenden Jahrhundert teilte König Bela IV. angesichts der Tatarenüberfälle das Land in die jeweils von einem *ban* regierten Teile Kroatien und Slawonien auf. Neue Städte entstanden, die z.T. das Privileg einer freien Stadt erhielten.

Freie Königsstädte

Diese mit Mauern, Gräben und Türmen befestigten Städte wurden vor allem in Pannonien und Nordkroatien gebaut. Das zu jener Zeit gegründete Varaždin stieg zu einem der wichtigsten Handelszentren der Region auf und war für lange Zeit Sitz des *sabor*.

ZEITSKALA

896 Ungarn siedeln sich zwischen Theiß und Donau an

899 Ungarn dringen auf den Balkan vor und zerstören die Städte der Kroaten, diese flüchten nach Dalmatien

850

900

910 Fürst Tomislav besiegt die Ungarn und drängt sie hinter die Save zurück. Er erhält von Byzanz das Recht, die dalmatinischen Städte zu regieren

925 Tomislav wird mit dem Segen des Papstes erster König der Kroaten

930 Byzanz erneuert die Union mit den Küstenstädten, die an den Kaiser Steuern zahlen

950

956 Der kroatische Fürst Branimir II. rebelliert gegen Byzanz. Er erhält mit dem Segen des Papstes den Titel König von Kroatien

1000

1000 Erster bewaffneter Seefeldzug Venedigs gegen Piraten bei der Mündung der Neretva. Insel- und Küstenstädte Istriens und Dalmatiens geloben Venedig Treue

Die Goldene Bulle von 1242 erklärt Zagreb (Gradec) zur Freien Königsstadt

Die auf den Ruinen alter römischer Städte entstandenen Siedlungen wurden auch befestigt, etwa das 1252 zur königlichen Stadt erklärte Križevci, das 1356 zur freien Stadt ernannte Koprivnica oder Ludbreg. Die ab 1320 freie Stadt spielte eine wichtige Rolle in der Verteidigung der Region. Der Unterlauf der Drau wurde militärisch verstärkt, indem man Sisak und weiter südlich Slavonski Brod umbaute. Zagreb wurde 1242 freie königliche Stadt, Vukovar erhielt bereits 1231 den Status als freie Stadt. Dank der Steuerbegünstigungen und der Unabhängigkeit von Feudalherren gewannen diese Städte an Bedeutung und zogen ausländische Kaufleute und Künstler an.

Festungen

Bela IV. ließ an strategisch wichtigen Plätzen Festungen bauen, die direkt dem König oder bedeutenden Feudalherren unterstanden. Noch heute sieht man ihre mächtigen Ruinen, etwa in Ružica bei Orahovica in Slawonien. Samobor in Zentralkroatien wurde vergrößert und erhielt wie Klis, Knin und Sinj in Dalmatien eine Burg. Adelsfamilien waren angewiesen, Festen zu bauen und zu bemannen. So zogen beispielsweise die Grafen Bribir nach Zrin und nahmen den Namen »Zrinski« an. Mit diesen Maßnahmen versuchte man, einen Staat zu stärken, dem nach den Tatarenüberfällen nun eine türkische Invasion drohte.

Venedig, Istrien und Dalmatien

Anders verlief die Entwicklung an der Adriaküste, deren Schicksal eng mit dem Venedigs verknüpft war. Der größte Teil Istriens unterstand dem Patriarchat von Aquileia und dessen ziviler und kirchlicher Rechtsprechung. Ab dem Jahr 1000 schlossen viele Küstenstädte Verträge mit Venedig, dessen mächtige Flotte sie gegen Piraten schützen konnte. Venedig wiederum brauchte Istriens Städte bzw. deren befestigte Häfen für seine Handelsschiffe, die auf ihren Fahrten gen Osten die kroatische Küste entlangsegelten. Im 13. Jahrhundert baten einige Städte um die – meist friedliche – Übernahme durch die Schutzmacht. In Zadar zwangen jedoch zwei sich bekämpfende Fraktionen die Seerepublik, auf dem Weg ins Heilige Land befindliche Kreuzritter einzusetzen, um die Stadt zu unterwerfen (1202). Zadar ergab sich 1204, im folgenden Jahr eroberte Venedig Istrien und Dubrovnik.

Einnahme Zadars durch die Venezianer, gemalt von Andrea Vicentino

1058 König Petar Krešimir IV. vereint Kroatien und erobert die dalmatinischen Inseln

1102 Der ungarische König Koloman, der Nachfolger von Ladislaus I., wird zum König von Kroatien und Dalmatien gekrönt

Königliche Münze Slawoniens, 1200

1202 Um ihre Schuld Venedig gegenüber zu begleichen, erobern Kreuzritter das lange Widerstand leistende Zadar

1050 | 1100 | 1150 | 1200

1091 Der ungarische König Ladislaus I., Bruder von Zvonimirs Witwe, vereint Kroatien und Ungarn

1075 Zvonimir wird von Papst Gregor VII. zum König von Kroatien gekrönt

1222 Mit der Goldenen Bulle garantiert der ungarische König Andreas II. die Rechte der kroatischen Aristokratie und übergibt einen Teil seiner Macht an den Adel

Republik Ragusa

In der Geschichte Kroatiens schrieb Dubrovnik, das früher Ragusa hieß, ein eigenes Kapitel. Die Stadt wurde von Flüchtlingen aus dem von den Awaren zerstörten Epidaurum gegründet. Dank der zentralen Lage an der Küste und des sicheren Hafens stieg Ragusa zu einem bedeutenden Handelsplatz auf. 1205 fiel die Stadt für 150 Jahre unter die Herrschaft von Venedig. Aus dieser Epoche rührt das heutige Erscheinungsbild Dubrovniks. 1358 besiegte der ungarische König Ludwig I. Venedig und vereinte Kroatien erneut. Ragusa erwarb im Jahr 1382 jedoch seine Freiheit durch einen Vertrag mit Ungarn. Die von nun an unabhängige Republik entwickelte sich zu einem wichtigen Macht- und Kulturzentrum. 1808 verlor Ragusa durch den Einmarsch der napoleonischen Truppen den Status als Republik.

Alte Darstellung der Republik Ragusa

Unter türkischer Herrschaft

Als der Tod Andreas' III. im Jahr 1301 das Ende der Arpaden-Dynastie besiegelte, entzündeten sich im ungarischen Königreich Konflikte um die Thronfolge, bis 1308 Karl Robert aus dem Haus von Anjou-Neapel die Königswürde erhielt. Unter der Dynastie, zu der auch Matthias Corvinus (1458–90) gehörte, erlebte das Königreich Ungarn-Kroatien eine lange Blütezeit. So konkurrierte es in dieser Epoche mit Venedig um den Besitz der Küste und der adriatischen Inseln. Gleichzeitig drohte jedoch eine Invasion der Türken, die nach der Schicksalsschlacht auf dem Amselfeld (Kosovo Polje, 1389) Bosnien und Teile von Serbien eroberten. 1463 drang Sultan Mohammed II. Fatih, »der Eroberer«, von Bosnien aus in Kroatien ein. Schließlich unterlag die kroatische Armee im Jahr 1493 in der Schlacht auf dem Krbavsko Polje. Als der ungarische König Ludwig II. in der Schlacht bei Mohács am 29. August 1526 fiel und keine Erben hinterließ, war der Weg endgültig frei für die Türken, die unter Süleiman II., »dem Prächtigen«, fast ganz Kroatien und einen großen Teil Ungarns in ihren Besitz nahmen.

Osmanische Armee in der Schlacht bei Mohács

ZEITSKALA

1301–08 Die Dynastie der Arpaden stirbt mit Andreas III. aus. Nach Thronfolgestreitigkeiten wird Karl Robert von Anjou-Neapel König

Silberne Münze zum Gedenken an die Schlacht bei Mohács

1527 Der Westteil Ungarns fällt an die Habsburger

1526 Ludwig II. fällt in der Schlacht bei Mohács gegen die Türken

1300 | 1350 | 1400 | 1450 | 1500

1409 Nach einem kostspieligen Krieg gegen Sigismund von Habsburg wird Ladislaus von Anjou-Neapel König von Ungarn und Kroatien. Er verkauft Dalmatien an Venedig

1493 Der bosnische Pascha Jakub besiegt die kroatischen Truppen auf dem Krbavsko Polje

1520 Marko Marulić verfasst *Judita*, das erste auf Kroatisch geschriebene Buch

Blick auf Osijek zur Zeit der Befreiung von den Türken 1687

Bande mit den Habsburgern

Im Jahr 1527 übertrugen der kroatische und ungarische Adel die restlichen Gebiete des Königreichs an Erzherzog Ferdinand von Habsburg. Dieser zentralisierte die Staatsmacht und entband den Adel von der Kontrolle der Städte und Grenzgebiete. 1578 richtete er das Grenzgebiet *Vojna Krajina* ein, das vom Militärgouverneur von Wien regiert wurde und als Pufferzone gegen die heranrückenden Türken diente. Dort siedelte man Flüchtlinge aus Serbien, Bosnien und der Walachei als Wehrbauern an. Tatsächlich ruhten für einige Jahrzehnte die Waffen, bis die Türken erneut Offensiven gegen Wien starteten. 1664 und 1683 wurden sie zurückgedrängt. Dies gab den Ausschlag für den nun beginnenden langsamen Rückzug der »Ungläubigen« aus Kroatien, das sie zehn Jahre später ganz aufgaben. Bosnien dagegen verblieb unter türkischer Herrschaft. Die zurückeroberten Gebiete waren noch bis 1881 Grenzland. Die hier von Wien verfolgte hohe Besteuerung und die Zentralisierungspolitik riefen Missmut hervor. Bereits 1670 versuchten die mächtigen kroatischen Familien Frankopan und Zrinski *(siehe S. 177)*, Kroatien von Ungarn und Wien zu lösen – die Rebellion wurde 1671 mit der Enthauptung von *ban* Petar Zrinski und Fran Krsto Frankopan im Keim erstickt.

Venedig und Erwerb Dalmatiens

Die Kriege mit Venedig um die Küste Dalmatiens dauerten bis 1409, als Ladislaus von Anjou, König von Neapel, seine Ansprüche auf Dalmatien aufgab und es für 100 000 Golddukaten an Venedig verkaufte. Die Herrschaft der Seerepublik sollte erst mit der Niederlage gegen Napoléon 1797 enden. Auch andere Städte strebten die Zugehörigkeit zu Venedig an, da die »Serenissima« relativ große Autonomie gewährte und hauptsächlich an der Sicherheit der Häfen interessiert war. Venedig stattete die Städte mit Bastionen aus, die heute noch deren Wahrzeichen sind. In den Kriegen im frühen 18. Jahrhundert eroberte Venedig ganz Dalmatien außer Dubrovnik (die damals unabhängige Republik Ragusa) und einem kleinen Küstenstreifen, der sich als Korridor bis zu den Gipfeln des Velebit-Gebirges erstreckte, das noch heute die Grenze zwischen Kroatien und Bosnien und Herzegowina markiert.

Fran Krsto Frankopan wurde 1671 geköpft

1566 Süleiman II. belagert Siget, das unter Nikola Zrinski fünf Wochen lang Widerstand leistet

1573 Der Bauernaufstand gegen Adel und Kaiser in Zagorje wird blutig niedergeschlagen

1592 Die Türken erobern Bihać und dehnen die Grenze bis zum Fluss Kupa aus, der auch heute noch Bosnien von Kroatien trennt

1670 Versuchte Revolte der kroatischen *ban* Petar Zrinski und Fran Krsto Frankopan gegen Leopold I.

1683 Türkische Belagerung Wiens; Österreich gewinnt und erobert Buda und Pannonien zurück

1688 Papst Innozenz XI. ruft zum Kampf gegen die Türken auf. Diese verlieren 1716 die Schlacht bei Petrovaradin, ganz Kroatien wird zurückerobert

1718 Durch den Frieden von Passarowitz verlieren die Türken Serbien und Teile des Binnenlandes von Dalmatien

1550 | **1600** | **1650** | **1700** | **1750**

Nikola Zrinski, ban von Kroatien

Karikatur zum Wiener Kongress

Frankreichs illyrische Provinzen

Die Napoleonischen Kriege wirkten sich auch auf Kroatien aus, das ab 1809 fünf Jahre lang als »Illyrische Provinzen« unter der Herrschaft des französischen Marschalls Marmont stand. Die in dieser kurzen Periode in die Wege geleiteten wirtschaftlichen und rechtlichen Reformen hinterließen tiefe Spuren in der kroatischen Gesellschaft. Der wachsende Nationalismus in Europa weckte zudem den Wunsch, erneut einen vereinten Staat aufzubauen. Auf dem Wiener Kongress (1814/15) unterstützte Kroatien die Expansionspolitik Österreichs, das alle istrischen und dalmatinischen Gebiete annektierte, die zuvor zu Venedig oder zur Republik Ragusa gehört hatten.

Illyrische Bewegung

Kroatisch-nationalistische Bestrebungen zeigten sich auch in Bewegungen, die u.a. die durch die Industrialisierung neu entstandene Arbeiterklasse politisierten. Die ideologische Grundlage des Nationalismus lieferten die 1834 veröffentlichten Schriften des »Illyrers« Ljudevit Gaj (1809–1872).

Dieser Tendenz standen Ungarn Expansionsvorhaben gegenüber. In der Absicht, stärkere Kontrolle übe die Grenzgebiete auszuüben, wurde Ungarisch dort Amts- und Schulsprache. In den einst venezianischen Gebieten entwickelte sich dagegen ein pro-italienischer Nationalismus, der eine Vereinigung mit Italien propagierte und dessen Ideen beim städtischen Bürgertum Dalmatiens und Istriens Anklang fanden. Österreich zeigte sich von diesen Entwicklungen unbeeindruckt und versuchte sogar, Deutsch als Schulsprache einzuführen. Eine mögliche Vereinigung der kroatischen Gebiete wurde durch die Aufrechterhaltung der Militärgrenze *Krajina* und durch Zollgrenzen behindert. Staatsinvestitionen wie die Erweiterung der Häfen von Rijeka und Pula zu österreichischen Flottenstützpunkten und die Erneuerung des Straßennetzes dienten in erster Linie österreichischen Interessen.

Von der Revolution 1848 bis zur k.u.k. Monarchie

Nach dem Erfolg des *sabor* (Parlament) in Zagreb 1847, Kroatisch als Amtssprache durchzusetzen und den Feudalismus abzuschaffen, zogen auch der Aufstand des ungarischen Volkes und die Hoffnungen, die die italienische Revolution von 1848 geschürt hatte, Veränderungen in der kroatischen Politik nach sich. *Ban* Josip Jelačić, der die ungarische Rebellion und die zwiespältige österreichische Politik missinterpretierte, führte Krieg gegen das revolutionäre

Der kroatische Nationalheld *ban* Josip Jelačić

ZEITSKALA

1809 Napoléon Bonaparte gründet die Illyrischen Provinzen

Napoléon Bonaparte

1830 Ljudevit Gaj publiziert Regeln der kroatisch-slawischen Orthografie und führt die im lateinischen Alphabet fehlenden diakritischen Zeichen ein

Ljudevit Gaj war Führer des Illyrismus

1800 | 1810 | 1820 | 1830 | 1840 | 1850

1815 Wiener Kongressakte: Österreich erhält alle Gebiete der Republik Venedig

1832 Janko Drašković veröffentlicht seine *Dissertation* gegen ungarische und österreichische Herrschaft und für die Idee von Illyrien als »Mutter« der Kroaten

1847 Die Illyrische Bewegung gewinnt die Mehrheit im kroatischen Parlament und erklärt Kroatisch zur Amtssprache

1848–50 Ungarische Revolte: Wien beschneidet regionale Autonomie, löst den *sabor* auf und erklärt Deutsch zur Amtssprache

Ungarn. Doch die gerettete Monarchie Österreichs verfolgte verstärkt ihre Politik der Zentralisierung. 1867 gründete Kaiser Franz Joseph die Doppelmonarchie Österreich-Ungarn. Ungarn wurden Autonomie, ein Korridor zum Meer sowie Rijeka samt Hinterland zugebilligt. Unter dem Druck des *sabor* jedoch verlieh der Kaiser 1868 Kroatien den Status »einer Nation mit Territorium innerhalb des Reiches Österreich-Ungarn«, zu deren politischem und kulturellem Zentrum Zagreb aufstieg. Im Jahr 1863 gründete der Bischof von Đakovo, Josip Juraj Strossmayer, die Kroatische Akademie der Künste und Wissenschaften sowie 1874 die erste Universität auf dem Balkan.

Bischof Josip Juraj Strossmayer gründete die Universität von Zagreb

Streit entzündete sich zwischen den politischen Lagern, die drei verschiedene Hauptrichtungen vertraten. Während die einen von einer Staatenkonföderation im Habsburger Reich träumten, wollten andere die Slawen in einem eigenen Staat vereinen oder sahen den Zeitpunkt für die Gründung eines unabhängigen kroatischen Staats gekommen. 1878 wuchsen die Spannungen, als Bosnien und Herzegowina unter österreichische Herrschaft kamen – sehr zum Unwillen Serbiens, das 1882 nach dem Rückzug der Türken gegründet worden war. Die politische Elite Serbiens wollte die Südslawen vereinen und Serbien auf die von ihr als serbische Besitztümer verstandenen Gebiete Richtung Dalmatien und Slawonien ausdehnen. Im letzten Jahrzehnt des 19. Jahrhunderts keimten auch in Dalmatien und Istrien politische Konflikte auf, und zwar zwischen dem nach Unabhängigkeit strebenden Bürgertum in den vormals venezianischen Städten und anderen Gruppen, die für eine Union mit Serbien einstanden. Letztlich profitierte Österreich von diesen internen Kontroversen – Autonomie gewährte es keinem der Gebiete.

Flagge des Ungarisch-Kroatischen Regiments

Erster Weltkrieg

Als 1914 nach der Ermordung des Erzherzogs Franz Ferdinand in Sarajewo der Erste Weltkrieg ausgebrochen war, zerbrach das Habsburger Reich. Wie viele andere Völker mussten auch die Kroaten für ihre Rolle in diesem Krieg bitter bezahlen – sie konnten sich aber auch endlich von der Fremdherrschaft befreien.

1860 Österreichischer Kaiser setzt den *sabor* wieder ein

1868 Gründung des Vereinigten Königreichs Kroatien und Slowenien mit Unterstützung Kaiser Franz Josephs

1881 Wien löst die *Vojna Krajina* auf. Die Gebiete fallen wieder an Kroatien

Kaiser Franz Joseph

1904 Antun und Stjepan Radić gründen die Bauernpartei

1908 Österreich annektiert Bosnien und Herzegowina

1912 Slavko Cuvaj, *ban* von Kroatien, löst den *sabor* auf und schafft die Verfassung ab

1914 Attentat von Sarajewo und Ausbruch des Ersten Weltkriegs

1860 | 1870 | 1880 | 1890 | 1900 | 1910

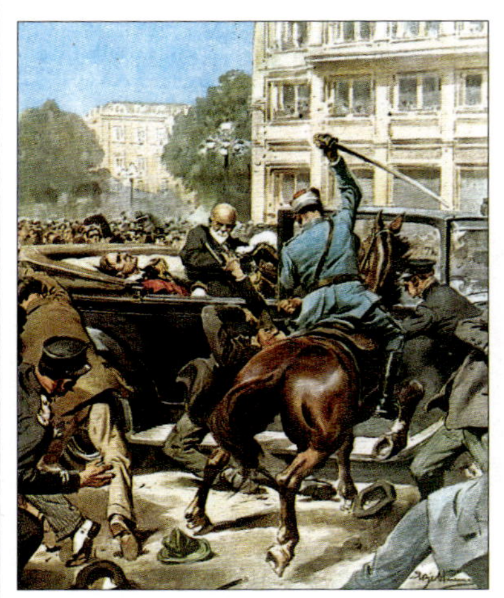

Ermordung König Alexanders I. in Marseille (1934)

Vom Staat der Slowenen, Kroaten und Serben zum Königreich Jugoslawien

Kroatien proklamierte 1918 seine Unabhängigkeit, trat jedoch nur wenige Monate später einem von der serbischen Dynastie Karađorđević regierten Staat der Slowenen und Serben bei. Durch den Rapallovertrag fielen 1920 Istrien, Zadar, die Inseln Lošinj, Cres, Lastovo und Palagruža, 1924 Rijeka an Italien. Die Unzufriedenheit der Kroaten äußerte sich im regen Zulauf, den die von Stjepan Radić geführte Bauernpartei erhielt – bis Radić 1928 im Belgrader Parlament erschossen wurde. Die in Kroatien ausgebrochenen Revolten wurden unterdrückt. 1929 hob König Alexander I. die Verfassung auf und gründete das Königreich Jugoslawien. Die Ermordung des Königs in Marseille (1934) durch einen Anhänger der von Ante Pavelić geführten faschistischen Ustaše-Bewegung verschärfte die Spannungen. Um einen Aufstand zu verhindern, grenzte die Regierung in Belgrad 1939 die Banovina von Kroatien innerhalb des jugoslawischen Königreichs ab. Wenige Tage danach brach der Zweite Weltkrieg aus.

Tito mit Frau und Sohn auf einem Foto von 1927

Zweiter Weltkrieg

Jugoslawien unterstützte anfänglich die Großmächte – doch als der König durch einen Militärputsch abgesetzt wurde, marschierten deutsche Truppen im Land ein. In Kroatien entstand ein Königreich, das nominell von Aimone von Spoleto, tatsächlich aber als unabhängiger Staat von Ante Pavelić und der Ustaše regiert wurde. Italien unterstanden die Inseln und die Städte an der dalmatinischen Küste. Der antifaschistische Widerstand erstarkte unter der Führung von Marschall Titos Kommunistischer Partei in ganz Jugoslawien.

Marschall Tito

Nach dem Krieg fielen dem wiedervereinten Jugoslawien die nach dem Ersten Weltkrieg Italien zugesprochenen Territorien zu *(siehe S. 49)*, außerdem die damals ungarischen Gebiete Prekomurje und Teile der Baranja.

1948 beschritt Tito nach dem Bruch zwischen der jugoslawischen und der sowjetischen Kommunistischen Partei den Weg der Neutralität zwischen den Blöcken des Kalten

ZEITSKALA

1919 Pariser Vorortverträge: Gründung des späteren Königreichs Jugoslawien aus Slowenien, Kroatien und Serbien

1929 König Alexander Karađorđević proklamiert die Königsdiktatur. Der Kroate Ante Pavelić gründet die faschistische Ustaše zum Kampf gegen die Serben

1934 König Alexander I. wird in Marseille ermordet. Sein Cousin Paul übernimmt die Macht

1939–41 Zweiter Weltkrieg: Jugoslawien wird erobert und aufgeteilt. Kroatien wird nominell ein Königreich unter Aimone von Spoleto

1945 Gründung der Bundesrepublik Jugoslawien

1947/48 Fast alle Italiener verlassen Istrien und Dalmatien

1948 Jugoslawien entzieht sich dem sowjetischen Einfluss und beginnt Politik der Blockfreiheit

1920 | 1930 | 1940 | 1950 | 1960

Kriegs. Tito konnte die Volksgruppen zusammenhalten, doch schon bald nach seinem Tod im Jahr 1980 verschärften sich im Vielvölkerstaat Jugoslawien ethnische Konflikte. Auch die Verfassungsreform, die die Dominanz Serbiens abbauen sollte, konnte antijugoslawischen Strömungen in Kroatien und Slowenien nicht entgegenwirken. In diesen Gebieten äußerte sich der Widerstand in religiösen und national-separatistischen Bewegungen.

Ivo Josipović wurde 2010 zum Präsidenten gewählt

Auflösung der Sozialistischen Bundesrepublik Jugoslawien

Der Fall der Berliner Mauer im November 1989 und der sich ab 1990 abzeichnende Zerfall der Sowjetunion bestärkten in Slowenien, Kroatien (unter dem ersten Präsidenten Franjo Tuđman) und Mazedonien die Bestrebungen nach staatlicher Unabhängigkeit – im Mai 1991 gewannen die Separatisten das diesbezügliche Referendum. Dagegen rebellierte eine von der Jugoslawischen Volksarmee (JVA) aus Belgrad unterstützte serbische Fraktion. Es folgte ein militärischer Konflikt, der in Slowenien zehn Tage, in Kroatien dagegen erheblich länger dauerte. Unter dem Vorwand, Serben verteidigen zu müssen, besetzte die JVA Teile Slawoniens und der Baranja. In der Krajina wurde die Serbische Republik Krajina mit Knin als Hauptstadt gegründet. Ein Fünftel von Kroatien fiel an serbische Soldaten. Dubrovnik wurde sieben Monate lang belagert. Im Jahr 1995 eroberte Kroatiens Armee das serbisch besetzte Gebiet zurück.

Im Krieg von 1991 bis 1995 zerbombte Häuser in Vukovar

Kroatien nach dem Krieg

Im Abkommen von Erdut wurde der Wiedereingliederung dieser Gebiete zugestimmt, doch die betroffenen Territorien (Slawonien und Krajina) standen noch bis 1998 unter Verwaltung der Vereinten Nationen.

In den folgenden Jahren widmete sich die Regierung der Auflösung des riesigen Staatsapparats und dem Verkauf der staatlichen Banken, Hotels, Fremdenverkehrseinrichtungen und Fabriken.

Vorrangige außenpolitische Ziele seit Beginn des 20. Jahrhunderts waren der Beitritt des Landes zur NATO und zur Europäischen Union (EU), für diese Ziele unternahm Kroatien maßgebliche Anstrengungen. Die Aufnahme in das westliche Verteidigungsbündnis erfolgte 2009, seit 2013 ist Kroatien EU-Mitglied.

Der Staat gliedert sich in 21 *županije* (Gespanschaften), unter ihnen auch die Hauptstadt Zagreb. Zu den Wirkungsbereichen dieser Verwaltungseinheiten gehören insbesondere Bildung, Gesundheit sowie Verkehr und Infrastruktur.

- **1980** Präsident Tito stirbt, Beginn der Nationalitätenkonflikte
- **1991** Slowenien und Kroatien verlassen die Republik, von Serben bewohnte kroatische Gebiete werden von der JVA besetzt, Krieg zwischen Serbien und Kroatien
- **1995** Abkommen von Erdut: Slawonien und Krajina werden von der UNO verwaltet
- **1998** Eingliederung von Slawonien und Krajina in Kroatien
- **2000** Stipe Mesić wird Präsident der Republik
- **2009** Kroatien tritt der NATO bei
- **2010** Ivo Josipović wird zum Präsidenten gewählt
- **2011** Zoran Milanović wird neuer Premierminister Kroatiens
- **2013** Kroatien wird 28. Mitgliedsstaat der Europäischen Union (EU)

1980 | 1990 | 2000 | 2010 | 2020

Die Regionen Kroatiens

Kroatien im Überblick

Kroatiens faszinierende Vielfalt zeigt sich in ethnischer, historischer, architektonischer und landschaftlicher Hinsicht. Der Norden war Österreich eng verbunden, die mit Glockentürmen verzierten Barockkirchen und Profanbauten aus dem 19. Jahrhundert erinnern stark an Wien. Im Osten beginnt die ungarische Tiefebene mit ihren breiten Flüssen. Dort schmiegen sich malerische Häuser mit überhängenden Dächern in die Landschaft. An der zerklüfteten Adriaküste und auf der reichen Inselwelt zeugen die Städte mit ihren Kirchen, Klöstern, Palazzi und Festungen von einer jahrhundertealten venezianischen Kultur und den großartigen Errungenschaften der Renaissance.

Markov trg
Der Platz (siehe S. 154f) *mit der gotischen Kathedrale Sv. Marko ist der älteste der Stadt und Herz des Zagreber Viertels Gornji Grad.*

Mosaiken der Euphrasius-Basilika
Die Kirche (siehe S. 54f) *birgt einige der schönsten byzantinischen Kunstwerke in Kroatien.*

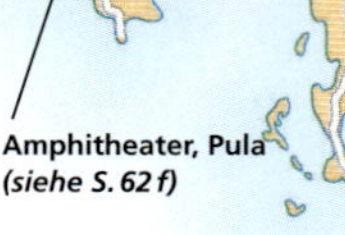

Amphitheater, Pula ***(siehe S. 62f)***

Nationalpark Plitvicer Seen
Mit seinen 16 von Wäldern umgebenen Seen ist dieses Schutzgebiet (siehe S. 86f) *ein wahres Naturwunder. Die Wasserfälle schillern im Sonnenlicht in den Farben des Regenbogens.*

Nationalpark Kornati
In dem Naturschutzgebiet (siehe S. 98f) *locken mehr als 150 Inseln mit Unterwasserhöhlen und geschützten Buchten. Der 300 Quadratkilometer große Park ist von kristallklarem Wasser umgeben. Die bewaldeten Inseln sind ein unvergesslicher Anblick.*

◁ **Für den Norden Kroatiens typische bäuerliche Kulturlandschaft**

Zagorje
Das landschaftlich schöne Gebiet erstreckt sich westlich von Varaždin zur slowenischen Grenze und bietet Weinberge, Thermalbäder und Burgen.

Naturpark Kopački Rit
Wenn im Frühjahr und Sommer die Donau über die Ufer tritt, verwandelt sie das Gebiet (siehe S. 194f) *in einen ausgedehnten See, der mehr als 200 Vogelarten anlockt.*

0 Kilometer 50

NORD-KROATIEN
Seiten 198–215

SLAWONIEN UND BARANJA
Seiten 180–197

Nationalpark Lonjsko Polje ***(siehe S. 176)***

Palast des Diokletian in Split
Der Palast (siehe S. 120f) *wurde Ende des 3. Jahrhunderts von Kaiser Diokletian erbaut. Die Stadt Split entstand im und um den Palast. Der größte römische Bau an der Adria ist noch fast vollständig erhalten.*

Tvrđa in Osijek
Die befestigte Altstadt (siehe S. 192f) *wartet mit Militärbauten aus dem 18. Jahrhundert auf. In der nacheinander römischen, ungarischen, türkischen und österreichischen Stadt haben die verschiedenen Kulturen ihre Spuren hinterlassen.*

Dubrovnik
Die Küstenstadt (siehe S. 140–146) *umgeben Befestigungen, die ab dem 8. Jahrhundert errichtet und über die Jahre erweitert wurden.*

Istrien und Kvarner Bucht

Die weit in die nördliche Adria ragende Halbinsel Istrien und die Inseln in der Kvarner Bucht zählen aufgrund ihrer wunderbaren Küstenlandschaften und faszinierenden Städte zu den beliebtesten Urlaubszielen in Europa. Zum Erhalt der Naturschönheiten der Region wurden die drei Nationalparks Brijuni-Inseln, Plitvicer Seen und Risnjak gegründet.

Um 1000 v. Chr. siedelten Illyrer in dem Gebiet, 42 v. Chr. wurde es Bestandteil der römischen Region Venetia et Histria. An der Küste und auf den Inseln entstanden Städte, und bis heute sind viele Bauten der Römer erhalten, etwa das riesige Amphitheater in Pula aus dem 1. Jahrhundert n. Chr.

Mosaik in der Euphrasius-Basilika in Poreč

Mit dem Untergang des Weströmischen Reichs fiel der Großteil der östlichen Adriaküste an Byzanz. Aus dieser Zeit stammen die wunderbar erhaltenen goldenen Mosaiken der im 6. Jahrhundert erbauten Euphrasius-Basilika in Poreč.

Ab 1420 unterstand die Region Venedig, bis Napoléon 1797 die einst mächtige Republik eroberte. Venedigs fast 400 Jahre dauernde Herrschaft zeigt sich in Loggien aus dem 15. Jahrhundert, eleganten Glockentürmen und den venezianisch-gotischen Fenstern in einst von reichen Kaufleuten errichteten Gebäuden.

Die Wiener Kongressakte ermächtigte Österreich-Ungarn 1815, seinen Einflussbereich auf die ehemals venezianischen Gebiete auszudehnen. Rijeka, heute Zentrum der kroatischen Schifffahrt, entwickelte sich unter der Herrschaft der Habsburger zu einem Industriehafen. Im nahen Opatija erbauten sie elegante Villen mit üppigen Gärten als Winterresidenzen.

1918 wurde Istrien Teil des »Königreichs der Serben, Kroaten und Slowenen«, das ab 1929 »Königreich Jugoslawien« genannt wurde.

Nach Ende des Ersten Weltkriegs 1918 fiel Istrien an Italien als Belohnung für dessen Unterstützung der Alliierten. Viele istrische Städte erhielten in dieser Zeit ihre offiziellen kroatischen und italienischen Namen. Nach 1943 wurde fast ganz Istrien – im Zweiten Weltkrieg eine Hochburg der italienischen Partisanen – an Jugoslawien zurückgegeben.

Das Amphitheater in Pula zählt weltweit zu den am besten erhaltenen römischen Theatern

◁ **Die Küste der Insel Rab** ***(siehe S. 82 f)*** **lockt mit einer reichen Blütenpracht und kristallklarem Wasser**

Überblick: Istrien und Kvarner Bucht

Die wie ein Dreieck geformte Halbinsel Istrien teilt sich in drei Regionen. Auf dem verkarsteten Kalk des zentralen Plateaus (Weiß-Istrien) wachsen spärlich Eichen, Kiefern und Eschen. Auf dem erodierten Kalkgestein Grau-Istriens gedeihen Wein und Oliven, auf dem von den Flüssen Mirna und Raša durchschnittenen Plateau Rot-Istriens baut man Getreide und Gemüse an. Die beliebtesten Reiseziele Istriens sind Poreč, Rovinj, Pula und der Nationalpark Brijuni. Die Kvarner Bucht umfasst Rijeka und die Küste bis Jablanac. Das nördliche Hinterland bedecken Wälder, im Norden liegt der Nationalpark Risnjak, im Südosten der Nationalpark Plitvicer Seen. Wunderschön sind die Inseln Krk, Cres, Lošinj und Rab. Viele Küstenstädte haben italienisches Flair, ein Erbe der jahrhundertelangen venezianischen Herrschaft.

Die Kathedrale Sv. Marija Velika auf der Insel Rab

In Istrien und der Kvarner Bucht unterwegs

Das Straßennetz ist gut ausgebaut, eine Autobahn führt von Rijeka nach Zagreb, eine von Pula zur slowenischen Grenze. Die größeren Inseln erreicht man per Fähre, im Sommer auch per Segelboot. Zwischen den großen Städten verkehren Busse (auch Pula–Triest), zwischen Rijeka und Zagreb sowie in den Süden des Landes fahren Züge.

Weitere Zeichenerklärungen *siehe hintere Umschlagklappe*

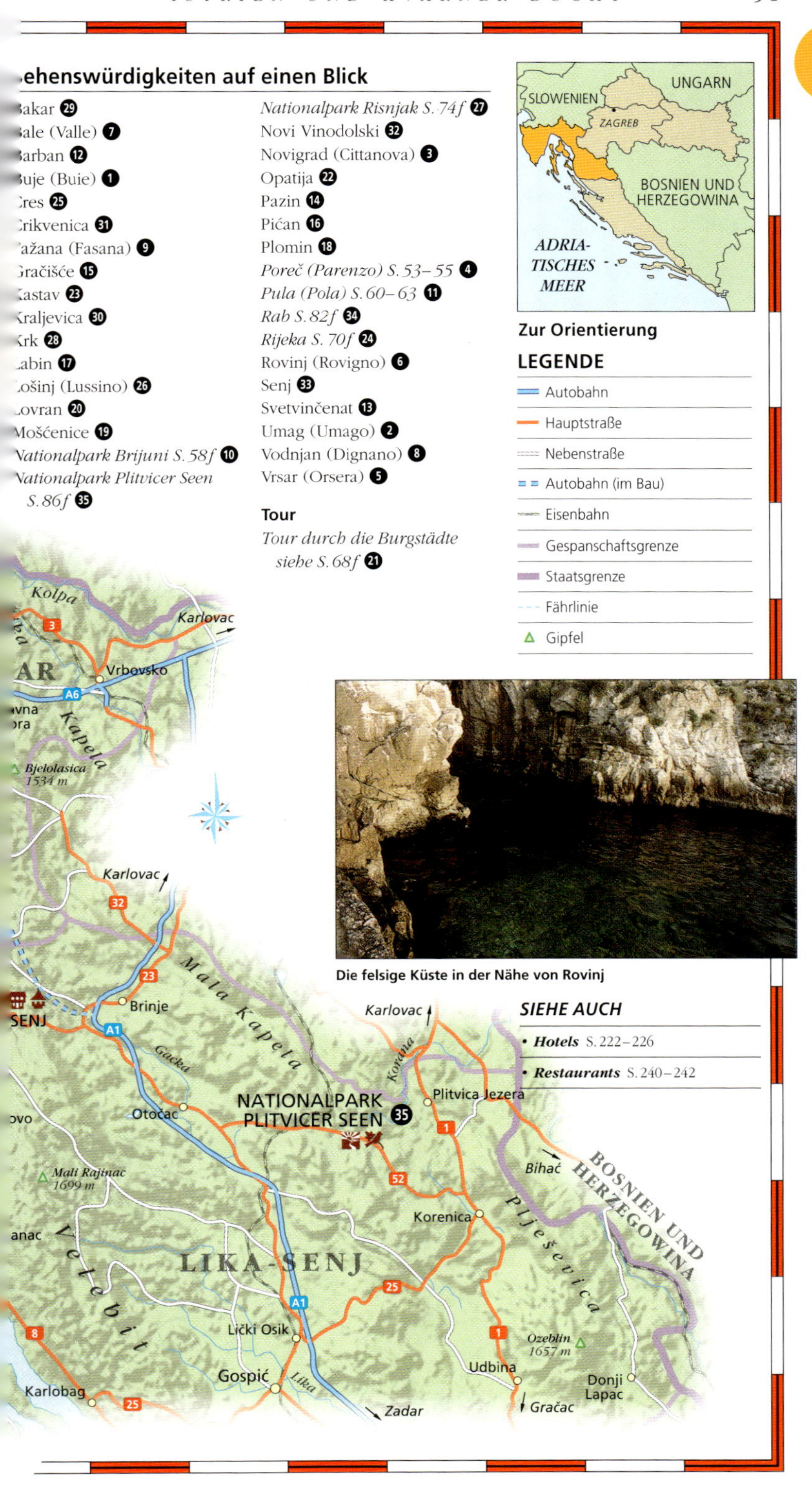

ehenswürdigkeiten auf einen Blick

akar 29
ale (Valle) 7
arban 12
uje (Buie) 1
res 25
rikvenica 31
ažana (Fasana) 9
račišće 15
astav 23
raljevica 30
rk 28
abin 17
ošinj (Lussino) 26
ovran 20
Mošćenice 19
Nationalpark Brijuni S. 58f 10
Nationalpark Plitvicer Seen S. 86f 35
Nationalpark Risnjak S. 74f 27
Novi Vinodolski 32
Novigrad (Cittanova) 3
Opatija 22
Pazin 14
Pićan 16
Plomin 18
Poreč (Parenzo) S. 53–55 4
Pula (Pola) S. 60–63 11
Rab S. 82f 34
Rijeka S. 70f 24
Rovinj (Rovigno) 6
Senj 33
Svetvinčenat 13
Umag (Umago) 2
Vodnjan (Dignano) 8
Vrsar (Orsera) 5

Tour

Tour durch die Burgstädte siehe S. 68f 21

Zur Orientierung

LEGENDE

- Autobahn
- Hauptstraße
- Nebenstraße
- Autobahn (im Bau)
- Eisenbahn
- Gespanschaftsgrenze
- Staatsgrenze
- Fährlinie
- Gipfel

Die felsige Küste in der Nähe von Rovinj

SIEHE AUCH

- ***Hotels*** S. 222–226
- ***Restaurants*** S. 240–242

Fassade der Pfarrkirche Sv. Servul in Buje

Buje (Buie) ❶

Straßenkarte A2. *6000.* *Pula, 70 km.* *von Pula, Rijeka, Kopar, Triest, Padua, Zagreb, Rovinj, Poreč.* *Istarska 2, (052) 773 353.* *Nächte von Kanegra (Aug); Traubenfest (drittes Wochenende im Sep).* **www**.coloursofistria.com

Die einstige römische Siedlung Bullea liegt auf einem Berg inmitten üppiger Weingärten. 1102 geriet das zuvor fränkische Feudaldorf unter das Patriarchat von Aquileia, 1412 unter die Herrschaft Venedigs.

Die Ortschaft mit der alten befestigten Burg und den schmalen Gassen hat sich ihr mittelalterliches Erscheinungsbild bewahrt. Die Kathedrale **Sv. Servul** am Hauptplatz besitzt einen aquileischen Glockenturm. Sie wurde im 16. Jahrhundert auf den Ruinen eines römischen Tempels erbaut. Einige Steinblöcke, Säulen und Inschriften des Tempels sind noch zu sehen.

Im Inneren der Kirche finden sich Holzfiguren aus dem 14. und 15. Jahrhundert *(Madonna mit Kind* und *Heilige Barbara)*, Skulpturen des hl. Servelus und des hl. Sebastian (1737) von Giovanni Marchiori sowie eine Orgel von Gaetano Callido (1725–1813).

Den Platz säumen zudem ein venezianisch-gotischer Palast aus dem 15. sowie eine Loggia aus dem 16. Jahrhundert mit einer mit Fresken geschmückten Fassade.

Außerhalb der Wehrmauer steht die im 15. Jahrhundert erbaute Kirche **Sv. Marija** mit einer Madonnenstatue aus Holz und einer *Pietà* (beide ebenfalls 15. Jh.). Einige der biblischen Szenen wurden von Gasparo della Vecchia Anfang des 18. Jahrhunderts gemalt.

Das **Stadtmuseum** beherbergt eine interessante kunsthandwerkliche Sammlung und zeigt Exponate einheimischer Handwerker.

Stadtmuseum
Trg Josipa Broza Tita 6.
(052) 773 075. *Juli, Aug: Mo–Sa 9–13, 17–21 Uhr; Sep–Juni: tel. erfragen.*

Umgebung: Acht Kilometer südöstlich von Buje liegt die mittelalterliche Stadt **Grožnjan** (Grisignana) auf einem Hügel. Sie wurde das erste Mal 1102 erwähnt als Besitztum des Patriarchen von Aquileia. 1358 erwarb Venedig sie von Baron Reiffenberg. Anschließend stieg Grožnjan zum Verwaltungs- und Militärzentrum der näheren Region auf. Ein Turm, Teile der Mauer und zwei Tore sind die einzigen Überreste der Altstadt.

Polyptychon (15. Jh.) in der Kirche Sv. Marija, Umag

Innerhalb der Mauer sind am Hauptplatz eine Loggia aus dem 16. Jahrhundert und die barocke Kirche Sv. Vid i Modest (18. Jh.) mit schönen Altären und Chor sehenswert.

Nach dem Zweiten Weltkrieg verließ ein Großteil der fast rein italienischen Einwohnerschaft den Ort. 1965 wurde Grožnjan zur »Stadt der Künstler« erklärt. Heute stellen die hier arbeitenden Künstler ihre Werke in Galerien und Ateliers aus.

Umag (Umago) ❷

Straßenkarte A2. *13 000.* *Pula, 83 km.* *Joakima Rakovca bb, (060) 381 381.* *Trgovačka 2, (052) 741 363.* *St.-Pilgrim-Fest (das dem 23. Mai nächste Wochenende); Internationales Tennisturnier (Ende Juli); Konzerte im Sommer.* **www**.coloursofistria.com

Das auf einer schmalen Halbinsel an einer kleinen Bucht gelegene Städtchen wurde von den Römern als Umacus gegründet. 1268 fiel es Venedig zu und stieg zu einem wichtigen Hafen auf. Im 14. Jahrhundert entstanden die Stadtmauer und Türme, die in Teilen noch heute erhalten sind.

Im Ort stehen einige Steinhäuser aus dem 15. und 16. Jahrhundert, manche zieren gotische Fenster.

An der linken äußeren Mauer der Kirche **Sv. Marija**, die im 18. Jahrhundert erbaut wurde, sind ein Relief des hl. Pilgrim und der befestigten Stadt Umag sehenswert, im Inneren ein Polyptychon venezianischer Schule (15. Jh.).

Der heute lebhafte Badeort verfügt über zahlreiche Hotels und ist für seine gut ausgestatteten Sportzentren und für sein Tennisturnier bekannt.

Die alte Stadtmauer und der Hafen von Umag

Hotels und Restaurants in Istrien und der Kvarner Bucht *siehe Seiten 222–226 und 240–242*

Schiffe im Hafen von Poreč

Novigrad (Cittanova) ❸

Straßenkarte A2. *4000.* *Pula, 60 km.* *Pazin, 41 km.* *(052) 757 660.* *Mandrač 29a, (052) 757 075.* *Gnam Gnam Festival (1. Fr im Juni); Tag d. St. Pelagius (das dem 28. Aug nächste Wochenende).* **www**.novigrad-cittanova.hr

Novigrad liegt an der Mündung der Mirna. Es war erst griechische, dann römische Kolonie mit Namen »Aemonia«. In der byzantinischen Ära (6. Jh.) wurde der Ort vergrößert und Neustadt (Neopolis) genannt. Vom frühen Mittelalter bis 1831 war Novigrad Bischofssitz. Im Jahr 1277 fiel die Stadt unter venezianische Herrschaft. Eichen aus den Motovun-Wäldern wurden bis zu den Docks von Venedig verschifft.

Trotz der im 13. Jahrhundert errichteten Schutzmauer fiel Novigrad 1687 einem türkischen Angriff zum Opfer, bei dem Teile des Städtchens und zahlreiche Kunstwerke zerstört wurden.

Von der venezianischen Ära zeugen die Hausfassaden in den engen Gassen, die zum Hauptplatz Trg Slobode mit seiner sehenswerten Loggia aus dem 18. Jahrhundert führen. Von der frühchristlichen Basilika **Sv. Pelagij**, die im 16. Jahrhundert rekonstruiert wurde, ist nur die romanische Krypta (11. Jh.) verblieben. Die heutige Barockkirche zieren Malereien venezianischer Schule (18. Jh.). Im Museum im Palazzo Rigo sind römische und mittelalterliche Exponate zu sehen.

Poreč (Parenzo) ❹

Straßenkarte A2. *11 000.* *Pula, 53 km.* *Pazin, 32 km.* *Ulica K Hoguesa 2, (060) 333 111.* **Stadt:** *Zagrebačka 9, (052) 451 458;* **Regional:** *Pionirska 1, (052) 452 797.* *Klassische Konzerte (in der Euphrasius-Basilika) und Jazzfestival (beide Juli–Aug).* **www**.to-porec.com

Der jahrhundertelangen Blüte der einst römischen Stadt Colonia Julia Parentium setzte die Eroberung durch die Goten ein Ende. 539 geriet Poreč unter die Herrschaft der Byzantiner, die um etwa 800 ein Bistum gründeten. Später fiel die Stadt an das Fränkische Reich und unter das Patriarchat von Aquileia. Im Jahr 1267 schloss Poreč sich als erste istrische Stadt Venedig an und erhielt in der Folge durch den Bau von Palästen, Plätzen und Sakralbauten ein venezianisches »Gesicht«.

1354 wurde Poreč von Genua zerstört, danach dezimierten die Pest, Piraten sowie ein langer Krieg die Bevölkerung. Unter österreichischer Herrschaft befanden sich hier der Sitz des istrischen Parlaments und eine Werft.

Das alte, auf einer schmalen Halbinsel gelegene Zentrum schützen Felsen und die Insel Sv. Nikola. Trotz der vielen Besucher hat die Altstadt nichts von ihrem Charme verloren. Poreč bekommt jährlich den Preis für die »besterhaltene Stadt«.

Die Anlage der Stadt basiert auf dem alten römischen Straßennetz mit den rechtwinklig angeordneten Hauptstraßen Decumanus und Cardo. An diesen Straßen stehen auch die wichtigsten Sehenswürdigkeiten.

Den Decumanus säumen gotische Häuser. Am östlichen Ende liegt der barocke Palazzo Sinčić (18. Jh.), der das **Museum von Poreč** (Zavičajni Muzej Poreštine) beherbergt. Dieses widmet sich der römischen und frühchristlichen Archäologie sowie – in seiner volkskundlichen Abteilung – dem Leben in der Region. In der nahe gelegenen Svetog Maura steht das Haus der Zwei Heiligen mit den einzigen Überresten einer dem hl. Cassius geweihten Kirche (12. Jh.): zwei romanischen Figuren an der Fassade. Westlich führt der Decumanus zum Trg Marafor, dem einstigen Forum, wo Häuser aus dem 12. und 13. Jahrhundert sowie die Reste eines Tempels aus vorrömischer Zeit zu sehen sind.

Antike Steintafel im Museum von Poreč

Nördlich davon erhebt sich die neobarocke Kirche **Sv. Frane** (ursprünglich 12. bis 14. Jh.), östlich davon das Pfarrhaus mit einer romanischen Fassade. Von dort führt eine Passage zur Euphrasius-Basilika (6. Jh.), die mit schönen Mosaiken *(siehe S. 54f)* aufwartet.

Museum von Poreč
Palazzo Sinčić, Dekumanska 9.
(052) 431 585. *wegen Renovierung geschlossen.*

Fenster in Poreč im venezianisch-gotischen Stil mit typischen Dreiblattverzierungen

Poreč: Euphrasius-Basilika

Eufrazijeva Bazilika

Mosaik in der Apsis

Die Basilika aus dem 6. Jahrhundert ist mit fantastischen goldgrundigen Mosaiken ausgestattet. Das byzantinische Meisterwerk entstand zwischen 539 und 553 für Bischof Euphrasius durch Vergrößerung des Oratoriums des hl. Maurus, eines Märtyrers aus dem 4. Jahrhundert. Einige der ursprünglichen Bodenmosaiken sind heute noch zu sehen. In der mehrfach umgebauten Basilika, die 1997 von der UNESCO zu einer Welterbestätte erklärt wurde, finden im August und September klassische Konzerte statt.

★ Altarbaldachin
Den Chor dominiert ein schöner, von vier Marmorsäulen getragener Baldachin aus dem 13. Jahrhundert. Er ist mit Mosaiken geschmückt.

★ Apsis-Mosaiken
Die Mosaiken (6. Jh.) in der Apsis zeigen auf dem Triumphbogen Jesus und die zwölf Apostel (oben), in der Halbkuppel Maria mit dem Jesuskind, den hl. Maurus, Bischof Euphrasius mit einem Modell der Basilika sowie den Diakon Claudius mit seinem Sohn.

Im Garten
sind die Reste des Mosaikbodens aus dem Oratorium des hl. Maurus (4. Jh.) zu sehen.

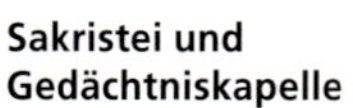

Sakristei und Gedächtniskapelle
Die Kapelle hinter der Sakristei besitzt einen Mosaikboden aus dem 6. Jahrhundert und drei Apsiden. Sie beherbergt die Gebeine der Heiligen Maurus und Eleuterius.

NICHT VERSÄUMEN

- ★ Altarbaldachin
- ★ Apsis-Mosaiken

Innenraum
Der Eingang führt in eine große Basilika mit Mittel- und zwei Seitenschiffen. Die Kapitelle der 18 Marmorsäulen zieren byzantinische und romanische Tierdarstellungen. Jede Säule trägt das Monogramm des Bischofs Euphrasius.

INFOBOX

Eufrazijeva ulica 22. *(052) 429 030.* *telefonisch erfragen.*

Taufkapelle
In dem achteckigen Bau (6. Jh.) befinden sich Fragmente von Mosaiken und das Taufbecken. Daneben ragt ein Glockenturm aus dem 16. Jahrhundert auf.

Atrium
Das quadratische Atrium wird auf jeder Seite von zwei Säulen mit byzantinischen Kapitellen begrenzt. Hier sind Grabsteine und archäologische Funde aus dem Mittelalter zu besichtigen.

ie dreischiffige Bischofsresidenz aus dem . Jahrhundert beherbergt heute einige emälde von Antonio da Bassano, ein olyptychon von Antonio Vivarini und in Gemälde von Palma dem Jüngeren.

Die Kirche Sv. Antun in Vrsar stammt aus dem 17. Jahrhundert

Vrsar (Orsera) ❺

Straßenkarte A3. *2200.*
Pula, 41 km. *Pazin, 42 km.*
Rade Končara 46, (052) 441 187.
Internat. Skulpturenausstellung, Steinbruch Montraker (Ende Aug–Anf. Sep); klass. Konzerte (Sommer).
www.infovrsar.com

Die Ruinen einer Villa, ein Steinbruch und die Grundmauern eines frühchristlichen Gebäudes bezeugen, dass Vrsar einst eine römische Siedlung war. In vor dem Jahr 1000 verfassten Dokumenten wird die Ortschaft als Feudalgebiet des Bischofs von Poreč erwähnt, der hier eine befestigte Sommerresidenz besaß. Ab 1778 unterstand Vrsar Venedig.

Von dem äußeren Mauerring und den Wachttürmen ist nur noch das Seetor erhalten. Die nahe gelegene Kirche **Sv. Marija** (12. Jh.) ist eines der wichtigsten romanischen Baudenkmäler Istriens. Sehenswert sind die Fresken, die zu den ältesten in der Region zählen, und der Mosaikboden mit floralen Motiven.

Das Städtchen wird von dem im 18. Jahrhundert erbauten **Kastell Vergottini** dominiert, dessen Vorläuferbau eine Bischofsresidenz war. In der Nähe des romanischen Tors in der mittelalterlichen Stadtmauer befindet sich das Kirchlein **Sv. Antun** aus dem 17. Jahrhundert mit seinem offenen Säulengang.

Umgebung: Vor den Toren von Vrsar liegt **Koversada**, Europas größtes FKK-Gebiet.

Im Süden befindet sich Richtung Rovinj der **Limski-Kanal** (Limski Zaljev). Die unter Naturschutz gestellte Meeresbucht ist neun Kilometer lang und 600 Meter breit. Die steilen Kalkwände an den Seiten weisen zahlreiche Höhlen auf, die seit der Jungsteinzeit immer wieder bewohnt waren. Im frühen 11. Jahrhundert lebte in einer der Höhlen der Eremit St. Romuald, der Gründer des Michaelsklosters bei Kloštar.

Viele Restaurants in dieser Region bieten in der Meeresbucht gezüchtete Austern und Miesmuscheln an.

Fischer am Limski-Kanal

Rovinj (Rovigno) ❻

Straßenkarte A3. *13 000.*
Pula, 40 km. *Pula.* *Trg na Lokvi, (060) 333 111.* *Obala P Budičina 12, (052) 811 566.* *Grisia, Internationale Kunstausstellung (2. So im Aug); Tag der Schutzheiligen Euphemia (16. Sep).* **www**.tzgrovinj.hr

Die Hafenstadt Rovinj entstand in römischer Zeit. Durch Aufschüttung wurde 1763 eine Verbindung zum Festland geschaffen. Auf diese Weise wurde die einstige Insel zu einer Halbinsel gemacht.

Nach der Herrschaft der Byzantiner und der Franken unterstand die Stadt von 1283 bis 1797 Venedig. Reste der mittelalterlichen Stadtmauer sind erhalten.

Am Platz vor dem Pier befinden sich der Balbi-Bogen (1680), ein altes Stadttor sowie ein Uhrenturm aus der späten Renaissance. Das **Heimatmuseum** ist in einem 1680 errichteten Palast untergebracht. Hier werden venezianische Kunst aus dem 18. Jahrhundert und Werke moderner kroatischer Künstler gezeigt.

Barock- und Renaissance-Bauten säumen die vom Platz abzweigenden Straßen. Die Rückseiten dieser Häuser sind häufig dem Meer zugewandt.

Die Euphemia-Kathedrale **Sv. Eufemije**, ein frühchristlicher, 1736 neu errichteter Bau, überragt die Stadt. In der rechten Apsis der dreischiffigen Kirche steht der römische Sarkophag der hl. Euphemia. Der 62 Meter hohe Glockenturm ist der höchste in Istrien und dem Campanile auf der Piazza San Marco in Venedig nachempfunden. Er wird von einer Kupferstatue der Heiligen gekrönt.

Das am Ufer gelegene Institut für Meeresbiologie mit Aquarium wurde Ende des 19. Jahrhunderts erbaut. Die nahe »Rote Insel« Crveni otok besteht aus zwei durch einen Damm verbundenen Inseln.

Im östlichen Teil der Stadt ist die Dreifaltigkeitskapelle **Sv. Trojstvo** sehenswert, im Süden der Park Zlatni Rat mit Zedern, Pinien, Zypressen und schönen Wegen.

Heimatmuseum
Trg M Tita 11. *(052) 816 720, 830 650.* *Sommer: Di–Fr 10–14, 18–22 Uhr, Sa, So 19–22 Uhr; Winter: Di–Sa 10–13 Uhr.*
www.muzej-rovinj.com

Den Hafen von Rovinj überragt die Kathedrale

Die der hl. Elisabeth geweihte Kirche hinter den Stadtmauern von Bale

Bale (Valle) 7

Straßenkarte A3. *900.* *Pula, 10 km.* *Pula, 25 km.* *Trg palih Boraca.* *Rovinjska 1, (052) 824 391.* *Nacht von Bale, Baljanska Noć (1. So im Aug); Castrum Vallis, Kunstausstellung (Juli, Aug).* **www**.bale-valle.hr

Auf dem Karsthügel errichteten einst Illyrer eine Festung, die die Landschaft dominierte. Später bauten die Römer an der gleichen Stelle ein *castrum*. Das Castrum Vallis wurde renoviert, als der Ort Feudalbesitz von Aquileia wurde. Während der venezianischen Herrschaft ab 1332 wuchs der Ort und erhielt sein heutiges Erscheinungsbild mit einer elliptischen, mit Türmen versehenen Mauer, die zwei parallele Häuserzeilen umschließt.

Sehenswerte Bauwerke sind das Amtsgericht mit üppigem Wappenschmuck am Säulengang, die Loggia und die im gotischen Stil errichtete **Burg** der Familie Soardo-Bembo aus dem 15. Jahrhundert. Unter einem ihrer beiden Türme führt ein Tor in die Altstadt.

Die ursprünglich romanische Kirche **Sv. Elizabete** (Pohođenje Blažene Djevice Marije) wurde erstmals im 16., dann im 19. Jahrhundert umgebaut. Sie beherbergt ein wunderbares romanisches Kreuz, einen Sarkophag, ein Polyptychon und eine mit einem marmornen Renaissance-Altar ausgestattete Krypta.

Die beiden anderen Kirchen in Bale sind Sv. Antun aus dem 14. Jahrhundert und ein dem Heiligen Geist geweihter Sakralbau aus dem 15. Jahrhundert.

Vodnjan (Dignano) 8

Straßenkarte A3. *4000.* *Pula, 11 km.* *Ulica Željeznička, (052) 511 538.* *Narodni trg 3, (052) 511 700.* *Trachtenfest Bumbari, Name bezieht sich auf Eigenbezeichnung der Einwohner (2. Sa im Aug).*

Vodnjan liegt inmitten von Weinbergen und Olivenhainen auf einem Berg, auf dem schon Illyrer eine Feste und Römer den Militärposten Vicus Atinianus errichteten. Von 1331 bis 1797 herrschte hier Venedig.

In der Altstadt sind mehrere venezianisch-gotische Bauten erhalten, etwa der Palazzo Bettica und **Sv. Blaž** (St. Blasius). In der Kirche aus dem 18. Jahrhundert sind großartige Statuen und etwa 20 Malereien (17.–19. Jh.) zu sehen, zudem das *Letzte Abendmahl* von G. Contarini (1598) und das Palma dem Älteren zugeschriebene Gemälde *Begegnung der Heiligen*.

Sieben Räume der Kirche sind 730 Exponaten der Sakralkunst gewidmet: Ornate, Porzellan- und Silberreliquiare sowie ein schönes Polyptychon von Paolo Veneziano von 1351 *(Porträt des hl. Leon Bembo)*. Grausig-faszinierend sind die sechs Mumien von Heiligen, darunter die der hochverehrten hl. Nikolosia, die ohne Einbalsamierung die Zeit überdauert haben.

Sv. Blaž
Župni trg. *(052) 511 420.* *nach Voranmeldung.* **Sammlung sakraler Kunst** *(052) 511 420.* *nach Voranmeldung.*

Fažana (Fasana) 9

Straßenkarte A3. *2800.* *Pula, 8 km.* *Vodnjan, 5 km.* *zu den Brijuni-Inseln.* *Istarske divizije 8, (052) 383 727.* **www**.infofazana.hr

Das Städtchen ist vor allem als Fährhafen zu den Inseln des Nationalparks Brijuni bekannt *(siehe S. 58f)*. Der antike Name »Vasianum« geht auf die Produktion von Öl- und Weingefäßen in römischer Zeit zurück. Die Cosmas und Damian geweihte Kirche **Sv. Kuzma i Damjan** wurde seit ihrer Gründung im 11. Jahrhundert mehrfach umgebaut. Sehenswert sind Juraj Venturas *Das letzte Abendmahl* (1578) und die Fresken in der Sakristei. Sie wurden von Künstlern aus dem italienischen Friaul im 15. und 16. Jahrhundert geschaffen. Neben der Kirche ragt ein siebengeschossiger Glockenturm mit achteckiger Spitze auf. Die Marienkirche **Sv. Marija Karmelske** aus dem späten 14. Jahrhundert zieren gotische Fresken von unbekannten Künstlern. Die Loggia stammt aus dem 17. Jahrhundert. Die nahe Eliaskirche **Sv. Elizeja** aus dem 6. Jahrhundert erinnert mit ihrem Steinportal und den Blendbogenfenstern noch deutlich an ihre byzantinischen Wurzeln (8./9. Jh.).

Mit den steigenden Besucherzahlen auf den Brijuni-Inseln ist auch Fažana gewachsen und wartet heute mit zahlreichen Einrichtungen für Urlauber auf.

Fassade der Kirche Sv. Kuzma i Damjan in Fažana

Nationalpark Brijuni ⑩

Nacionalni Park Brijuni

Der 1983 zum Nationalpark erklärte Brijuni-Archipel besteht aus 14 Inseln. Die beiden größten sind seit der Altsteinzeit besiedelt. Hier lebten aristokratische Römer in Villen oder später religiöse Gemeinschaften. 1630 vertrieb die Malaria die Bewohner, später kehrten die Menschen zurück, um die Steinbrüche abzubauen. Ende des 19. Jahrhunderts erwarb der Tiroler Industrielle Paul Kupelwieser die Inseln. Nach dem Zweiten Weltkrieg empfing hier Marschall Tito in seiner Sommerresidenz Staatsoberhäupter aus aller Welt. Nur die beiden Hauptinseln Veli Brijun und Mali Brijun können besucht werden.

Die österreichisch-ungarische Fest Mali Brijun auf der zweitgrößten Insel des Archipels wurde Ende des 19. Jahrhunderts erbaut.

SUPINIĆ

Barban

GALIJA

Luftaufnahme der Brijuni-Inseln
Die größtenteils nicht ständig bewohnten Inseln sind dicht bewachsen.

VANGA

Safaripark
Tito führte viele exotische Tierarten ein – auch die Zebras. Einige Tiere waren Gastgeschenke von Staatsoberhäuptern.

Einheimische Tiere
Im Park leben auch viele einheimische Tiere: Damwild, Mufflons, Rehe, Hasen und etwa 200 Wildvogelarten.

LEGENDE

- Straße
- Fähre
- Elektrozug
- Information
- Archäologische Fundstelle

Hotels und Restaurants in Istrien und der Kvarner Bucht *siehe Seiten 222–226 und 240–242*

Uralte Bäume

Auf Brijun wurden Hunderte verschiedene Pflanzenarten – meist Bäume – aus der ganzen Welt gepflanzt. Wie dieser alte Olivenbaum sind viele heute zu Naturdenkmälern herangewachsen.

INFOBOX

Straßenkarte A3. *von Fažana.* **Nationalpark Brijuni** *(052) 525 883; 525 882. Individualreisende und Gruppen müssen eine Exkursion inkl. Bootstransfer buchen.* *Immer, jedoch abhängig von den Fährverbindungen.* *(052) 525 882.* *Jan.*
www.brijuni.hr

Römische Villa

Ausgrabungen legten die Grundmauern einer römischen Villa mit caldarium *(Warmbad) und* frigidarium *(Kaltwasserbecken) frei. Einen großen Raum, in dem sich die Familie zu Banketten und Zeremonien versammelte, zieren Mosaiken.*

Das 1955 eröffnete Museum beherbergt kulturgeschichtliche und antike Exponate von der Insel.

In der Gegend um Brijuni-Hafen wurden Hotels und ein Golfplatz gebaut.

Die Festung Tegetthoff ist eine zerstörte österreichische Befestigungsanlage aus dem 19. Jahrhundert.

Bijela Villa, die »Weiße Villa«, stammt aus der venezianischen Ära und wurde 1721 restauriert. Als Titos Sommerresidenz diente sie für Staatsempfänge und politische Konferenzen.

Byzantinisches Castrum

An der Westküste liegen über dem Golf von Dobrika die Ruinen eines mit Wehrtürmen und -mauern versehenen Gebäudekomplexes aus byzantinischer Zeit (539–778).

Pula (Pola) ⓫

Vase, Archäologisches Museum

Pula mit seinen großartigen antiken Monumenten entstand als römische Kolonie Pietas Julia. Ab 425 war es Bischofssitz, wovon noch die Fundamente von Sakralbauten aus dem 5. Jahrhundert zeugen. Nach der Zerstörung durch die Ostgoten erlangte Pula als byzantinischer Flottenhafen im 6. und 7. Jahrhundert neue Bedeutung. Aus dieser Zeit stammen die Katedrala Sv. Marija und die Kapela Marija Formoze. Im 17. Jahrhundert lebten in der seit 1150 zu Venedig gehörenden Stadt nur noch 300 Menschen. Das Blatt wendete sich erneut 1856 mit dem Aufstieg zum österreichischen Kriegshafen. Heute ist Pula ein wichtiger kroatischer Hafen, Universitätsstadt und zusammen mit Pazin *(siehe S. 64f)* Verwaltungszentrum von Istrien.

Sergierbogen (1. Jh. v.Chr.)

Sergierbogen
Slavoluk obitelji Sergijevaca

Ulica Sergijevaca.

Der Bogen wurde im 1. Jahrhundert v. Chr. auf Befehl von Salvia Postuma Sergia zu Ehren ihrer drei Brüder errichtet, die wichtige Ämter bekleideten. Den kleinen Bogen zieren kannelierte Säulen, eine geflügelte Siegesgöttin und korinthische Kapitelle. Das Basrelief des Frieses zeigt einen Pferdewagen. Die nahe gelegene Bar heißt in Erinnerung an James Joyce, der 1904 hier sechs Monate lebte, Uliks (Ulysses).

Kapela Marija Formoze
Kapelle Heilige Maria Formosa

Maksimilijanova ulica.
für die Öffentlichkeit.

Die kleine byzantinische Kapelle war einst Teil der Basilika Sv. Marija Formoze. Die Reste der Mosaiken in ihrem Inneren stammen aus dem 6. Jahrhundert.

Sv. Frane
Franziskuskirche

Uspon B. Lupetine. *Juni–Sep: tägl. 10–13, 16–20 Uhr; Okt–Mai: zur Messe.*

Der im späten 13. Jahrhundert errichtete einschiffige Bau aus weißem Stein weist ein schönes Portal mit gotischer Fensterrose und drei Apsiden auf. Sehenswert ist das Holzpolyptychon aus emilianischer Schule (15. Jh.). Im Klosterkreuzgang sind antike römische Exponate ausgestellt.

Augustustempel
Augustov hram

Forum. *(052) 218 603. Mai: Mo–Fr 9–21 Uhr; Juni–Aug: Mo–Fr 9–22, Sa, So 9–15 Uhr; Sep–Apr: nach Voranmeldung.*

Der im 1. Jahrhundert n. Chr. errichtete Tempel steht am ehemaligen römischen Forum. Mit den sechs glatten Säulen, den korinthischen Kapitellen der Vorhalle und der Cella ist er ein Beispiel römischer Baukunst.

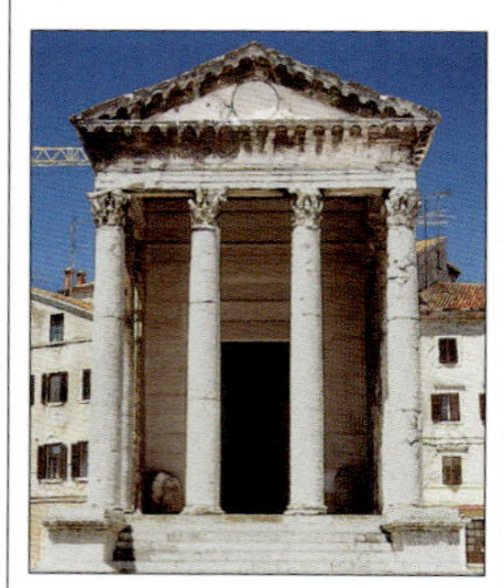
Der Augustustempel ist ein wahres Juwel römischer Baukunst

Die Kathedrale vereint verschiedene Stilrichtungen

Katedrala Sv. Marija
Kathedrale St. Maria

Trg Sv. Tome. *Juni–Sep: 9–13, 16–20 Uhr; Okt–Mai: zur Messe.*

Die Kathedrale wurde im 5. Jahrhundert errichtet, nachdem Pula Bischofssitz geworden war. Die heutige Gestalt entstand im 17. Jahrhundert, doch sind einige wesentliche Teile des Originalbaus noch erhalten (darunter Mauern, Kapitelle und die Fenster). Das Portal auf der rechten Seite stammt aus dem Jahr 1456. Zum Bau des Glockenturms (1671–1707) verwendete man Steinblöcke aus dem Amphitheater.

Sv. Nikola
Nikolauskirche

Castropola 39. *zur Messe.*
(052) 212 987.

Die Kirche aus dem 6. Jahrhundert wurde im 10. Jahrhundert teilweise umgebaut und Ende des 15. Jahrhunderts der orthodoxen Gemeinde übergeben. Im Innenraum gibt es einige schöne Ikonen aus dem 15. und 16. Jahrhundert.

Kastell und Historisches Museum von Istrien
Povijesni Muzej Istre

Gradinski uspon 6. *(052) 211 566. Juni–Sep: tägl. 8–21 Uhr; Okt–Mai: tägl. 9–17 Uhr.*

Das sternförmige Kastell mit seinen vier Eckbastionen beherbergt das Historische Museum von Istrien. Es wurde im 17. Jahrhundert von Venezianern auf den Ruinen des römischen Kapitols im Stadtentrum errichtet. Von den die vier Türme verbindenden Mauern hat man einen herrlichen Blick über die Stadt. In der Nähe befinden sich die Reste eines Theaters aus dem 2. Jahrhundert.

Archäologisches Museum von Istrien
Arheološki Muzej Istre

Carrarina 3. (052) 351 301. Mai–Sep: Mo–Fr 9–20 Uhr, Sa, So 10–15 Uhr; Okt–Apr: Mo–Fr 9–15 Uhr. nach Vereinbarung. **www**.ami-pula.hr

Das Archäologische Museum residiert in der ehemaligen Deutschen Schule nahe der Porta Gemina. Ausgestellt werden prähistorische bis mittelalterliche Fundstücke aus Pula und Umgebung. Im Erdgeschoss sind Mosaiken, Altäre und andere Artefakte aus antiker bis mittelalterlicher Zeit sehenswert.

Die Exponate im ersten Stock stammen von der Jungsteinzeit bis zur Römerzeit, die Sammlung im zweiten Stock ist nur der römischen Antike gewidmet (einschließlich einer in Nesaticum bei Pula gefundenen weiblichen Figur ohne Kopf). Zwei weitere Ausstellungsräume widmen sich der Zeit von der Spätantike bis zum Mittelalter. Besonders interessant sind die Artefakte aus slawischen Gräbern aus dem 7. bis 12. Jahrhundert.

Antike Statue, Archäologisches Museum

Porta Gemina
Dvojna vrata

Carrarina.

Das Tor aus dem 2. Jahrhundert besitzt zwei Bogen mit Schmuckfries. In der Nähe sind Reste der alten Stadtmauer.

INFOBOX

Straßenkarte A3. *60 000.*
8 km, (052) 530 105.
Jadroagent (052) 210 431.
(052) 541 722. 43.
Istarske divizije, (060) 304 090.
Forum 3, (052) 219 197.
Musikveranstaltungen im Amphitheater (Sommer); Kroatisches Filmfestival (Sommer).
www.pulainfo.hr

Porta Herculea
Herculova vrata

Carrarina.

Südlich des Archäologischen Museums steht das einbogige Herkulestor aus dem 1. Jahrhundert, das somit das älteste und am besten erhaltene römische Denkmal der Stadt ist. Auf dem Bogen ist eine Darstellung des Herkules mit Keule zu sehen.

Amphitheater
Siehe S. 62 f.

Pula: Amphitheater

Amfiteatar

Die Arena in Pula zählt zu den sechs größten erhaltenen römischen Amphitheatern der Welt. Der unter Kaiser Claudius errichtete kleine Originalbau wurde 79 n. Chr. von Vespasian für Gladiatorenkämpfe erweitert. Er fasste nun 23000 Zuschauer. Noch im 15. Jahrhundert war er unversehrt, bis immer mehr Steine für die Errichtung des Kastells und anderer Gebäude in der Stadt verwendet wurden. Im 19. Jahrhundert wurde die Arena von dem französischen Gouverneur der Illyrischen Provinzen, General Marmont, renoviert und später für Musikveranstaltungen umgebaut. Heute können hier 5000 Zuschauer Freilichtkonzerte und im Sommer das Opernfestival genießen.

Das Amphitheater im heutigen Zustand

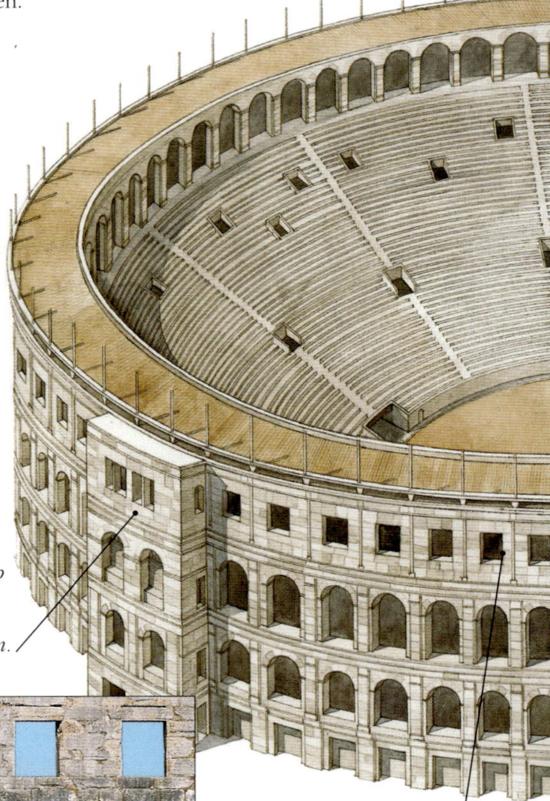

Vier Türme

Die Dächer der Türme waren so konstruiert, dass sich dort das parfümierte Wasser sammelte, das über das Publikum gesprüht wurde. Wahrscheinlich gab es auch Befestigungen für große Baldachine, die vor Sonne und Regen schützten.

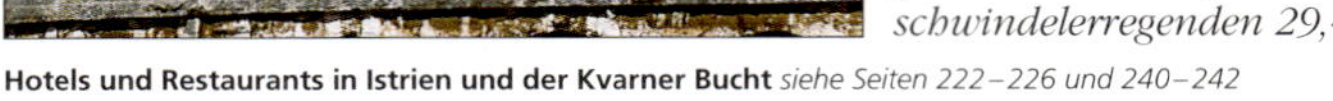

Mauer des Amphitheaters

Da das Theater an einem Hang liegt, verfügt die Außenmauer an der Meeresseite über drei und an der gegenüberliegenden Seite über zwei Geschosse. Der höchste Punkt der heute noch gut erhaltenen Außenmauer liegt auf schwindelerregenden 29,40 Metern.

Hotels und Restaurants in Istrien und der Kvarner Bucht *siehe Seiten 222–226 und 240–242*

Innenbauten des Amphitheaters
Auf den breiten, gestuften Sitzreihen fanden 23 000 Zuschauer Platz. Einst wurden verschiedenste Spektakel, sogar Seeschlachten, dargeboten. Heute finden im Sommer Opern-, Ballett- und Theateraufführungen statt.

INFOBOX

Flavijevska ulica.
(052) 219 028.
telefonisch erfragen.
eingeschränkt.

Über die Korridore, die zu den Sitzreihen führten, konnten die Zuschauer leicht ihre Plätze erreichen.

Rekonstruktion

Ursprünglich trennten eiserne Geländer die Zuschauer von den Gladiatorenkämpfen und Darstellungen von Seeschlachten in der etwa 68 Meter langen und 41 Meter breiten Hauptkampfbahn. Zwischen der Tribüne und den Geländern befand sich ein rund drei Meter breiter, für das Personal reservierter Gang. Entlang der Hauptachse erstreckten sich unter der Arena Korridore für die Gladiatoren und Käfige, in denen die Tiere gehalten wurden, bis man sie ins Stadion jagte.

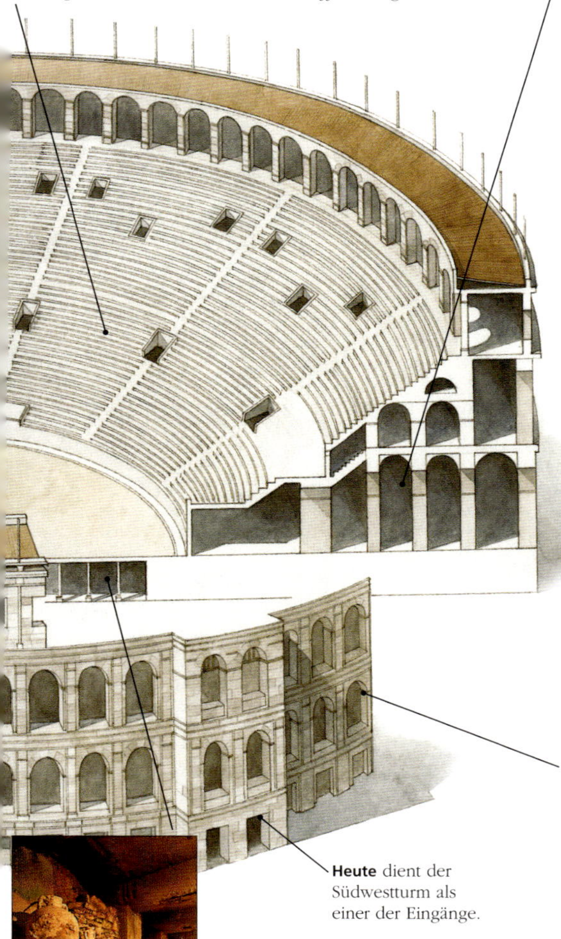

Heute dient der Südwestturm als einer der Eingänge.

Arkaden
Die beiden unteren Arkadenreihen mit je 72 Bogen tragen ein Geschoss mit 64 großen rechteckigen Öffnungen. Durch die Bogen fiel Licht in die Korridore, durch die die Zuschauer von einem Sektor zum anderen spazierten.

Katakomben
In den Katakomben sind archäologische Funde aus der Arena und anderen römischen Bauten ausgestellt. Früher befanden sich dort die Käfige und die Gefängniszellen.

Barban ⓬

Straßenkarte B3. *250.* *Pula, 28 km.* *Pula.* *von Pula.* *Barban 69, Poreč, (052) 567 420.* *Trka na prstenac, Ritterturnier (3. Wochenende im Aug).* **www**.barban.hr

Im Spätmittelalter war Barban eine freie Stadt, im 13. Jahrhundert fiel sie jedoch unter die Herrschaft Pazins, von 1516 bis 1797 gehörte sie zu Venedig. 1535 wurde die Stadt der Familie Loredan zugeschrieben, viele Gebäude erhielten nun ihr venezianisches Gepräge. Gut erhalten sind mittelalterliche Befestigungsanlagen, in die sich einige Renaissance-Bauten einfügen.

Die Kirche Sv. Marija in Svetvinčenat

An dem Platz, auf den das Große Tor (Vela Vrata) führt, steht die Nikolauskirche **Sv. Nikola** aus dem 17. Jahrhundert. Sie besitzt fünf barocke Marmoraltäre und venezianische Gemälde aus dem 16. bis 18. Jahrhundert. Eines davon wird dem italienischen Meister Padovanino zugeschrieben. An dem Platz befinden sich zudem der Palazzo Loredan von 1606 und, zum Kleinen Tor (Mala Vrata) hin, das Rathaus von 1555.

Die Kirche **Sv. Antun Opat** (14. Jh.) vor dem Großen Tor zieren Fresken aus dem 15. Jahrhundert. Bei dem 1976 wieder eingeführten traditionellen Ritterturnier tragen die mit Lanzen ausgestatteten berittenen Teilnehmer malerische Kostüme.

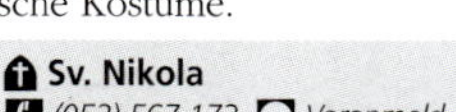

Sv. Nikola
(052) 567 173. *Voranmeld.*

Svetvinčenat ⓭

Straßenkarte A3. *300.* *Pazin.* *von Pula.* **Stadt:** *Svetvinčenat 20, (052) 560 349;* **Regional:** *Pionirska 1, Poreč, (052) 452 797.* **www**.tz-svetvincenat.hr

Das befestigte Dorf wurde im 10. Jahrhundert auf einer Anhöhe um eine häufig umgebaute Festung errichtet. Der Hauptplatz zählt zu den schönsten Istriens. Dort stehen viele wichtige Bauten des Ortes, etwa die Kirche Mariä Verkündigung **Sv. Marija** (15. Jh.). Zwei Gemälde von Palma dem Jüngeren und Giuseppe Porto-Salviatis *Mariä Verkündigung* lohnen den Besuch.

Das **Kastell** (13. Jh.) zählt zu den besterhaltenen in der Region. Es gehörte den venezianischen Familien Castropola, Morosini und Grimani. 1589 beauftragten die Grimanis den Baumeister Scamozzi, einen der quadratischen Türme in eine Residenz für die venezianischen Gouverneure, den anderen in ein Gefängnis umzubauen. Hohe Mauern, die um einen großen Innenhof verlaufen, verbinden die beiden runden Türme. Diesen erreicht man durch das einzige Tor der Zitadelle, das früher durch eine Zugbrücke geschützt war. Im Tor befinden sich das Stadtwappen und das der Familie Grimani.

Der Name der Ortschaft stammt von der romanischen Kirche **Sv. Vinčenat**, deren Wände die Fresken eines unbekannten Künstlers des 15. Jahrhunderts zieren.

Sv. Vinčenat
Friedhof. *(052) 560 004.* *Voranmeldung.*

Umgebung: Etwa zehn Kilometer entfernt liegen die Ruinen von **Dvigrad** (Duecastelli), einem malerischen, verlassenen Dorf inmitten üppiger Vegetation. Um das Jahr 1000 wurden hier auf benachbarten Hügeln zwei Burgen errichtet und später mit einer ovalen Mauer umfriedet. In der Feste entstand rund um die im 11. und 12. Jahrhundert erbaute Basilika Sv. Sofija ein Dorf mit 200 Einwohnern. Dieses überstand zwar im 14. Jahrhundert brandschatzende Genueser im Krieg gegen Venedig, wurde jedoch im 17. Jahrhundert durch die Uskoken *(siehe S. 81)* und eine Malaria-Epidemie entvölkert. Seit dieser Zeit ist »Doppelburg« verlassen.

Rekonstruiertes Zimmer im Volkskundemuseum in Pazin

Pazin ⓮

Straßenkarte B2. *5300.* *(052) 624 310.* *(060) 306 040.* *Franine i Jurine 14, (052) 622 460.* **www**.tzpazin.hr

Pazin entstand aus einer Burg (9. Jh.) oberhalb einer Felswand, die an einer Seite in einen 100 Meter tiefen und 20 Meter breiten Abgrund abfällt. Die Schlucht soll Dante zur Beschreibung des Höllentors in der *Göttlichen Komödie* inspiriert haben.

Im 14. Jahrhundert geriet Pazin unter die Herrschaft der Habsburger, die es der Familie Montecuccoli übergaben.

Die imposanten, überwucherten Ruinen von Dvigrad

ie Burg blieb auch nach nde der Feudalherrschaft im esitz dieser Familie.

Die heutige Burganlage ammt aus dem 16. Jahrhunert. Damals wurden die Flüel miteinander verbunden, nd es wurde ein großer urm angebaut. Diesen ericht man durch ein 1786 in ie Fassade gebautes Tor. Seit 955 befindet sich hier das **olkskundemuseum von Istrin** (Etnografski Muzej), dem eit 1996 das **Stadtmuseum** ngegliedert ist.

Die Kirche **Der Besuch der ıngfrau Maria** (Pohođenje lažene Djevice) und das ranziskanerkloster aus dem 5. Jahrhundert waren die kulırellen Zentren des Gebiets.

Volkskundemuseum von Istrien
Kastell, Trg Istarskog razvoda 1275. *(052) 622 220. Di–So 10–18 Uhr.* www.emi.hr

Stadtmuseum
Kastell, Trg Istarskog razvoda 1275. *(052) 623 054. Apr–Okt: Di–So 10–18 Uhr (Juli, Aug: tägl.); Nov–März: Di–Do 10–15, Fr 11–16, Sa, So 10–16 Uhr.*

ɜračišće 15

ɜtraßenkarte B2. *470. Pazin, 7 km. Fahrzeiten tel. erfragen: Pazin, (060) 306 040 (nicht in Schulferien). Franine i Jurine 14, Pazin, (052) 622 460.*

Das Dorf liegt auf einer Anhöhe inmitten üppiger Wälder und fruchtbarer Weinberge. Gračišće war früher eine starke Militärgarnison an der Grenze zwischen der Republik Venedig und dem Reich der Habsburger. Interessante Gebäude sind hier der **Palazzo Salamon** aus dem 15. Jahrhundert sowie die **Bischofskapelle**. Beide Gebäude sind im venezianischgotischen Stil erbaut.

Die 1425 geweihte Kirche **Sv. Marija** weist ein Tonnengewölbe sowie Fresken auf. Die ursprünglich romanische Kirche **Sv. Fumija** wurde im 16. Jahrhundert völlig umgestaltet. Sie besitzt noch ein Holzkreuz aus dem 14. Jahrhundert. Die Loggia beim Haupttor wurde 1549 erbaut.

Das malerische Pićan war früher Bischofssitz

Pićan 16

Straßenkarte B2. *316. Fahrzeiten tel. erfragen: Pazin, (060) 306 040 (nicht in Schulferien). Franine i Jurine 14, Pazin, (052) 622 460.*

Der von den Römern Petena genannte Ort war vom 7. Jahrhundert bis 1788 Bischofssitz und weist noch einige beeindruckende alte Bauwerke auf. Innerhalb der mittelalterlichen Stadtmauern steht die dem hl. Nicephorus geweihte **Kathedrale** aus dem 14. Jahrhundert. Sie wurde im 18. Jahrhundert nach einem Erdbeben neu errichtet. Die Geschichte des Märtyrers dokumentiert ein Gemälde Valentin Metzingers (1699–1759) in der Kathedrale. Die romanische Kirche **Sv. Mihovil** zieren Fresken aus dem 15. Jahrhundert.

Labin 17

Straßenkarte B3. *12400. Ulica 2, marta, (060) 333 888. Aldo Negri 20, (052) 855 560. Klassische Konzerte (Juli, Aug).* www.rabac-labin.com

Labin besteht aus dem mittelalterlichen Kern innerhalb der Stadtmauer und dem venezianischen Teil rund um den Titov trg. Hier stehen das Rathaus (19. Jh.), die Bastion (17. Jh.), eine Loggia (1550) und das Tor Sv. Flor (1587) mit dem Markus-Löwen.

An einer zum Stari trg führenden Straße erhebt sich die mehrfach umgebaute gotische Kirche **Rođenje Marijino** (Mariä Geburt, 15. Jh.) mit einer schönen Fensterrose an der Fassade sowie Werken venezianischer Künstler aus dem 16. und 17. Jahrhundert, darunter ein Gemälde von Palma dem Jüngeren.

An dem Platz stehen darüber hinaus der Stadtpalast (1555), der Palazzo Scampicchio (16. Jh.) und der barocke Palazzo Battiala Lazzarini (frühen 18. Jh.). Hier ist das **Volksmuseum** (Narodni Muzej) untergebracht, das römische und mittelalterliche Exponate sowie den Nachbau einer Kohlenmine zeigt. Labin war bis zur Stollenschließung 1999 Kroatiens wichtigste Bergbaustadt. 1921 riefen hier in Opposition zum Faschismus in Italien 2000 Kumpel die Republik Labin aus. Der sozialistische Ministaat überlebte nur einen Monat.

Volksmuseum
Ulica 1 Maja 6. *(052) 852 477. Juni–Sep: Mo–Fr 10–13, 18–20 Uhr, Sa 10–13 Uhr; Okt–Mai: Mo–Fr 7–15 Uhr.*

Umgebung: Etwa vier Kilometer von Labin entfernt liegt der beliebte Ferienort Rabac.

Steile Gassen und alte Bauten bestimmen das Stadtbild von Labin

Detail des Altars in der Kirche Sv. Juraj Mladi in Plomin

Plomin 18

Straßenkarte B3. *140.* *Pula, 54 km.* *Rijeka, 55 km.* *Vozilići 66, Vozilići; (052) 880 155;* **Regional:** *Pionirska 1, Poreč, (052) 452 797.*

An der Stelle der einstigen römischen Siedlung Flanona entstand eine befestigte Stadt, die von den Awaren im 6. Jahrhundert zerstört und nach dem Jahr 1000 neu aufgebaut wurde. Das heutige Erscheinungsbild Plomins stammt aus dem 13. Jahrhundert, nachdem die Stadt an Venedig gefallen war. Plomin thront auf einer steilen Klippe 168 Meter über der gleichnamigen Bucht und war einst dicht bevölkert.

Innerhalb der nur teilweise erhaltenen Stadtmauer aus dem 13. und 14. Jahrhundert stehen die Häuser dicht an dicht. Eine schmale Straße führt hinauf in den Ortskern mit der romanischen Kirche **Sv. Juraj Stari** (St. Georg der Alte). Im Inneren findet sich eine glagolitische Inschrift *(siehe S. 34f)* des 11. Jahrhunderts, eines der ältesten kroatischen glagolitischen Dokumente Koratiens.

Auch **Crkva Blažene Djevice Marije** (Mariä Verkündigung) beherbergt wahre Schätze. Der 1474 geweihte Bau wurde im 18. Jahrhundert erheblich umgebaut. Sehenswert sind die drei holzgeschnitzten, bemalten Renaissance-Altäre und der Kirchenschatz. Bei Restaurierungsarbeiten wurde ein Wandbild von einem deutschen Maler namens Albert freigelegt.

Mošćenice 19

Straßenkarte B2. *330.* *Rijeka, 53 km, Insel Krk.* *Rijeka.* *Aleja Slatina, Mošćenička Draga, (051) 737 533.* **www**.tz-moscenicka.hr

Das Dorf Mošćenice auf einer kleinen Hügelkuppe war ursprünglich eine liburnische Siedlung. Die mittelalterliche Anlage des Orts zeigt sich noch immer deutlich an den zur Stadtmauer ausgerichteten Häusern sowie in den schmalen Straßen, winzigen Gässchen und Höfen.

Die mittelalterliche Andreaskirche **Sv. Andrije** am Hauptplatz wurde im 17. Jahrhundert barockisiert. In ihrem Inneren sind einige Statuen des Paduaner Bildhauers Jacopo Contieri. Außerhalb der Stadtmauer stehen ein dem hl. Sebastian geweihtes Kirchlein aus dem 16. Jahrhundert und die im 17. Jahrhundert errichtete Kirche Sv. Bartolomej.

Die Geschichte dieser Gegend von Istrien dokumentiert das **Volkskundemuseum** (Etnografski Muzej). Neben zahlreichen anderen Exponaten ist hier besonders eine große, alte Olivenpresse von Interesse.

Eine Statue von Contieri in Sv. Andrije in Mošćenice

Volkskundemuseum
(051) 737 551. *Sommer: tägl. 9–13, 18–21 Uhr; Winter: tägl. 11–15 Uhr.* *Jan, Feb.*

Lovran 20

Straßenkarte B2. *4000.* *Rijeka, 50 km.* *Rijeka, 20 km, Insel Krk.* *Opatija, 6 km.* *Trg slobode 1, (051) 291 740.* *Spargelfest (Apr); Kirschenfest (Juni); Marunada, Maronenfest (Mitte Okt).* **www**.tz-lovran.hr

Die Stadt (der Name leitet sich von den hier häufigen Lorbeersträuchern ab) erstreckt sich von den Hängen des Hügels Gorica entlang der Küste bis zu den Ausläufern von Opatija *(siehe S. 67)*. Die Altstadt liegt hingegen auf einer kleinen Halbinsel.

Lovran unterstand nacheinander dem Königreich Kroatien, dem Patriarchat von Aquileia, den Grafen von Pazin und ab 1374 der Habsburger Monarchie.

Die Häuser in der alten befestigten Stadt schmiegen sich an die Stadtmauer, von der nur wenige Originalteile erhalten geblieben sind – lediglich ein Turm und das Stubiza-Tor haben die Zeit überdauert. Am Hauptplatz stehen ein mittelalterlicher Turm sowie einige Häuser mit venezianisch-gotischen Fassaden und die barock umgebaute Georgskirche **Sv. Juraj** aus dem 12. Jahrhundert mit ihrem romanischen Glockenturm. Im Inneren der Kirche stellen im Gewölbe und am Bogen der Apsis einige spätgotische Fresken (1470–79) das Leben Christi und verschiedener Heiliger dar. Am Hauptplatz

Alte Mühle im Volkskundemuseum in Mošćenice

Die Villa Angiolina in Opatija liegt in einem herrlichen Park

steht ein Gebäude mit einer Skulptur des hl. Georg. An der Küstenpromenade Richtung Ika befinden sich einige schöne moderne Villen *(siehe S. 23)*.

Sv. Juraj
Juli, Aug: Mo, Mi, Fr 19–21.30 Uhr.

Tour durch die Burgstädte ㉑

Siehe S. 68 f.

Opatija ㉒

Straßenkarte B2. *13 000.* *Rijeka, 40 km, Insel Krk.* *Rijeka.* *Rijeka.* **Stadt:** *Nazorova 3, (051) 271 710;* **Regional:** *Nikole Tesle 2, (051) 272 988.* *Karneval der Riviera; Sommerfest (Mai–Sep); »Kaisernacht« (Juli); Liburnia Jazz Festival (Juli); Schokoladenfest (Dez).* **www**.opatija-tourism.hr

Der Ferienort Opatija verdankt seinen Namen einer Benediktinerabtei aus dem 14. Jahrhundert, um die ein Dorf entstand. An der Stelle des Klosters steht heute die 1506 erbaute und 1937 vergrößerte Kirche Sv. Jakov.

Der Fremdenverkehr begann in der Stadt bereits um 1845, als sich der Adelige Iginio Scarpa aus Rijeka die großartige **Villa Angiolina** errichten ließ. Sie liegt inmitten eines großen Parks und wurde zum ersten Hotel Opatijas umgebaut. Wenige Jahre später verbrachte das österreichische Kaiserpaar Ferdinand und Maria Anna hier einige Zeit. Ihrem Beispiel folgten andere Mitglieder des Hofs. Viele Luxushotels und Villen entstanden, Opatija stieg bis 1900 zum mondänen Ferienort auf. Enormen Aufschwung erlebte der Tourismus durch die Eisenbahnverbindung Österreich–Rijeka. Von Rijeka fuhr eine Tram nach Opatija.

Auch Kaiser Franz Joseph hielt sich hier im Winter teils längere Zeit auf und genoss das milde Klima der Region. Noch heute wird die Küste von Luxushotels und Villen aus dem späten 19. Jahrhundert gesäumt, die von Parks und Gärten umgeben sind. Opatija hat zwar einiges von seinem Glanz verloren. Wer aber Ruhe sucht, ist hier genau richtig.

Kastav ㉓

Straßenkarte B2. *10 000.* *Rijeka, 20 km, Insel Krk.* *Rijeka, 11 km.* *Rijeka, 11 km.* *Matka Laginje 5, (051) 691 425.* *Bela Nedeja, Weinfest (1. So im Okt).* **www**.kastav-touristinfo.hr

Der auf einem Berg gelegene Ort nahe Rijeka wurde im frühen Mittelalter angelegt. In der Burg wohnten bis ins 16. Jahrhundert die örtlichen Patrone, später die österreichischen Gouverneure. Am Lovkine trg stehen die Helenenkirche Sv. Jelena Križarica aus dem 17. Jahrhundert, eine dem hl. Antonius Eremita geweihte Kirche (15. Jh.) sowie eine 1571 erbaute und 1815 restaurierte Loggia. Am Wassertrog erinnert eine Plakette an den Hauptmann Morelli, der 1666 der Auferlegung von Wuchersteuern schuldig gesprochen und ertränkt wurde.

Im Hafen von Opatija ankerten einst mit Vorliebe die Habsburger

Tour durch die Burgstädte ㉑

Briefkasten für Denunzianten

Die istrischen Dörfer und Städte waren alle befestigt. Als Erste zogen die illyrischen Istri Befestigungsmauern hoch und errichteten auf den von ihnen besiedelten Bergkuppen Fluchtburgen. 136 solcher befestigten Ortschaften gibt es in Istrien. Einige sind verlassen, andere wohl seit 1000 v. Chr. bis heute ständig bewohnt. Die Mauern wurden von den Römern verstärkt, im späten Mittelalter erneuert und unter österreichischer oder venezianischer Herrschaft ausgeweitet. Einen Abstecher sind auf jeden Fall die alten glagolitischen Dokumente wert.

Hum ③
Eine von den Venezianern verstärkte ovale Mauer schützt das kleine Dorf. Sehenswert sind die byzantinischen Fresken (12. Jh.) in der Kirche Sv. Jeronim.

Buzet ④
Die heute für ihre Trüffeln berühmte, einst illyrische, später römische Feste (Pinquentum) gehörte ab 1420 zu Venedig. Die Venezianer bauten in die Stadtmauer das Große (Vela Vrata) und das Kleine Tor (Mala Vrata, 16. Jh.).

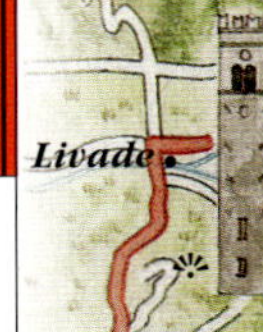

Dragué ⑤
Hier bildet die mittelalterliche Stadtmauer die Rückseiten der Häuser, die Brustwehre erbauten die Venezianer nach 1420. Sehenswert sind die Fresken in Sv. Rok (16. Jh.), darunter auch eine Anbetung der Könige.

LEGENDE

- Routenempfehlung
- Glagoliter-Allee
- Andere Straße
- Information
- Aussichtspunkt

Motovun ⑥
Das mittelalterliche Städtchen liegt auf einem Berg hoch über dem Tal. Die Originalmauer (13./14. Jh.) umgibt immer noch die Altstadt. Eine zweite, später erbaute Mauer schützte die äußeren Siedlungen. Ein Tor in einem Turm aus dem 15. Jahrhundert führt von der Unter- zur Oberstadt.

Roč ②
Die Mauer um Roč wurde im 14. Jahrhundert von den Patriarchen von Aquileia erbaut, die Türme entstanden im 16. Jahrhundert. Roč war ein wichtiges Zentrum für die Entwicklung der glagolitischen Schrift, im 13. Jahrhundert ritzte man deren Alphabet in Votivkreuze der Kirche Sv. Antun. Die romanische Kirche Sv. Rok birgt zwei Freskenzyklen.

ROUTENINFOS

Start: *Boljun.*
Länge: *77 km (einfach).*
Rasten: **Motovun** *Restaurant Mcotić, (052) 681 758;*
Hum *Humska Konoba, (052) 660 005 (Restaurant);*
Buzet *Šetalište Vladimira Gortana 9, (052) 662 867 (Restaurant).*
i Buzet *Trg Fontana 7, (052) 662 343.*
Poreč *Hauptbüro für Istrien, Pionirska 1, Poreč, (052) 880 088.*

Boljun ①
Das Dorf besitzt noch Teile der mittelalterlichen Mauern, einen Turm und einen Wassergraben von 1697. An der Hauptstraße stehen der Getreidespeicher, eine Loggia und die romanische Kirche Sv. Kuzma i Damjan. Gotische Malereien bietet die dem hl. Peter geweihte Kirche (14. Jh.).

Glagoliter-Allee

Die sieben Kilometer lange Aleja Glagoljaša zwischen Roč und Hum wurde 1977–85 im Gedenken an die alte slawische Schrift Glagoliza angelegt. Am Weg stehen Steinskulpturen, die an Ereignisse und Menschen erinnern, die zur Verbreitung der Schrift beitrugen. Die Glagoliza wurde im 9. Jahrhundert von den Heiligen Kyrillos und Methodios zur Übersetzung der Heiligen Schrift ins Slawische entwickelt *(siehe S. 34f)*.

Glagolitische Inschrift am Weg nach Roč

Rijeka ㉔

Morčić von Rijeka *(siehe S. 252)*

Rijeka wurde von den Liburnern gegründet, den Kelten erobert und den Römern als Stadt namens »Tarsatica« geführt. Auch in den folgenden Jahrhunderten wechselte die Herrschaft häufig, schließlich fiel Rijeka den Habsburgern zu. 1530 erklärte Kaiser Ferdinand I. Rijeka zur freien Stadt, 1719 entstand der Freihafen. Ab 1779 gehörte Rijeka zum Königreich Ungarn und gewann an wirtschaftlicher Bedeutung. Heute ist Rijeka bedeutende Industriestadt, einer der wichtigsten Häfen Kroatiens sowie Bahn- und Straßenknotenpunkt. Alljährlich im Februar und März verwandelt sich die Stadt in Kroatiens Karnevalshochburg.

Den Korzo säumen Häuser aus dem 19. Jahrhundert

Überblick: Rijeka

In den letzten Jahrzehnten hat sich die Stadt (ital. Name »Fiume«) entlang der Küste und in die umgebenden Berge ausgedehnt. Die majestätischen Bauten aus dem 19. Jahrhundert am Korzo und an der Riva verströmen noch immer mitteleuropäisches Flair. Die beiden Prachtstraßen in der Altstadt (Stari Grad) verlaufen auf dem Meer abgewonnenen Land. Den Korzo, das Herz der Stadt, säumen Cafés, Restaurants und Läden.

Kapucinska crkva
Kapuzinerkirche

Kapucinske stube 5. *(051) 335 233.* *7–12, 16–20 Uhr.*

Die nördlich des Trg Žabica gelegene Kapuzinerkirche wurde zwischen 1904 und 1923 erbaut. Sie heißt auch Kirche der Madonna von Lourdes, weil sie zum 50. Jahrestag des Wunders von Lourdes errichtet wurde.

Sv. Nikola
Nikolauskirche

Ignacija Henkea 2. *(051) 335 399.* *tägl. 8–13, 18–18.40 Uhr.*

In der von der orthodoxen Gemeinde 1790 erbauten Kirche Sv. Nikola hängen sehr schöne Ikonen aus der serbischen Vojvodina.

Stadtturm
Gradski Toranj

Der Stadtturm steht etwa in der Mitte des Korzo. Er entstand durch Umbauten am Altstadttor aus dem 15. Jahrhundert. Turm und Uhr *(Pod Urom)* stammen aus dem 18. Jahrhundert, die Kuppel wurde 1890 aufgesetzt. Das imposante Bauwerk schmücken verschiedene Wappen, darunter das der Stadt und der Habsburger, sowie Büsten der Kaiser Leopold I. und Karl VI.

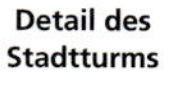
Detail des Stadtturms

Rathaus
Municipij

Trg Riječke Rezolucije.

Das Augustinerkloster aus dem 14. Jahrhundert wurde 1883 zum Rathaus umgebaut. Heute beherbergt der Bau, der drei Seiten des Platzes einnimmt, Büros.

Römisches Tor
Stara Vrata

Trg Ivana Koblera.

In einer Gasse an der Nordseite des Platzes befinden sich die Überreste eines einfachen römischen Steinbogens, wohl eines Stadttors. In der Nähe legten Ausgrabungen die Fundamente einer römischen Befestigungsmauer frei.

Crkva Uznesenja Blažene Djevice Marije
Stiftskirche Mariä Himmelfahrt

Pavla Rittera Vitezovića 3. *(051) 214 177.* *8–12, 16–18 Uhr.*

Die einstige Kathedrale und Stiftskirche Mariä Himmelfahrt aus dem 13. Jahrhundert hat nur wenig von ihrer ursprünglichen Gestalt behalten. 1695 wurde sie barockisiert, 1726 im Rokokostil umgestaltet, zudem wurde eine Fensterrose aus dem 16. Jahrhundert eingebaut. Altäre, einige Gemälde und die Kanzel strahlen in barocker Pracht. Am Glockenturm ist das Datum der Errichtung (1377) angebracht. Der obere Turmabschnitt ist gotisch.

Katedrala Sv. Vida
Kathedrale St. Veit

Trg Grivica. *(051) 330 879.* *7–12, 16.30–19 Uhr.*

Die Kirche des Schutzpatrons der Stadt, des hl. Veit, wurde von 1638 bis 1742 von Jesuiten erbaut. Den Innenraum zieren mehrere Barockaltäre und ein gotisches Kreuz auf dem Hauptaltar (13. Jh.).

Marinemuseum & Historisches Museum des Kroatischen Küstenlandes
Pomorski i Povijesni Muzej Hrvatskog Primorja

Muzejski trg 1/1. *(051) 213 578.* *Di–Fr 9–20, Sa 9–13 Uhr.*

Das älteste Museum Rijekas wurde 1876 gegründet. Es befindet sich seit 1955 in dem

Gotisches Kreuz in der Katedrala Sv. Vida

896 erbauten Gouverneurs-alast. Eine Sammlung von chiffsmodellen zeigt die ieschichte der Seefahrt, zu ehen sind zudem Waffen ınd Schiffsausrüstungen aus lem 17. und 18. Jahrhundert.)ie Exponate der umfangreihen archäologischen Samm-ıngen stammen aus der Prä-ıistorie bis zum Mittelalter. \usgestellt sind auch Drucke, Möbel und volkskundliche \rtefakte.

Gospa Trsatska
Kirche der Muttergottes von Trsat

'rankopanski trg. *(051) 452 900.* *tägl.*

Am anderen Ufer der Rječina iegt oberhalb des Zentrums von Rijeka der Vorort Trsat: 561 Stufen führen vom Titov ırg zum Heiligtum der Muttergottes von Trsat. Die Kirche und das Franziskanerkloster erbaute 1453 Martin Frankopan an der Stelle einer Kirche aus dem 12. Jahrhundert, in der von 1291 bis 1294 Teile des Hauses der Heiligen Familie von Nazareth aufbewahrt wurden, bevor sie in das italienische Loreto kamen. Um die Bevölkerung für den Verlust zu entschädigen, stiftete Papst Urban V. 1367 die Replik eines Gemäldes, *Gottesmutter mit Kind*, das heute den Hauptaltar ziert.

Zu dem Heiligtum pilgerten Soldaten und Matrosen, deren Votivgaben in einer Kapelle neben dem Kreuzgang aufbewahrt werden. In der 1864 umgebauten Kirche sind der Triumphbogen, der Marmoraltar mit dem Marienbildnis und Gräber der Familie Frankopan erhalten geblieben.

Replik eines Madonnengemäldes am Altar der Muttergottes von Trsat

INFOBOX

Straßenkarte B2. *130 000.*
Krk, (051) 842 132.
Krešimirova ulica, (060) 333 444. *Trg Žabica 1, (060) 302 010.* *Riva, (051) 212 696; Adriatica: Verdijeva 6, (051) 214 511; Jadrolinija, Riječki lukobran bb, (051) 211 444.* Korzo 14, *(051) 335 882.* *Kunstfestival (Juni/Juli); Karneval (Feb/März).*
www.tz-rijeka.hr

Kastell Trsat
Gradina Trsat

Ulica Zrinskog. *(051) 217 714.* *Sommer: 9–20 Uhr; Winter: 9–17 Uhr.*

Vom Heiligtum der Muttergottes gelangt man zur römischen Feste von Tarsatica, von der noch Teile vorhanden sind. Im 13. Jahrhundert gehörte Trsat den Frankopanen, die an dieser Stelle eine weitere Festung bauten. Im 19. Jahrhundert erwarb und renovierte es der österreichische General Laval Nugent, der hier begraben ist. Vom Kastell aus hat man einen herrlichen Meerblick.

Cres ㉕

Im Norden der schmalen, 68 Kilometer langen Insel lebt eine Kolonie weißköpfiger Gänsegeier. Die unter Naturschutz stehenden Vögel nisten auf einem von der kalten, trockenen Bora umtosten Plateau. Im milderen Süden gedeihen Oliven und Wein. Die einzige Straße führt vom Norden der Insel über eine Brücke zur Nachbarinsel Lošinj. Die höchsten Besucherzahlen verzeichnen die Orte Cres, Osor, Martinšćica und Valun.

Cres-Stadt ist von fruchtbaren Olivenhainen umgeben

Cres-Stadt

Cres liegt in einer durch einen Berg geschützten Bucht. Die Stadt erlangte Bedeutung, als der Bischofs- und Gouverneurssitz von Osor hierher verlegt wurde.

Die Mauern und die drei Tore mit Steinbogen verleihen der Stadt venezianisches Flair. Die Kirche Sv. Marija Snježna (Maria Schnee) zieren Malereien venezianischer Schule. Im Rathaus (16. Jh.) bzw. der Loggia findet der Obst- und Gemüsemarkt statt.

Gegenüber dem lebhaften Hafen stehen das Stadttor, ein Uhrenturm und Renaissance-Bauten. Die dem Schutzheiligen Isidor geweihte Kirche Sv. Izidora stammt aus dem 12. Jahrhundert.

Osor

Bevor Cres Mitte des 15. Jahrhunderts zur Inselhauptstadt aufstieg, hatte Osor diese Rolle inne. Die Stadt war Bischofssitz und besaß einen Hafen. Heute ist ganz Osor ein Freilichtmuseum. Artefakte aus der Bronzezeit und die überragenden Sehenswürdigkeiten ziehen Kunstinteressierte an.

Die schöne Marienkathedrale aus honigfarbenem Stein wurde 1497 vollendet. An der Fassade befindet sich über dem Portal ein Relief der Jungfrau Maria. Im Kircheninneren verdient ein Altargemälde mit den Heiligen Nikolaus und Gaudentius besondere Beachtung.

Das **Museum der Insel Cres** (Creski Muzej) im Rathaus zeigt eine Ausstellung steinerner Inschriften und interessanter illyrischer, römischer und frühmittelalterlicher Funde. An der Fassade des Bischofspalastes aus der zweiten Hälfte des 15. Jahrhunderts prangen die Wappen der Bischöfe und der Insel-Aristokratie. Die Innenausstattung ist prächtig.

Von der einstigen Petruskathedrale sind nur einige Mauern, Fundamente und Mosaiken verblieben.

INFOBOX

Straßenkarte B3. *3200.* *(051) 211 444.* **Cres** *Cons 10, (051) 571 535.* **Osor** *(051) 231 547.* **www**.tzg-cres.hr

Museum der Insel Cres
Creski Muzej
Petris-Arsan-Palast, Ribarska 7. *(051) 571 127. wegen Renovierung. Wechselausstellungen: Mitte Juni–Mitte Juli: 10–12, 19–22 Uhr; Mitte Juli–Mitte Aug: 9–11, 20–23 Uhr; Mitte Aug–Mitte Juni: 10–12, 18–21 Uhr.* *Mo.*

Portal der Kirche Sv. Marija Snježna in Cres-Stadt

Lošinj (Lussino) ㉖

Die Insel Lošinj lockt mit mildem Klima und subtropischer Vegetation, mit Pinien, Palmen, Oleander und Zitrusbäumen. Der Hauptort Mali Lošinj wurde im 12. Jahrhundert von zwölf hier gelandeten kroatischen Familien gegründet. Der berühmteste Strand in der Čikat-Bucht südwestlich von Mali Lošinj ist 30 Kilometer lang und bietet exzellente Wassersportmöglichkeiten.

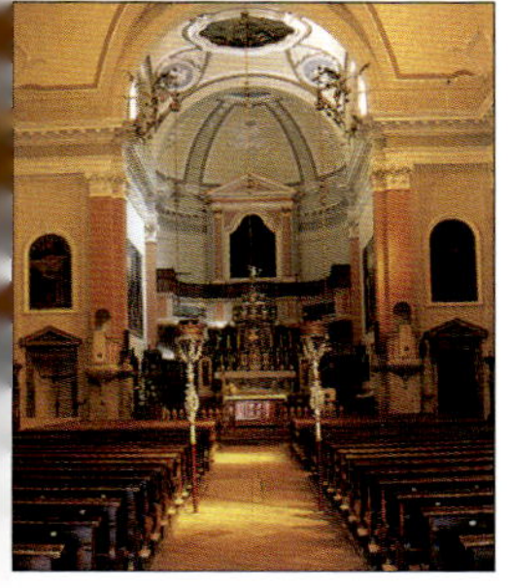

Die schön ausgestattete Kirche Sv. Antun in Veli Lošinj

Mali Lošinj
Das Städtchen gehörte wie Cres jahrhundertelang zu Venedig. Es besitzt zahlreiche Gebäude aus seiner maritimen Blütezeit im 18. und 19. Jahrhundert. Der älteste Teil der Stadt liegt rund um die Kirche Sv. Marija aus dem 18. Jahrhundert. Vor den Stadttoren erstreckt sich ein lebhafter, gut besuchter Ferienort mit großen Hotelanlagen für Pauschalurlauber.

Veli Lošinj
Die hübsche Stadt mit ihren in üppigem Grün versteckten Villen ist ruhiger als Mali Lošinj. Die im 18. Jahrhundert an der Stelle eines älteren Gotteshauses (15. Jh.) errichtete Kirche Sv. Antun Pustinjak zieren Malereien, darunter Werke von Bartolomeo Vivarini (1430–1490), Bernardo Strozzi (1581–1644) und Francesco Hayez (1791–1882). Die sieben Altäre weisen barocke Stilelemente auf.

Einen herrlichen Blick auf die Stadt und die Küste genießt man vom Uskokenturm aus dem 16. Jahrhundert *(siehe S. 81)*.

Umgebung: Die Insel **Sušak** ist für ihre ungewöhnliche Geologie bekannt: Eine zehn Meter dicke Sandschicht bedeckt den Kalkgrund. Dieser Boden eignet sich hervorragend für den Weinbau, der von allen Bewohnern der Insel betrieben wird und auch als Statussymbol gilt – je größer der Weinberg, desto angesehener der Winzer. Die auf Terrassen angebauten Rebstöcke werden durch Windbrecher und für die Inseln und Küsten der oberen Adria typischen Trockenmauern geschützt. Berühmt sind auch die malerischen farbenprächtigen Frauentrachten. Sie werden von den Einheimischen in den Wintermonaten gefertigt und bei Festen stolz getragen.

Ilovik, die Insel südlich von Lošinj, ist rund sechs Quadratkilometer groß. Die 170 Bewohner leben zum Großteil im Dorf Ilovik an der Nordostküste. Wein, Oliven, Obst und Blumen gedeihen gut im milden Klima. Auf der nahen unbewohnten Insel Sv. Petar stehen die Ruinen einer venezianischen Festung und einer Benedektinerabtei mit Kirche und Kloster. Auf Sušak und Ilovik wurden prähistorische und römische Funde ausgegraben (beispielsweise Mosaiken und Münzen).

Unije, die größte der kleinen Inseln, ist sehr bergig, die Vegetation spärlich. Die Küste besteht im Osten aus steilen Felsen, im Westen ist sie wesentlich besser zugänglich. Im Hauptort der Insel befindet sich die Kirche Sv. Andrije, deren Glockenturm schon von Weitem sichtbar ist. Die Inselbewohner leben von Gartenbau und Fischfang.

Osor
UNIJE
Unije
Nerezine
Sv. Jakov
Čunsi
LOŠINJ
Mali Lošinj
Veli Lošinj
SUŠAK
Sušak
Ilovik
ILOVIK

0 Kilometer 6

LEGENDE

- Straße
- Weg
- Fähre
- Flughafen
- Information
- Strand
- Aussichtspunkt

INFOBOX

Straßenkarte B3. *8500.*
Mali Lošinj *Riva Lošinjskih Kapetana 29, (051) 231 547, 231 884.* *(051) 231 765.* **Veli Lošinj** *(051) 231 547.* **Unije** *Auskunft über* **Sušak** *und* **Ilovik** *im Fremdenverkehrsbüro Mali Lošinj.*
www.tz-malilosinj.hr

Blick auf den Fischerhafen von Mali Lošinj

Nationalpark Risnjak: Leska-Weg ㉗

Nacionalni Park Risnjak

Nördlich von Rijeka beginnt das riesige Plateau Gorski Kotar, das Kroatien von Slowenien trennt. Ein Teil des Gebirges wurde zum Nationalpark erklärt, um Flora, Fauna und ökologisches Gleichgewicht zu erhalten. Der 1953 gegründete Park erstreckte sich ursprünglich über 32 Quadratkilometer, ist heute jedoch doppelt so groß. Er besteht hauptsächlich aus Wäldern, Wiesen und vielen verkarsteten Felsformationen. In dem extremer Witterung ausgesetzten, hoch gelegenen Gebiet mit seinen äußerst unterschiedlichen klimatischen Bedingungen wurden bislang etwa 30 verschiedene Pflanzengemeinschaften identifiziert. Der Leska-Weg wurde 1993 als Lehrpfad für Besucher angelegt.

Parkgebiet

Leska-Weg

Weißtannenwald ⑧
Die im Bootsbau heiß begehrte Weißtanne ist aus vielen kroatischen Wäldern verschwunden. Hier wächst sie zusammen mit Buchen.

Felsspalte ⑦
Die kühle Luft aus dieser Felsspalte und der kalte Untergrund ermöglichen das Gedeihen einer Flora, die normalerweise nur in den höheren Lagen des Parks zu finden ist.

Futtertröge ⑥
Mit dem Futter in den hier aufgestellten Trögen wird das Wild im Winter versorgt.

Buchen- und Tannenwäld
Hranilište
Futtertröge ⑥
⑧ Weißtannenwald
685
⑦ Felsspalte
Osmatračnica
⑨ Observatorium
690
Klada
MARKOV BRLOG
Gmajna
686
707
⑫ Baumstämme
Anbau ⑩
Leska
⑪ Quellen

Observatorium ⑨
Von diesem Aussichtsturm kann man das Verhalten der Waldtiere, darunter Bären, Füchse, Luchse, Marder und Wildkatzen, oder der zahlreichen Zug- und anderen Vögel beobachten. Gegen Abend sind – je nach Jahreszeit und Glück – Adler, Falken, Krähen und andere Vogelarten zu erspähen.

Anbau ⑩
In dem Dorf Leska ist nur ein Haus bewohnt. Es wird von Frühling bis Herbst von Bauern genutzt, die auf speziell angelegten Terrassen Kartoffeln, Erbsen und Bohnen anbauen.

Quellen ⑪
Das Wasser fließt unter den unzugänglichen Felsschichten und tritt an den Quellen zutage.

Baumstämme ⑫
Die Schwämme an den alten Stämmen bieten Insekten eine ideale Nahrungsquelle.

Buchen- und Tannenwälder ⑤
Der Weg führt durch teils sehr hohe Buchen- und Tannenwälder. Das Unterholz besteht aus Haselnuss-, Blaubeer- und Holundersträuchern.

INFOBOX

Straßenkarte B2. *Bijela Vodica 48, Crni Lug, (051) 836 133, 836 261.* *Sommer: tägl. 7–22 Uhr; Winter: tägl. 7–21 Uhr.* *Der Leska-Weg ist 4,2 km lang. Die Strecke ist leicht und gut beschildert. Man benötigt ca. zwei Stunden.* **www**.risnjak.hr

Bergwiesen ④
Die Gebiete, die für den Anbau oder als Weideland für das Vieh gerodet wurden, sind heute Bergwiesen. Im späten Frühjahr erstrahlen hier u.a. Heide-, Pfeifen- und Schwingelgras in den verschiedensten Farben.

③ Karsttrichter
685
ergwiesen
② Totholz
686
686
Erhaltung der Bäume ①
0 Meter 200
CRNI LUG

Erhaltung der Bäume ①
Der Schutz der älteren, größeren Pflanzen war ein Grund für die Einrichtung des Nationalparks. In den hiesigen Wäldern stehen riesige alte Buchen und Fichten, aber auch seltenere Bäume wie etwa Bergulmen und Ahorn.

Totholz ②
Vom Sturm gefällte alte oder kranke Bäume werden liegen gelassen, da sie perfekte Lebensbedingungen für Mikroorganismen wie etwa Pilze bieten.

Karsttrichter ③
Die für Kalksteingebiete typischen trichterförmigen Karstsenken entstehen, wenn der felsige Untergrund durch Einwirkung des Wassers verwittert.

LEGENDE

- Routenempfehlung
- Andere Straße

Krk ㉘

Turm der Frankopanen-Burg

Mit einer Fläche von 409 Quadratkilometern ist Krk die größte Adria-Insel. Die Anbindung an das Festland über eine Brücke sichert einen guten Transfer von Krks internationalem Flughafen. Die Ostküste der Insel mit den weißen, kahlen Felsen wirkt nahezu bizarr. Das Inselinnere und die geschützte Westküste bieten eine vielfältige und üppige Vegetation.

INFOBOX

Straßenkarte B3. *18000.* *(051) 842 040.* *Valbiska: (051) 863 170.* **Krk (Insel)** *Trg Sv. Kvirina 1, (051) 221 359;* **Krk (Stadt)** *Vela Placa 1, (051) 222 414.* **Baška** *(051) 856 821.* *Kralja Zvonimira 114, (051) 856 817.* **Njivice** *Ribarska Obala 10, (051) 846 243.* **www**.krk.hr

Rund um Krk ist das Wasser kristallklar

Krk wurde zuerst von Liburnern besiedelt, später von Römern, die Curicum (das heutige Krk) und Fulfinum gründeten. Überreste von Mauern, Thermen und Villen mit Bodenmosaiken zeugen noch heute von der römischen Zeit.

Im 6. Jahrhundert fiel Krk unter kroatische, nach fränkischer und byzantinischer Besatzung unter venezianische Herrschaft: Die Insel wurde Dujam I., dem Begründer der Frankopan-Dynastie, übertragen. Von 1480 bis 1797 unterstand sie Venedig direkt.

Krk war ein Zentrum des glagolitischen Schrifttums. Hier wurde die heute in der Kroatischen Akademie der Wissenschaften aufbewahrte Tafel von Baška gefunden.

Krk-Stadt

Die Stadt Krk entstand im Mittelalter über dem römischen Curicum. Die Stadtmauer und drei venezianische Tore sind noch erhalten: das Stadttor mit dem Kamplin genannten Wachtturm, das Seetor (Pisana) und das Obere Tor. Den Hauptplatz zieren Renaissance-Gebäude. Die im 12. Jahrhundert entstandene und mehrfach umgebaute **Katedrala Uznesenja Marijina** steht auf den römischen Thermen. In der dreischiffigen Basilika aus hellem Stein befinden sich vier Gemälde (1706) von Cristoforo Tasca und eine barocke Holzkanzel.

Den Kirchenschatz bewahrt das in der nahen romanischen Kirche **Sv. Kvirin** untergebrachte **Diözesanmuseum**. Es beherbergt Arbeiten aus der Kathedrale und anderen Kirchen der Insel, darunter ein silbernes Frankopanen-Altarblatt mit *Maestà* und ein Polyptychon (1350) von Paolo Veneziano.

Hinter der Kathedrale erhebt sich die Frankopanen-Burg mit einem quadratischen Turm von 1191 und einem runden venezianischen Turm. Im Mauerring stehen die Kirchen Gospa od Zdravlja (Unsere Liebe Frau vom Heil) und Sv. Frane, Letztere mit geschnitzter Holzkanzel.

Omišalj

Omišalj liegt auf einer Landspitze bei der römischen Stätte Fulfinum. Das Dorf hieß im Mittelalter Castrum Musculum. Einige Mau-

Rijeka
Omišalj
Njivice
Malinska
Porat
Glavotok
Valbiska
Šepići
Rudine
Klimno
Šilo
Vrbnik
KRK
Košljun
Krk
Punat
Jurandvor
Baška
Stara Baška
102

LEGENDE

- Hauptstraße
- Nebenstraße
- Panoramastraße
- Fähre
- Flughafen
- Information
- Strand

0 Kilometer 10

◁ Rote Ziegeldächer der Stadt Krk

ern aus dieser Zeit sind noch erhalten. Enge Gassen führen zu einem Platz mit einer Loggia (17. Jh.), der Kirche Sv. Jelena mit Kopien glagolitischer Schriften und der Kirche Sv. Marija (13. Jh.), die mit Kuppel, Glockenturm, Chor (16. Jh.) und einem Triptychon von Jacobello del Fiore (15. Jh.) aufwartet.

Glagolitische Inschrift und Fensterrose, Sv. Marija, Omišalj

Baška

Im Südosten der Insel liegt Stara Baška (Alt-Baška). Baška (Neu-Baška) ist an der Küste gelegen. Der beliebte Ferienort hat einen schönen, zwei Kilometer langen Strand mit klarem Wasser. Die Dreifaltigkeitskirche Sv. Trojice (1723) steht an einem kleinen Platz und lohnt den Besuch auch wegen des *Letzten Abendmahls* von Palma d. J.

Bei Baška liegt neben einer im 11. Jahrhundert zerstörten Burg der Ort Stari Grad mit der 1723 umgebauten romanischen Kirche Sv. Ivan.

In der Nähe befindet sich in der Kirche Sv. Lucija in Jurandvor eine Kopie der Tafel von Baška, Kroatiens ältesten Dokuments (1100) in glagolitischer Schrift. Das Original wird in Zagreb aufbewahrt.

Košljun

Seit 1447 stand auf dem Inselchen ein Franziskanerkloster. Zu bewundern sind u. a. im Kreuzgang römische und mittelalterliche Steininschriften, in der Kirche ein Polyptychon von Girolamo di Santacroce (1535) und das *Jüngste Gericht* von Ughetti. Die Bibliothek umfasst über 20 000 glagolitische Schriften.

Bakar 29

Straßenkarte B2. *1600.* *Primorje 39, (051) 761 111.* *Margeritensommer, Konzerte und Veranstaltungen im Dialekt Čakavski (Juni–Aug).* **www**.tz-bakar.hr

Nach dem Abriss der Erdölraffinerie und der Kokerei zieht es wieder Besucher in den Ort, der früher aufgrund der schönen landschaftlichen Umgebung und der Süßwasserquellen ein beliebtes Reiseziel darstellte. Die Quellen entspringen unterirdischen Reservoirs und fließen zur Küste.

Auch das **Frankopanen-Kastell** und ein Fischerdorf in der näheren Umgebung sind einen Besuch wert. Letzteres steht an der Stelle der römischen Siedlung Volcera. Vom 13. Jahrhundert bis 1577 gehörte es den Frankopanen, die hier 1530 ein dreieckiges, noch heute gut erhaltenes Kastell errichteten. Dessen hohe Fenster überlebten den umfassenden Umbau der Burg in ein Schloss für die Familie Šubić-Zrinski, die hier nach den Frankopanen lebte.

Die Pfarrkirche St. Andreas zieren ein Gemälde der *Heiligen Dreifaltigkeit* von Girolamo da Santacroce und ein Kreuz aus dem 14. Jahrhundert. Einige interessante Zeugnisse der Vergangenheit beherbergt das **Stadtmuseum**. Unter den historischen Exponaten finden sich etwa römische und frühmittelalterliche Grabplatten und Skulpturen. Dank der angesehenen, 1849 gegründeten Marineakademie wird in Bakar das maritime Erbe hochgehalten.

Innenhof des Frankopanen-Kastells in Kraljevica

Kraljevica 30

Straßenkarte B2. *4600.* *Rijeka.* *(051) 282 078.* *Rovina bb, (051) 282 078.* *Karneval Sezona, traditioneller Maskenball.*

Den bekannten Ferienort auf dem Festland verbindet eine lange Brücke mit der Insel Krk und dem Flughafen von Rijeka (auf Krk). In der Altstadt (Stari Grad) erhebt sich ein im 16. Jahrhundert von den Grafen Šubić-Zrinski errichtetes Kastell. Dessen Mauern schützen auch die kleine Kirche Sv. Nikola.

Rund um die Burg entstand ein Dorf, das von den Familien aus dem Kastell Hreljin bewohnt wurde. In der auf einer kleinen Landzunge hoch über dem Meer errichteten Neustadt (Novi Grad) steht das von den Frankopanen im Jahr 1650 im Stil der späten Renaissance erbaute und Mitte des 18. Jahrhunderts prächtig erneuerte Schloss. Es wurde über rechteckigem Grundriss mit vier runden Türmen errichtet.

Am Ende der von Karlovac zum Meer führenden Straße ließ der österreichische Kaiser Karl VI. ab 1728 einen großen Hafen anlegen.

Das Dorf Bakar wird von der Frankopanen-Burg überragt

Crikvenica ㉛

Straßenkarte B2. *5800. Rijeka, 16 km, Insel Krk. Nike Veljačića 3, (051) 781 333. Trg Stjepana Radića 3, (051) 784 101. Kroatische Produktmesse (Juli); Stadtfest (Aug).* **www**.rivieracrikvenica.com

Die einstige römische Versorgungsstation Ad Turres besaß einen Hafen für den Holzhandel. 1412 erbaute Nikola Frankopan (der Name leitet sich von dem der römischen Adelsfamilie Frangipani ab) hier ein Kastell. Es wurde später dem Paulanerorden gestiftet, der eine Kirche, ein Kloster und eine Schule gründete. Im 16. Jahrhundert errichtete man eine Stadtmauer mit rundem Turm, 1659 wurde die Kirche um ein Schiff vergrößert. Der nach dem Kloster benannte Ort ist heute ein beliebtes Seebad. Anfang des 19. Jahrhunderts wurde der Paulanerorden aufgelöst und das alte Kloster zum Hotel Kaštel umgebaut *(siehe S. 222)*.

Das Städtchen besitzt einen langen Kiesstrand und zählt zu den wichtigsten Urlaubszentren an diesem Küstenabschnitt. Aufgrund der durch das Velebit-Gebirge vor kalten Winden geschützten Lage herrscht in Crikvenica ein angenehm mildes Klima mit trockenen Sommern und warmen Wintern.

Eingang zum ehemaligen Paulanerkloster und heutigen Hotel in Crikvenica

Altar in der Kirche Sv. Filip i Jakov in Novi Vinodolski

Novi Vinodolski ㉜

Straßenkarte B3. *4000. Rijeka, 28 km, Insel Krk. Rijeka, 49 km. Ulica Kralja Tomislava 6, (051) 791 171. Tag der Schutzheiligen Philipp und Jakob (Mai); Sommerkarneval in Novi Vinodolski (1. Wochenende im Juli).* **www**.tz-novi-vinodolski.hr

Die hoch über dem Vinodol-Tal gelegene alte Stadt spielte in der kroatischen Geschichte eine wichtige Rolle. Hier wurde am 6. Januar 1288 in der von den Frankopanen erbauten Burg das Gesetz von Vinodol in glagolitischer Schrift verfasst *(siehe S. 34f)*. Das Dokument, einer der ältesten kroatischen Gesetzestexte, wird heute in der Nationalbibliothek in Zagreb aufbewahrt. Es wurde von den Vertretern von neun Gemeinden unterzeichnet und regelte Besitz und Verwendung des Feudallands in der Region.

1988 wurde zum 700. Jubiläum des Vinodol-Gesetzes ein von dem Bildhauer Dorijan Sokolić geschaffener Brunnen auf dem Hauptplatz von Novi Vinodolski eingeweiht. Er trägt die Namen der Gemeinden, die bei der Formulierung des Gesetzes mitgewirkt hatten.

Die Stadt ist zudem für die List berühmt, durch die Bischof Kristofor die den Türken unterlegenen Truppen rettete: Man brachte die Hufeisen der Pferde verkehrt herum an, konnte so die Verfolger täuschen und sicher den Schutz der Burg Vinodol erreichen. Zum Dank ließ der Bischof die Kirche **Sv. Filip i Jakov** erneuern. 1499 wurde er hier beerdigt.

Tracht in der Burg von Novi Vinodolski

In der im 17. Jahrhundert barock umgestalteten Kirche lohnen der großartige Altar aus dieser Epoche und die gotische Mariendarstellung (15. Jh.) des Seitenaltars den Besuch.

Die restaurierte **Frankopanen-Burg** aus dem 13. Jahrhundert beherbergt ein sehenswertes Museum mit römischen und mittelalterlichen Exponaten und einer umfassenden Sammlung von Volkstrachten.

Senj ㉝

Straßenkarte C3. *8000. Rijeka, 52 km, Insel Krk. Obala Kralja Zvonimira 8, (060) 394 394. Stara cesta 2, (053) 881 068. St.-Georg-Fest (23. Apr).* **www**.tz-senj.hr

Der kalte Bora-Wind, der unaufhörlich durch einen Pass in der Velebit-Bergkette bläst, ist dafür verantwortlich, dass Senj der kälteste Ort an der Adriaküste ist. Trotzdem ist diese Gegend bereits seit der Zeit der Illyrer durchgehend bewohnt. Den Illyrern folgten die Römer, die den Hafen von Senia anlegten. 1169 stieg die Stadt zum Bischofssitz auf und wurde

Uskoken

Kurz vor der Schlacht von Mohács flohen im Jahr 1526 Christen des Hinterlands vor den Türken in die sichereren Städte an der Küste. Die Uskoken (vom slawischen Wort »einspringen«) genannten Vertriebenen wollten vor allem eines: diejenigen bekämpfen, die ihnen ihr Land genommen hatten. Die Uskoken führten einen erfolgreichen Guerilla-Krieg. Anfänglich wurden sie von Venedig um die Festung Klis zusammengezogen. Von dort griffen sie die türkisch besetzten Gebiete an. 1537 eroberten die Osmanen Klis. Einige Uskoken zogen nach Primošten, die meisten ließen sich in Senj nieder. Hierher brachten sie mit Unterstützung der Habsburger schnelle Boote zum Entern der schwerfälligen venezianischen Schiffe. Als Österreich die Attacken gegen die Türken verminderte, verlegten sich die Uskoken auf die Piraterie und begannen, die Küstenstädte zu überfallen. Nach dem Krieg zwischen Venedig und den Osmanen musste der Kaiser 1617 die Uskoken von der Küste entfernen. Sie wurden mit ihren Familien in die Žumberak-Berge westlich von Zagreb umgesiedelt.

Hochrelief im Uskoken-Museum in Senj

durch ihren Hafen ein Zentrum des Holzhandels. Nach dem Jahr 1000 wurde sie den Tempelrittern übertragen, fiel dann an die Frankopanen und endlich unter die direkte Herrschaft des ungarischen Königs. Zur Verteidigung gegen die Türken richteten die Habsburger hier den ersten Posten des militärischen Grenzlandes (*Vojna Krajina*) ein. Dessen einst mächtige Außenmauer ist nur noch teilweise erhalten.

Burg Nehaj, Wahrzeichen von Senj

Nach der Schlacht von Mohács 1526 zogen viele Uskoken von Sinj und Klis nach Senj, wo sie vom ansässigen österreichischen Gouverneur zum Kampf gegen die Türken herangezogen wurden. Imposantes Zeugnis der uskokischen Geschichte in Senj ist die **Burg Nehaj**. Die 1553–58 über quadratischem Grundriss von dem Uskoken-Hauptmann Ivan Lenković erbaute Festung thront auf einem nahen Berg über der Stadt. Sie wurde so angelegt, dass ankommende Schiffe gesichtet werden konnten. Das schöne **Uskoken-Museum** im ersten Stock bietet einen herrlichen Blick über die Bucht.

Im südlichen Teil der Bucht befindet sich am Hauptplatz Cilnica die 1340 errichtete, im 19. Jahrhundert umgebaute Residenz der Frankopanen. Außerdem stehen hier große Lagerhäuser für Salz und die barockisierte **Katedrala Sv. Marija** (13. Jh.). Interessant sind vor allem die Grabsteine mit Renaissance-Reliefs und die Barockarbeiten, darunter der mit vier Marmorstatuen geschmückte Altar.

In der Nähe des Hauptplatzes widmet sich im Palazzo Vukasović, der einstigen Residenz eines Uskoken-Hauptmanns, das **Stadtmuseum** (Gradski Muzej Senj) der örtlichen Geschichte. Die Straßen und den auch Campuzia genannten Mala Placa (Kleiner Platz) säumen Renaissance-Bauten wie das Rathaus mit der schönen Loggia. Sehenswert sind der nahe, Papst Leo X. gewidmete Leonovakula-Turm und das hübsche Kirchlein Sv. Marija.

Umgebung: Das 37 Kilometer südlich von Senj gelegene lebendige Dorf **Jablanac** ist Hafen für die Fähren nach Rab und ein guter Ausgangspunkt für Ausflüge in das Velebit-Massiv.

Das gut erhaltene Jablanac ist wegen seiner Hafenhäuser und zahlreichen, in der Umgebung verstreuten archäologischen Funde durchaus einen längeren Besuch wert. Die mittelalterliche Feste, von der heute nur noch die Ruinen stehen, und die Kirche mit dem Friedhof wurden vom *ban* (Gouverneur) Stjepan Šubić erbaut. Beide Bauten sind bereits in Dokumenten von 1251 erwähnt.

Im Osten von Jablanac befindet sich in Höhe von 1576 Metern an den Hängen des Zavižan der Nationalpark Sjeverni Velebit mit einem interessanten **Botanischen Garten**.

Im südlich von Senj gelegenen Jablanac legen die Fähren nach Rab ab

Rab 34

Fenster des Rektorenpalasts in der Stadt Rab

Die Insel Rab liegt gegenüber dem Velebit-Massiv. Der Kanal zwischen Insel und Festland war bei Seeleuten gefürchtet, da durch ihn die trockene, kalte Bora wie durch einen Tunnel blies. An der Ostseite der Insel herrscht aufgrund des Windes öde Felsküste vor. Die geschützte Westseite dagegen bietet grüne Landschaften und mildes Klima: Hier wechselt sich die Macchia mit Pinien-, Eichen- und Steineichenwäldern ab. Nachdem die Römer die ihnen als Arba oder Scadurna bekannte Insel erobert hatten, gründeten sie eine Siedlung an der Stelle der heutigen Stadt Rab. Heute ziehen die Sandstrände und Felsbuchten der Insel viele Urlauber an.

Rab-Stadt

Der Hauptort der Insel war in frühchristlicher Zeit Bischofssitz. Im 6. Jahrhundert wurde er von Slawen bewohnt. Nach der Eroberung Rabs durch die Franken übernahm Venedig die Verwaltung. Ein gegenseitiger Schutzvertrag galt bis zum Jahr 1000. Nach zeitweiser Zugehörigkeit zu Ungarn fiel Rab 1409 erneut an Venedig, das die Insel bis 1797 regierte.

Rab mit den berühmten vier Kirchtürmen

Berühmte Wahrzeichen von Rab sind die vier Kirchtürme, die an Masten eines Schiffs erinnern. Sehenswert sind auch einige hübsche venezianische Bauten. Die drei Hauptstraßen säumen Patrizierhäuser mit romanischen Portalen, so die Palazzi Nimira, Tudorin, Kukulić, Galzigna und Cassio. Die mittelalterliche Mauer um die Altstadt an der Südspitze der Halbinsel wurde zerstört. Eine neue, im 15. Jahrhundert errichtete Mauer umschloss auch die Varoš genannte Neustadt. Ein Teil dieser Mauer ist gut erhalten, besonders an der Bucht Sv. Eufemija.

Das Seetor ist einer der Zugänge in die Stadt Rab

Loggia

Ulica Srednja, Rab.

Wo sich die Hauptstraße Srednja ulica verbreitert, stehen eine wunderschöne, 1506 im Renaissance-Stil vollendete venezianische Loggia und ein Getreidespeicher *(fondak)*. Links davon ragt das Seetor (Morska Vrata) auf, ein Torturm aus dem 14. Jahrhundert, der zum Hauptplatz führt.

Rektorenpalast
Knežev Dvor

Trg Municipium Arba, Rab.

(051) 724 064. *tel. erfragen.*

Am Hafen und dem großen Platz schlägt das Herz der Stadt. Im 13. Jahrhundert wurde hier der Rektorenpalast errichtet. Ursprünglich romanisch, wurde er später im gotischen Stil umgestaltet und vergrößert. In der Renaissance erhielt er erneut ein anderes Gepräge. So sieht man heute sowohl venezianisch-gotische als auch mit einer Mittelsäule versehene Renaissance-Fenster. Im Innenhof befinden sich römische und mittelalterliche Fundstücke.

Sv. Andrija
Andreaskirche und Kloster

Ulica Ivana Rabljanina, Rab.

Die kleine romanische Kirche ist mit einem 1118 gegründeten Benediktinerinnenkloster verbunden. Der Glockenturm (13. Jh.) ist der älteste in Rab. Die Fenster im Glockenstuhl weisen eine Dreiblattform auf

Katedrala Sv. Marija Velika
Kathedrale der heiligen Maria Muttergottes

Ulica Ivana Rabljanina, Rab.

Der romanische Bau mit rosaweißer Fassade wurde 1177 von Papst Alexander III. geweiht. Die *Pietà* (1514) über dem Portal wurde wie das schöne Taufbecken (1497) vom berühmten Bildhauer Petar Trogiranin geschaffen.

Zu den sehenswertesten Kunstwerken des dreischiffigen, durch Säulen geteilten Innenraums zählen das Polyptychon von Paolo Veneziano (1350), der wunderbare, auf Marmorsäulen ruhende Altarbaldachin im Presbyterium sowie der von geschnitztem Chorgestühl umgebene Hauptaltar, auf dem ein Reliquiar aus dem 12. Jahrhundert die Gebeine des hl. Christophorus bewahrt.

Der Glockenturm aus dem 13. Jahrhundert steht 70 Meter von der Kirche entfernt. Er ist der höchste Campanile der ganzen Insel.

Der Glockenturm der Katedrala Sv. Marija Velika

Hotels und Restaurants in Istrien und der Kvarner Bucht *siehe Seiten 222–226 und 240–242*

Sv. Antun
Antoniuskapelle

Ulica Ribara, Rab.

Ein schönes Beispiel barocker Sakralarchitektur ist diese kleine, dem hl. Antonius von Padua geweihte Kirche (1675). Sehenswert sind der Marmoraltar mit Einlegearbeiten und ein Gemälde venezianischer Schule aus dem 17. Jahrhundert.

Sv. Antun Opat
Franziskanerinnenkloster des hl. Abtes Antonius

Rab. *(051) 724 064.*
tel. erfragen.

Kirche und Kloster befinden sich hinter der Kathedrale am Ende der Landzunge. Die Kirche des strengen Nonnenordens wurde 1497 von Magdalena Budrišić gegründet.

Sv. Frane
Franziskuskirche

Parco Komrčar, Rab.

Die schöne, im Jahr 1491 vollendete Kirche steht im Norden der Stadt im Komrčar-Park. Sie verbindet gotische mit Renaissance-Stilelementen. Die original erhaltene Fassade zieren drei Muscheln.

Altar der Renaissance-Kirche Sv. Justine in Rab

Sv. Justine
Justinenkirche und Kloster

Gornja ulica, Rab. *(051) 724 064.*
tel. erfragen.

Kirche und Kloster wurden 1578 geweiht, der mit Zwiebelkuppel verzierte Glockenturm wurde 1672 errichtet. Die Kirche des für Nonnen aus nicht adeligen Familien bestimmten Konvents beherbergt heute ein Museum für sakrale Kunst. Zu den Exponaten zählen das Kreuz König Kolomans (1112) und das Reliquiar des Schutzheiligen der Stadt, Christophorus (12. Jh.), sowie Malereien und Holzgemälde, darunter ein Polyptychon von Paolo Veneziano (1350), Bibeln und illustrierte Bücher in glagolitischer Schrift.

INFOBOX

Straßenkarte B3. *9200.* **Rab**
von Rijeka, Jablanac, Pag, Valbiska (Krk); (051) 724 122.
Palit, (060) 306 680. *Trg Municipium Arba 8, (051) 724 064.* *Musikabende, Sv. Križ (Heilig-Kreuz-Kirche, Juni–Sep); Ritterturnier von Rab (25.–27. Juli).* **www**.tzg-rab.hr

Kampor
Das von Steinhäusern, Wein- und Oliventerrassen geprägte Kampor liegt am Südende der langen Bucht Kamporska Draga. Um das Dorf herum sind Ferienhäuser wie Pilze aus dem Boden geschossen.

Das Franziskanerkloster Sv. Eufemija und eine angegliederte kleine romanische Kirche liegen in der Nähe der Kirche Sv. Bernardina. Letztere enthält u. a. einen Flügelaltar der Gebrüder Bartolomeo und Antonio Vivarini (1458) sowie ein byzantinisches Holzgemälde (14. Jh.). Im Kreuzgang befinden sich verschiedene Gräber, auch das der adeligen Gründerin des Franziskanerinnenklosters in Rab, Magdalena Budrišić.

Lopar
Das Dorf Lopar an der Spitze einer felsigen Halbinsel verdankt seine Beliebtheit den von Pinien gesäumten Sandstränden und dem großen Freizeitsportangebot (Tennis, Fußball und Minigolf).

Flügelaltar der Gebrüder Vivarini in der Kirche Sv. Bernardina

Spektakuläre Wasserfälle an den Plitvicer Seen *(siehe S. 86 f)* ▷

Nationalpark Plitvicer Seen ㉟

Nacionalni Park Plitvička Jezera

Der Nationalpark Plitvicer Seen im Herzen Kroatiens wurde 1949 gegründet. Das 300 Quadratkilometer große, von Wäldern und Seen bedeckte Gebiet wurde 1979 von der UNESCO zur Welterbestätte erklärt. Die 16 Seen des Parks, der durch seine spektakulären Wasserfälle und als grandiose Kulisse der »Winnetou«-Filme Berühmtheit erlangte, können auf Uferwegen und Brücken erkundet werden. Auf dem größten See fährt ein Elektroboot. Im Park gibt es keine Städte, jedoch einzelne Hotels. Zu diesen sowie zu den Startpunkten der Wanderpfade pendeln Shuttlebusse.

Am Ufer eines der Seen

Die Vogelwelt ist äußerst vielfältig: 160 Arten wurden gesichtet, darunter Adler, Rohrweihe, Wanderfalke, Wiedehopf, Eisvogel, Reiher, Steinkauz und Waldkauz.

Brücken und Stege

Über Brücken, Stege und mithilfe von Ruderbooten gelangt man von einem Seeufer zum anderen und kann auf angenehme Weise die Fichten-, Kiefern- und Buchenwälder erkunden.

In den dichten Wäldern um die Seen leben einige der größten europäischen Wildtiere – etwa Braunbären, Wölfe, Luchse, Füchse, Wildschweine, Rehe, Wildkatzen, Otter und Dachse.

Hotels und Restaurants in Istrien und der Kvarner Bucht *siehe Seiten 222–226 und 240–242*

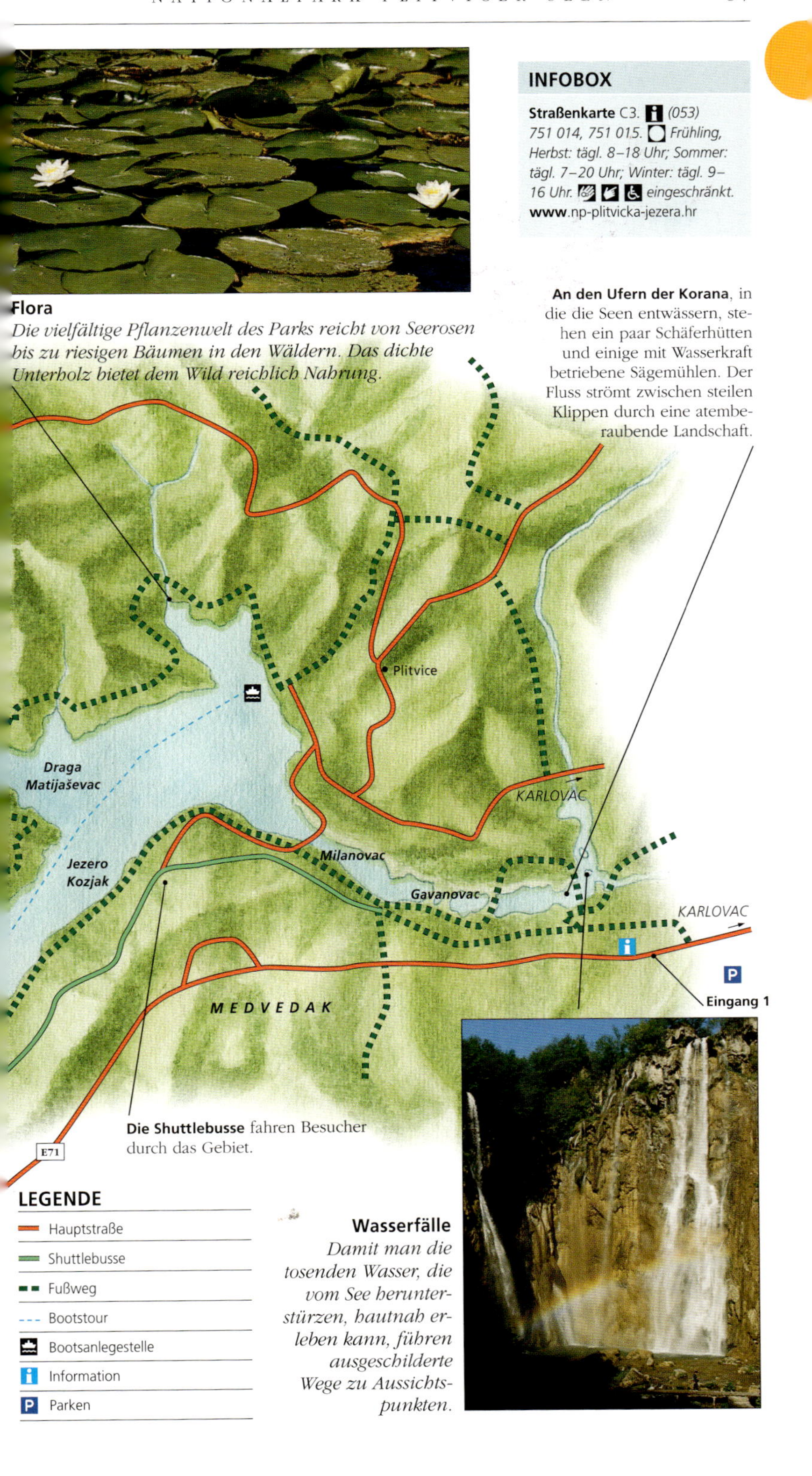

INFOBOX

Straßenkarte C3. *(053) 751 014, 751 015.* *Frühling, Herbst: tägl. 8–18 Uhr; Sommer: tägl. 7–20 Uhr; Winter: tägl. 9–16 Uhr.* *eingeschränkt.* **www**.np-plitvicka-jezera.hr

Flora
Die vielfältige Pflanzenwelt des Parks reicht von Seerosen bis zu riesigen Bäumen in den Wäldern. Das dichte Unterholz bietet dem Wild reichlich Nahrung.

An den Ufern der Korana, in die die Seen entwässern, stehen ein paar Schäferhütten und einige mit Wasserkraft betriebene Sägemühlen. Der Fluss strömt zwischen steilen Klippen durch eine atemberaubende Landschaft.

Die Shuttlebusse fahren Besucher durch das Gebiet.

Wasserfälle
Damit man die tosenden Wasser, die vom See herunterstürzen, hautnah erleben kann, führen ausgeschilderte Wege zu Aussichtspunkten.

Dalmatien

Dalmatien, die meistbesuchte Region Kroatiens, hat den kriegsbedingten Zusammenbruch des Fremdenverkehrs in den 1990er Jahren überstanden. Mittlerweile bereisen wieder viele Urlauber die felsigen Küsten, Sandstrände, einsamen Inseln und großartigen Städte der Gegend, die aufgrund ihrer historischen Verbindungen auch heute noch italienisches Flair verströmt.

Nach zwei kriegerischen Jahrhunderten unterwarf Rom im 1. Jahrhundert v. Chr. die dalmatischen und liburnischen Stämme und integrierte sie in das Römische Reich. In den folgenden drei Jahrhunderten erfuhr die Region eine Blütezeit, die mit dem Eindringen asiatischer Völkergruppen ihr Ende nahm. Zu den Neuankömmlingen zählten im 7. Jahrhundert die Slawen.

Im Jahr 925 gründete der erste kroatische König Tomislav mit dem Segen des Papstes einen neuen Staat. Öffentliche und sakrale Bauten, Stadtmauern und Rathäuser entstanden, die Kunst erblühte, und der Handel mit der italienischen Küste gedieh. Das reiche kulturelle Leben dieser Zeit überdauerte auch den Zusammenbruch des kroatischen Staates, der im 12. Jahrhundert an das Königreich Ungarn fiel. 1409 verkaufte Ladislaus von Anjou-Neapel nach zahlreichen Konflikten die Inseln und viele Küstenstädte an Venedig. Im 16. Jahrhundert erlebte die dalmatinische Kunst eine zweite Blüte. In dieser Ära legten Maler, Bildhauer, Baumeister, Schriftsteller und Gelehrte den Grundstein der kroatischen Kultur sowie der Kunst und Literatur.

Ein venezianischer Löwe auf dem Landtor in Zadar

Im Spätfrühling herrscht auf der Küstenstraße Jadranska Magistrala noch nicht der sommerliche Hochbetrieb. Dann zählt Dalmatien sicherlich zu den schönsten Regionen Europas. Von Karlobag führt die Straße entlang dem Velebit-Massiv sowie an der Dalmatinischen Platte und dem Biokovo-Gebirge vorbei. Aus dem azurblauen Meer erheben sich die »Mondlandschaft« Pags sowie die Inseln um Zadar und Split und schließlich das traumhaft schöne Mljet. Die Berge sind von Rebstöcken und Macchia bedeckt, aus der die leuchtend gelben Ginsterblüten hervorstechen.

Die weiße Kuppel der Katedrala Sv. Jakov ist das Wahrzeichen der Altstadt von Šibenik

◁ **Blühender Lavendel auf der Insel Hvar** ***(siehe S. 126 f)***

Überblick: Dalmatien

Im Norden Dalmatiens liegen Zadar und der Zadar-Archipel. Dessen südliche Inseln bilden den Nationalpark Kornati. Šibenik bietet eine perfekt erhaltene Altstadt und eine fantastische Kathedrale, Trogir ist ein architektonisches Juwel. Die Ruinen der römischen Stadt Salona liegen gleich vor den Toren der Stadt Split, die sich aus dem Palast des Kaisers Diokletian entwickelte. Die Küstenstraße überquert weiter im Inland das Delta der Neretva und erreicht schließlich Ston, das Tor zur Halbinsel Pelješac. Auf einer felsigen Landspitze thront das mittelalterliche Dubrovnik. Das einstige Ragusa ist heute eine UNESCO-Welterbestätte.

Turm der Kathedrale in Zadar

LEGENDE

- Autobahn
- Hauptstraße
- Nebenstraße
- Autobahn (im Bau)
- Eisenbahn
- Gespanschaftsgrenze
- Staatsgrenze
- Fähre
- Gipfel

0 Kilometer 30

In Dalmatien unterwegs

Am besten erkundet man Dalmatien auch während der sommerlichen Ferienmonate, wenn der Verkehr am dichtesten ist, mit dem Auto. Städte und Ortschaften sind nicht direkt durch Bahnlinien verbunden, doch die häufig fahrenden Busse steuern fast alle Orte an. Die regelmäßig verkehrenden Fähren verbinden die großen Küstenstädte und wichtigen Inseln *(siehe S. 279)*. Für Segeltörns an der Küste können Yachten gemietet werden *(siehe S. 258)*.

Weitere Zeichenerklärungen *siehe hintere Umschlagklappe*

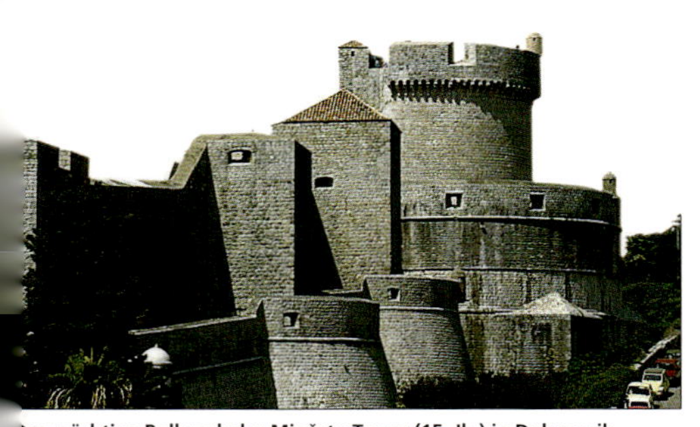

Das mächtige Bollwerk des Minčeta-Turms (15. Jh.) in Dubrovnik

Zur Orientierung

Sehenswürdigkeiten auf einen Blick

Badija 30
Brač 19
Cavtat 35
Drniš 9
Dubrovnik S. 140–146 33
Elaphitische Inseln 34
Gradac 24
Halbinsel Pelješac 28
Hvar S. 126f 21
Klis 12
Knin 10
Konavle 36
Korčula S. 132–134 29
Lastovo 31
Makarska 23
Marina 14
Narona 26
Nationalpark Kornati S. 98f 3
Nationalpark Krka S. 104f 7
Nationalpark Mljet S. 136f 32
Nationalpark Paklenica 5
Neum 27
Nin 4
Omiš 22
Opuzen 25
Pag S. 102f 6
Primošten 13
Salona S. 116f 16
Šibenik S. 106–109 8
Sinj 11
Šolta 18
Split S. 118–123 17
Trogir S. 112–115 15
Vis 20
Zadar S. 92–95 1
Zadar-Archipel S. 96f 2

Die Insel Dugi Otok im Archipel von Zadar

SIEHE AUCH

• **Hotels** S. 226–230
• **Restaurants** S. 243–246

Zadar ❶

Die ursprünglich von Illyrern bewohnte Landzunge erlangte unter den Römern als *municipium* sowie als Hafen für Holz- und Weinhandel Bedeutung. Aus römischer Zeit stammen die geraden Straßen und das Forum. Im Mittelalter stieg Zadar zu einer wichtigen Basis für die byzantinische Flotte auf. Im 12. und 13. Jahrhundert war sie Zankapfel zwischen Venedig und Ungarn. 1409 verkaufte Ladislaus von Anjou-Neapel die dalmatinischen Inseln für 100 000 Dukaten an Venedig. Zadar hieß nun Zara und erlebte eine Blütezeit, in der Kirchen und Paläste errichtet wurden. Nach dem Ersten Weltkrieg sprach der Vertrag von Rapallo Zadar Italien zu, doch viele Italiener verließen es nach der Gründung Jugoslawiens 1947. Im Zweiten Weltkrieg erlitt die Stadt erhebliche Schäden.

Das aus Teilen eines römischen Triumphbogens errichtete Seetor

Der mittelalterliche Turm Babljа Kula und die alte Stadtmauer

Landtor und Mauer
Kopnena Vrata

Das Landtor wurde 1543 von dem großen venezianischen Baumeister Michele Sanmicheli errichtet. Den mittleren Rundbogen des durch vier weiße Steinpilaster und Halbsäulen gegliederten Stadtportals flankieren zwei kleinere Durchgänge.

Über dem Haupttor sind ein Relief des hl. Chrysogonus zu Pferd und – als Zeichen der Oberhoheit Venedigs – der venezianische Löwe zu sehen. Neben dem Tor finden sich Reste der alten Stadtmauer, das alte venezianische Arsenal und der Zoranića trg (Befreiungsplatz), den in der Mitte eine römische Säule ziert.

An der Seite des Platzes ragt der mittelalterliche Turm Babljа Kula über fünf Brunnen (Trg Pet Bunara) auf, der einstigen Wasserversorgung der Stadt Zadar.

Sv. Šime
Simeonskirche

Trg Petra Zoranića. ☎ *(023) 211 705.* ◯ *Mo–Sa 8.30–12 Uhr.*

Die ursprünglich romanische Kirche wurde nach 1632 als Heimstätte für die Reliquien des hl. Simeon rekonstruiert, die in einem beeindruckenden silbernen Reliquiar ruhen. Den zwischen 1377 und 1380 von Francesco da Milano geschaffenen, fast zwei Meter langen Schrein zieren Reliefs mit Szenen aus dem Leben des Heiligen.

Museum für antike Glaskunst
Muzej antičkog stakla

Poljana Zemaljskog odbora 1. ☎ *(023) 363 831.* ◯ *Sommer: tägl. 9–21 Uhr; Winter: Mo–Fr 9–16 Uhr.* **www**.mas-zadar.hr

Das Museum im restaurierten Palast Cosmacendi zeigt eine Sammlung von Glaswaren aus römischer Zeit, die an Ausgrabungsstätten in der Umgebung von Zadar gefunden wurden.

Narodni trg
Volksplatz

Am Volksplatz stehen das 1934 erbaute Rathaus und die von Michele Sanmicheli 1565 errichtete Gradska loža (Stadtloggia). In dem Renaissance-Bau werden heute Ausstellungen gezeigt.

Die nahe Stadtwache (16. Jh.) mit einem Uhrenturm von 1798 beherbergt das Volkskundemuseum.

Seetor
Vrata Sv. Krševana

Das komplexe Bauwerk wurde 1573 von Michele Sanmicheli aus einem römischen Triumphbogen der Familie Sergi errichtet. Die Seeseite zieren der venezianische Löwe und ein Gedenkstein an die Schlacht von Lepanto (1571). An der Innenseite des Tors erinnert ein Gedenkstein an den Besuch von Papst Alexander III. im Jahr 1177.

Sv. Krševan
Chrysogonuskirche

Poljana pape Aleksandra III. ● *wegen Renovierung.*

Noch vor dem Jahr 1000 errichteten Benediktiner am römischen Markt eine Kirche und ein Kloster. Die 1175 umgestaltete Kirche erfuhr nur wenige Veränderungen, das Kloster hingegen wurde im Zweiten Weltkrieg zerstört. In seiner Blütezeit besaß es eine exzellente Bibliothek und ein *scriptorium*, das durch seine illuminierten Schriften Berühmtheit errang.

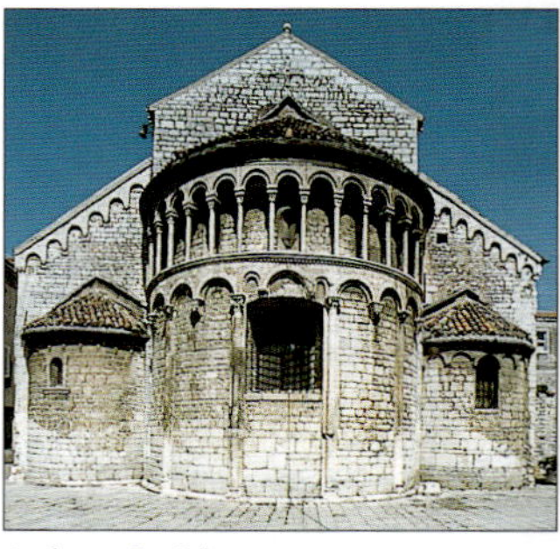

Apsis von Sv. Krševan

Hotels und Restaurants in Dalmatien *siehe Seiten 226–230 und 243–246*

Den schlichten romanischen dreischiffigen Innenraum der Kirche gliedern aus einem älteren Bau gerettete Säulen. Beeindruckend ist der Barockaltar mit den vier Schutzheiligen Zadars, Chrysogonus, Anastasia, Zoilus und Simeon. Die Apsis, den am besten erhaltenen Teil der Kirche, zieren Fresken aus dem 13. Jahrhundert und ein romanisches Altarkreuz.

Archäologisches Museum

Arheološki Muzej

Trg opatice Čike 1. *(023) 250 516.* *Jan–März: Mo–Sa 9–13 Uhr; Apr, Mai, Okt: Mo–Sa 9–15 Uhr; Juni–Sep: tägl. 9–21 Uhr; Nov, Dez: Mo–Sa 9–14 Uhr.* Voranmeldung.

Das Museum ist in einem Neubau in der Nähe des alten römischen Forums untergebracht. Ausgestellt sind Stücke von der prähistorischen bis zur jüngeren Zeit, darunter auch Funde aus der Gegend um Zadar und von den Inseln. Besonders interessant sind die römischen Gläser sowie die frühchristlichen und mittelalterlichen Liturgieobjekte.

Renaissance-Fassade der Kirche Sv. Marija

Sv. Marija i Zlato i Srebro Zadra

Marienkirche und Museum für sakrale Kunst

Trg opatice Čike 1. *(023) 250 496.* *Sommer: Mo–Sa 10–13, 18–20 Uhr, So 10–12 Uhr; Winter: Mo–Sa 10–12.30, 17–18.30 Uhr.*

Den Platz Poljana pape Ivana Pavla II flankieren ein für König Koloman 1105 erbauter romanischer Glockenturm und die Kirche Sv. Marija. Die 1066 errichtete Marienkirche hat eine Renaissance-Fassade. Bemerkenswerte Stuckarbeiten von 1744 zieren den dreischiffigen Bau. Im früheren Kloster befindet sich das **Museum für sakrale Kunst** mit prachtvollen Ausstellungsstücken aus Gold im Erdgeschoss sowie Malereien und Skulpturen im oberen Stock. Sehenswert ist u. a. ein Polyptychon von Vittore Carpaccio (1487).

Skulptur, Museum für sakrale Kunst

INFOBOX

Straßenkarte C4. *92 000.* *Zemunik 8 km, (023) 313 311.* *(023) 212 555.* *A Starčevića 6, (060) 305 305.* *Jadrolinija: (023) 254 800.* **Stadt:** *Ilije Smiljanića 5, (023) 212 222;* **Regional:** *Sv. Leopolda Mandića 1, (023) 315 316.* *Musikabende in Sv. Donat (Juli, Aug); Sommertheater.* **www**.visitzadar.net

Zentrum von Zadar

Archäologisches Museum ⑦
Forum ⑨
Katedrala Sv. Stošija (Domkirche St. Anastasia) ⑪
Landtor und Mauer ①
Meeresorgel und Sonnengruß ⑫
Museum für antike Glaskunst ③
Narodni trg (Volksplatz) ④
Seetor ⑤
Sv. Donat (Donatuskirche) siehe S. 95 ⑩
Sv. Krševan (Chrysogonuskirche) ⑥
Sv. Marija (Marienkirche) und Museum für sakrale Kunst ⑧
Sv. Šime (Simeonskirche) ②

Zeichenerklärung
siehe hintere Umschlagklappe

0 Meter 300

Forum

Der Hauptplatz der antiken römischen Stadt Jadera wurde zwischen dem 1. Jahrhundert v. Chr. und dem 3. Jahrhundert n. Chr. angelegt. Das 90 Meter lange, knapp 45 Meter breite Forum säumten an drei Seiten marmorne Säulengänge. Auf dem heute Poljana pape Ivana Pavla II genannten Platz sind noch die Fundamente öffentlicher Gebäude, z. B. eines Versammlungssaals, zu sehen sowie Platten des Originalpflasters, einige *tabernae* (im Süden) und eine korinthische Säule.

Die großartige romanische Fassade von Sv. Stošija

Katedrala Sv. Stošija

Domkirche St. Anastasia

Forum. *(023) 251 708.*
tägl. 8–12, 17–19 Uhr.

Der Dom am Forum wurde im 9. Jahrhundert von Byzantinern errichtet und im 12. und 13. Jahrhundert im romanischen Stil als dreischiffige Kirche mit einer halbrunden Apsis umgebaut. Die prächtig gestaltete Fassade wurde erst 1324 fertiggestellt. Das von Statuen flankierte Mittelportal im Giebelfeld weist ein gotisches Relief mit einer *Verkündigung* und einer Widmungsinschrift auf. Die obere Hälfte zieren Blendarkaden und zwei Fensterrosen. Das Hauptfenster ist romanisch, das andere gotisch.

Fensterrose, Sv. Stošija

Den dreischiffigen Innenraum teilen zwei Säulen- und Pilasterreihen, die die Arkaden tragen. An den Seiten des Chors befindet sich ein geschnitztes Chorgestühl – eine Arbeit des Venezianers Matteo Moronzoni aus dem frühen 15. Jahrhundert. Das Ziborium mit vier korinthischen Säulen (1332) ist mit verschiedenen Motiven geschmückt. Darunter befindet sich ein kleiner Sarkophag mit den Reliquien der hl. Anastasia (9. Jh.).

Reich verzierter Altar im rechten Seitenschiff von Sv. Stošija

Die Altäre stammen hauptsächlich aus dem Barock, einen ziert ein Gemälde von Palma dem Jüngeren. Neben dem sechseckigen Baptisterium steht ein Barockaltar.

Meeresorgel und Sonnengruß

Der Architekt Nikola Bašić errichtete 2005 an der Uferstraße von Zadar die Meeresorgel. Dabei pressen die Bewegungen des Meeres Luft in 35 unterhalb der Treppe gelegene Röhren, und man kann je nach Wellengeschwindigkeit und Größe der Pfeifen einen Akkord hören. Bašić fertigte auch die Installation *Sonnengruß* gleich daneben. Die 300 Glasplatten schaffen spannende Lichteffekte.

Grundriss der Katedrala Sv. Stošija

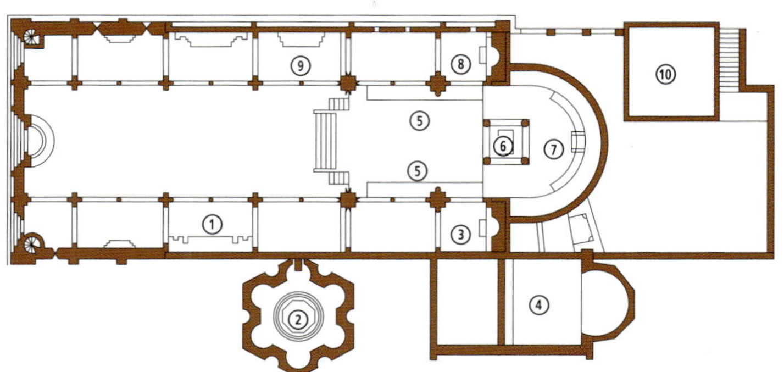

LEGENDE

1. Altar des heiligen Sakraments
2. Baptisterium
3. Römischer Pilaster
4. Sakristei
5. Chorgestühl
6. Hauptaltar und Ziborium
7. Bischofsstuhl
8. Kapelle der hl. Anastasia
9. Altar der Seelen im Fegefeuer
10. Glockenturm

0 Meter 15

Zadar: Sv. Donat

Donatuskirche

Die Dreifaltigkeitskirche, die später nach ihrem Gründer Bischof Donatus benannt wurde, zählt zu den schönsten protoromanischen Bauwerken Dalmatiens. Sie wurde im frühen 9. Jahrhundert auf den Pflastersteinen des römischen Forums als Rundbau mit drei ebenfalls runden Apsiden errichtet. Im Inneren umläuft eine Frauengalerie den Hauptraum und gliedert ihn in zwei Stockwerke. Sv. Donat dient seit 1797 nicht mehr als Kirche, aufgrund der exzellenten Akustik jedoch häufig als Konzertraum.

INFOBOX

Forum. (023) 250 516. Apr, Mai, Okt: tägl. 9–17 Uhr; Juni–Sep: tägl. 9–21 Uhr; Nov–März: nach Voranmeldung.

Außenansicht
Die Kirche wurde aus honigfarbenen dalmatinischen Steinen erbaut, die überwiegend dem Forum entnommen wurden.

Kuppel
Die zylindrisch-konische Kuppel erhebt sich 27 Meter über den Zentralraum der Kirche.

Eine der drei Apsiden mit Blendbogen. Der Altar stand früher in der mittleren Apsis.

Frauengalerie
Im Inneren der Kirche wird das matroneum, *die Frauengalerie, von sechs Pilastern und zwei römischen Säulen getragen. Sie umgeben den Zentralraum und unterteilen den Bau in zwei Stockwerke.*

Die Innenwände sind völlig schmucklos. Die Originaldekorationen – Fresken oder Mosaiken – gingen verloren.

Römische Relikte
Für das Pflaster wurden Steine aus dem Forum verwendet. Römische Fragmente sieht man in Mauern, Eingang und Galerie.

Zadar-Archipel ❷

Kreuz in der Kirche Sv. Kuzma i Damjan, Pašman

Über 300 von kristallklarem Wasser umgebene Inseln zählen zum Archipel von Zadar. Sie sind die höchsten Erhebungen eines vom Meer überfluteten Gebirges, das parallel zum Velebit-Gebirge verläuft. Die größeren Inseln sind mit mediterraner Macchia und Olivenhainen dicht bewachsen, doch nur rund ein Dutzend ist mit kleinen Dörfern besiedelt. Die Bewohner der Inseln leben vom Fischfang und der Landwirtschaft. Auf den größeren Inseln bei Zadar bieten einige wenige Hotels ihre Dienste an, auf den anderen finden sich Privatunterkünfte. Regelmäßige Fähren verbinden Zadar täglich mit den Hauptinseln.

Dugi Otok ist die größte Insel des Archipels von Zadar

Dugi Otok

Auf der größten Insel des Archipels (124 km²) stehen rund zehn Dörfer. Während die Bewohner im nördlichen Teil und in den flacheren Gebieten Fischerei und Ackerbau betreiben, konzentriert man sich im bergigeren südlichen Teil auf die Schafzucht. Im Gegensatz zur Ostküste mit Buchten und Stränden ist die steile, unwirtliche Westküste unbewohnt.

Auf der in der Nähe von Zadar gelegenen »Langen Insel« bauten seit der römischen Antike wohlhabende Familien aus der Stadt häufig ihre Ferienvillen. In der Renaissance errichtete man vor allem in **Sali** Sommerresidenzen. Im größten Ort und Hafen der Insel sieht man außerdem einige prächtige gotische Häuser. Die Renaissance-Kirche Sv. Marija zieren einige Gemälde von Juraj Čulinović aus derselben Epoche.

Bei Seglern beliebt ist der Yachthafen von **Božava** im Nordwesten der Insel. In der dortigen kleinen Kirche Sv. Nikola aus dem 10. Jahrhundert lohnt eine Skulptur mit arabischen Heiligen einen Besuch.

Die lange **Telašćica**-Bucht im Süden bildet einen Naturhafen, der früher von der venezianischen Flotte genutzt wurde. Die Bucht erstreckt sich von einer steilen Klippe auf der einen bis zu einem dichten Wald mit Aleppokiefern auf der anderen Seite. Das Gebiet wurde nach einem verheerenden Brand im Jahr 1995 aufgeforstet. Der südliche Teil der Insel gehört zum Nationalpark Kornati *(siehe S. 98f)*.

Ugljan

Die grüne Insel ist 22 Kilometer lang und 50 Quadratkilometer groß. In den kleinen Dörfern an der Ostküste leben rund 7600 Menschen. Der dem hl. Hieronymus geweihte Franziskanerkonvent (15. Jh.) im Hauptort Ugljan besitzt einen schönen Kreuzgang. In der Bibliothek werden zahlreiche in glagolitischer Schrift verfasste Werke bewahrt.

Jünger ist das Dorf **Preko**, in dem sich die Villen der wohlhabenderen Bürger von Zadar befinden. Hier werden auch Privatzimmer vermietet. Das Dorf wird von einer mächtigen venezianischen Festung überragt, die 265 Meter über dem Meer liegt. Eine Brücke verbindet die Insel Ugljan mit Pašman.

Blick von der Festung Sv. Mihovil bei Preko

Kloster Sv. Kuzma i Damjan, Pašman

Pašman

Die unberührte Insel verzeichnet weniger Besucher als Ugljan. Auf Pašman leben 3500 Menschen in Dörfern an der dem Festland zugewandten Küste. Auf der Westseite wird Wein angebaut, an der Ostseite reicht dichte Macchia bis zur Küste, an der sich einige Kiesstrände erstrecken.

Südlich des gleichnamigen Fischerdorfs und Hauptorts **Pašman** liegt der Fährhafen **Tkon**. Auf dem Berg Čokovac nördlich von Tkon liegt das den Heiligen Cosmas und Damian geweihte Benediktinerkloster **Sv. Kuzma i Damjan**. Die 1125 erbaute Abtei war ein Zentrum der Glagoliza und besitzt eine umfassende Bibliothek mit glagolitischen Schriften. Im 15. Jahrhundert wurden Kirche und Kloster von den Franziskanern übernommen und im gotischen Stil umgebaut. Die aus dem 14. und 15. Jahrhundert stammende Kirche zieren einige schöne Skulpturen, darunter ein bemaltes Kreuz.

Premuda

Das neun Quadratkilometer kleine Inselchen ist das isolierteste Eiland des Archipels. Weniger als 100 Menschen leben hier in dem einzigen Dorf Premuda. Auf der Insel gibt es keine Hotels, doch einige private Unterkünfte.

Im Ersten Weltkrieg war Premuda Schauplatz einer Seeschlacht, die Italien und Österreich am 10. Juni 1918 gegeneinander ausfochten. Heute ist es hier friedlich, nicht einmal Privatautos stören die Ruhe an den schönen Stränden und in den dichten Wäldern. Premuda wird mehrmals wöchentlich von Zadar aus angefahren.

Molat

Molat besitzt viele Buchten an der zerklüfteten, flachen Küste. In den drei Dörfern gibt es mehrere Hundert Einwohner, die von der Fischerei und der Landwirtschaft leben. Hauptfährhafen der Insel ist Zapuntel, der Hafen in Brgulje wird benutzt, wenn der Haupthafen nicht angefahren werden kann.

Die Insel gehörte mehrere Jahrhunderte lang zu Venedig. Die Seerepublik unterstützte die hiesige Gemeinschaft aus Mönchen und Einheimischen, die die abgeholzten Wälder wieder aufforsten wollten. In den vergangenen Jahren wurde ein intensives Aufforstungsprogramm durchgeführt.

Mittlerweile ist vom Kloster nur noch die Kirche Sv. Andrija vorhanden. Auf der Insel stehen keine Hotels zur Verfügung, Privatunterkünfte findet man jedoch in Molat, Zapuntel und Brgulje.

INFOBOX

Straßenkarte B–C4. *Büro des Hafenmeisters: (023) 254 888; Jadrolinija: (023) 254 800.*

Zadar *Sv. Leopolda Mandića 1, (023) 315 316.* **www**.zadar.hr

Dugi Otok *Obala P. Lorinija bb, Sali, (023) 377 094.* **www**.dugiotok.hr

Ugljan *Ugljan, (023) 288 011.* **www**.ugljan.hr

Olib

Etwa 700 Menschen leben im Inselstädtchen Olib, das mit einem Turm und einigen Gebäuden aus dem 16. Jahrhundert aufwartet. Aus dieser Epoche stammt auch die frühere Klosterkirche Sv. Stošija. Die Pfarrei von St. Anastasia besitzt in glagolitischer Schrift verfasste Manuskripte und Bibeln. Zahlreiche Steinrelikte zeigen, dass die Insel bereits in römischer Zeit besiedelt war. Olib lockt mit wunderbarem Meer, Felsklippen, Buchten und Sandstränden. Für längere Aufenthalte stehen Privatunterkünfte bereit.

Ziege auf der etwas abgelegenen Insel Olib

Nationalpark Kornati ❸

Nacionalni Park Kornati

Der südliche Teil des Archipels von Zadar wurde 1980 zum Nationalpark erklärt. Der Name »Kornati« leitet sich von der Hauptinsel der Gruppe ab – Kornat. Der Park soll die hiesigen Gewässer schützen, in denen eine vielfältige Meeresfauna gedeiht, sowie eine weitere Bebauung der Inseln verhindern. In dem 36 Kilometer langen und sechs Kilometer breiten maritimen Schutzgebiet liegen im kristallklaren Blau der Adria 89 Inseln mit zerklüfteten Küsten, versteckten Buchten und Unterwasserhöhlen. Die weißen Steinflächen der Eilande sind nur wenig oder gar nicht bewachsen.

Auf den Kornaten stehen nur wenige Häuser

Nationalpark Kornati

Die Kornaten (»Kronen-Inseln«) bildeten vor 20 000 Jahren die Gipfel einer heute überfluteten Bergkette. Bereits in der römischen Antike errichteten die reichen Patrizier von Zadar hier wunderschöne Landsitze mit Mosaikböden, Fischteichen und Thermen. Während der langen Oberhoheit Venedigs wurden die damals dicht bewachsenen Inseln als Basis für die venezianische Flotte genutzt. Heute gehören die Kornaten den Bewohnern der östlich gelegenen Insel Murter, die sie Ende des 19. Jahrhunderts als Weideland für ihre Schafe und Ziegen erwarben.

Die ariden Inseln sind von steilen Klippen und den für Karstlandschaften typischen Höhlen und Senken gekennzeichnet. Leider waren die auf den Inseln angesiedelten Schafe für die Zerstörung der heimischen Flora verantwortlich: Die Schafzüchter von Murter fällten die Bäume und rotteten die Sträucher durch Brandrodung aus. Auf diese Weise wollten sie Weideland für ihre Schafe gewinnen. Zur Abgrenzung der Grundstücke und als Schafhürden errichtete man Trockenmauern.

Auf einigen nahe der Küste gelegenen Inseln stehen kleine Bauernhäuser. Seitlich angebaute Ställe und Feuerstellen im Freien zur Käseherstellung sind deren typische Merkmale. Oft haben sie auch einen kleinen Anlegesteg.

Die Kornaten sind vor allem ein Paradies für Segler und Taucher, die unter Wasser rund 350 Pflanzen- und etwa 300 Tierarten entdecken können. Um diese Vielfalt zu erhalten, ist das Fischen im ganzen Parkgebiet verboten.

Zum Nationalpark zählen Dutzende kleiner Felseninseln, die Inseln Kornat, Levrnaka, Piškera, Lavsa, Kasela, Mana und Katina sowie der Südteil von Dugi Otok *(siehe S. 96)*, wo an der Telašćica-Bucht das einzige Waldgebiet liegt. Am besten lassen sich die Kornaten mit dem Segelboot oder im Rahmen von Tagesausflügen von Murter, Zadar, Biograd, Vodice, Primošten und Rogoznica aus erkunden.

Luftaufnahme der Inseln

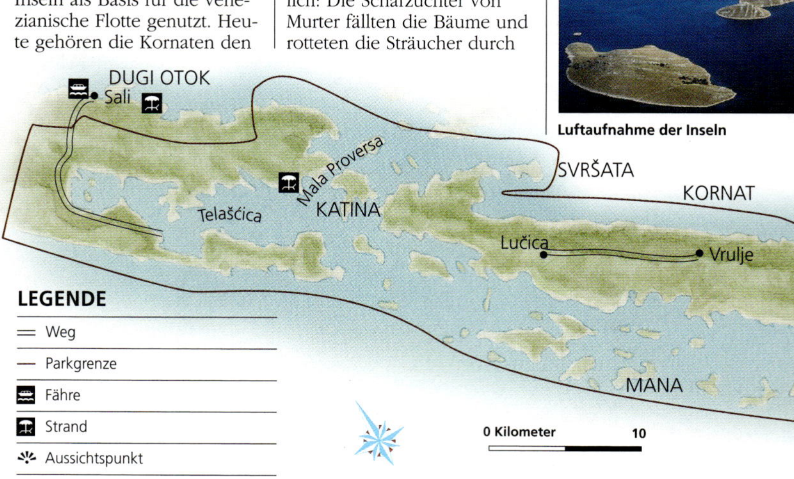

Hotels und Restaurants in Dalmatien *siehe Seiten 226–230 und 243–246*

Auf der Insel Kornat ragen weiße Felsklippen aus der tiefblauen See

Kornat
Auf der größten Insel des Nationalparks stehen eine kleine mittelalterliche Marienkirche und ein von den Venezianern Toreta genannter Wachtturm. Der Bau aus dem 6. Jahrhundert ist typisch für die byzantinische Militärarchitektur. In der Nähe von Vrulje, dem alten Hauptort des Archipels, ragt bei **Vela Ploča** eine 200 Meter breite, 40 Grad geneigte Kalkklippe spektakuläre 150 Meter hoch in den Himmel.

Mala Proversa
Bei Mala Proversa, der kleinen Wasserstraße zwischen Dugi Otok und der Insel **Katina**, haben einige interessante römische Relikte die Zeit überdauert: die Ruinen einer Villa, ein Fischteich sowie eine riesige Süßwasserzisterne, von der aus das Wasser zu den Räumen des Anwesens geleitet wurde. Die wenigen hier gefundenen Mosaiken sind im Archäologischen Museum in Zadar ausgestellt *(siehe S. 93)*.

Lavsa
Die Buchten der Insel sind bei Besuchern sehr beliebt. Hier zeugen nur noch die Ruinen einer teilweise unter Wasser liegenden Mauer von einer römischen Saline.

Piškera
Auch auf Piškera haben die Römer Spuren hinterlassen. Hier stand einst ein Dorf mit etwa 50 Häusern, einem Lagerhaus für Fische und einem Turm für den Steuereintreiber. Die Häuser und der Turm sind nur noch Ruinen, lediglich die Kirche von 1560 ist noch intakt.

Svršata
Auf der kleinen Insel Svršata verlaufen zwei Mauern bis ins Meer und treffen unter Wasser auf eine weitere Mauer. Man nimmt an, dass zu Zeiten der Römer in diesem rechteckigen Becken Fisch fangfrisch aufbewahrt wurde.

Mana
An den berühmten Klippen der Insel spritzt die Gischt der Wellenbrecher manchmal bis zu 40 Meter hoch. Auf der Klippe stehen die Ruinen eines »griechischen« Fischerdorfs, das in den 1960er Jahren als Filmkulisse diente.

INFOBOX

Straßenkarte C4.
von Biograd, Murter, Primošten, Rogoznica, Vodice, Zadar.
Nationalpark Kornati
(022) 435 740.
(nur organisierte Touren).
www.kornati.hr

Nackter Fels ist typisch für die Kornaten

SMOKVICA
LAVSA
KURBA VELA

Die Kornaten per Boot entdecken

Einzig das Rauschen des Windes und des Meeres unterbricht die Stille zwischen diesen traumhaft schönen Inseln. Der Archipel der Kornaten ist ein fantastisches Revier für Segelfreunde, hier wird jeder Törn zum unvergesslichen Erlebnis. Der einzige Hafen Piškera ist von Ostern bis Oktober geöffnet, Strom und Süßwasser sind rationiert.

Der Nationalpark Kornati ist ein wahres Segelparadies

Nin ❹

Straßenkarte C4. *1500.*
Zadar, 24 km. *Zadar, 17 km.*
Zadar, 17 km. *Trg braće Radića 3, (023) 264 280.* **www**.nin.hr

Die ursprünglich liburnische Siedlung erlangte in römischer Zeit unter dem Namen »Aenona« Bedeutung. Später war sie eine der ersten ständigen kroatischen Siedlungen. Nach der Ernennung zum Bischofssitz im 9. Jahrhundert breitete sich von hier die glagolitische Schrift aus. Nin stand lange wegen der slawischen Liturgie im Kreuzfeuer einer Kontroverse zwischen der einheimischen Kirche und dem Papst.

Da die Stadt schwer zu verteidigen war und im Malariagebiet lag, wanderte die Bevölkerung ab, und das Bistum wurde im 12. Jahrhundert aufgelöst. Aus der Blütezeit Nins (9.–12. Jh.) sind nur die Kirchen Sv. Križ, Sv. Anzelm und Sv. Ambroz verblieben.

Innerhalb der Stadtmauern lohnt das im 9. Jahrhundert im protoromanischen Stil erbaute Heilig-Kreuz-Kirchlein **Sv. Križ** einen Besuch. Der Name seines Gründers, des Präfekten Gladeslaus, ist im Türsturz verewigt. Die wohlproportionierte kleinste Kathedrale der Welt wurde so konzipiert, dass sie auch als Sonnenuhr und Kalender fungieren kann *(siehe S. 22)*.

In der Nähe befindet sich die Kirche **Sv. Anzelm**, in der die kroatischen Könige gekrönt wurden. Die erste Kathedrale Kroatiens besitzt einen Kirchenschatz mit Reliquiaren aus dem 9. bis 15. Jahrhundert. Bei der Kirche steht eine von Ivan Meštrović geschaffene Statue des Bischofs Grgor Ninski, Verfechter der glagolitischen Schrift. Innerhalb des Mauerrings ist auch die romanische Kirche **Sv. Ambroz**.

Romantisch romanisch: das Kirchlein Sv. Marija in Ljubač bei Nin

Am Ende der Hauptstraße Zadraska ulica befindet sich ein kleines, aber sehenswertes **Antiquitätenmuseum**.

Sv. Križ, Sv. Anzelm und Sv. Ambroz
nur zu Messen (Sv. Anzelm, Sv. Ambroz).

Antiquitätenmuseum
Trg Kraljevać 8. *(023) 264 160.* *Mai: 9–14 Uhr; Jun, Okt: 9–20 Uhr; Juli–Sep: 9–22 Uhr; Nov–Apr: 9–14 Uhr.* **www**.amzd.hr

Umgebung: In der Nähe von Nin steht Richtung Südwesten in Prahulje die wunderbar erhaltene Kirche **Sv. Nikola**. Der ungewöhnliche Bau, ein exzellentes Beispiel altkroatischer Kunst, wurde im 9. Jahrhundert auf einem illyrischen Grabhügel errichtet. Während der Türkenkriege im 12. Jahrhundert baute man den achteckigen Wachtturm auf der Kuppel dazu. Die Kirche mit dem kleeblattförmigen Grundriss beherbergte früher Inschriften und Gräber des Hofstaats der Fürsten Višeslav und Branimir. Diese befinden sich heute im Archäologischen Museum in Zadar.

Ivan Meštrovićs Statue des Bischofs Grgor Ninski

Ljubač bietet 13 Kilometer nordöstlich von Nin die Ruinen der Mauern, Hauptgebäude und Türme des von Tempelrittern im Mittelalter erbauten Castrum Jubae, das nach der Auflösung des Ordens zerfiel. Sehenswert sind die romanische Kirche **Sv. Marcela** mit drei halbrunden Apsiden (12. Jh.) und in der Nähe des Dorfs das mittelalterliche Kirchlein Sv. Ivan.

Sv. Nikola
25. Apr (Tag des hl. Markus), 6. Dez (Tag des hl. Nikolaus).

Sv. Nikola in Prahulje wurde auf einem illyrischen Grabhügel erbaut

Die römischen Salinen auf Pag werden noch heute genutzt

Im Land des »Weißen Goldes«

Drei Gebiete an der oberen Adria dienten als Lieferstätte für den äußerst lukrativen Salzhandel: die Mündung der Dragonja (heute die Grenze zwischen Slowenien und Kroatien), eine Bucht auf Pag und die Niederungen um Nin. Die größten und ergiebigsten Förderstätten des »Weißen Goldes« waren die bereits in römischer Zeit angelegten, von Bergen geschützten Salinen auf Pag. Um den Besitz der heute noch profitablen Salzpfannen wurde von Anfang an immer wieder mit Waffengewalt gekämpft.

Nationalpark Paklenica ❺

Nacionalni Park Paklenica

Straßenkarte C4. *Starigrad Paklenica, (023) 369 202, 369 155.* *Apr–Okt: tägl. 6–20.30 Uhr; Nov–März: tägl. 7–15 Uhr.* **www**.paklenica.hr

Der Nationalpark im imposanten Velebit-Massiv wurde 1949 gegründet. Der Eingang befindet sich in Starigrad Paklenica. Achten Sie auf ein Schild an der Küstenmagistrale (E65).

Das 95 Quadratkilometer große Gebiet besteht aus zwei Schluchten: Velika Paklenica (Große Paklenica) und Mala Paklenica (Kleine Paklenica). Die teilweise über 400 Meter tiefen Schluchten wurden von zwei Flüssen in die Kalkberge geschnitten.

In die Felsen der Schlucht Velika Paklenica hat die jugoslawische Armee ein ausgedehntes unterirdisches Tunnelsystem gegraben. Die Tunnel wurden von der Parkverwaltung wiederhergestellt und dienen heute als Räume für ein vielfältig genutztes Besucherzentrum.

Die Felswände bestehen aus zahllosen schwer zugänglichen Höhlen. Lediglich die Manita-Höhle ist im Rahmen einer Führung zu besichtigen. Die nackten Felsen der Velika Paklenica sind bei Kletterern sehr beliebt.

Die zerklüftete Landschaft im Nationalpark Paklenica

In schwindelerregenden Höhen haben majestätische Greifvögel ihre Nester gebaut – Steinadler, Gänsegeier, Wanderfalken und andere Könige der Lüfte finden hier ideale Lebensbedingungen. In den Wäldern leben Bären, Wildschweine, Füchse, Rehe und Hasen. Im Tal windet sich ein Wanderweg bis zum Herzen des Parks, wo sich von einer hohen Felsklippe aus ein fantastischer Blick auf den bewaldeten Vaganski Vrh ergibt, den höchsten Berg des Velebit-Gebirges.

Im Park leben auch Gänsegeier

Das fast 150 Kilometer lange karstige **Velebit-Gebirge** ist von unzähligen Senken und durch tiefe Einschnitte getrennten Plateaus geprägt. 1978 nahm die UNESCO das Velebit in die internationale Liste der Biosphärenreservate auf und erklärte es zum Naturpark, in dem 2700 Pflanzenarten und zahlreiche Greifvogelkolonien Schutz finden. Unter Naturschutz stehen auch die *kukovi* genannten bizarren Felsformationen, deren Formen von Wind und Wasser gemeißelt wurden.

Wandern und Mountainbike fahren sind beliebte Aktivitäten im Park. Im Sommer können Besucher auch in der Berghütte in der Nähe des Flüsschens Velika Paklenica übernachten. Einen schönen Campingplatz findet man neben einem Kiesstrand. Entlang dem Flüsschen gibt es noch sieben gut erhaltene ehemalige Wassermühlen, die man während des Sommers besichtigen kann.

Mehrere Wanderwege führen in den Nationalpark Paklenica

Pag ❻

Auf der 68 Kilometer langen Insel verlaufen zwei Bergketten parallel zur Küste. An der Südspitze bilden die Klippen eine tiefe, stark zerklüftete Bucht. Auf der bereits in der Jungsteinzeit bewohnten Insel siedelten sich um 1200 v. Chr. Liburner an. Nach der Eroberung Dalmatiens durch Publius Cornelius Scipio im 1. Jahrhundert n. Chr. wurden hier die römische Stadt Cissa und der befestigte Hafen Navalia errichtet. Im römischen Kaiserreich entstanden auf Pag Landsitze, wovon noch heute einige Mosaikböden und ein Aquädukt zeugen. Im 6. Jahrhundert kamen die Slawen – sie lebten von der Schafzucht. Nach dem Jahr 1000 kämpften Zadar und Rab um die Insel und die dortigen Salinen *(siehe S. 100)*. Als Cissa von Zadar zerstört wurde, siedelten die Inselbewohner in die neue Stadt Stari Pag um, die 1192 von Venedig befestigt wurde.

An der kargen, trockenen Ostküste peitscht die Bora

Pager Schafkäse ist weit bekannt

Überblick: Pag

Die Insel ist an der Ostspitze bei Miškovići durch eine Brücke mit der Küstenmagistrale (E65) verbunden. Auf dem trockenen, öden Eiland werden nur an wenigen Stellen Wein und Oliven angebaut. An der dem Festland gegenüberliegenden zerklüfteten weißen Felsenküste gedeiht aufgrund der kalten Bora nur wenig Vegetation. Als Schutz gegen den Wind und als Hürden für die Schafherden der Bauern dienen die typischen Trockenmauern. An der flacheren Südwestküste laden einige Strände zum Baden ein. Hier ist das Land mit Macchia, Olivenhainen und duftenden Kräutern bedeckt. Pager Erwerbsquellen sind Olivenöl, ein typischer Wein namens Žutica und die Schafwirtschaft. Eine weit bekannte Delikatesse ist der Pager Schafkäse *(paški sir)*, der seinen charakteristischen Geschmack den Weidekräutern verdankt. Die Käselaibe werden mit Olivenöl bedeckt und dürfen lange reifen.

Pag-Stadt

Das Inselstädtchen liegt an einer geschützten, dem Festland zugewandten Bucht. Pag erhielt 1244 von König Bela IV. den Status einer freien Stadt, doch die Rivalität mit Zadar führte zu Pags Zerstörung. Von den Mauern, der Burg, dem Kloster und der Kirche Sv. Marija stehen nur noch Ruinen. 1409 kam Pag endgültig unter die Herrschaft Venedigs.

Symbol der Tradition: Pager Spitzen

Klassische Pager Spitze

Pag ist nicht nur für sein sauberes Wasser und den köstlichen Schafkäse bekannt – berühmt sind auch die Pager Spitzen, die seit Jahrhunderten von den geduldigen Bewohnerinnen der Insel in speziellen Mustern geklöppelt werden. Die komplizierten Textilkunstwerke zieren Blusen und Bettwäsche, dienen auch als Altartücher und Schmucktischdecken. Vor einigen Jahrzehnten eröffnete auf Pag sogar eine Schule als Ausbildungsstätte für Klöpplerinnen. Eine Sammlung alter Spitzen, eine Spende ehemaliger Klöpplerinnen, dient als Musterkollektion. In der Schule werden Spitzen verkauft, einige Räume sind als Museum eingerichtet.

Skrivanat-Turm in der Altstadt von Pag

1443 beauftragten die venezianischen Herrscher und ansässige Adelige den Baumeister Juraj Dalmatinac (Giorgio Orsini), die Stadt neu zu entwerfen – einige Jahrzehnte später war Pag in seiner heutigen Anlage entstanden.

Unter Venedig erfuhr Pag eine lange friedliche Blütezeit. Wohlstand brachten die ergiebigen Salinen. Zwischen dem 15. und 18. Jahrhundert wurden wichtige öffentliche Bauten und die »Kathedrale«, die Pfarrkirche, errichtet.

Bis heute ist die alte Stadtanlage mit zwei sich am Hauptplatz rechtwinklig kreuzenden Hauptstraßen und parallelen Nebenstraßen erhalten.

Ende des 19. Jahrhunderts wurden Teile der Stadtmauer, acht Türme und vier Tore abgerissen. Nur ein Tor und zwei Bastionen verschonte man. Am Hauptplatz befinden sich der umgebaute Rektorenpalast (Kneževa Palaća) aus dem 15. Jahrhundert und der unvollendete Bischofspalast von Juraj Dalmatinac.

Ebenfalls am Hauptplatz stehen ein Denkmal für Dalmatinac von Ivan Meštrović und die im romanischen Stil gehaltene gotische Kirche **Sv. Marija** (1443–48). Der dreischiffige Bau ist durch weiße Steinsäulen mit Kapitellen gegliedert, die bereits auf die Renaissance weisen. Die Fassade zieren eine Fensterrose und eine Portallünette. Zu den zahlreichen Kunstwerken der Kirche zählen ein Holzkreuz aus dem 12. Jahrhundert, *Unsere liebe Frau vom Rosenkranz* von Giovanni Battista Pittoni, eine Orgel und der Kirchenschatz.

INFOBOX

Straßenkarte C4.
8400. *Prizna-Žigljen.*
Pag *Vela ulica bb, (023) 611 286.* *Spitzen-Ausstellung (Sommer); Karneval, Kolo-Tanz und traditionelle Trachten (Feb und letztes Wochenende im Juli).*
www.tzgpag.hr
Novalja *Trg Briščić 1, (053) 661 404.* **www**.tz-novalja.hr
Karlobag *Trg dr. Tuđmana 2, (053) 694 251.*
www.tz-karlobag.hr

Novalja

Der zweitwichtigste Ort der Insel befindet sich am Übergang zur Halbinsel Lun. Wegen ihres flach abfallenden Strands lebt die Stadt vor allem vom Fremdenverkehr. Im Stadtzentrum stehen die Reste einer frühchristlichen Basilika und eine protoromanische Kirche aus dem 9. bis 10. Jahrhundert.

Eine Fährlinie von Žigljen nach Prizna verbindet die Insel mit dem Festland.

Umgebung: Ausflugsboote nach Pag legen in **Karlobag** ab. Die am Festland in einer hübschen Bucht gelegene Stadt ist nach einem Kastell benannt, das der österreichische Erzherzog Karl August von Habsburg im Jahr 1579 an der Stelle eines von den Türken zerstörten Dorfs errichten ließ. Nachdem die türkische Bedrohung vorüber war, verlor die Festung ihre Bedeutung und wurde aufgegeben. Aus den Steinen wurden neue Häuser errichtet. Heute sind noch einige der massiven Mauern und die Reste eines Klosters vorhanden, zu dem einst eine berühmte Bibliothek und eine Kirche gehörten.

Die Insel Pag fasziniert gerade durch ihre karge Schönheit

Nationalpark Krka ❼

Nacionalni Park Krka

Der 1985 eröffnete, 109 Quadratkilometer große Park wurde zum Schutz des Mittel- und Unterlaufs der Krka eingerichtet, die in die Bucht von Šibenik mündet. Die Quelle des 75 Kilometer langen Flusses liegt bei Knin in einer Schlucht des Kalksteingebirges hinter Šibenik. In ihrem weiteren Verlauf bildet die Krka die beiden herrlichen Wasserfälle Roški Slap und Skradinski Buk, unterwegs speist sie Seen und Stromschnellen. In der dichten Vegetation um den Fluss leben viele Vogelarten.

Kloster Visovac
In der Mitte des Sees liegt auf einer Insel das 1445 von Franziskanern gegründete Kloster Visovac. Die bosnischen Franziskaner, die sich dem Kloster 1576 anschlossen, brachten Bücher, illuminierte Handschriften und Messgewänder mit.

Skradin
Skradin war illyrische und liburnische Siedlung, römische Stadt und ab dem 6. Jahrhundert Bischofssitz. Die Stadt ist das Haupttor zum Park. Von hier aus fahren Boote flussaufwärts zu den Wasserfällen.

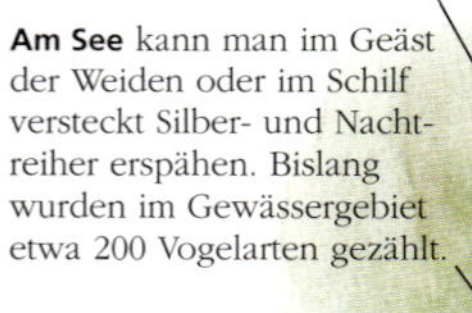

Am See kann man im Geäst der Weiden oder im Schilf versteckt Silber- und Nachtreiher erspähen. Bislang wurden im Gewässergebiet etwa 200 Vogelarten gezählt.

Skradinski Buk
Auf einer Länge von 800 Metern stürzt sich der eindrucksvolle Wasserfall in 17 Kaskaden 45 Meter in die Tiefe. Wer diesem überwältigenden Naturwunder auf Wanderwegen nahe kommt, muss mit Gischtduschen rechnen.

Das untere Becken bildet im Sommer einen smaragdgrünen Teich, an dem es sich herrlich sonnenbaden und picknicken lässt.

Roški Slap
Innerhalb des Waldes wird der Fluss immer breiter. Schließlich stürzt das Wasser zwischen den Bäumen hervor und fällt in über 25 Meter hohen Wasserfällen herab.

INFOBOX

Straßenkarte C–D4. **Park** *Trg Ivana Pavla II br 5, Šibenik, (022) 201 477. Sommer: 8–19 Uhr; Winter: 9–16 Uhr (Apr, Mai, Okt, Nov: 8–18 Uhr). Im Winter sind Autos und Busse im Park nicht erlaubt.* **Kloster Visovac:** *von Skradinski Buk aus auf Bootstouren erreichbar.* **www**.npkrka.hr

Kloster Krka wurde erstmals 1402 erwähnt.

GRAČAC
509
Krka
Brljansko Jezero
Kistanje
Knin
Vrbnik
33
DRNIŠ
Nečmen
Čitluk
Mratovo
Oklaj
0 Kilometer 5

Der Visovac-See liegt im Zentrum des Parks. Nach den Wasserfällen fließt die Krka durch ein enges Tal und breitet sich zu einem See aus. Die Ufer sind teilweise steil. In den gebirgigen Zonen stehen Eichenwälder.

DRNIŠ
56
Širitovci
Drinovci
DRNIŠ
Čikola
ŠIBENIK
DRNIŠ

Die Čikola
Nach dem Visovac-See mündet die Čikola in die Krka. Der Fluss strömt nun weiter nach Skradinski Buk und mündet schließlich ins Meer.

LEGENDE

- Hauptstraße
- Nebenstraße
- Panoramastraße
- Information
- ★ Wasserfall

Kurzführer

Blick auf den Krka-Park

Das Schutzgebiet reicht vom Tal von Knin bis zur Brücke von Šibenik. An jedem der ausgeschilderten Parkeingänge befinden sich Parkplätze sowie Informations- und Kartenschalter. Mit dem Auto fährt man über Lozovac in den Park, die Roški-Slap-Wasserfälle erreicht man von Miljevci oder Skradin aus. Auch etwa 15 Kilometer von Burnum entfernt weisen Schilder den Weg zum Eingang in das Gebiet der Roški-Slap-Wasserfälle. Von Skradin aus führen Bootsausflüge zu den Skradinski-Buk-Wasserfällen. Von dort lohnt ein Abstecher über den Visovac-See zu den Roški-Slap-Fällen und unterwegs die Besichtigung des Inselklosters.

Šibenik ❽

Statue von Juraj Dalmatinac

König Petar Krešimir IV. erwähnte Šibenik erstmals 1066 als dreieckig angelegtes, befestigtes Castrum Sebenici. Im 12. Jahrhundert fiel die Stadt unter ungarisch-kroatische Herrschaft, 1412–1797 unterstand sie Venedig. In dieser Epoche entstanden großartige Bauten, drei Festungen und die Bastionen auf der Insel Sv. Nikola. In seiner Blütezeit während der Renaissance stieg Šibenik zu einem lebendigen Zentrum für Kunst und Kultur in Kroatien auf. Nach Venedig herrschte für kurze Zeit Frankreich über die Stadt, schließlich bis 1917 Österreich. Der Krieg Anfang der 1990er Jahre führte in Šibenik zum Kollaps der Wirtschaft, von dem sich Stadt weitgehend erholt hat.

Luftaufnahme der Kathedrale Sv. Jakov

Sv. Frane
Franziskuskirche

Trg Nikole Tomaszea 1. (022) 212 075. *Voranmeldung.*

An der quirligen Uferpromenade am Südrand der Altstadt standen von 1229 an das Kloster und die Kirche St. Franziskus. Beide wurden 1321 bei einem Überfall zerstört. Von den Originalbauten sind einige Kapitelle, Statuen und Teile der Säulen aus dem Kreuzgang verblieben. Mitte des 15. Jahrhunderts wurden neue Kapellen hinzugefügt.

Die Bauten wurden Mitte des 18. Jahrhunderts durchgängig barockisiert, die Kirche erfuhr eine vollständige Umgestaltung. Die hölzerne Decke und die prächtig vergoldeten geschnitzten Holzaltäre wurden erneuert, jede Wand mit Malereien verziert.

In der Kirche steht in der ersten Kapelle auf der linken Seite eine wunderbare, 1762 von Meister Petar Nakić gebaute Orgel. Der große Kreuzgang erhielt sein heutiges Erscheinungsbild im 14. Jahrhundert. Die Klosterbibliothek verfügt über beachtenswerte Handschriften und liturgische Objekte.

Sv. Barbara
Barbarakirche

Kralja Tomislava.

In die Mitte des 15. Jahrhunderts entstandene kleine Kirche hinter der Apsis von Sv. Jakov sind Teile eines älteren Gebäudes integriert. Ungewöhnlich ist die unregelmäßig gestaltete Fassade. Eine Statue des hl. Nikolaus aus der Werkstatt von Bonino da Milano (1430) ziert die Lünette des Hauptportals. Giovanni da Pribislao, ein junger Schüler von Juraj Dalmatinac, schuf einen Altar in der Kirche unter der Maßgabe, ihn passend zu einem anderen Altar aus der älteren Kirche zu gestalten.

Die Kirche beherbergt eine umfassende und interessante Sammlung von Sakralkunst – Gemälde, Skulpturen und illuminierte Schriften aus dem 14. bis 16. Jahrhundert.

Rektorenpalast – Stadtmuseum
Muzej Grada Šibenika

Gradska Vrata 3. *(022) 213 880.* *wegen Renovierung (bitte informieren Sie sich telefonisch). Wechselausstellungen: tägl. 10–13, 19–21 Uhr.*

Der Palast wurde um 1510 im Stil der späten Renaissance von dem venezianischen Grafen Niccolò Marcello errichtet. Die ehemalige Residenz des venezianischen Gouverneurs ist heute Sitz des Stadtmuseums. Zu dessen Sammlungen zählen Münzen, archäologische Funde von der Jungsteinzeit bis zur römischen Antike, Grabfunde, frühe kroatische Skulpturen (7.–9. Jh.) und ein umfassendes Archiv v.a. mittelalterlicher Dokumente zur Geschichte der Stadt und ihres Umlandes. Die Fassade ist neben dem Eingang mit einer Statue des Grafen (1609–11) geschmückt.

Katedrala Sv. Jakov
Kathedrale St. Jakob

Siehe S. 108f.

Stadtloggia
Gradska loža

Trg Republike Hrvatske.

Vor dem Löwenportal der Kathedrale steht die Stadtloggia. Der frühere Sitz des Stadtrats wurde 1532–43 nach Entwürfen von Michele Sanmicheli errichtet und nach seiner Zerstörung im Zweiten Weltkrieg wieder aufgebaut.

Das Erdgeschoss des zweistöckigen Baus bilden neun breite Arkadenbogen, die obere Loggia ist mit einer Balustrade versehen.

Die von Michele Sanmicheli erbaute Stadtloggia (16. Jh.)

Palača Foscolo
Palazzo Foscolo

Andrije Kačića.

Der venezianische Gouverneur Leonardo Foscolo ließ diesen Palast um 1450 im Stil der venezianischen Gotik errichten.

Die Fassade zieren Renaissance-Reliefs von Schülern des Juraj Dalmatinac aus dem 15. Jahrhundert, auf einem dem Meister zugeschriebenen Relief neben dem Eingang tragen zwei Putten die Wappen der Adelsfamilie.

ick auf Šibenik von der mittel-
lterlichen Festung Sv. Mihovil

Festung Sv. Mihovil
vrđava Sv. Mihovila

(022) 212 075.

Die mittelalterliche Festung, die früher auch als Sv. Ana bezeichnet wurde, ist die älteste Šibeniks. Sie wurde zerstört, als ein Blitz in das Munitionslager einschlug. Bei ihrem Wiederaufbau trug man den veränderten Verteidigungsbedürfnissen der Stadt Rechnung und verzichtete auf die Türme. Der heutige Bau (16./17. Jh.) bietet einen herrlichen Rundblick.

Festung Sv. Ivan
Tvrđava Sv. Ivan

(022) 214 448.

Die 115 Meter hoch gelegene Johannesfestung stammt ursprünglich aus dem 15. Jahrhundert, wurde jedoch 1649 nach einem Angriff der Türken sternförmig umgebaut.

Festung Šubićevac
Tvrđava Šubićevac

(022) 212 075.

Die Festung Šubićevac oder »Baronsfestung« wurde angesichts eines drohenden Angriffs der Türken 1646 in wahrer Rekordzeit errichtet. Im Jahr 1647 leistete sie gute Dienste beim Sieg gegen die Türken. Nach einer langen Belagerung mussten große Teile wieder aufgebaut werden. Der heutige Bau entstand um 1650. Vor den Bastionen erstrecken sich schöne Gartenanlagen.

Festung Sv. Nikola
Tvrđava Sv. Nikola

(022) 212 075.

Die von dem italienischen Baumeister Michele Sanmicheli entworfene Nikolausfestung wurde 1540–47 auf einer Klippe errichtet. Die Strenge des massiven Militärbaus wird durch die Verzierungen über den Toren, in den Öffnungen, den Räumen und den Korridoren abgemildert. Die Festung wurde in der Vergangenheit häufig als Gefängnis genutzt.

INFOBOX

Straßenkarte D5. *37 000.* *Split, 97 km.* *(022) 333 699.* *Draga 44, (060) 368 368, (022) 216 066.* *dr. F. Tuđmana 7, (022) 213 468.* **Stadt:** *Ulica Fausta Vrančića 18, (022) 212 075;* **Regional:** *Fra N. Ružića bb, (022) 219 072.* **www**.sibenik-tourism.hr

Die Festung Sv. Nikola auf einer Klippe in der Nähe des Hafeneingangs

Zentrum von Šibenik

Festung Sv. Mihovil ⑦
Katedrala Sv. Jakov S. 108f ④
Palača Foscolo ⑥
Rektorenpalast – Stadtmuseum ③
Stadtloggia ⑤
Sv. Barbara ②
Sv. Frane ①

0 Meter 200

Zeichenerklärung
siehe hintere Umschlagklappe

Šibenik: Kathedrale St. Jakob

Katedrala Sv. Jakov

Kopf am Sims der Apsis

Die Renovierung der Kathedrale nach der Bombardierung von 1991 nahm kroatische und internationale Experten einige Jahre in Anspruch. Errichtet wurde die Kirche von dalmatinischen und italienischen Künstlern zwischen 1432 und 1555. Zunächst erbaute der Venezianer Antonio Dalle Masegne den unteren, gotischen Teil. Sein Nachfolger Juraj Dalmatinac *(siehe S. 20)* entwarf den oberen Teil im Renaissance-Stil, die Portalskulpturen, die 72 Porträtköpfe des Außenfrieses der Chorapsiden, einige Kapitelle, das Grab von Juraj Šižgorić und, zusammen mit Andrija Aleši, das Baptisterium. Nach Dalmatinacs Tod (1475) führte Nikola Firentinac die Arbeiten fort. Er schuf das Presbyterium, den Chor, die Kuppel, die Galerien und das Tonnendach. Adam und Eva beidseits des Löwenportals stammen von Bonino da Milano.

Die einzigartige Kuppel aus ineinandergreifenden Steinplatten wurde 1991 schwer beschädigt.

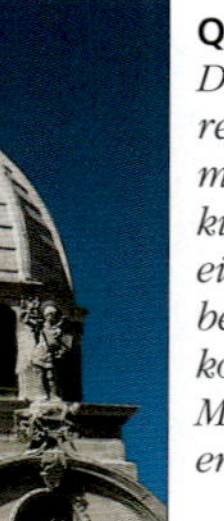

Querhaus

Die drei Seitenbogen der rechteckig unterbauten mächtigen Vierungskuppel krönt jeweils eine Statue. Die speziell behauenen Steine konnten ohne Mörtel gemauert werden.

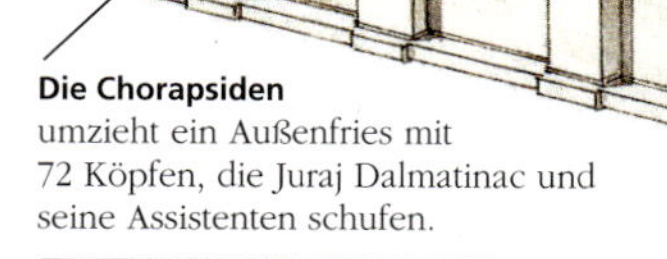

★ Presbyterium

Das schön gearbeitete Gestühl ist ein Werk von Juraj Dalmatinac und Nikola Firentinac, die oberen Abschnitte sind mit feinen Reliefs geschmückt.

Die Chorapsiden umzieht ein Außenfries mit 72 Köpfen, die Juraj Dalmatinac und seine Assistenten schufen.

Löwenportal

Das gotische Gewändeportal mit schlanken, fein verzierten Säulen hat seinen Namen von den zwei Steinlöwen, die die Statuen von Adam und Eva tragen.

NICHT VERSÄUMEN

- ★ Baptisterium
- ★ Presbyterium

★ Baptisterium
Im rechten Schiff führt eine Treppe hinunter zum Baptisterium mit seinen von Juraj Dalmatinac, Nikola Firentinac und Andrija Aleši geschaffenen Statuen und Reliefs. Das schöne Taufbecken wird von drei Putten getragen.

INFOBOX

Trg Republike Hrvatske 1.
(022) 214 418.
tägl.
www.sibenik.hr

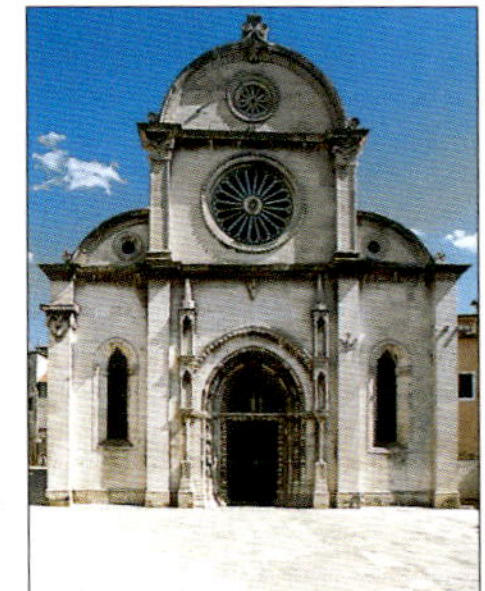

Fassade
Die symmetrische Fassade wird von einem Tympanon bekrönt, über dem schmaleren Mittelteil des Portals befinden sich zwei unterschiedlich große Fensterrosen. Zudem ist die Fassade durch zwei Pilaster gegliedert.

Die Kathedrale wurde aus Steinen aus der Region errichtet. Sie zeugt von der hohen Kunstfertigkeit der Steinmetze.

Das gotische Nordportal ist von fein gearbeiteten Säulen eingerahmt, die Bogenläufe schmücken Heiligenfiguren.

Innenraum
Den dreischiffigen Innenraum teilen Säulen, auf deren geschnitzten Kapitellen Bogenarkaden ruhen. Das große Mittelschiff mit der Frauengalerie ziert ein Fries.

Drniš ❾

Straßenkarte D4. *3400.*
Šibenik, 25 km, (022) 333 699.
Šibenik, (022) 216 066.
(022) 219 072.

Erste urkundliche Erwähnung findet Drniš Ende des 15. Jahrhunderts als Festung gegen die türkische Invasion, gelegen an der Stelle, an der der Fluss Čikola in das Tal eintritt und gen Šibenik fließt.

1526 wurde die Festung von den Türken erobert, erweitert und als Stützpunkt genutzt. Im Schutz der Anlage entstand ein Dorf mit Moschee und Bädern. Burg und Dorf wurden jedoch in den Kriegen zwischen Venedig und dem Osmanischen Reich (1640–50) von den Venezianern fast vollständig zerstört.

Drniš wurde in den folgenden Jahren wieder aufgebaut. Aus der Moschee wurde die Kirche Sv. Antun, das Minarett funktionierte man zum Glockenturm der Kirche Sv. Rok um. Die Stadt wurde nun von Serben bewohnt und gehörte zur Krajina.

An der Straße von Drniš nach Šibenik stehen noch heute die Ruinen mächtiger Verteidigungsbauten mit hohen Mauern und Türmen.

Umgebung: Rund neun Kilometer östlich von Drniš liegt das Dorf **Otavice**, in dem die Eltern von Ivan Meštrović *(siehe S. 157)* geboren wurden. Der große Bildhauer errichtete hier die **Kirche des Heiligsten Erlösers** in Form eines einfachen, von einer flachen Kuppel überdachten Steinkubus.

Kirche des Heiligsten Erlösers in Otavice bei Drniš

Knin ❿

Straßenkarte D4. *12 000.* *(022) 663 722.* *dr. Franje Tuđmana 24, (022) 664 822.* **www**.tz-knin.hr

Die Stadt an der Hauptstraße von Zagreb nach Split spielte in der Geschichte Dalmatiens lange Zeit eine wichtige Rolle. Dank der strategischen Lage auf einem Plateau entstanden hier bereits in vorgeschichtlicher Zeit Wehrbauten. Im 10. Jahrhundert wurde auf dem Berg Spas in der Ad Tenen genannten Stadt die **Festung Knin** errichtet. Dort residierten die kroatischen Könige, die oft im nahen Biskupija weilten. Auch Krönungen fanden hier statt.

Anfang des 11. Jahrhundert wurde Knin Bischofssitz, zudem ließen sich einige kroatische Adelsfamilien nieder. Nachdem es im frühen 16. Jahrhundert von Türken besetzt worden war, fiel Knin 1688 an Venedig. Dabei nahmen die im Sold Venedigs stehenden Walachen die Burg ein. Die Festung und das Dorf wurden wieder aufgebaut, und die Walachen ließen sich hier nieder.

1991 nutzte die serbische Armee die Burg als Stützpunkt, die meisten kroatischen Bewohner Knins wurden vertrieben. Die Stadt war Zentrum der kroatischen Serben und Hauptstadt der selbst ernannten Serbischen Republik Krajina. Im August 1995 fiel das Gebiet wieder an Kroatien.

Umgebung: Fünf Kilometer entfernt liegt **Biskupija**, das »Feld der fünf Kirchen«. In den Kirchen (9.–11. Jh.) beteten die kroatischen Könige. Hier ermordeten 1089 kroatische Adelige, die das Bündnis mit dem Papst ablehnten, König Zvonimir. Eine weitere Kirche entwarf Ivan Meštrović. Sie wurde von Jozo Kljaković mit Fresken ausgeschmückt.

Die mächtige Festung auf dem Berg Spas oberhalb von Knin

;inj ⓫

traßenkarte D5. *13 000.* *olit.* *Split.* *Put Petrovca 12,)21) 826 352.* *Sinjska Alka, Rit- ɜrspiele in traditionellen Kostümen '. So im Aug).* **www**.tzsinj.hr

Auf dem Cetina-Plateau gründeten die Römer \equum, das heute an der ıtraße nach Bosnien gelegene ;itluk. Doch die Bewohner ʼerließen die in ungesundem ʼerrain befindliche, malaria- ʼerseuchte Siedlung und ogen auf einen nahen Berg ıamens »Castrum Zyn«. An liesem sicheren, leicht zu ʼerteidigenden Ort errichteten ıie eine Festung.

Ende des 15. Jahrhunderts ʼrafen hier Franziskanermön- :he ein. Sie waren aus einem <loster in der bosnischen ;tadt Rama geflohen und tru- ;en ein Marienbild mit sich, lem wundertätige Kräfte ıachgesagt wur- len. Die Mönche ɜrbauten ɜine Kirche und das **Franziskanerklos- :er** (Franjevački ;amostan).

Ritterskulptur im Stadtpark von Sinj

Die nun Sinj ge- ıannte Stadt wur- le 1513 von den Türken erobert, 1699 von Venedig befreit. Der Plan der Türken, die strategisch günstig gelegene Stadt zurückzuerobern, wurde durch einen Überraschungs- angriff von 600 berittenen Bürgern vereitelt.

An dieses historische Ereig- nis erinnern jedes Jahr am ersten Sonntag im August die Ritterspiele (Sinjska Alka): Ex- zellente Reiter versuchen im Wettstreit, einen als Sieges- symbol geltenden Schild zu ergattern.

Die mehrmals umgebaute Franziskanerkirche ist ein beliebter Wallfahrtsort. In einigen Räumen des reno- vierten Franziskanerklosters sind archäologische Funde aus dem antiken Aequum ausgestellt.

Franziskanerkloster
A Stepinca 1. *(021) 707 010.*
Voranmeldung.

Die Insel Primošten ist heute mit dem Festland verbunden

Klis ⓬

Straßenkarte D5. *2300.* *Split.* *Split.* *Megdan 57, (021) 240 578.* **www**.tzo-klisnet.hr

Das Städtchen liegt im Schutz einer imposanten **Burg** mit drei Festungsringen, die bereits von den Römern oberhalb eines Bergpasses errichtet worden war. Die Venezianer verstärkten die Festung und warben Uskoken zur Verteidigung gegen die Türken an. Dennoch wurde die Burg 1537 erobert. Von der erneut vergrößerten, mit Moschee und Minarett versehenen Anlage aus bedrohten die Türken die Stadt Split, bis sie 1648 von Venedigs Truppen vertrieben wurden. Die Burg wurde bis zur Machtübernahme Österreichs genutzt. Die Moschee wurde zu einer Kirche umgebaut, das Minarett abgerissen.

Die Restaurants der Stadt sind für eine Delikatesse der Region besonders berühmt: am Spieß gegrilltes Lamm.

Die Festung Klis war Schauplatz vieler blutiger Schlachten

Primošten ⓭

Straßenkarte D5. *1800.* *Split.* *Split, (021) 329 180.* *Marina, (022) 570 068.* *Trg Biskupa J. Arnerića 2, (022) 571 111.* *Gospe od Loreta (Mai).* **www**.tz-primosten.hr

Primošten bedeutet »durch eine Brücke nahe gebracht«. Tatsächlich ist die Insel durch eine Brücke und einen Damm mit dem Festland verbunden. Bereits in vorgeschichtlicher Zeit war die Gegend bewohnt, später siedelten sich vor den Türken geflohene Bosnier an. Unter der Oberhoheit Venedigs entstand der schützende Mauerring rund um die Stadt.

An der höchsten Stelle des Ortes steht die um 1760 restaurierte Kirche **Sv. Juraj** aus dem späten 15. Jahrhundert. Innen sind eine silberne Madonnenikone und ein Barockaltar sehenswert.

Der beliebte Ferienort bietet schöne Kiesstrände, berühmte Weingärten *(siehe S. 129)* und einen ausgezeichneten Rotwein namens »Babić«.

Marina ⓮

Straßenkarte D5. *1000.* *Trg Stjepana Radića 1, (021) 889 015.*

Der kleine Ferienort in einer geschützten Bucht bietet einen Yachthafen und einen schönen Strand. Das Dorf ist seit dem 15. Jahrhundert bewohnt. 1495 erbaute der Bischof von Trogir im Hafen einen massiven Turm, heute Sitz des Hotels Kaštil.

Die beiden Dorfkirchen aus dem 15. Jahrhundert wurden verschiedene Male von der Familie Sobota, den ansässigen Feudalherren, umgebaut.

Trogir ⓯

Das auf einer kleinen Insel gelegene Trogir ist eine der »Perlen« Dalmatiens. Hier siedelten im 3. Jahrhundert v. Chr. zuerst Griechen aus Issa (heute Vis). Sie gründeten die befestigte Stadt Tragyrion (»Ziegeninsel«), die ab 48 n. Chr. unter den Römern Tragurium hieß. Im Mittelalter (1123) wurde Trogir trotz des Schutzes durch die byzantinische Flotte von den Sarazenen erobert und zerstört. Die wenigen Überlebenden verließen die Stadt. Trogir erwachte rund 70 Jahre später zu neuem Leben: Unter ungarischer und ab 1420 venezianischer Herrschaft erblühte es zu einem Zentrum der Kunst. 1997 wurde Trogir mit seinen kulturhistorischen Schätzen von der UNESCO zur Welterbestätte erklärt.

Trogir von der Seeseite, im Hintergrund die Festung Kamerlengo

Fast die gesamte Altstadt von Trogir liegt geschützt auf einer Insel und ist von einer Mauer mit zwei Toren umgeben. Eine Brücke verbindet die Insel mit dem Festland, eine andere mit der Insel Čiovo. Die Stadt ist ganz auf den Fremdenverkehr eingestellt. Eiscafés, Restaurants und Pizzerien säumen die kleinen Plätze. Die bedeutenden Profan- und Sakralbauten werden seit einigen Jahren restauriert.

Landtor
Sjeverna Vrata

Das aus hellem Stein erbaute Tor ist mit Bossenwerk verziert. Es wurde im 17. Jahrhundert aus den Resten eines großen Portals neu errichtet. Früher war das Landtor Teil einer Zugbrücke. Auf dem Kragstein über dem Bogen wachte der venezianische Löwe, darüber thront noch immer auf einem Sockel die Statue des hl. Ivan Trogirski, eines Schutzpatrons der Stadt.

Stadtmuseum
Muzej Grada Trogira

Gradska vrata 4. *(021) 881 406.* *Mai–Okt: tägl. 9–13, 17–22 Uhr; Nov–Apr: tägl. 9–14 Uhr nach Voranmeldung.*

Das Museum nahe dem Landtor zeigt archäologische Funde, Bücher, Dokumente sowie alte Textilien. Das Museum ist in einem barocken Gebäude, dem ehemaligen Palazzo der Familie Garagnin-Fanfogna, untergebracht.

Palača Stafileo
Palazzo Stafileo

Matije Gupca 20. *für die Öffentl.*

Die beiden Geschosse dieses Palasts aus dem späten 15. Jahrhundert sind mit je fünf Zwillingsfenstern im Stil der venezianischen Gotik versehen. Die Säulen besitzen kunstvolle Kapitelle und Bogen, um die Reliefs mit floralen Motiven verlaufen. Die Gestaltung wird der Schule von Juraj Dalmatinac zugeschrieben, der viele Jahre in Trogir arbeitete.

Katedrala Sv. Lovre
St.-Laurentius-Kathedrale

Trg Ivana Pavla II. *(091) 531 47 54.* *Mitte Mai–Okt: 9–20 Uhr; Nov–Mitte Mai: Voranmeldung.*

Die St.-Laurentius-Kathedrale wurde an der Stelle einer von den Sarazenen zerstörten älteren Kirche ab 1193 errichtet. Die Bauzeit zog sich über Jahrhunderte hin und nahm Dutzende Künstler in Anspruch. Die dreischiffige Kirche besitzt drei halbrunde Apsiden. Das Mittelschiff wird durch je acht Säulen von den Seitenschiffen getrennt.

Das Innere der Kirche kann man durch zwei Portale betreten: das einfache Seiten- oder Fürstenportal von 1213 oder das romanische Hauptportal, das zunächst in eine Vorhalle führt. Das Portal wurde um 1240 von dem dalmatinischen Künstler Meister Radovan geschaffen und gilt als eines der bedeutendsten Werke der Romanik in Dalmatien. Es wird von zwei Löwen bewacht, die Statuen von Adam und Eva tragen. Das Portal zieren Allegorien der zwölf Monate sowie Apostel- und Heiligenfiguren.

Über dem Portal befindet sich in einer Lünette ein Relief der *Geburt Christi*, in den Bogenläufen sind Bibelszenen dargestellt. Im Giebelfries steht die später hinzugefügte Statue des hl. Laurentius. An der Schmalseite der Vorhalle liegt die um 1460 von Andrija Aleši erbaute Taufkapelle mit einem Relief der Taufe Christi.

Nahe der Kathedrale steht ein schöner Glockenturm, der zwischen Ende des 14. und Anfang des 16. Jahrhunderts im gotischen Stil errichtet wurde.

Das prächtig verzierte romanische Portal der Katedrala Sv. Lovre

Hotels und Restaurants in Dalmatien *siehe Seiten 226–230 und 243–246*

v. Lovre aus der Vogelperspektive

In der Kirche zählt Mauros achteckige Steinkanzel aus dem 13. Jahrhundert ebenso zu den Attraktionen wie der Chor mit dem von Ivan Budislavić Ende des 15. Jahrhunderts geschnitzten hölzernen Gestühl und das Ziborium über dem Hauptaltar, dessen Skulpturen die Verkündigung zeigen. Gemälde von Palma dem Jüngeren und Padovanino zieren die Altäre.

Im linken Seitenschiff befindet sich die Kapelle des hl. Ivan Orsini. Nikola Firentinac und Andrija Aleši schufen das Meisterwerk mit den zwölf Apostelfiguren in den muschelförmigen Nischen und dem Sarkophag Ivan Orsinis, des ersten Bischofs von Trogir (1468–72). Die Skulpturen stammen von Nikola Firentinac, Andrija Aleši und Ivan Duknović.

Die mit Gemälden von Rosa und Gentile Bellini sowie Schnitzarbeiten von Grgur Vidov ausgestattete Sakristei birgt den Kirchenschatz mit Goldobjekten, Reliquiaren und Gemälden aus dem 17. Jahrhundert.

Der hohe Glockenturm aus dem 14. Jahrhundert wurde im 15. Jahrhundert so zerstört, dass nur noch das Erdgeschoss des Originalbaus vorhanden ist. Er wurde wieder aufgebaut, als Trogir an Venedig fiel. Das erste Geschoss mit der Balustrade von Matej Gojković (1422) ist im Stil der Gotik gehalten und mit zwei schmalen Fenstern mit Mittelsäulen und Blendbogen versehen. Das zweite Geschoss weist zwei große Fenster auf jeder Seite auf. Die Nord- und Südseite kennzeichnen Fenster mit Mittelsäule und Dreiblattverzierung, die Fenster an der Ost- und Westseite verleihen mit ihrem Gitterwerk, Säulen und Kapitellen dem ganzen Geschoss architektonische Leichtigkeit. Neuen Forschungen zufolge schuf der Bildhauer Lorenzo Pincino aus Bergamo, der viele Jahre in Dalmatien und Trogir arbeitete, die Steinmetzarbeiten zusammen mit einheimischen Handwerkern. Das Obergeschoss mit den Bogenfenstern errichtete im 16. Jahrhundert der Bildhauer Trifun Bokanić.

INFOBOX

Straßenkarte D5. *10 500.*
Split, 30 km. *Split, 30 km.*
(021) 881 405. *Trg Ivana Pavla II 1, (021) 885 628.*
(021) 881 508.
www.trogir.hr

Überblick: Trogir

Am besten besucht man Trogir im späten Frühjahr oder im Frühherbst, wenn in den schmalen Gassen zwischen den alten Steinhäusern der Trubel der Sommersaison noch nicht begonnen oder schon wieder nachgelassen hat. Dann kann man in aller Ruhe die herrlichen Details der faszinierenden Bauwerke bewundern: Steinmetzarbeiten an Toren, Wappen, gotische Fenster, malerische Hinterhöfe – es gibt viel zu entdecken. Die Architektur zeugt von Trogirs einstigem Wohlstand und seiner Geschichte als bedeutendes Kunstzentrum. Nach langen und schwierigen Jahren hält in der vernachlässigten Altstadt langsam wieder der Glanz früherer Jahrhunderte Einzug.

Renaissance-Brunnen im Innenhof des Čipiko-Palasts

Palača Čipiko

Čipiko-Palast

Ulica Kohl-Genschera. ● für die Öffentlichkeit, außer Innenhof.

Die Inschrift »1457« nennt das Jahr, in dem der wunderschöne Palača Čipiko für eine der vornehmsten Familien von Trogir fertiggestellt wurde. Er besitzt ein bemerkenswertes Renaissance-Tor mit Säulen und Kapitellen sowie Muscheldekorationen über dem fein gearbeiteten Sims.

Im ersten Stock fallen die Drillingsfenster mit Balustrade aus hellem Stein auf, die durch zwei Säulen mit Kapitellen gegliedert werden, auf denen Spitzbogen ruhen. Beidseits der Fenster krönen spiralförmig verzierte Kapitelle zwei schlanke Pilaster. Zwischen den Bogen sind vier Engelsfiguren angebracht. Die beiden mittleren tragen ein Spruchband mit dem Wappen der Familie Čipiko. Das darüberliegende Geschoss ist ähnlich gestaltet, besitzt jedoch keine Balustrade und etwas weniger aufwendige Schmuckelemente.

Auffällig ist das reich verzierte Portal zu einer Seitenstraße, das zwei kannelierte Pilaster mit floral gestalteten Kapitellen begrenzen. Im Giebel des Portals halten zwei Löwenfiguren ein Wappen. Sie werden von Engeln in Medaillons eingerahmt.

Rathaus

Gradska Vijećnica

Trg Ivana Pavla II. ● für die Öffentlichkeit, außer Innenhof.

An der Ostseite des nach Papst Johannes Paul II. benannten Hauptplatzes befindet sich das dreigeschossige, ursprünglich im 15. Jahrhundert errichtete Rathaus. Die Innenräume wurden mehrfach umgestaltet. Das Obergeschoss schmücken Arkaden, ein wunderschönes Fenster mit Mittelsäule und eine Balustrade. Es wurde im 19. Jahrhundert restauriert. Die Fassade ist mit vielen Wappen verziert und wird durch drei Renaissance-Tore gegliedert, die von Kragsteinen eingerahmt sind. Der schöne Innenhof mit seinem offenen Säulengang ist für die Öffentlichkeit zugänglich.

Loggia und Uhrenturm

Gradska loža

Trg Ivana Pavla II. ○ täglich.

Ebenfalls am Hauptplatz Trg Ivana Pavla II stehen die Loggia und der Uhrenturm. Das Dach der Loggia stammt aus dem 14. Jahrhundert und wird von sechs Säulen mit römischen Kapitellen getragen. Eines der beiden Wandreliefs *(Gerechtigkeit)* schuf Nikola Firentinac 1471, das andere *(Ban Berislavić)* Ivan Meštrović 1950. Den Uhrenturm an der linken Seite der Loggia bekrönt ein Kuppeldach, das 1447 aus der Votivkirche St. Sebastian gerettet wurde. Die Figur des hl. Sebastian an der Fassade ist ebenfalls eine Arbeit von Nikola Firentinac.

Uhrenturm am Trg Ivana Pavla II

Sv. Ivan Krštitelj

Kirche Johannes des Täufers

○ telefonisch bei der Touristen-Information erfragen.

Die kleine romanische Kirche aus dem 13. Jahrhundert diente der Familie Čipiko als Gotteshaus. Die Kunstsammlung (Pinacoteca) der Kirche ist während der Restaurierung im **Museum für sakrale Kunst** nahe der Kathedrale untergebracht. Sie zeigt mittelalterliche Handschriften, Gemälde und Goldarbeiten. Zur Sammlung zählen auch eine Skulptur *(Kreuzabnahme)* von Nikola Firentinac, Altarblätter von Gentile Bellini *(Hl. Hieronymus* und *Hl. Johannes der Täufer)* und zwei Polyptychen von Blasius von Trogir.

Portal der romanischen Kirche Sv. Ivan Krštitelj

In der Loggia aus dem 16. Jahrhundert findet der Fischmarkt statt

Seetor und Fischmarkt
Južna Vrata

Obala bana Berislavića.

Das Seetor wurde Ende des 16. Jahrhunderts errichtet. Die Toröffnung wird von zwei schönen Säulen aus hellen Steinblöcken flankiert. Sie tragen das Podest, auf dem der venezianische Löwe thront.

Gleich neben dem Seetor findet der Fischmarkt statt. Die köstlichen Meeresfrüchte werden in einer Loggia angeboten, deren Dach auf neun Säulen ruht. Der 1527 errichtete Bau diente früher als Zollhaus.

Sv. Nikola
Nikolauskloster

Ulica Kohl-Genschera 2.

(021) 881 631.

Das Gotteshaus und das Benediktinerinnenkloster aus dem 11. Jahrhundert wurden im 16. Jahrhundert umgebaut. Das Kloster ist heute Sitz der Kunstsammlung **Zbirka Umjetnina Kairos**. Zu den bedeutendsten Attraktionen gehören ein griechisches Relief (1. Jh. v. Chr.), auf dem Kairos, der Gott der günstigen Gelegenheit, dargestellt ist, ein gotisches Kreuz und eine romanische Madonna.

Relief des Kairos in Sv. Nikola

Sv. Dominik
Dominikanerkloster

Obala bana Berislavića.

Sommer: tägl. 8–12, 16–19 Uhr.

Kirche und Kloster der Dominikaner wurden im 14. Jahrhundert im romanisch-gotischen Stil errichtet und in der Renaissance von Nikola Firentinac umgebaut. In der einschiffigen Kirche sind das dem gleichen Künstler (1469) zugeschriebene Grab des Rechtsgelehrten Giovanni Sobota und ein faszinierendes Gemälde von Palma dem Jüngeren *(Beschneidung Christi)* sehenswert.

Festung Kamerlengo und Markusturm
Kaštel Kamerlengo

Die Festung Kamerlengo im Südwesten der Insel war einst die Residenz des venezianischen Gouverneurs. Sie wurde um 1430 als Vierflügelbau für die venezianische Militärbesatzung am Meer errichtet. Hohe Mauern verbinden die Türme und die Bastion, früher bestand auch eine Verbindung zum Markusturm (Kula svetog Marka). Heute wird der große offene Platz in der Festung für Freiluftveranstaltungen (Theater, Konzerte) genutzt.

Den Markusturm errichteten die Venezianer erst nach der Festung. Er ist ein typischer Wehrbau der Renaissance. Der runde Turm ruht auf einer stumpf kegelförmigen Basis, auf dem Dach befinden sich zahlreiche Schießscharten. Die im Obergeschoss des Turms stationierte Artillerie bewachte stets verteidigungsbereit die Meerenge zwischen der Insel und dem Festland.

Der frühere Exerzierplatz zwischen der Festung und dem Markustor wird heute weitaus friedlicher als städtischer Sportplatz genutzt.

Festliche Anzüge von Couturier Boris Burić Gena

Boris Burić Gena

Trogir kann nicht nur mit einer großen Kulturgeschichte, sondern auch mit einer modernen Erfolgsstory aufwarten. Deren Hauptdarsteller heißt Boris Burić Gena. Der Couturier ist Spezialist für festliche Mode im klassischen Stil. Gena machte sich durch die sorgfältige Auswahl der Stoffe, das Design und die präzise Verwendung von Accessoires einen Namen. Heute zählt alles, was in Europa Rang und Namen hat, zu seinen Kunden.

Der Markusturm wurde 1470 als Wehrturm errichtet

Salona ⑯

Detail des Tusculum

An der Antike Interessierte sollten die Ausgrabungen von Salona (oder Salonae) besichtigen. Der ursprüngliche Name der fünf Kilometer nördlich von Split gelegenen Stadt (heute Splits Vorort Solin) leitet sich vom lateinischen *sal* (»Salz«) ab und bezog sich auf die dortigen Salinen. Die Römerstadt lag neben einer von Illyrern gegründeten, später griechischen Siedlung. Während der Herrschaft von Kaiser Augustus stieg sie zur Kolonie Martia Julia Salonae, später zur Hauptstadt der Provinz Dalmatia auf. Im 1. Jahrhundert n. Chr. entstanden ein Forum, ein Amphitheater, weitere Theater, Tempel, Thermen und mit Türmen versehene Stadtmauern. Salona wurde zur reichsten und größten Stadt an der mittleren Adria. Sie gilt als Geburtsort von Kaiser Diokletian (um 243–313). 614 zerstörten Awaren und Slawen die Metropole.

Fundament eines dreieckigen Turms

Überblick: Salona

Ende des 19. Jahrhunderts begann man, die Reste der antiken Siedlung auszugraben, die aus zwei unterschiedlich alten Bezirken bestand: dem ursprünglichen, alten Zentrum *(urbs vetus)* und einem jüngeren Stadtteil aus der Zeit des Kaisers Augustus *(urbs nova occidentalis* und *urbs nova orientalis)*. Bislang haben die Ausgrabungen nur einen Teil der **Außenmauern** freigelegt, die im Lauf der Jahrhunderte immer wieder verstärkt worden waren. Gut sichtbar sind jedoch die Fundamente der Türme mit ihren drei- oder viereckigen Grundrissen.

Als Ausgangspunkt für Besichtigungen eignet sich die **Nekropole von Manastirine**. Deren Grabstätten liegen gleich vor der nördlichen Mauer (beim Parkplatz). Im 4. Jahrhundert wurde hier ein Sakralbau für die Reliquien der Heiligen von Salona errichtet, die der diokletianischen Christenverfolgung zum Opfer gefallen waren. Zu sehen sind die Ruinen der Nekropole und die Basilika.

Vom Eingang von Manastirine gelangt man zunächst zum **Tusculum**. Die Villa wurde im 19. Jahrhundert für den bekannten Archäologen Frane Bulić erbaut. Der Direktor des Archäologischen Museums in Split widmete sich von 1883 bis 1932 der Erforschung der antiken Ruinen Salonas. Der Bau ist heute Sitz eines kleinen Museums, die interessantesten Funde sind jedoch im Archäologischen Museum in Split *(siehe S. 123)* ausgestellt.

Salonas Hauptstraße

Von der Villa aus führt der Weg zu dem Gebiet mit den meisten Fundstätten: Hier sieht man die Fundamente frühchristlicher Basiliken, die Thermen und die Porta Caesarea. Die **Thermen** aus dem 1. Jahrhundert entstanden, als Salona zur Hauptstadt der Provinz Dalmatia aufstieg. In frühchristlicher Zeit wurden die Gebäude wohl zu Sakralbauten umfunktioniert: Zum **Bischofskomplex** im nordöstlichen Bereich Salonas zählten Basiliken, eine Taufkapelle und die Bischofsresidenz. Bevor das Christentum sich weithin durchsetzte, wurden hier frühchristliche Märtyrer getötet, darunter Domnius, der Schutzheilige von Split, Venantius und Anastasius.

Bislang wurden die Fundamente zweier Basiliken ausgegraben: die der **Basilica Urbana** und die der kreuzförmig angelegten **Honoriusbasilika**.

Die Nekropole von Manastirine liegt vor den Stadtmauern

Basilica Urbana im Bischofskomplex

Die Überreste der **Porta Caesarea** weisen das Gebäude als repräsentativ für die römischen Bautechniken der Kaiserzeit aus: Der Bogen war von zwei achteckigen Türmen flankiert.

An der Mauer entlang geht es in westlicher Richtung zu der ebenfalls frühchristlichen **Nekropole von Kapljuč** und zu den beeindruckenden Ruinen des **Amphitheaters** im östlichen Teil der Stadt.

Das aus Ziegeln errichtete Amphitheater war wohl mit Stein verkleidet. Es stand im neueren Teil der Stadt am Nordwestrand der *urbs vetus* (Altstadt) in der Nähe der Mauern. Historikern zufolge konnte es 18 000 bis 20 000 Zuschauer fassen. Heute sind die Grundmauern und Teile der unteren Tribüne sowie ein Netz unterirdischer Kanäle freigelegt. Sie deuten darauf hin, dass in der Arena möglicherweise Naumachien (»Seeschlachten«) stattfanden.

Das Baudatum des Amphitheaters wurde lange kontrovers diskutiert. Heute gilt das 2. Jahrhundert n. Chr. als relativ gesicherter Zeitraum.

Vom Amphitheater aus gelangt man zum **Theater** am Rand der alten Stadt. Von dem Bau aus der ersten Hälfte des 1. Jahrhunderts n. Chr. wurden Teile der Bühne und die Fundamente des Zuschauerraums freigelegt. Neben dem Theater erstreckt sich das **Forum**, das einstige politische und wirtschaftliche Zentrum der Stadt. Im Gegensatz zum Forum in Zadar *(siehe S. 94)* wurde hier das Pflaster entfernt, und man kann das Fundament sehen. In römischer Zeit säumten einige der wichtigsten Gebäude den im 1. Jahrhundert n. Chr. angelegten und ständig veränderten Platz.

Das am besten erhaltene Bauwerk Salonas ist der **Aquädukt**. Er leitete das Wasser vom Fluss Jadro in die Stadt und wurde unter Diokletian so vergrößert, dass er auch den Kaiserpalast in Split versorgen konnte *(siehe S. 120f)*. Der südliche Abschnitt des Ende des 19. Jahrhunderts restaurierten Aquädukts ist noch in Gebrauch. An der Stadtmauer, wo der Aquädukt teilweise oberirdisch verläuft, kann man das bautechnische Meisterwerk gebührend bewundern.

Vom Theater gelangt man zurück zur Nekropole von Manastirine und nördlich davon zur **Nekropole von Marusinac**, die man vor der Stadt um das Grab des hl. Anastasius angelegt hatte. Hier sind noch wenige Spuren einer Basilika (5. Jh.) zu sehen.

INFOBOX

Straßenkarte D5. *von Split.* *(021) 210 048.* *Sommer: tägl. 7–19 Uhr; Winter: tel. erfragen.* **www**.solin-info.com

Vom Amphitheater wurden Teile der unteren Tribüne ausgegraben

Ruinen von Salona

Amphitheater ⑦
Bischofskomplex ④
Forum ⑨
Nekropole von Kapljuč ⑥
Nekropole von Manastirine ①
Nekropole von Marusinac ⑩
Porta Caesarea ⑤
Theater ⑧
Thermen ③
Tusculum ②

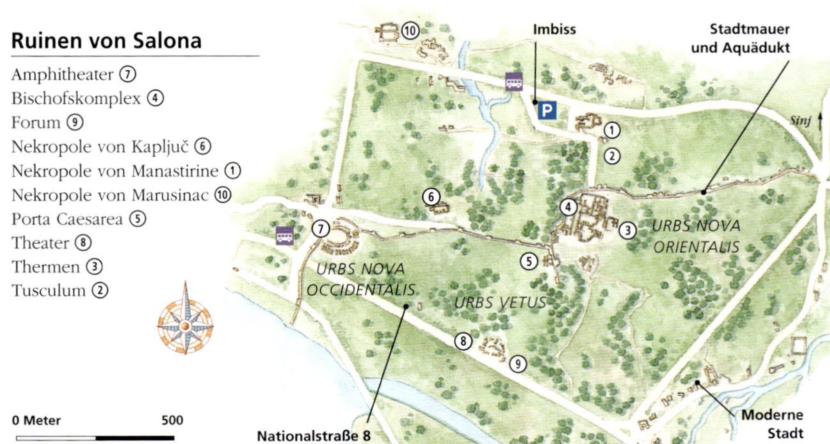

Split 17

Detail am Papalić-Palais

Werften, Fabriken und der Hafen prägen heute das Gesicht der Stadt, die nach dem Zweiten Weltkrieg immens expandierte. Das faszinierende antike Zentrum Splits entstand einst in und um den riesigen Palast des Kaisers Diokletian. Dieser ist heute eines der größten und besterhaltenen römischen Monumente Dalmatiens. 614 bot er Flüchtlingen aus der von den Awaren eroberten Stadt Salona Schutz *(siehe S. 116f)*. Zu den Schutzsuchenden gehörten der Bischof und kirchliche Würdenträger, die das Bistum Split wieder aufleben ließen. Nach 200 Jahren byzantinischer Herrschaft, unter der kroatische Gemeinden entstanden waren, fiel Split 1409 an Venedig. Unter italienischer Herrschaft wurden neue Stadtmauern und die Festung Gripe errichtet. Die Stadt wurde zum Zentrum der schönen Künste.

Blick auf Hafen und Kathedrale

Porta aurea

Zlatna Vrata

Das »Goldene Tor« war der Haupteingang zum Diokletianpalast *(siehe S. 120f)*. Die Türme und die Verzierungen über den Bogen sowie auf den Sockeln der Statuen machten es zum imposantesten Tor. Im 11. Jahrhundert wurde der Gang zwischen dem Palast und dem Tor geschlossen und in die Kirche **Sv. Martin** umgebaut. Eine Inschrift erinnert an Dominikus, den Gründer der Kirche.

Museum der Stadt Split

Muzej Grada Splita

Papalićeva 1. *(021) 344 917, 360 171. Mai–Okt: Di–Fr 9–21 Uhr, Sa–Mo 9–16 Uhr; Nov–Apr: Di–Fr 9–16 Uhr, Sa, So 10–13 Uhr.*

Das gotische Papalić-Palais zählt zu den interessantesten Bauten des 15. und 16. Jahrhunderts, die in den verlassenen Teilen des Diokletianpalasts entstanden. Heute sind hier Kunstfunde, Arbeiten aus dem 16. Jahrhundert sowie Bücher zur Stadtgeschichte aus dem 12. bis 18. Jahrhundert ausgestellt.

Peristyl

Der innere Säulenhof des ehemaligen römischen Palasts ist nicht zuletzt deshalb so beeindruckend, weil sich hier die verschiedenen Stadien der Baugeschichte deutlich ablesen lassen. Die Säulen ruhen auf hohen Plinthen und haben fein gearbeitete Kapitelle. Den Zugang zu den Privatgemächern Diokletians zieren ein hohes Bogenfeld und Reliefs.

Sv. Ivan Krštitelj

Baptisterium St. Johannes' des Täufers

(021) 345 602. tägl. 9–19 Uhr.

Das kleine, wunderschöne, im 6. Jahrhundert geweihte Bauwerk war der Jupitertempel des Palasts. Im Inneren zieren protoromanische Darstellungen u.a. von König Zvonimir das Taufbecken. Die moderne Statue des hl. Johannes von Ivan Meštrović wurde vor dem Zweiten Weltkrieg aufgestellt. Das Grab des Bischofs Johannes stammt aus dem 8. Jahrhundert, das davor liegende des Bischofs Laurentius aus dem 11. Jahrhundert.

Taufbecken in Sv. Ivan Krštitelj, dem früheren Jupitertempel

Katedrala Sv. Duje

St.-Domnius-Kathedrale

Siehe S. 121.

Porta argenta und Sv. Dominik

Srebrna Vrata i Sv. Dominik

Hrvojeva ulica. **Kirche Sv. Dominik** *vormittags.*

Auf dem Markt neben der Porta argenta, dem »Silbertor«, werden Obst und Gemüse, hausgemachter Käse, Schinken und getrocknete Kräuter angeboten. Von diesem offenen Platz hat man einen wunderbaren Blick auf den Diokletianpalast, dessen verschiedene Bauphasen man gut erkennen kann. Teile der Wachgänge auf den Mauern sind begehbar.

Die mittelalterliche Katharinenkapelle vor dem Tor diente den Dominikanern während des Klosterbaus (1217) als Kirche. Sie wurde im 17. Jahrhundert grundlegend verändert und in Sv. Dominik umbenannt. In der 1930 vergrößerten Kirche sind die Gemälde *Wunder in Surian* von Palma dem Jüngeren und das seiner Schule zugeschriebene Bild *Erscheinung im Tempel* sehenswert.

Porta aenea (Seetor)

Mjedena Vrata

Volkskundemuseum Sevarova 1. *(021) 344 164. Juni–Sep: Mo–Fr 9–19 Uhr, Sa 9–13 Uhr; Okt–Mai: Mo–Fr 9–16 Uhr, Sa 9–13 Uhr.*

Das schlichte »Bronze«- oder Seetor an der Uferpromenade öffnet sich zur aufwendigsten Fassade des Palasts. Der Säulengang des oberen Geschosses wurde in Wohnraum umgewandelt. In den großen Kellerräumen sind heute Läden sowie eine Ausstellung über den Palast untergebracht.

In der Nähe der Porta aenea befindet sich das **Volkskundemuseum** (Etnografski Muzej), in dem dalmatinisches Kunsthandwerk zu sehen ist.

Porta ferrea

Željezna Vrata

Die Kirche **Gospa od Zvonika** (Unsere Liebe Frau vom Glockenturm) ist nach ihrem Glockenturm benannt, dem ältesten der Stadt (1081). Die Kirche entstand aus einem Gang, der vom »Eisentor« zum Palast führte.

Das Renaissance-Rathaus am Narodni trg von Split

INFOBOX

Straßenkarte D5. *175 000. Franje Tuđmana 96, Kaštel Štafilić, (021) 203 506. Obala Kneza Domagoja, (021) 333 444. Obala Kneza Domagoja, (021) 327 777. Jadrolinija: (021) 338 333. Peristyl bb, (021) 345 606. St.-Domnius-Fest (7. Mai); Sommerfestival (Mitte Juli–Mitte Aug).* **www**.visitsplit.com

Narodni trg (Pjaca)

Der »Volksplatz« war ab dem 15. Jahrhundert Geschäfts- und Verwaltungszentrum. Hier errichteten die reichen Patrizierfamilien ihre Stadtpaläste – beispielsweise den gotischen **Palazzo Cambi**.

Das **Rathaus** (Vijećnica) wurde in der ersten Hälfte des 15. Jahrhunderts im Stil der Renaissance mit drei Bogen im Erdgeschoss und einem gotischen Fenster im Obergeschoss erbaut.

Diokletianpalast

Der römische Kaiser Diokletian stammte wohl aus Salona. Während seiner Amtszeit (284–305) richtete er das Herrschaftssystem der Tetrarchie ein, bei dem zwei Seniorkaiser (Augusti) und zwei Unterkaiser (Caesares) über einen jeweils eigenen Reichsteil herrschten. Nach seinem Thronverzicht 305 zog er sich in seinen Palast zurück, den er von den Baumeistern Filotas und Zotikos in der Bucht von Split hatte erbauen lassen. Nach Diokletians Tod 316 diente der Palast als Verwaltungszentrum und Residenz des Gouverneurs. 615 fanden hier die Vertriebenen aus dem von den Awaren zerstörten Salona Zuflucht. Die Reichen ließen sich in den kaiserlichen Gemächern nieder, die Ärmeren in den Türmen und über den Toren. Den Palast bewachten vier Ecktürme sowie jeweils vier Türme an der Nord-, Ost- und Südseite, die Seeseite schmückte eine Loggia.

Porta ferrea und Glockenturm
Bei dem gut erhaltenen »Eisentor« steht die Kirche Gospa od Zvonika mit einem Campanile aus dem 11. Jahrhundert.

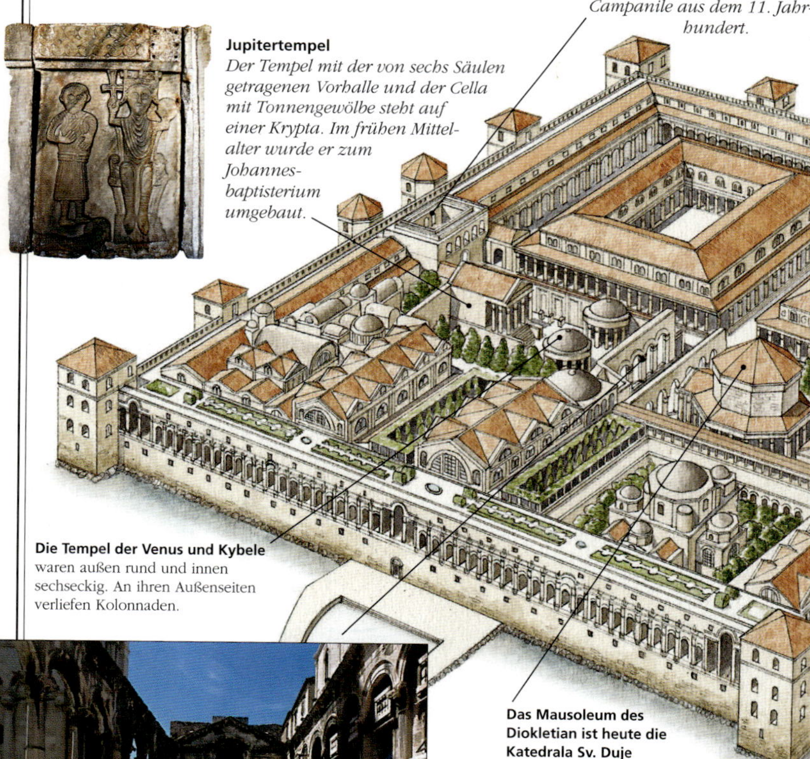

Jupitertempel
Der Tempel mit der von sechs Säulen getragenen Vorhalle und der Cella mit Tonnengewölbe steht auf einer Krypta. Im frühen Mittelalter wurde er zum Johannesbaptisterium umgebaut.

Die Tempel der Venus und Kybele waren außen rund und innen sechseckig. An ihren Außenseiten verliefen Kolonnaden.

Das Mausoleum des Diokletian ist heute die Katedrala Sv. Duje

Peristyl
Der offene Säulenhof an der Kreuzung der Hauptachsen Cardo *und* Decumanus *stellte den Zugang zum sakralen Bereich dar. An einer Seite standen die Tempel der Venus und der Kybele sowie dahinter der Jupitertempel (heute Baptisterium Sv. Ivan Krstitelj). Das Mausoleum auf der anderen Seite ist heute die Kathedrale.*

…it des Diokletian

…der Neuorganisation des Im…ms (Tetrarchie) strebte Diokle…ine durch den Kaiser personi…e Staatsreligion an. Tempel …em Abbild des Herrschers wur…rrichtet, Christen und Mani… wurden grausam verfolgt.

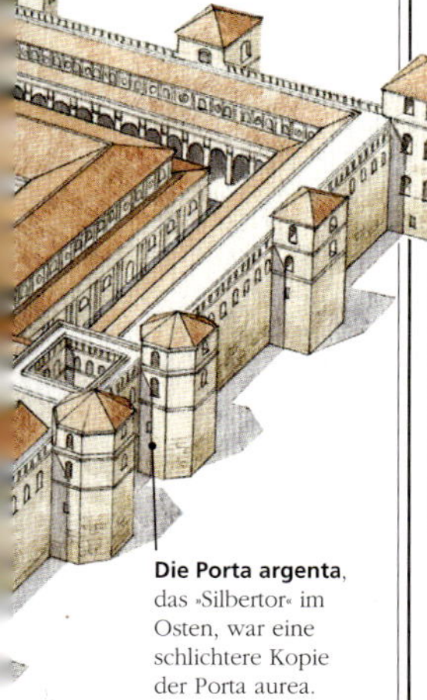

Die Porta aurea, das »Goldene Tor«, blickte Richtung Salona. Das imposante, reich verzierte Haupttor des Palasts bewachten zwei Türme.

Die Porta argenta, das »Silbertor« im Osten, war eine schlichtere Kopie der Porta aurea.

…nstruktion

…hier in seiner Originalform …igte Palast war wie ein römi…s Heerlager über einem fast …ratischen, 215 Meter langen … 180 Meter breiten Grundriss …legt. Ihn umgab eine zwei …r dicke, knapp 20 Meter … Mauer. Die Festung ver…ten Türme an der Nord-, Ost- …Westseite. Die Tore an jeder … waren durch die beiden …ptachsen *Cardo* und *Decu…us* miteinander verbunden.

Katedrala Sv. Duje

St.-Domnius-Kathedrale

Kraj Sv. Duje 5. *(021) 345 602.* *Juni–Aug: tägl. 8 Uhr–Sonnenuntergang; Sep–Mai: tägl. 9–12, 16.30–19.30 Uhr.*

Das einstige Mausoleum Diokletians wurde im 7. Jahrhundert vom damaligen Erzbischof von Split zur christlichen Kirche geweiht. Man entfernte den Sarkophag des Kaisers und brachte stattdessen die sterblichen Überreste des hl. Domnius hierher. Seitdem wurde das Gotteshaus baulich nur wenig verändert: Lediglich ein romanischer Glockenturm (12. Jh.) und der Chor im Innenraum (13. Jh.) kamen hinzu.

Am Fuß des Glockenturms ruht eine antike Sphinx aus schwarzem Granit. Die von floralen Ornamenten umrahmten Felder der Nussbaumtüren des Portals zeigen Szenen aus dem Leben Christi. Sie wurden von Andrija Buvina 1214 meisterhaft geschaffen. Die über achteckigem Grundriss erbaute Kathedrale gliedern zwei Reihen korinthischer Säulen, die überwiegend aus römischer Zeit stammen. Der Relieffries über den Säulen stellt Eros auf der Jagd dar, die Medaillons tragen Porträts von Diokletian und seiner Frau Prisca. Die zweite Kapelle auf der rechten Seite schmücken Fresken

Die prächtige sechseckige Kanzel (13. Jh.) in Sv. Duje

(1428) und der **Altar des hl. Domnius**, eine Arbeit des Bonino da Milano (1427). Sehenswert ist auch das geschnitzte Chorgestühl (frühes 13. Jh.) im Presbyterium aus dem 17. Jahrhundert.

Den **Altar des hl. Anastasius** auf der linken Seite schuf Juraj Dalmatinac 1448, die barocke Domniuskapelle stammt aus dem 18. Jahrhundert. Die herrliche sechseckige **Kanzel** (13. Jh.) ruht auf grazilen Säulen mit fein gearbeiteten Kapitellen. Hinter der Kathedrale ist in einem Gebäude aus dem 14. Jahrhundert die Sakristei untergebracht. Eine Inschrift am Eingang zeigt den Namen »Filotas«, eines der Baumeister. Im Museum in der Sakristei sind u.a. Gold- und Silberarbeiten, alte Handschriften sowie mittelalterliche Ikonen und Messgewänder ausgestellt.

Die Prunkstücke der Sammlung sind die von Erzbischof Toma im 13. Jahrhundert verfasste *Historia Saloniana* und ein Evangelium aus dem 7. Jahrhundert.

Detail des Anastasiusaltars in Sv. Duje

Überblick: Split

Kunstinteressierten hat Split außer dem Diokletianpalast noch viel zu bieten. Die im Mittelalter nahe der Stadtmauer gegründeten Dörfer verband man miteinander, als Split freie Stadt wurde. Man legte den heutigen Trg Braće Radića sowie den Narodni trg an, erbaute den Palazzo Cambi und das Rathaus. Nach 1420 begannen die Arbeiten für die äußeren Wehrbauten und die Stadtmauern. Die zwischen Split und Trogir errichteten Festungen zur Verteidigung gegen die Türken stehen noch heute.

Den Marina-Turm erbauten Venezianer im 15. Jahrhundert

Trg Braće Radića

Der mittelalterliche Platz erstreckt sich an der südwestlichen Ecke des Diokletianpalasts. Von der imposanten Festung, die die Venezianer in der zweiten Hälfte des 15. Jahrhunderts nach der endgültigen Niederlage Splits hier errichtet hatten, ist nur der hohe **Marina-Turm** (Hrvojeva Kula) verblieben. Der achteckige Bau überragt die gesamte Südseite des Platzes.

An der Nordseite des Trg Braće Radića steht der barocke **Palazzo Milesi** aus dem 17. Jahrhundert. In der Mitte des Platzes befindet sich eine Plastik von Ivan Meštrović: das großartige Denkmal für Marko Marulić. Der Dichter und Humanist (1450–1524) gilt als Begründer der kroatischsprachigen Literatur. Eine Inschrift an der eindrucksvollen Bronzestatue zitiert Verse des Dichters Tin Ujević.

Denkmal für Marko Marulić

Sv. Frane

Franziskuskirche

Trg Republike. *(021) 348 600 (Fremdenverkehrsbüro).* *Voranmeldung.*

In der vor einiger Zeit renovierten Kirche ist der kleine romanisch-gotische Kreuzgang mit den schlanken Säulen unverändert geblieben. Ansonsten ist die Kirche überwiegend barocken Stils. Sehenswert sind ein Kreuz von Blaž Jurjev Trogiranin (15. Jh.) sowie die Gräber der Stadtberühmtheiten: Hier fanden u.a. der erste Historiker Dalmatiens, Erzbischof Toma, der Dichter Marko Marulić und der bekannte Komponist Ivan Lukačić ihre letzte Ruhe.

Museum kroatischer archäologischer Denkmäler

Muzej Hrvatskih Arheoloških Spomenika

Stjepana Gunjače bb. *(021) 323 901.* *Juli, Aug: Mo–Fr 9–13, 17–20 Uhr, Sa 9–14 Uhr; Sep–Juni: Mo–Fr 9–16 Uhr, Sa 9–14 Uhr.* **www**.mhas-split.hr

Das 1975 gegründete Museum zeigt frühmittelalterliche Funde aus der Umgebung von Split. Zur Sammlung gehören u.a. frühe kroatische Bildhauerwerke ab dem 9. Jahrhundert sowie aus Kirchen und Kastellen gerettete Steinfragmente, meist von Gräbern, Kapitellen, Altären, Ziborien und Fenstern. Zu den Hauptattraktionen zählen das sechseckige marmorne Taufbecken des Fürsten Višeslav aus dem frühen 9. Jahrhundert und der Sarkophag der Königin Jelena aus dem 10. Jahrhundert, der in der antiken römischen Stadt Salona gefunden wurde.

Den Garten der Galerie Meštrović zieren Skulpturen des Meisters

Galerie Meštrović

Galerija Meštrović

Šetalište Ivana Meštrovića 46. *(021) 340 800.* *Mai–Sep: Di–So 9–19 Uhr; Okt–Apr: Di–Sa 9–16 Uhr, So 10–15 Uhr.*

In der Villa, in der die Sammlung untergebracht ist, lebte Ivan Meštrović *(siehe S. 157)* Anfang der 1930er Jahre. Der Meister selbst entwarf das Gebäude als Wohnhaus für seine Familie, in dem auch sein Atelier untergebracht war. In Garten und Haus stehen Marmor-, Holz- und Bronzeplastiken von Meštrović, darunter *Psyche*, eine der bekanntesten Arbeiten des Bildhauers. In einem Teil der Villa sind noch die Wohnräume des Künstlers erhalten.

Der Besuch des **Kaštilac** (in derselben Straße, Nr. 39) ist im Preis inbegriffen. Ivan Meštrović erwarb die ehemalige Residenz der Familie Capogrosso-Kavanjin aus dem 16. Jahrhundert 1939 als Ausstellungssaal. Er ließ zudem eine Kapelle errichten, in der er eine Serie von Reliefs namens *Neues Testament* zeigte und in der religiöse Darstellungen zu sehen sind.

Kunstgalerie

Galerija Umjetnina

Ulica Kralja Tomislava 15. *(021) 350 110.* *Mai–Sep: Mo 11–16, Di–Fr 11–19, Sa 11–15 Uhr; Okt–Apr: Mo 9–14, Di–Fr 9–17, Sa 9–13 Uhr.* *So, Feiertage.*

Die Ausstellung bietet einen eindrucksvollen Überblick über die Kunstentwicklung in Kroatien vom 16. bis zum 20. Jahrhundert. Hier sind enezianische Meister ebenso u sehen wie die bedeuten-en Ikonen aus der »Schule on Bocche di Cattaro« 18./19. Jh.) und moderne Verke wie etwa von Ivan Meštrović und Vlaho Buko-ac. Das Museum veranstaltet uch Wechselausstellungen.

Archäologisches Museum

rheološki Muzej

rinsko Frankopanska 25. (021) 329 340. *Juni–Sep: Mo–Sa 9–14, 16–20 Uhr; Okt–Mai: Mo–Fr 9–14, 16–20 Uhr, Sa 8–14 Uhr.*

Das 1820 gegründete Museum st seit 1914 in diesem Gebäu-le untergebracht. Es sind ahllose im Wechsel usgestellte römi-che, frühchristliche und mittelalterliche Funde zu besichti-gen. Prunkstücke sind die Relikte aus lem antiken Salona, larunter Skulpturen, Kapitelle, Sarkopha-ge (die frühen sind mit heidnischen Darstellungen geschmückt), Schmuck, Mün-zen sowie Terrakotta- und Keramikobjekte. Interessant sind auch die Funde aus der römischen Stadt Narona *(siehe S. 130)*.

Sarkophag im Archäologischen Museum

Gospa od Poljuda

Franziskanerkloster

Poljudsko Šetalište 17. *(021) 381 011.* *Voranmeldung.*

In der Nähe der Zrinjsko-Frankopanska liegt in Richtung Vorstadt ein Viertel, das man früher Sumpf *(poljud)* nannte. Hier bauten im 15. Jahrhundert Franziskaner ein befestigtes Kloster mit hohen Renaissance-Flankentürmen und Zinnen. Den Hauptaltar der Kirche ziert ein Polyptychon von Girolamo da Santacroce (1549), *Maria und Heilige*. Die Figur mit dem Stadtmodell ist der Schutzheilige Splits, der hl. Domnius.

Polyptychon von Girolamo da Santacroce in Gospa od Poljuda

Zu den vielen sehenswerten Kunstwerken zählen das *Porträt des Bischofs Tommaso Nigris* von Lorenzo Lotto (1527) und Miniaturen von Bone Razmilović.

Eine äußerst weltliche, für manchen dennoch fast religiöse Stätte liegt ganz in der Nähe des Franziskanerklosters: das 1979 von Boris Magaš erbaute Stadion der traditionsreichen Fußballmannschaft Hajduk Split.

Halbinsel Marjan

Das Naturschutzgebiet westlich der Altstadt ist über Treppen erreichbar. Der Weg führt an der Kirche Sv. Nikola (13. Jh.) vorbei. Über einen Spazierweg gelangt man auf die mit Aleppokiefern bewachsene Halbinsel. Von hier aus bietet sich ein herrlicher Panoramablick über das Meer und die Inseln Šolta, Brač und Hvar.

Umgebung: Sieben Burgen *(Kaštela)* – so heißen die vom venezianischen Gouverneur und der einheimischen Aristokratie in einer langen, hervorragend geschützten Bucht zwischen Split und Trogir errichteten Festungen, die Ende des 15. und im 16. Jahrhundert zur Verteidigung der Stadt gegen die Angriffe der Türken dienten. Um diesen Baukomplex entstand ein Dorf, das heutige Kaštela. Fünf dieser Festungen sowie fünf durch Umbau entstandene befestigte Schlösser blieben erhalten.

Das **Kaštel Sućurac** diente als Sommerresidenz des Bischofs von Split. Das Ende des 14. Jahrhunderts errichtete Gebäude wurde im 15. Jahrhundert durch Mauern verstärkt, von denen noch heute einige Reste vorhanden sind.

Das **Kaštel Gomilica** wurde auf einer Insel errichtet, die heute mit dem Festland verbunden ist. Das **Kaštel Lukšić** wurde zu einem Schloss umgebaut – nur der alte äußere Bau blieb bestehen. Es wurde von der Familie Vitturi errichtet, die der Kirche Sv. Arnir eine Skulptur von Juraj Dalmatinac stiftete.

Das **Kaštel Stari** hat sein ursprüngliches Gepräge erhalten. Die Seeseite ähnelt einem Schloss mit gotischen Fenstern. Vom **Kaštel Novi** stehen nur noch der Turm und die von der Familie Čipiko erbaute Rochuskirche Sv. Rok.

Das Stadion der Fußballmannschaft von Hajduk Split errichtete man 1979 im Vorort Poljud

Šolta ⓲

Straßenkarte D5. *1400.* *von Split.* *Grohote, (021) 654 657.* **www**.visitsolta.com

Die lange, 57 Quadratkilometer große Insel besitzt zahllose Buchten. Fruchtbarer Boden macht die Landwirtschaft zum Haupterwerbszweig, seit einigen Jahren spielt auch der Fremdenverkehr eine Rolle. In römischer Zeit hieß die Insel Solenta und diente den adeligen Einwohnern Salonas als Ferienort. Davon zeugen noch heute die auf der ganzen Insel anzutreffenden Ruinen römischer Villen. Nach der Zerstörung Salonas durch die Awaren 614 gründeten Flüchtlinge auf Šolta Dörfer. In einigen stehen heute noch die im Frühmittelalter errichteten Kirchen. Aufgrund andauernder türkischer Angriffe verließen später die Bewohner die Insel und zogen nach Split, dafür siedelten sich einige Flüchtlinge vom Festland hier an. Bei Stomorska, Grohote, Donje Selo und Nečujam sind Reste von Verteidigungstürmen zu sehen.

Bols berühmter »goldener« Strand verändert sich je nach Gezeiten

Brač ⓳

Straßenkarte D5. *14 000.* *(021) 559 711.* *nach Supetar von Split.* *(060) 393 060.* **Supetar** *Porat 1, (021) 630 551.* **www**.supetar.hr **Bol** *Porat bolskih pomoraca bb, (021) 635 638.* **www**.bol.hr

Die drittgrößte Adria-Insel ist 40 Kilometer lang und 15 Kilometer breit. Sie besitzt eine interessante geologische Struktur: In einigen Gebieten herrschen Kalksteinformationen mit Senken, Dolinen und Schluchten vor, in anderen harter weißer Stein, der bereits in der Antike als Baumaterial beliebt war und noch heute abgebaut wird *(siehe S. 134)*. Einige Teile der Insel sind mit weiten Wäldern bedeckt, andere werden als Anbauflächen genutzt.

Die seit Urzeiten besiedelte Insel unterstand erst Salona (die reichen Bewohner der Stadt errichteten auf Brač Villen, später suchten Flüchtlinge aus der von den Awaren angegriffenen Stadt Zuflucht) und später Split, das wiederum zusammen mit Brač erst Byzanz und 1420–1797 Venedig zufiel. Während der Herrschaft Venedigs wurden zwar Dörfer im Inselinneren gegründet, doch keine Verteidigungsanlagen gegen die Angriffe von Seeräubern und Türken errichtet.

Die Fähren von Split legen in dem Städtchen **Supetar** an, das schöne Strände bietet. Im Südwesten liegt die Anfang des 18. Jahrhunderts in einer Bucht gegründete Ortschaft **Milna**. Die Verkündigungskirche (Gospa od Blagovijesti) der kleinen Stadt ist außen barock und erstrahlt innen im Stil des Rokoko.

Nerežišća in der Inselmitte war lange Zeit der Hauptort von Brač. Von seiner früheren Bedeutung künden der fürstliche Palazzo, die Loggia und der venezianische Löwe.

Hauptattraktion und Wahrzeichen von **Bol** an der Südküste ist die berühmte Halbinsel Zlatni Rat, das »Goldene Horn«. Der auch bei Windsurfern beliebte Strand ändert unter dem Einfluss der Gezei-

Das Städtchen Pučišća auf der Insel Brač

…n ständig seine Form. Am …orfrand liegt das 1475 ge…ründete Dominikanerkloster …ehr malerisch auf einer klei…en Landzunge. Die schöne …irche ist mit mehreren Ge…älden geschmückt, darunter …ine Tintoretto zugeschriebe…e *Madonna mit Heiligen*. …um reichen Kirchenschatz …ählen liturgische Gegenstän…e und antike Fundstücke.

…on Bol aus kann man in …twa zwei Stunden den …78 Meter hohen **Vidova …ora**, den Vitusberg, er…limmen. Ganz in der …ähe schmiegt sich das …efestigte Kloster Samostan …laca an die Felsen.

In **Selca** lohnen die Stein…rüche, in denen der berühm…e, marmorähnliche Stein …bgebaut wurde und wird, ei…en Besuch. Die Römer verlu…en die Blöcke im Hafen von **…učišća**. Der Ort ist ähnlich …eizend wie das östlich ge…egene **Sumartin**, das von …lüchtlingen aus der Küs…enregion von Makarska ge…ründet wurde, die 1645 vor …len Türken flohen. Die Fun…lamente des schönen Franzis…anerklosters hat der Dichter …ndrija Kačić Miošić gelegt.

Škrip war vermutlich die …rste Siedlung auf der Insel …nd gilt als Geburtsort Hele…ias, der Mutter Kaiser Kons…antins. Die Kirche in Škrip …owie ein Gemälde von Pal…na dem Jüngeren an deren …auptaltar sind ihr gewidmet.

Das **Brač-Museum** in einem …Wehrturm zeigt archäologi…che Funde der Insel.

Brač-Museum
Škrip. (021) 637 092.
Sommer: Mo–Sa 8–20 Uhr; Winter: Voranmeldung.

Vis ⓴

Straßenkarte D6. *4300.*
Vis *(021) 711 032.* *Šetalište Stare Isse 5, (021) 717 017.*
Komiža *(021) 713455.*

Vis liegt weiter vom Festland entfernt als andere dalmatinische Inseln. Das frühere militärische Sperrgebiet (bis 1989) wird nun von unerschrockenen Urlaubern erobert. Vis wartet mit Stränden an der zerklüfteten Küste und mit einer Bergkette im Inland auf, deren höchster Berg Hum immerhin 587 Meter misst.

Dionysios von Syrakus gründete auf der Insel die erste griechische Kolonie in der Adria. Die Griechen erbauten hier die Stadt Issa. Später herrschten auf der Insel Rom, Byzanz und ab 1420 Venedig.

Im Zweiten Weltkrieg spielte Vis eine wichtige Rolle als Stützpunkt von Marschall Tito, der hier 1944 die Partisanenoperationen koordinierte. Berühmt ist die als Hauptquartier dienende »Tito-Höhle«. Darüber hinaus fanden auf Vis entscheidende Treffen zwischen den Partisanen, der jugoslawischen Exilregierung und den Alliierten statt.

Im Hauptort **Vis** stehen sehenswerte gotische Häuser und die Renaissance-Kirche Gospa od Spilica (Muttergottes von Spilica), die ein Gemälde von Girolamo di Santacroce ziert, in **Komiža** lohnt das Kastell einen Besuch.

Die der Muttergottes von Spilica geweihte Kirche in Vis

Umgebung: Auf der **Insel Biševo** südwestlich von Vis zeigt die Blaue Grotte (Modra Spilja) mittags ein prächtiges Farbenspiel. Bootsausflüge zur Grotte starten morgens in Komiža und Vis (im Fremdenverkehrsbüro fragen). Um das Jahr 1000 wurde auf Biševo ein Kloster errichtet, das 200 Jahre lang den Angriffen der Piraten und Sarazenen widerstand. Heute stehen hier die Ruinen des Klosters und eine Kirche (12. Jh.).

Teil der Küste von Komiža auf der Insel Vis

Hvar ㉑

Kunstschätze, ein mildes Klima, schöne Strände, Gebirge und duftende lila Lavendelfelder – Hvar ist ein adriatisches Inseljuwel. Bereits im 4. Jahrhundert v. Chr. gründeten Griechen aus Paros die Kolonie Pharos (Stari Grad) und die Siedlung Dimos (heute die Ortschaft Hvar). Über die Insel herrschten Rom, Byzanz, die kroatischen Könige und von 1278 bis 1797 Venedig. Nach 1420 wurden Wehrbauten errichtet, man verlegte die Inselhauptstadt von Pharos nach Hvar. Ab 1886 warb die »Hygienische Gesellschaft von Hvar« für die damals österreichisch-ungarische Stadt als Kurort. Auf Hvar erblickten zudem einige berühmte Persönlichkeiten das Licht der Welt: etwa der Maler Juraj Plančić (1899–1930) sowie 1941 der Autor und Kunstkritiker Tonko Maroević.

Traumhafte Bucht auf der Insel

Hvar-Stadt
Die hübsche Inselstadt weist eine der höchsten Besucherzahlen an der dalmatinischen Küste auf. Während der venezianischen Herrschaft wurde auf Betreiben der Gouverneure und ansässigen Adeligen der Hafen so gesichert, dass hier die Flotten auf der Orientroute geschützt ankern konnten. Im Bischofssitz Hvar entstanden zudem zahlreiche Klöster.

Hvar blickt auf eine lange künstlerische und kulturelle Tradition zurück. Es ist stolz auf eines der ältesten Theater Europas, auf der Insel wurden der Renaissance-Dichter Hanibal Lucić (um 1485–1553) und der 1607 verstorbene Dramatiker Martin Benetović geboren.

Der an der Seeseite offene Hauptplatz ist von den wichtigsten Gebäuden der Stadt gesäumt, so von der Renaissance-Kathedrale **Sv. Stjepan**, die mit einem barock geschwungenen Giebel und einem Glockenturm (17. Jh.) verziert ist. Das Innere birgt sehenswerte Kunstwerke:

Der Hauptplatz von Hvar mit der Katedrala Sv. Stjepan

Madonna mit Heiligen von Palma dem Jüngeren (1544–1628), *Pietà* von Juan Boschetus und *Madonna mit Heiligen* von Domenico Uberti. Zudem gibt es einen schönen hölzernen Chor (16. Jh.).

Uhrenturm, **Stadtloggia** und das an den schönen venezianisch-gotischen Fenstern erkennbare **Palais Hektorović** (Hektorovićeva Palača) stammen aus dem 15. Jahrhundert.

An der Südseite des Platzes befindet sich das im späten 16. Jahrhundert erbaute **Arsenal**. 1612 wurde hier im ersten Stock das erste »öffentliche Theater« auf dem Balkan eingerichtet. Dort konnten Zuschauer aller Bevölkerungsschichten in die Welt des Dramas eintauchen.

Außerhalb der Altstadtmauern liegen das 1461 gegründete **Franziskanerkloster** (Franjevački Samostan) und die Liebfrauenkirche **Gospa od Milosti** mit einem Fassadenrelief von Nikola Firentinac. Sie zieren Gemälde von Palma dem Jüngeren *(Der hl. Franziskus erhält die Stigmata* und *Hl. Diego)*, drei Polyptychen von Francesco da Santacroce, ein *Christus am Kreuz* von Leandro da Bassano und sechs Szenen, die von der

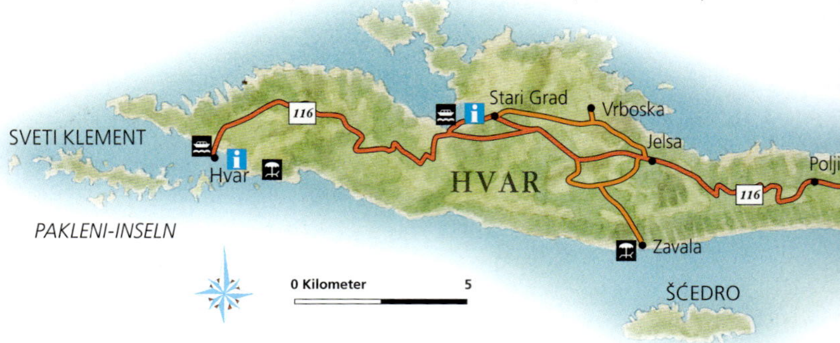

Duftender Lavendel ist ein Wahrzeichen von Hvar

Passion Christi von Martin Benetović inspiriert sind. Kunst kann zudem in den Räumen am Kreuzgang bewundert werden. Der Meister des *Letzten Abendmahls* im Refektorium könnte Matteo Ingoli, Matteo Ponzone oder aus der Schule von Palma dem Jüngeren sein. Einen herrlichen Blick hat man von den Festungen Španjola (16. Jh.) und Napoleon (1811).

Kreuzgang des bei Hvar gelegenen Franziskanerklosters

Stari Grad

Das an einer langen Bucht gelegene Städtchen wurde im 4. Jahrhundert v. Chr. als griechische Kolonie Pharos gegründet. Relikte aus dieser Zeit können in der Ciklopska ulica besichtigt werden. Bei Pod Dolom sind die Ruinen einer römischen Villa mit Mosaikböden zu sehen. Stari Grads Hauptsehenswürdigkeiten scharen sich um den Hauptplatz – so die Kirche **Sv. Stjepan** (17. Jh.) und das Barockpalais **Biankini Palača** mit dem **Nautischen Museum**.

Dominantes Gebäude im Stadtkern ist das **Kaštel Tvrdalj**. Der von Petar Hektorović um 1520 erbaute befestigte Landsitz wartet mit einem idyllischen Fischteich und einer volkskundlichen Sammlung auf. Der Renaissance-Dichter und Philosoph Hektorović verfasste u. a. das originelle Gedicht *Fischen und Fischergespräche (Ribanje i ribarsko prigovaranje)*, in dem er einen Angelausflug um die Inseln Hvar, Brač und Šolta beschreibt, an dem er selbst teilgenommen hatte.

Das **Dominikanerkloster** (Dominikanski Samostan) besitzt eine umfangreiche Bibliothek und Gemäldesammlung. Es wurde 1482 gegründet und nach der Zerstörung durch die Türken befestigt wiederaufgebaut. Schüler verschiedener Leistungsstufen studieren im Ort an der internationalen Kunstschule von Professor Emil Tanay.

Kaštel Tvrdalj in Stari Grad

INFOBOX

Straßenkarte D–E5. *11 500.* *Split, Drvenik.* **Hvar** *(021) 741 007; Jadrolinija: (021) 741 132.* *Trg Sveti Stjepana bb, (021) 741 059.* **Stari Grad** *(021) 765 060; Jadrolinija: (021) 765 048.* *Obala dr. Franje Tuđmana 1, (021) 765 763.* **Sućuraj** *(021) 773 228.* *(021) 717 288.* **www**.tzhvar.hr

Dominikanerkloster

(021) 765 442. *Juni–Sep: 10–12, 16–20 Uhr; Okt–Mai: Voranmeldung.*

Vrboska

An der Straße, die zu dem kleinen Dorf führt, hat man im Juni einen fantastischen Blick auf die duftenden lilafarbenen Lavendelfelder.

Die ungewöhnliche Kirche **Sv. Marija** in Vrboska wurde 1575 als Schutzraum für die Dorfbewohner im Fall einer Belagerung befestigt. Die barocke Laurentiuskirche **Sv. Lovro** zieren ein Polyptychon von Paolo Veronese (um 1570) am Hauptaltar und eine *Madonna vom Rosenkranz* von Leandro da Bassano.

Sućuraj

In dem geschützt in einer Bucht gelegenen Ort stehen die Ruinen einer venezianischen Festung (um 1630).

Umgebung: Die unbewohnten, bewaldeten **Pakleni-Inseln** gegenüber Hvar-Stadt heißen nach dem früher hier gewonnenen Baumharz *(paklina)*, mit dem Boote kalfatert wurden. Im Sommer legen in Hvar-Stadt die Ausflugsboote zu den Inseln ab. Die am nächsten gelegene Insel Jerolim ist FKK-Gebiet.

Auf der mit Wäldern und Macchia bewachsenen Insel **Šćedro** südlich von Hvar wurden illyrische Gräber und eine römische Villa gefunden.

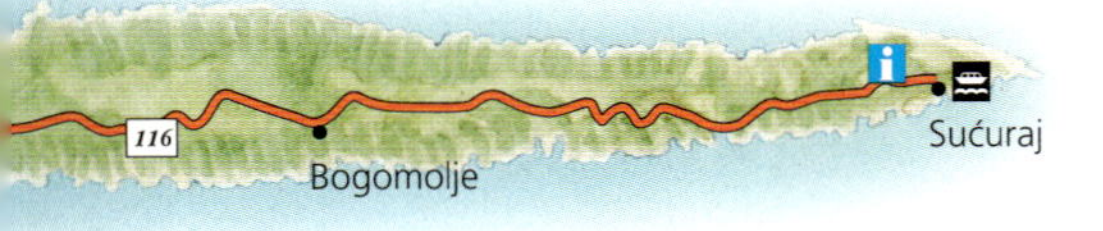

LEGENDE

- Hauptstraße
- Nebenstraße
- Fähre
- Information
- Strand

Beschauliche Bootsfahrt im Naturpark Cetina-Tal

Omiš ㉒

Straßenkarte D5. *6100.* *(021) 864 210.* *(021) 861 025.* *Trg Kneza Miroslava bb, (021) 861 350.* *Festival der Klapa-Chöre (Juli).* **www**.tz-omis.hr

Im Spätmittelalter war Omiš Stützpunkt furchterregender Neretva-Seeräuber, die ab dem 12. Jahrhundert gegen Venedig kämpften, bis die Serenissima 1444 die Herrschaft über die Stadt übernahm. Heute ist Omiš ein Ferienort mit wenig Industrie an der Küste. Es dient als Ausgangspunkt für Ausflüge in den Naturpark Cetina-Tal.

Im Juli zieht das Festival der Klapa-Chöre (Dalamatinksa Klapa) viele Zuhörer an. Die traditionellen dalmatinischen Choralgesänge sind nach wie vor sehr beliebt, auch bei jüngeren Leuten.

Vom römischen *municipium* Onaeum ist nur wenig verblieben, umfangreicher sind die Ruinen der von den Fürsten Kačić und Bribir erbauten Wehrbauten in der hoch gelegenen »Alten Stadt« Starigrad. Dazu gehören Teile der bis zur Cetina verlaufenden Stadtmauer und die Überreste einer großen, im 16. und 17. Jahrhundert erbauten Festung (Fortica) mit hohem Turm. Von der Festung aus hat man einen fantastischen Blick auf Omiš und die zentraldalmatinischen Inseln.

Omiš besitzt drei interessante Kirchen: Die Renaissance-Kirche **Sv. Mihovil** mit dem spitz zulaufenden Glockenturm war ursprünglich ein Wehrbau. Beachtung verdienen ein Holzaltar aus dem 16. und ein Holzkreuz aus dem 13. Jahrhundert sowie zwei Gemälde von Matteo Ingoli aus Ravenna (1587–1631). Am Ende der Hauptstraße lohnt in der Heiliggeistkirche **Sv. Duh** (16. Jh.) das Altarblatt von Palma dem Jüngeren (1544–1628), *Ausgießung des Heiligen Geistes*, einen Besuch.

Sv. Petar in Priko, einem Stadtteil von Omiš

Am faszinierendsten ist jedoch die Kirche **Sv. Petar** (10. Jh.), die am gegenüberliegenden Ufer der Cetina in Priko liegt. Sie zählt zu den schönsten protoromanischen Kirchen in Dalmatien. In den Mauern des einschiffigen, von einer Kuppel bekrönten Baus finden sich frühchristliche Relikte.

Umgebung: Gleich bei Omiš schützt der **Naturpark Cetina-Tal** den Fluss Cetina, der den Stausee Peruča wässert. Die Cetina fließt durch den See hindurch und verläuft dann einige Kilometer parallel zur Küste. Dann schlägt sie plötzlich einen Bogen, ergießt sich in einen Wasserfall und durchströmt eine enge Schlucht. Dieses wunderschöne naturnahe Gebiet bietet unzähligen Vogelarten Heimat. Es kann zu Fuß oder mit dem Fahrrad erkundet werden – am besten jedoch mit einem der zahlreichen Boote, die im ganzen Park verkehren.

Makarska ㉓

Straßenkarte E5. *14000.* *Ulica Ante Starčevića, (021) 612 333.* *(021) 611 977.* *Obala Kralja Tomislava bb, (021) 612 002.* **www**.makarska-info.hr

Die Makarska-Riviera reicht von Brela bis Gradac und wird an einem langen, üppig bewachsenen Küstenabschnitt durch das Biokovo-Gebirge geschützt. Die bereits in der Antike gegründete Stadt Makarska liegt an einer Bucht gegenüber der Halbinsel Sv. Petar und zählt zu Dalmatiens beliebtesten Feriengebieten auf dem Festland. Das einst römische »Mucurum« wurde

Die Makarska-Riviera lockt mit weißen Stränden und Bergkulisse

Dalmatiens Weingärten

In Dalmatien wird an der gesamten Küste und auf vielen Inseln Wein angebaut. Weingärten finden sich in der Nähe von Primošten *(siehe S. 111)* und bei Trogir, wo man den hochwertigen Rotwein Babić keltert. An der Makarska-Riviera sind die Weingärten selbstverständlicher Teil der Landschaft. Doch ist der Weinanbau in dieser Gegend besonders mühselig: Oft müssen die Weinbauern an den steinigen Hängen erst sogenannte Trockenmauern errichten, die die Rebstöcke umgeben. Sie sollen sie vor dem kalten Nordwind Bora schützen und in den heißen Sommermonaten kühl halten. Ohne die mühsam angelegten Trockenmauern wäre auf diesem Boden gar kein Weinanbau möglich.

Trockenmauern schützen die Rebstöcke

Der Strand von Gradac ist einer der längsten an der östlichen Adria

Das Franziskanerkloster in Makarska ist heute ein Museum

584 von den Goten zerstört. Die später wieder aufgebaute Siedlung gehörte zum kroatischen Königreich, bis sie 1499 von den Türken erobert wurde, die sie als Hafen und Handelsplatz nutzten. 1646 fiel Makarska an Venedig.

Im Kreuzgang des 1757 erbauten Klosters Sv. Filipa Nerija wurden mittelalterliche und sogar römische Fragmente verarbeitet, das Franziskanerkloster (Franjevački Samostan) wurde 1614 auf einem Kloster aus dem 15. Jahrhundert errichtet. Im **Muzej Malakološki**, dem malakologischen Museum, sind Weichtiere zu sehen.

Herz des modernen Makarska ist der Kačićev trg. Er ist nach dem dalmatinischen Franziskanermönch, Theologen, Philosophen, päpstlichen Gesandten und Dichter Andrija Kačić Miošić (1704–1760) benannt. Zwei Uferpromenaden führen zu den breiten Stränden und nach Kalelarga, wo Gebäude aus dem 18. Jahrhundert stehen.

Muzej Malakološki
Franjevački put 1.
(021) 611 256.

Gradac ㉔

Straßenkarte E5. *1200.*
(021) 697 375 (nur in der Hochsaison). **www**.gradac.hr

Gradac ist nicht zuletzt wegen seines schönen Strands so beliebt, einem der längsten an der östlichen Adria. Mehr als sechs Kilometer weit erstreckt sich dieses von Hotels und Campingplätzen gesäumte Eldorado.

Der Ort selbst wartet mit zwei großen Türmen (17. Jh.) auf, das nahe **Crkvine** mit den Überresten einer römischen Station zwischen Mucurum (Makarska) und Narona *(siehe S. 130)*. Der Name »Gradac« leitet sich von der im 17. Jahrhundert zum Schutz des Ortes gegen die Türken errichteten Burg *(grad)* ab.

Umgebung: In **Zaostrog** liegt 14 Kilometer nordwestlich von Gradac ein im 16. Jahrhundert gegründetes und im 17. Jahrhundert fertiggestelltes Franziskanerkloster, dessen Kirche an der Fassade eine kyrillische Inschrift aufweist. In den Räumen rund um den schönen Kreuzgang sind eine faszinierende Folkloresammlung, eine Kunstgalerie, eine Bibliothek und ein Archiv untergebracht, in dem Dokumente über die türkische Besatzungszeit aufbewahrt werden. Der Philosoph Andrija Kačić Miošić *(siehe Makarska)* lebte und starb in diesem Kloster.

Etwa 20 Kilometer von Gradac entfernt liegt in Richtung Makarska **Živogošće**, eine der ältesten Siedlungen an der Makarska-Riviera. Der heute lebhafte Ferienort war früher für eine Quelle berühmt, die zwischen den Felsen entsprang.

Bei dieser Quelle wurde 1616 ein Franziskanerkloster gegründet, dessen schöne Kirche ein wunderbarer Barockaltar ziert. Die berühmte Bibliothek und die Archive des Klosters sind eine der Hauptquellen für das Studium des Gebiets rund um das Biokovo-Gebirge.

Franziskanerkloster in Zaostrog

Bei Opuzen wurde das Delta der Neretva reguliert und in fruchtbares Ackerland verwandelt

Opuzen ㉕

Straßenkarte E6. *2800.* *Metković, (060) 365 365.* *Trg Kralja Tomislava 1, (020) 671 651.* **www**.tz-opuzen.hr

Wo die Straße die Küstenmagistrale (E65) verlässt und in das Tal der Neretva hinaufführt, liegt am Rand des Flussdeltas Opuzen. Der jahrhundertelang befestigte Ort wurde immer als eine Art Grenzstadt empfunden.

Ende des 15. Jahrhunderts errichtete hier der ungarisch-kroatische König Matthias Corvinus die Festung Koš. 1490 wurde sie von den Türken eingenommen, die hier herrschten, bis 1686 Venedig die Oberhoheit übernahm. Eine andere Burg errichtete im 13. Jahrhundert die Republik Ragusa. Überreste dieser Burg sind vorhanden. Relikte der venezianischen Grenzfestung Fort Opus an der Ostseite der Stadt sind ebenso erhalten. Der Name der Stadt Opuzen geht auf diese Burg zurück.

In der Eingangshalle des früheren Rathauses sind einige Fragmente ausgestellt, die in der antiken Stadt Narona gefunden wurden.

Narona ㉖

Straßenkarte E6. *Metković, (060) 365 365.* *(020) 691 596.* **www**.a-m-narona.hr

Das römische Colonia Julia Narona wurde im 2. Jahrhundert v. Chr. gegründet. Die Stadt war ein wichtiger Straßenknotenpunkt und Zentrum für den Handel mit dem pannonischen Hinterland. Rund um das Forum standen Tempel, Thermen, Theater und andere Bauten.

Die von Mauern umgebene Stadt war eine der ersten Diözesen auf dem Balkan. Im 7. Jahrhundert wurde sie von den Awaren erobert und zerstört. Danach verfiel die bis dahin blühende Stadt.

Porträtkopf des Kaisers Vespasian im Museum von Vid

Nach einigen Zufallsfunden begann der österreichische Archäologe Karl Patsch Ende des 19. Jahrhunderts mit systematischen Ausgrabungen. Diese zogen sich bis nach dem Zweiten Weltkrieg hin. Unzählige Relikte von – auch christlichen – Tempeln und öffentlichen Bauten wurden freigelegt. 1995 wurde ein besonders schöner Tempel gefunden. Dennoch harrt hier noch vieles der Entdeckung. Eine Vorstellung von der einstigen Bedeutung der Stadt gewinnt man in den Archäologischen Museen von Split *(siehe S. 123)* und Vid.

Das drei Kilometer von Metković entfernte Dorf **Vid** steht großteils auf dem Gebiet des antiken Narona. Besonders im Nordosten sind die alten Mauern noch gut zu sehen. Vor dem Dorf wurde die Kirche Sv. Vid (16. Jh.) an der Stelle einer älteren Kirche erbaut, von der nur Teile der Apsis verblieben.

Neum ㉗

Bosnien und Herzegowina. **Straßenkarte** E6. *2500.* *Metković, (060) 365 365.* **www**.neum.ba

Alle Buslinien der Küstenstraße zwischen Split und Dubrovnik passieren den neun Kilometer langen Korridor, der zu Bosnien und Herzegowina gehört. Hauptort der Region ist Neum, Bosniens einzige Küstenstadt. Da im Nachbarstaat die Preise niedriger sind, gehen Kroaten hier gern einkaufen.

Neum ist eine Grenzstadt – vergessen Sie also nicht Ihren Pass. Sie ist außerdem ein Urlauberzentrum mit diversen Hotels und Fremdenverkehrseinrichtungen.

Hotels und Restaurants in Dalmatien *siehe Seiten 226–230 und 243–246*

Halbinsel Pelješac ㉘

Straßenkarte E6. *Metković, (060) 365 365.* **Ston** *2500.* *(020) 754 026.* *Pelješka Cesta 2, (020) 754 452.* **www**.ston.hr **Orebić** *1600.* *(020) 743 542 (Trapanj).* *Zrnsko Frankopanska 2, (020) 713 718.* **www**.visitorebic-croatia.com

Pelješac ist 65 Kilometer lang, aber nur maximal sieben Kilometer breit. Die Landschaft der großen Halbinsel prägt ein Gebirge, dessen höchster Gipfel Sveti Ilija 961 Meter erreicht. An den Berghängen und in den Tälern wachsen Wein und Obstbäume, die flachen Küstengewässer werden für die Austernzucht genutzt.

Auf der Halbinsel Pelješac lebten schon griechische Siedler, ihnen folgten Römer und Byzantiner. Von 1333 bis 1808 gehörte das Gebiet zur Stadtrepublik Ragusa (Dubrovnik).

Die Küste von Pelješac ist ein Zentrum der Austernzucht

Ston

Das dem Festland am nächsten gelegene Städtchen hieß früher aufgrund seiner Lage am flachen Wasser Stagnum. Die Salinen stammen von den Römern, die hier ein *castrum* errichteten. Ston wurde allerdings schon vor 1000 v. Chr. mit einem Mauerring umschlossen.

Die noch heute vorhandenen imposanten Wehrbauten oberhalb des Ortes wurden auf Befehl Dubrovniks im 14. und 15. Jahrhundert errichtet. Über fünf Kilometer ziehen sich die Mauern vom Hauptort Veliki Ston hinauf auf den Stadtberg und auf der anderen Seite wieder hinunter nach Mali Ston. Mit 41 Türmen, sieben Bastionen und zwei Festungen ist das Ensemble einer der größten und interessantesten Wehrbauten im adriatischen Raum und sogar weltweit. Es wurde von einigen der besten Festungsarchitekten – Michelozzo Michelozzi, Župan Bunić, Bernardino da Parma, Juraj Dalmatinac und Paskoje Milićević – errichtet. Obwohl die Mauern im Jahr 1991 bombardiert und 1996 von einem heftigen Erdbeben erschüttert wurden, befinden sie sich immer noch in einem guten Zustand.

Die wichtigsten Bauwerke stehen in **Veliki Ston**, das über dem Grundriss eines unregelmäßigen Fünfecks erbaut wurde. Sehenswert sind die größte Festung Veliki Kaštio und die neugotische Kirche Sv. Vlaho. Sie wurde 1870 an der Stelle einer Kirche aus dem 14. Jahrhundert errichtet, die ein Erdbeben im Jahr 1850 zerstört hatte. Herausragende Gebäude sind zudem der im 19. Jahrhundert vergrößerte Rektorenpalast (Knežev Dvor) und der Bischofspalast (1573). Die **Kirche und das Franziskanerkloster Sv. Nikola** wurden zwischen dem späten 14. und dem 16. Jahrhundert erbaut.

Den anderen Ortsteil **Mali Ston** dominiert die Festung Koruna aus dem Jahr 1347. Sie besitzt zwei Arsenale und ein befestigtes Salzlagerhaus. Von der Festung aus hat man einen fantastischen Blick über die ganze Halbinsel.

Das Franziskanerkloster zwischen Orebić und Lovište

Orebić

Von dem Ort Orebić, der im Südwesten der Halbinsel liegt, legen die Fähren nach Korčula ab. Einen ruhmreichen historischen Aspekt des Hafenstädtchens behandelt das **Schifffahrtsmuseum** (Pomorski Muzej). In Orebić ließen sich nämlich einige der besten Kapitäne und Seefahrer des Mittelmeers am Meer oder in den Bergen nieder.

Außerhalb des Ortes liegt Richtung Lovište das wuchtige, im 15. Jahrhundert gegründete **Franziskanerkloster** (Franjevački Samostan), dessen Kirche zwei Reliefs zieren. Die *Madonna mit Kind* stammt von Nikola Firentinac (1501), einem Schüler von Donatello.

Schifffahrtsmuseum
Trg Mimbelli bb. *(020) 713 009.* *Juni–Sep: tägl. 9–12, 17–20 Uhr; Okt–Mai: Mo–Fr 7–14.30 Uhr.*

Wehrbauten verbinden die beiden Ortsteile von Ston

Korčula ㉙

Gotisches Relief in der Kirche Svi Sveti

Dichte Wälder aus Aleppokiefern, Zypressen und Eichen bedecken die 47 Kilometer lange Insel – eine der größten in der Adria. 560 Meter misst der höchste Gipfel des gebirgigen Eilands, das seit Urzeiten besiedelt ist und bei den Griechen *Korkyra Melaina*, »Schwarzes Korfu«, hieß. Nach dem 10. Jahrhundert stritten sich Venedig und die kroatischen Könige um das Inseljuwel, später Genua und die Türken. 1298 nahmen die Genuesen bei einer Seeschlacht gegen Venedig Marco Polo gefangen, der angeblich auf Korčula geboren wurde. Heute locken hier Klippen, Sandstrände, malerische Dörfer und der schöne Hauptort Korčula friedliche Gäste an.

INFOBOX

Straßenkarte E6. *17000.* *von Orebić, Split und Rijeka.* **Korčula** *(020) 711 216.* *(020) 715 410.* *Obala dr. Tuđmana 4, (020) 715 701.* **www**.visitkorcula.net *Moreška, im Sommer jeden Mo & Do um 21 Uhr.* **Lumbarda** *(020) 712 0052.* **Blato** *Trg dr. Franje Tuđmana 4, (020) 851 850.* *St.-Vinzenz-Tag (28. Apr).* **Vela Luka** *(020) 812 023.* *Obala 3 br 19, (020) 813 619.* **www**.tzvelaluka.hr

Das Landtor ist der Hauptzugang zur Altstadt von Korčula

Korčula-Stadt

Die auf einer Halbinsel gelegene schöne Stadt ist von einer Mauer aus dem 13. Jahrhundert umgeben, die von den Venezianern nach 1420 mit Türmen und Bastionen verstärkt wurde. Das **Landtor** (Kopnena Vrata) verstärkt ein massiver Turm, der Revelin. Dieser bewachte einen Kanal, den die Venezianer ausgehoben hatten. Heute führen hier Treppen hinauf. Die schmalen Gassen, die von der Hauptstraße abzweigen, sind so angelegt, dass sie vor der kalten Bora und der glühenden Sonne geschützt sind.

Am Hauptplatz **Strossmayerov trg** steht das Wahrzeichen der Stadt: die **Katedrala Sv. Marko**. Sie wurde ab dem 13. Jahrhundert aus hellen Steinen errichtet, der größte Teil entstand im späten 15. Jahrhundert. Das von zwei Löwen bewachte Portal bezeugt die Kunstfertigkeit der Bildhauer und Steinmetze Korčulas. Es zeigt schlanke gedrehte Säulen und eine Lünette mit einer Figur des hl. Markus, die Bonino da Milano zugeschrieben wird. Auf der linken Seite der Kirche ragt der Glockenturm auf.

Im Inneren fallen die hohen Säulen mit den aufwendigen Kapitellen und einige großartige Ausstattungsstücke auf: ein Weihwasserbecken aus dem 15. Jahrhundert, ein Taufbecken (17. Jh.) und das Grab des Bischofs Toma Malumbra. Es stammt wie das Ziborium am Hauptaltar aus der Werkstatt von Marko Andrijić. Ivan Meštrović schuf die Statue des hl. Blasius und Tintoretto das Gemälde *Die hll. Markus, Hieronymus und Bartholomäus*. An einer Wand wird der Schlacht von Lepanto (1571) gedacht.

Neben der Kathedrale können im ehemaligen Bischofspalast in der **Domschatzkammer** (Opatska Riznica) Kunstwerke besonders von dalmatinischen und venezianischen Künstlern bewundert

Portal der Katedrala Sv. Marko in Korčula

PROIZD

Prigradica

Vela Luka

118

118

Blato

Potirna

Prižba

Brn

LEGENDE

- Hauptstraße
- Nebenstraße
- Fähre
- Information
- Strand

Hotels und Restaurants in Dalmatien *siehe Seiten 226–230 und 243–246*

Korčula, der Hauptort der gleichnamigen Insel, liegt auf einer Landzunge an der Nordostküste

werden, darunter ein Polyptychon von Blaž Jurjev Trogiranin, zwei Altarblätter von Pellegrino da San Daniele, *Porträt eines Mannes* von Vittore Carpaccio und *Verkündigung* von Tizian. Links neben der Kathedrale steht die gotische Kirche **Sv. Petar**, deren Portal Bonino da Milano schuf. Hier stehen auch der gotische **Palazzo Arneri** und der Renaissance-Palazzo der Gabriellis (16. Jh.). In diesem stellt seit 1957 das **Stadtmuseum** (Gradski Muzej) Dokumente zu Korčulas Seefahrtsgeschichte, in einer archäologischen Abteilung Funde aus prähistorischen bis römischen Zeiten sowie viele Kunstwerke, darunter Porträts der einheimischen Aristokratie, aus.

Der ältesten Bruderschaft auf der Insel gehört die 1301 am Ufer erbaute, später barockisierte Allerheiligenkirche **Svi Sveti**. Sie beherbergt eine bemerkenswerte holzgeschnitzte *Pietà* des österreichischen Künstlers Georg Raphael Donner (18. Jh.) und ein Polyptychon von Blaž Jurjev Trogiranin.

Im Gebäude der Allerheiligen-Bruderschaft hängt in der **Ikonengalerie** (Galerija Ikona) eine berühmte Sammlung byzantinischer Ikonen, die aus dem 13. bis 15. Jahrhundert stammen.

In der vor der Stadtmauer gelegenen Kirche und dem Kloster **Sv. Nikola** aus dem 15. Jahrhundert sind viele Gemälde dalmatinischer und italienischer Künstler zu sehen.

Domschatzkammer
Trg Sv. Marka. *(020) 711 049.*
Inform. Sie sich telefonisch.

Stadtmuseum
Trg Sv. Marka. *(020) 711 420.*
Apr–Juni: Mo–Sa 10–14 Uhr; Juli–Sep: Mo–Sa 9–21 Uhr; Okt–März: Mo–Sa 10–13 Uhr; So nach Voranmeldung.

Ikonengalerie
Trg Svih Svetih. *(020) 711 306, (091) 593 1281.* *Sommer: Mo–Sa 10–14 Uhr; So und Winter: nach Voranmeldung.*

Tänze und Feste

Moreška und *kumpanjija* sind die bekanntesten Tänze auf Korčula. Offiziell wird der Schwerttanz *moreška* in Korčula am 29. Juli, dem Tag des Schutzheiligen Theodor, aufgeführt – den ganzen Sommer über aber auch jeden Montag und Donnerstag als Attraktion für Besucher. Der Tanz thematisiert den Kampf zwischen Christen und Muslimen, der anhand der Befreiung eines Mädchens aus den Händen der »Ungläubigen« dargestellt wird. In Blato ist die *kumpanjija* dem Schutzheiligen Vinzenz gewidmet. Am Ende der Schlacht treten Mädchen in bunten Kostümen und von Trommel- und Flötenmusik begleitet auf. Der Tanz findet vor der Kirche am 28. April statt, zudem gibt es wöchentliche Vorführungen für Besucher Blatos.

Der alte Schwerttanz *moreška* ist ein buntes Spektakel

Die von tiefblauem Meer umspülte Felsküste von Korčula

Lumbarda

Das sechs Kilometer südöstlich von Korčula-Stadt gelegene Dorf Lumbarda wurde von griechischen Siedlern aus Vis gegründet. Der von den Römern Eraclea genannte Ort war im 16. Jahrhundert das »Naherholungsgebiet« der Adeligen aus Korčula. Fragmente einer altgriechischen Inschrift sind im Archäologischen Museum in Zagreb *(siehe S. 162f)* aufbewahrt.

Der Ort ist zudem bekannt für den schweren, fast likörartigen Weißwein Grk. Die gleichnamigen Trauben für diese Delikatesse wachsen rund um Lumbarda auf Sandboden. Wahre Oasen der Ruhe sind die Strände bei Lumbarda.

Blato

Blato ist nicht nur für den jährlich am 28. April aufgeführten Tanz *kumpanjija* *(siehe S. 133)* bekannt, sondern auch für den Hauptplatz mit der barocken Loggia aus dem 18. Jahrhundert, das **Palais Arneric**, in dem sich das Stadtmuseum der Heimatgeschichte widmet, und die mittelalterliche Allerheiligenkirche **Svi Sveti**. Den Hauptaltar der im 17. Jahrhundert vergrößerten und umgebauten Kirche schmückt das Altarblatt *Madonna mit Kind und Heiligen* von Girolamo di Santacroce (1540). In der Kapelle sind die Reliquien der Märtyrerin Vincenza sehenswert. Die im 14. Jahrhundert errichteten Kirchen **Sv. Križ** und **Sv. Jeromin** lohnen ebenfalls einen Besuch.

Vela Luka

Rund 45 Kilometer westlich von Korčula-Stadt liegt Vela Luka. Die Stadt entstand im frühen 19. Jahrhundert an der jungsteinzeitlichen Stätte Vela Spilja und ist somit zugleich älteste und jüngste Siedlung. Vela Luka zählt zu den größten Orten der Insel. Hier gibt es schöne Buchten und viele Inseln, aber auch Industrie. Die umliegenden Berge schützen die Stadt vor Nord- und Südwinden. Vela Luka ist der Haupthafen der Insel, den die Fähren nach Split und Lastovo regelmäßig anfahren.

Lumbarda liegt idyllisch auf der »grünen« Insel Korčula

Römischer Steinbruch auf Brač

Dalmatinischer Stein

Von der exzellenten Qualität des Gesteins auf den Inseln Dalmatiens wussten schon die Römer, die aus hiesigen Quadern ihre Bauten in Salona und den Diokletianpalast in Split errichteten. Römische Steinbrüche sind auf Brač noch bei Pučišća zu sehen. Steine aus Brač wurden für die Kathedrale in Šibenik *(siehe S. 108f)* von Juraj Dalmatinac so genial geschnitten, dass die ineinandergreifenden Blöcke ohne Mörtel verbaut werden konnten. Die meisten Paläste in Venedig, das Weiße Haus in Washington, der Königliche Palast in Stockholm und der Berliner Reichstag haben eine Gemeinsamkeit: Fassaden aus Bračer Stein. Auf Korčula wird schon lange kein Stein mehr abgebaut, die Steinmetzkunst ist dort fast ausgestorben. Die Steinbrüche des Inselchens Vrnik bei Korčula dagegen werden noch genutzt. Steine aus Vrnik fanden u.a. in der Hagia Sophia in Istanbul und dem New Yorker UN-Gebäude Verwendung.

Franziskanerkloster und -kirche auf der Insel Badija

Badija 30

Straßenkarte E6. *Taxiboote von Korčula.* **www**.badija.com

Badija ist mit einem Quadratkilometer Fläche die größte unter den kleinen Inseln, die rund um Korčula in der Adria liegen, und mit Pinien und Zypressen bewachsen. Der Name der Insel leitet sich von dem Franziskanerkloster ab, das 1392 aus Bosnien geflüchtete Mönche erbaut hatten. Kloster und Kirche wurden im 15. Jahrhundert vergrößert und verblieben bis 1950 im Besitz der Gemeinde. Danach wurde dort ein Sport- und Erholungsheim untergebracht.

Die Kirche besitzt eine Fassade aus hellem Stein und eine zentrale Fensterrose. Die Innenausstattung wurde in das Stadtmuseum und in die Kathedrale in Korčula-Stadt gebracht. Der Kreuzgang ist aufgrund seiner schönen Säulen und Bogen ein wahres Bilderbuchbeispiel herausragender gotischer Baukunst.

In der Loggia am Hauptplatz von Lastovo werden Feste gefeiert

Lastovo 31

Straßenkarte E6. *800.* *von Vela Luka (Insel Korčula), Dubrovnik (im Sommer) und Split. Hafenmeister: (020) 805 006.* *Pjevor bb, (020) 801 018.* **www**.lastovo.hr

Das von rund 40 kleinen Inseln und Felsen umgebene Lastovo war militärisches Sperrgebiet und für den Fremdenverkehr geschlossen. Die neun Kilometer lange und rund sechs Kilometer breite Insel ist vorwiegend hügelig – die höchste Erhebung misst 417 Meter. Auf den terrassierten Hängen werden Wein, Oliven und Obst angebaut. Außer in der Bucht bei dem Ort Lastovo bietet die Insel nur Felsküste.

Im höher gelegenen Teil von Lastovo-Stadt sind noch Spuren der langen Herrschaft der Republik Ragusa (Dubrovnik, 1252–1808) sichtbar. Die Festung wurde 1819 von Franzosen errichtet. Sie befindet sich an der Stelle eines älteren Kastells, das im Jahr 1606 zerstört worden war.

Am Hauptplatz stehen eine Kirche aus dem 14. Jahrhundert und eine Loggia aus dem 16. Jahrhundert. Hier finden äußerst beliebte Kirchenfeste statt, die die Einheimischen in Trachten mit traditionellen Tänzen und Musik mit authentischen Instrumenten zelebrieren.

Das kleine Kirchlein **Sv. Vlaho** am Ortseingang wurde bereits im 12. Jahrhundert urkundlich erwähnt. Am Friedhof steht die romanische Marienkirche **Gospa od Polja** aus dem 15. Jahrhundert. Der Charme der Insel zog bereits die Römer an, wovon diverse römische Ruinen heute noch zeugen. Die alten Bauten und Landsitze blieben auch deshalb so gut erhalten, weil Lastovo lange Zeit für Besucher gesperrt war.

Natur pur bieten die unbewohnten kleinen Inseln rund um Lastovo

Nationalpark Mljet ㉜

Nacionalni Park Mljet

Mljet wurde von den Römern Melita, von den Venezianern Meleda genannt. Auf der 98 Quadratkilometer großen Insel errichteten wohlhabende Römer aus Salona ihre Landsitze, deren Ruinen teilweise noch heute stehen. 1151 vermachte Fürst Desa Mljet den Benediktinern von Pulsano im italienischen Gargano, die hier ein Kloster gründeten. 200 Jahre später übergab der bosnische *ban* Stjepan die Insel an Dubrovnik, in dessen Besitz sie bis 1815 blieb. 1960 wurde der westliche Teil Mljets zum Nationalpark erklärt. Dieser schützt die Aleppokiefern-, Eichen- und Steineichenwälder sowie zwei durch einen Kanal verbundene natürliche Salzwasserseen, die sich in Karstsenken gebildet haben.

Palatium
Zu den Ruinen der römischen Siedlung Palatium in Polače gehören Überreste einer großen Villa und einer frühchristlichen Basilika sowie Thermen.

Pomena
Govedari
Polače
120
Kozarica
NATIONAL-PARK MLJET
Soline
Blato
120

Klosterinsel Sv. Marija
Im Veliko Jezero steht auf einer Insel das im 16. Jahrhundert umgebaute Benediktinerkloster Sv. Marija aus dem 12. Jahrhundert. Obwohl es gerade restauriert wird, kann man es besuchen.

Veliko Jezero (Großer See)
Der 145 Hektar große See ist bis zu 46 Meter tief. Das Gewässer ist durch einen Kanal mit dem Meer, durch einen anderen mit dem kleineren Malo Jezero (Kleiner See) verbunden.

Nationalpark
Den 31 Quadratkilometer großen Park bedecken fast vollständig Wälder. Das Areal ist Lebensraum für eine artenreiche Tierwelt (u.a. Hirsche, Wildschweine, Hasen und viele Vögel).

0 Kilometer 3

Hotels und Restaurants in Dalmatien *siehe Seiten 226–230 und 243–246*

Meereslebewesen
Dutzende Fischarten, darunter Barsche, bevölkern die vielgestaltige Unterwasserwelt an der Küste. Auch die äußerst seltene, vom Aussterben bedrohte Mönchsrobbe lebt hier.

INFOBOX

Straßenkarte E6. *1300.*
von Dubrovnik. **Goveđari**
Polače, (020) 744 086.
Nationalpark *(020) 744 041.*
Der Park kann zu Fuß oder per Fahrrad auf den ausgewiesenen Wegen besucht werden. Boote brauchen eine Erlaubnis.
www.mljet.hr

Das Dorf Babino Polje gründeten um die Mitte des 10. Jahrhunderts Flüchtlinge vom Festland. Die Gouverneursresidenz wurde im Jahr 1554 erbaut, als die Insel der Republik Ragusa (heute Dubrovnik) zufiel.

Saplunara
Saplunara am Südende der Insel lockt mit dem schönsten Strand in diesem Gebiet, das aufgrund seiner üppigen Vegetation unter Naturschutz gestellt wurde.

Sobra
Prožura
Okuklje
Korita
120
Maranovići
Saplunara

Unbewohnte Inseln
Auf den bis zu den Felsküsten mit Kiefern, Eichen und Steineichen bewachsenen Inseln ist die Natur noch gänzlich unberührt.

Fischerdörfer
In den alten Dörfern der Insel leben überwiegend Bauern und Fischer. Die Dörfer sowie die wunderschönen Buchten an der gesamten Küste laden Besucher zum Verweilen und Genießen ein.

LEGENDE

- Straße
- Weg
- Parkgrenze
- Information
- Strand

Abgeschiedene Bucht im Nationalpark Mljet ▷

Im Detail: Dubrovnik ㉝

Türklopfer am Tor des Rektorenpalasts

Bis zum Kriegsbeginn 1991 zählte Dubrovnik mit seinen großartigen Monumenten, imposanten Festungsbauten und seiner gastfreundlichen Atmosphäre zu den international beliebtesten Reisezielen in Dalmatien. Dem byzantinischen Kaiser Konstantin Porphyrogennetos zufolge wurde die Stadt im 7. Jahrhundert von Flüchtlingen aus dem römischen Epidaurum (Cavtat) gegründet. In der Folgezeit unterstand sie Byzanz und Venedig (1205–1358). 1382 erlangte Dubrovnik als Republik Ragusa Unabhängigkeit. Mehr als 500 Schiffe zählten im 15. und 16. Jahrhundert zur Flotte der Stadt, in der die Kunst erblühte. Dubrovniks Wohlstand gründete in großem Maß auf der Entdeckung Amerikas und der neuen Handelsrouten. Die meisten Gebäude der Altstadt stammen aus der Zeit des Wiederaufbaus nach dem katastrophalen Erdbeben 1667.

★ Rektorenpalast
Der Palast war Sitz des Kleinen und des Großen Rats der Stadt sowie Residenz des Rektors während dessen einmonatiger Regierungszeit.

LUČARICA
GUNDULIĆEVA POLJANA
PRED. DVO
POLJANA MARINA DRŽIĆA
KNEZA DAMJANA J

★ Domschatz
An den Objekten in der Schatzkammer des Doms lässt sich deutlich ablesen, dass die Kaufleute der Stadt ihre Handelsverbindungen auch auf die großen Mittelmeerstädte ausdehnten. Der Schatz birgt Kunstwerke aus Byzanz, dem Nahen Osten, Apulien und Venedig, Gold- und Emailarbeiten sowie Gemälde von großen Künstlern.

LEGENDE

- - - - Routenempfehlung

Blick auf Dubrovnik
Einen herrlichen Panoramablick über die ganze Stadt und die Wehrmauern kann man von einer etwa zwei Kilometer südlich gelegenen Aussichtsplattform genießen.

Sv. Vlaho
Die Kirche aus dem 16. Jahrhundert wurde im 17. sowie erneut Anfang des 18. Jahrhunderts von Marino Groppelli umgestaltet.

Hotels und Restaurants in Dalmatien *siehe Seiten 226–230 und 243–246*

Palača Sponza
Der Bau (16. Jh.) ist Sitz des Staatsarchivs. Interessant ist die lateinische Inschrift: »Das Fälschen von und Betrügen mit Gewichten ist verboten. Daran, wie der Mensch mit Gewichten umgeht, wird er von Gott gemessen.«

INFOBOX

Straßenkarte F6. *43 000.* *Čilipi, (020) 773 377.* *Obala pape Ivana Pavla II 44a, (060) 305 070.* *Hafenmeister: (020) 418 988; Jadrolinja: (020) 418 000.* **Stadt:** *Brsalje 5, (020) 323 887;* **Regional:** *(020) 324 999.* *Festival von Dubrovnik (Juli, Aug).* **www**.tzdubrovnik.hr

★ Dominikanerkloster
Seit seiner Gründung 1315 spielte das Kloster eine führende Rolle im Kulturleben der Stadt. An seinem Bau beteiligten sich bedeutende Bildhauer und Baumeister.

skaner-
r und
r Onofrio-
en

Äußere Stadtmauer

PRIJEKO

ZLATARSKA

SVETOG DOMINIKA

0 Meter 50

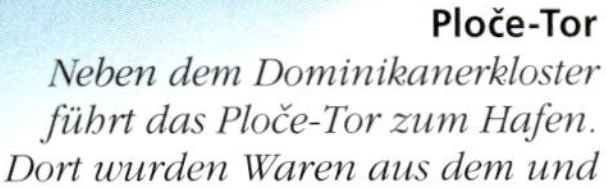

Ploče-Tor
Neben dem Dominikanerkloster führt das Ploče-Tor zum Hafen. Dort wurden Waren aus dem und in den gesamten Mittelmeerraum umgeschlagen.

Festung Sv. Ivan
Mit dem Bau der Festungen beauftragten die Stadträte die besten europäischen Baumeister der Zeit. Die Bollwerke sollten die Stadt uneinnehmbar machen.

NICHT VERSÄUMEN

★ Dominikanerkloster

★ Domschatz

★ Rektorenpalast

Überblick: Dubrovnik

Vom Herbst 1991 bis Mai 1992 lag Dubrovnik unter schwerem Beschuss durch die Jugoslawische Volksarmee. Über 2000 Bomben und Granaten zerstörten in der Altstadt einige der bedeutendsten Kulturdenkmäler Dalmatiens. Mehr als die Hälfte aller Häuser und Monumente erlitt Schäden. Der Krieg traf die Wirtschaft der Stadt ins Mark, auch weil der Fremdenverkehr vier Jahre lang drastisch einbrach. Erst nach dem Abkommen von Erdut 1995 kehrte eine gewisse Normalität zurück. Die UNESCO und die Europäische Union setzten eine Kommission für den Wiederaufbau der Stadt ein. Sie trug dazu bei, dass die meisten Schäden in bemerkenswert kurzer Zeit repariert wurden. Für die heute wieder zahlreichen Gäste strahlt Dubrovnik – mit einigen »Narben« – so hell wie früher.

Von den wuchtigen Stadtmauern bietet sich eine fantastische Aussicht

Stadtmauern
Gradske Zidine

(020) 324 641. Juni, Juli: 8–19.30 Uhr; Apr, Mai, Aug, Sep: 8–18.30 Uhr; Okt: 8–17.30 Uhr; Nov–März: 10–15 Uhr. Zugang zu den Mauern beim Franziskanerkloster am Poljana Paška Miličevića, dem großen Platz hinter dem Pile-Tor.

Von den begehbaren Wehrmauern, Dubrovniks Wahrzeichen, hat man eine tolle Aussicht. Die Bauten wurden im 10. Jahrhundert errichtet, im 13. Jahrhundert umgebaut und dann mehrfach verstärkt. Diese Arbeiten führten berühmte Baumeister wie Michelozzo Michelozzi und Antonio Ferramolino aus.

Die Mauern sind fast zwei Kilometer lang und bis zu 25 Meter hoch. An der Landseite sind sie bis zu sechs Meter stark und wurden durch eine äußere Mauer mit zehn halbrunden Bastionen noch verstärkt. Weitere Türme und die Festung Sv. Ivan schützen die Seeseite und den Hafen. Im Osten übernahm diese Aufgabe die Festung Revelin, im Westen die Festung Lovrijenac.

Pile-Tor
Gradska Vrata Pile

Das Pile-Tor ist auch heute noch der wichtigste Zugang zur befestigten Altstadt. Die Steinbrücke über den heute als Park angelegten Graben stammt ebenso wie das äußere Tor aus dem Jahr 1537. In einer Nische über dem Spitzbogen befindet sich eine kleine Statue von Ivan Meštrović. Sie stellt den hl. Blasius dar, den Schutzpatron Dubrovniks Innere und äußere Wehrmauern sind durch ein gotisches Tor aus dem Jahr 1460 miteinander verbunden.

Der massive Minčeta-Turm ist Teil der Stadtmauern

Minčeta-Turm
Tvrđava Minčeta

Der am meisten besuchte Wehrbau der Mauern wurde 1461 von dem berühmten Baumeister Michelozzo Michelozzi entworfen und drei Jahre später von Juraj Dalmatinac fertiggestellt. Auf dem halbrunden Bau steht ein weiterer zinnenbewehrter Turm.

Ploče-Tor
Vrata od Ploča

Zu dem an einem kleinen Hafen gelegenen, vom **Asimov-Wehrturm** bewachten Tor aus dem 14. Jahrhundert führt eine imposante Steinbrücke. Der komplexe Bau verfügt über ein doppeltes Wehrsystem. Ein Graben trennt das Tor und die 1538 von Antonio Ferramolino als letzten Wehrbau entworfene **Festung Revelin** (Tvrđava Revelin). Die massiven Mauern der über fünfeckigem Grundriss erbauten Festung umschließen drei große Räume und eine Terrasse. Wenn Gefahr drohte, wurden in dem mächtigen Bau die Kunstschätze der Stadt in Sicherheit gebracht.

Das Pile-Tor führt in die Altstadt

Hotels und Restaurants in Dalmatien *siehe Seiten 226–230 und 243–246*

Festung Sv. Ivan
Tvrđava Sv. Ivana

Aquarium *(020) 323 978.* *Juni–Sep: tägl. 9–21 Uhr; Okt–Mai: Mo–Sa 9–13 Uhr.* **Schifffahrtsmuseum** *(020) 323 904.* *Sommer: Di–So 9–18 Uhr; Winter: Di–So 9–14 Uhr.*

Früher trug hier eine Kette zur Verteidigung des Hafens bei, die von der Festung Sv. Ivan zu der davor gelegenen Insel und weiter zum Lukasturm (Kula Sv. Luke) entlang der Mauer gespannt war.

In den oberen Etagen informiert das **Schifffahrtsmuseum** (Pomorski Muzej) über die Geschichte der Seefahrt in Dubrovnik. Zu sehen sind Schiffsmodelle, Drucke, Logbücher und Porträts. Im Erdgeschoss zeigt das **Aquarium** (Akvarij) Fauna und Flora des Mittelmeers, auch Seepferdchen, das Wahrzeichen der Institution. Die runde **Bastion Bokar** (Tvrđava Bokar) erbaute Michelozzo Michelozzi.

Großer Onofrio-Brunnen
Velika Onofrijeva Fontana

Der Brunnen auf dem Platz beim Pile-Tor zählt zu den bekanntesten Sehenswürdigkeiten der Stadt. Er wurde zwischen 1438 und 1444 von dem neapolitanischen Baumeister Onofrio della Cava errichtet, der auch das von dem Fluss Dubrovačka gespeiste Wasserversorgungssystem der Stadt entwarf. Der obere Teil des früher zweistöckigen mächtigen Brunnens fiel dem verheerenden Erdbeben im Jahr 1667 zum Opfer.

Der Große Onofrio-Brunnen (1438–44)

Zwischen den Stadtmauern und dem Franziskanerkloster steht die einschiffige Erlöserkapelle **Sv. Spas**. Ihre Fassade mit der Fensterrose ist ein typisches Beispiel für den Baustil der venezianisch-dalmatinischen Renaissance, der sich in der Zeit nach dem Erdbeben von 1520 entwickelte.

Der bezaubernde spätromanische Kreuzgang im Franziskanerkloster

Franziskanerkloster

Franjevački Samostan

Placa 2. (020) 321 410.
Sommer: tägl. 9–18 Uhr; Winter: tägl. 9–17 Uhr. **Franziskanermuseum** *Apr–Okt: tägl. 9–18 Uhr; Nov–März: tägl. 9–17 Uhr.*

1317 wurde mit dem Bau dieses Klosters begonnen, fertiggestellt wurde es erst im nachfolgenden Jahrhundert. Nach dem Erdbeben von 1667 wurde es fast vollständig wiederaufgebaut. Das aufwendige gotische Südportal (1499) mit der Pietà in der Lünette, eine Marmorkanzel (15. Jh.) und der herrliche romanisch-gotische Kreuzgang mit dem Brunnen (15. Jh.) hatten die Naturkatastrophe unbeschadet überstanden.

Der Kreuzgang führt auf einer Seite zu der im Jahr 1317 gegründeten **Apotheke** (Stara Ljekarna), in der Destillierkolben, Mörser, Waagen und wunderschön verzierte Gefäße in den alten Regalen stehen.

Im Kapitularsaal des Klosters ist das **Franziskanermuseum** (Muzej Franjevačkog Samostana) untergebracht, in dem sakrale Kunstwerke und Objekte, die dem Orden gehören, ausgestellt werden. Zudem bewahrt man hier pharmazeutische Instrumente auf.

Stradùn (Placa)

Die breite Straße, die die Stadt in Ost-West-Richtung durchschneidet, heißt Stradùn oder Placa. Sie verläuft an der Stelle eines bereits im 12. Jahrhundert aufgefüllten Meereskanals, der die Insel Ragusium vom Festland trennte. Die Straße wurde 1468 gepflastert, die Steinhäuser an beiden Seiten baute man nach dem Erdbeben von 1667 wieder auf. Heute säumen gut besuchte Cafés und Bars die Straße, in der man sich abends gern zum Ausgehen trifft.

Auf dem Stradùn durch Dubrovniks Altstadt

Luža

Am Luža, dem Loggia-Platz, schlägt das politische und wirtschaftliche Herz Dubrovniks. Er liegt am östlichen Ende des Stradùn und wird von bedeutenden Gebäuden gesäumt. Bis heute ist er ein beliebter Treffpunkt, an dem man sich besonders gern am **Roland-Denkmal** von Antonio Ragusino (1418) verabredet.

Die Ostseite des Platzes überragt der **Uhrenturm** (Gradski Zvonik), der bei der Restaurierung im Jahr 1929 wieder sein ursprüngliches Erscheinungsbild aus dem 15. Jahrhundert erhalten hat. Die angrenzende **Glockenloggia** wurde 1463 errichtet. Die vier Glocken warnten die Bewohner der Stadt einst vor drohenden Gefahren.

Die ganz in der Nähe gelegene **Hauptwache** aus dem späten 15. Jahrhundert wurde 1706 nach dem Erdbeben von 1667 wiederaufgebaut. Die Fassade wird durch ein großes Barockportal, ähnlich einem Stadttor, und gotische Fenster gegliedert – eine Reminiszenz an das Vorgängergebäude.

Vor der Wache steht der **Kleine Onofrio-Brunnen** (Mala Onofrijeva Cesma) aus dem Jahr 1438.

Palača Sponza

Palais Sponza

(020) 321 032.
Mai–Okt: tägl. 9–22 Uhr; Nov–Apr: tägl. 10–15 Uhr.

Mit dem ursprünglichen Bau des Palais Sponza begann man ab 1312, zwischen 1516 und 1522 wurde er umgestaltet. Er steht an der linken Seite des Platzes und wird von einer eleganten Renaissance-Loggia im Erdgeschoss sowie einem gotischen Drilingsfenster im ersten Stock und darüber von einer Statue des hl. Blasius geschmückt. Im 14. Jahrhundert beherbergte er die städtische Münze, heute das Staatsarchiv.

Sv. Vlaho

Blasiuskirche

Luža. *(020) 323 887.*

tägl. 8–12, 16.30–19 Uhr.

Die Kirche wurde Anfang des 18. Jahrhunderts nach Plänen aus dem 17. Jahrhundert wiederaufgebaut. Sie birgt zahlreiche barocke Kunstwerke.

Auf dem Hochaltar steht eine vergoldete Silberfigur des hl. Blasius (15. Jh.). Der Schutzheilige Dubrovniks hält ein mittelalterliches Modell der Stadt.

Der Rektorenpalast wurde im 15. Jahrhundert als Regierungssitz erbaut

Fassade der im 18. Jahrhundert erbauten Barockkirche Sv. Vlaho

Rektorenpalast

Knežev Dvor

Pred. Dvorom 1. *(020) 321 422.*

Apr–Okt: tägl. 9–18 Uhr; Nov–März: tägl. 9–16 Uhr.

Der Rektorenpalast war jahrhundertelang das politische und administrative Zentrum der unabhängigen Stadtrepublik Dubrovnik. Er beherbergte den Großen und Kleinen Rat, die Gemächer des Rektors sowie Säle für offizielle Anlässe. Das im 15. Jahrhundert nach Plänen des italienischen Architekten Onofrio della Cava errichtete Gebäude entstand an der Stelle einer mittelalterlichen Festung. Petar Martinov aus Mailand fügte 1465 den Säulengang an. Zudem finden sich Arbeiten von Juraj Dalmatinac.

Das **Kulturhistorische Museum** (Kulturno Povijesni Muzej) im Rektorenpalast liefert in 15 Sammlungen einen Überblick über die Entwicklung von Kunst und Kunsthandwerk. Die Objekte entstanden vom 16. bis zum 20. Jahrhundert in Werkstätten und Ateliers verschiedener Länder Europas. Gezeigt werden u.a. Münzen und Medaillen, Gewichte und Maße, Briefmarken und sogar die Einrichtung einer Apotheke.

Interessant sind die vielen Uniformen, die einst die Regenten und Adeligen trugen. Sehenswert sind auch die Porträts der berühmten Persönlichkeiten, die in Dubrovnik geboren wurden oder lebten, ihre heraldischen Wappen und Medaillen. Während des Sommerfestivals finden im malerischen Innenhof des Palasts, der eine hervorragende Akustik hat, zahlreiche Konzerte statt.

Das benachbarte **Rathaus** (Vijećnica) erbaute 1863 Emilio Vecchietti im Stil der Neorenaissance. Hier befinden sich auch das Stadtcafé Gradska Kavana und das Stadttheater.

Katedrala Velika Gospa und Domschatzkammer

Kathedrale Mariä Himmelfahrt

Kneza Damjana Jude 1.

Apr–Okt: Mo–Sa 8–17 Uhr, So 11–17 Uhr; Nov–März: Mo–Sa 8–12, 15–17 Uhr, So 15–17 Uhr.

Domschatzkammer *(020) 323 459. wie Kathedrale.*

Die Kathedrale wurde nach dem Erdbeben 1667 von den römischen Architekten Andrea Buffalini und Paolo Andreotti erbaut. Der dreischiffige Bau weist drei Apsiden auf. Die Seitenaltäre sind mit Altarblättern von italienischen und dalmatinischen Künstlern aus dem 16. bis 18. Jahrhundert ausgestattet. Ein großer Kunstgenuss ist die von Tizian um 1512 gemalte *Maria Himmelfahrt* am Hauptaltar.

Die **Domschatzkammer** (Riznica Katedrale) der Kathedrale ist für ihre Reliquiensammlung berühmt. Zu den etwa 200 Reliquien und Reliquiaren zählen ein Arm des hl. Blasius (13. Jh.) sowie ein Schrein, der ein Fragment des Christuskreuzes enthalten soll. Der Tondo *Madonna della Sedia* stammt angeblich von Raffael selbst und ist eine Kopie des berühmten Meisterwerks, das heute in Florenz hängt.

Zu den weiteren außergewöhnlichen Stücken der Sammlung zählen sakrale Goldobjekte, etwa ein Krug und eine Schale aus Gold und Silber, auf denen Flora und Fauna der Umgebung Dubrovniks dargestellt sind.

Die große Kuppel von Dubrovniks Barockkathedrale

Die Kirche Sv. Dominik im Dominikanerkloster

Dominikanerkloster
Dominikanski Samostan Bijeli Fratri

Sv. Dominika 4. *(020) 321 423.* *Mai–Okt: 9–18 Uhr; Nov–Apr: 9–17 Uhr.*

Schon bald nach dem Baubeginn im Jahr 1315 stand fest, dass die Größe des Komplexes eine Erweiterung der Stadtmauer erforderte. Bei dem verheerenden Erdbeben von 1667 wurde das Kloster zerstört und später wiederaufgebaut.

Zur Kirche führt eine breite Treppe mit einer Steinbalustrade. Das Portal, ein Werk des Meisters Bonino da Milano, schmückt eine romanische Statue des hl. Dominikus. Im Inneren des breiten, einschiffigen Baus hängt am Apsisbogen das wunderbare *Kruzifix und Symbole der Apostel* von Paolo Veneziano aus dem 14. Jahrhundert.

In den Klosterräumen rund um den gotischen Kreuzgang, den Maso di Bartolomeo im 15. Jahrhundert schuf, ist das **Dominikanermuseum** (Muzej Dominikanskog Samostana) untergebracht. Es verfügt über eine außergewöhnliche Sammlung der sogenannten Schule von Dubrovnik. Dazu gehören ein Triptychon und eine *Maria Verkündigung* von Niccolò Ragusino aus dem 16. Jahrhundert, Arbeiten der venezianischen Schule – darunter auch ein Meisterwerk von Tizian –, wertvolle Reliquiare sowie Gold- und Silberobjekte.

Drahtseilbahn
Dubrovačka žičara

Frana Supila 35a. *(020) 311 577.* *tägl. 9–21.*
www.dubrovnikcablecar.com

Die Drahtseilbahn zwischen der Stadtmauer und dem 412 Meter hohen Berg Srđ bringt Fahrgäste in vier Minuten zum Aussichtspunkt.

Umgebung: Die nur 700 Meter vor Dubrovnik gelegene **Insel Lokrum** ist Naturschutz- und Erholungsgebiet. Die ersten Siedler waren Benediktinermönche, die im Jahr 1023 eine Abtei gründeten. Diese wurde im 14. Jahrhundert umgebaut und 1667 durch das Erdbeben zerstört. 1859 errichtete Erzherzog Maximilian von Habsburg hier ein Schloss und renovierte den Kreuzgang, in den später das Naturgeschichtemuseum einzog.

Statue im Arboretum in Trsteno

In **Trsteno** befindet sich 20 Kilometer nordwestlich von Dubrovnik ein Arboretum. Es wurde 1502 in einem Park um eine Villa angelegt, die Ivan Gučetić erbaut hatte. Der Park ist eine typische Renaissance-Anlage mit Grotten und Ruinen.

Zu den vielen Renaissance-Sommervillen nahe Dubrovnik zählt auch die **Villa Stay** in Rijeka Dubrovačka. Sie ist Sitz des Kroatischen Instituts für Restauration.

Elaphitische Inseln 34

Straßenkarte F6. *2000.* *von Dubrovnik.* *Regionales Fremdenverkehrsbüro Dubrovnik, (020) 324 999.*

Die nordwestlich der Stadt gelegenen Elaphitischen Inseln (Elafitski otoci) erreicht man von Dubrovnik aus mit mehrmals täglich verkehrenden Motorbooten. Die Inseln wurden schon von dem römischen Historiker Plinius dem Älteren erwähnt. Ihr Name leitet sich von dem altgriechischen Wort für Hirsch ab.

Nur drei Inseln sind bewohnt: Šipan, Lopud und Koločep. Auf Jakljan wird Landwirtschaft betrieben. Ausflugsboote fahren die vielen Strände und Buchten der von Kiefern und Zypressen bewachsenen Inseln an. Die Elaphiten waren bereits beim Adel von Dubrovnik beliebt, der hier Sommervillen errichtete. Die Klöster auf einigen der Inseln wurden 1808 nach Ankunft der Franzosen aufgelassen. Viele Kirchen stammen aus der Protoromanik, doch nur wenige sind noch intakt.

Koločep
Die Dubrovnik am nächsten gelegene Insel war seit dem 16. Jahrhundert ein Naherholungsgebiet für die Städter. Die Insel ist zum großen Teil

Die Dubrovnik vorgelagerte Insel Lokrum ist ein Naturschutzgebiet

Der Strand von Šunj an der Südostküste der Elaphitischen Insel Lopud

mit Kiefern und subtropischer Vegetation bewachsen. Die Kirchen **Sv. Antun** und **Sv. Nikola** entstanden in der Protoromanik, die **Pfarrkirche** im 15. Jahrhundert.

Lopud

Auf der 4,6 Quadratkilometer großen Insel schützen zwei Bergmassive ein fruchtbares Tal vor kalten Winden. Die meisten Einwohner leben in dem in einer Bucht gelegenen Dorf **Lopud**. Die beiden Festungen, von denen nur noch Ruinen stehen, wurden im 16. Jahrhundert, das Franziskanerkloster 1483 erbaut. In der der hl. Maria von Spilica geweihten Kirche **Sv. Marija od Spilica** sind das Polyptychon von Pietro di Giovanni (1520), ein Triptychon von Nikola Božidarević, ein Gemälde von Leandro da Bassano, ein Triptychon von Gerolamo di Santacroce und ein geschnitzter Chor aus dem 15. Jahrhundert sehenswert.

Šunj im Südosten ist vor allem wegen seiner Sandstrände beliebt. Die Kirche des Orts besitzt schöne Kunstwerke – so ein Gemälde von Palma dem Jüngeren und ein Polyptychon (1452) von Matej Junčić.

Šipan

Zwei Siedlungen gibt es auf der größten Insel (15,5 km²): **Šipanska Luka** mit der protoromanischen Pfarrkirche und den Ruinen eines Benediktinerklosters und **Suđurađ** mit einem Schloss und den Ruinen einer Sommerresidenz der Bischöfe von Dubrovnik.

Cavtat 35

Straßenkarte F6. *2500.* *(020) 478 065.* *von Dubrovnik.* *Zidine 6, (020) 478 025.* *Sommer in Cavtat, Epidaurus Festival.*
www.tzcavtat-konavle.hr

Cavtat ist der kroatische Name für Civitas Vetus, an dessen Stätte sich die römische Stadt Epidaurum befand, die im 7. Jahrhundert von Awaren zerstört wurde (Ausgrabungen haben die Ruinen eines Theaters, einige Gräber und Teile einer Straße freigelegt). Heute zieht das Städtchen aufgrund seiner schönen Umgebung, Strände, üppigen Vegetation und interessanten Monumente viele Gäste an.

Die von dem Rechtswissenschaftler Baltazar Bogišić im 19. Jahrhundert zusammengetragene und gestiftete Sammlung des Stadtmuseums ist im **Rektorenpalast** (16. Jh.) untergebracht. Sehenswert sind vor allem die Arbeiten des Malers Vlaho Bukovac.

Aus dem 15. Jahrhundert stammen die am Ufer stehende **Kapelle der Heiligen Maria Schnee** und ein Franziskanerkloster. Auf der Anhöhe steht das von Ivan Meštrović *(siehe S. 157)* 1922 erbaute **Račić-Mausoleum**.

Konavle 36

Straßenkarte F6. *Tiha 3, Cavtat, (020) 478 025, 479 025.*
www.tzcavtat-konavle.hr

Südöstlich von Cavtat erstreckt sich ein schmaler Landstreifen zwischen dem Meer und den Bergen von Bosnien und Herzegowina. Der Name leitet sich von den Kanälen *(canalis)* ab, in denen sich das Wasser sammelte, das die Aquädukte speiste, die wiederum die römische Stadt Epidaurum versorgten. Von diesen sind noch Relikte vorhanden.

Die bergige Landschaft bedecken Weingärten und Olivenhaine. In den Dörfern pflegt man Traditionen und alte Trachten. Konavle wurde 1991 durch Bomben schwer beschädigt. Die Region ist auch für ihre exzellente Küche bekannt, die man in vielen Restaurants genießen kann. Zu den bekanntesten zählt **Konavoski Dvori** in einer Mühle bei den Wasserfällen der Ljuta.

Festtagskleidung – Konavles traditionelle Trachten

Uferpromenade und Hafen von Cavtat versprechen mediterrane Idylle

Zagreb

Das politische, wirtschaftliche und kulturelle Herz Kroatiens schlägt in der Hauptstadt Zagreb. Die von Wäldern und Parks umgebene Stadt erstreckt sich von den Hängen des Medvednica-Gebirges im Norden bis zu den Ufern der Save im Süden. Zagreb besitzt mitteleuropäisches Flair: Durch seine zentrale Lage ist die Stadt eine natürliche Schnittstelle von Ost- und Westeuropa.

Die kroatische Hauptstadt ist nicht nur politisches, sondern auch wirtschaftliches und kulturelles Zentrum des Landes. Zagreb besitzt mehr als 20 Museen, zehn Theater, eine Universität und einen prall gefüllten Veranstaltungskalender. Die Metropole war schon vor der 1991 erlangten Unabhängigkeit des Landes Hauptstadt der jugoslawischen Teilrepublik Kroatien.

Zagreb entstand aus zwei mittelalterlichen, auf benachbarten Hügeln gegründeten Siedlungen: Kaptol, religiöses Zentrum und Bischofssitz seit 1094, und Gradec (heute ein Teil von Gornji Grad). 1242 erklärte die »Goldene Bulle« des kroatisch-ungarischen Königs Bela IV. Gradec zur freien Königsstadt mit den damit verbundenen wirtschaftlichen und politischen Privilegien. Ab dem 16. Jahrhundert tagten in Gradec der *ban*, der vom ungarischen König delegierte kroatische Vizekönig, und das kroatische Parlament. Hier traf sich auch der kroatische Adel, um die politisch unruhige und instabile Region zu regieren. Beide Städte wurden mit Mauern, Türmen, Gräben und Toren befestigt. Die Grenze zwischen Gradec und Kaptol bildete der Fluss Medveščak, an dessen Ufern die rivalisierenden Orte schwere Kämpfe austrugen. An diese kriegerische Zeit erinnert die plakativ »Blutbrücke« genannte Straße Krvavi Most.

Geschichte Kroatiens von Ivan Meštrović, Meštrović-Galerie

Trotz der langen Geschichte Zagrebs stammen viele der wichtigsten Sehenswürdigkeiten aus der Zeit nach 1880, da in diesem Jahr ein schreckliches Erdbeben die Stadt erschütterte.

Farbenfrohe Obst- und Gemüsestände auf dem Dolac-Markt

◁ **Blick vom Trg Kralja Tomislava auf das Stadtzentrum von Zagreb**

Überblick: Zagreb

Zagreb ist in zwei große Bezirke aufgeteilt. Zur Altstadt Gornji Grad, der »Oberstadt«, gehören die am Berg gelegenen Viertel Gradec und Kaptol. Die neuere »Unterstadt« Donji Grad liegt in der Ebene. Auf dem nach dem kroatischen *ban* Jelačić benannten Hauptplatz Trg bana Jelačića treffen Ober- und Unterstadt zusammen. In der Altstadt befinden sich die wichtigsten religiösen und politischen Einrichtungen. Das neuere Zagreb entstand nach 1830 rund um das »Grüne Hufeisen« – u-förmig angeordnete Parks und Freiflächen. Hier liegen mehrere Museen, etwa das Volkskundemuseum, das Mimara-Museum, die Moderne Galerie, die Galerie der Alten Meister und zudem das Nationaltheater. Südlich einer Reihe mit Skulpturen geschmückter Gärten erstreckt sich der Botanische Garten. Wer es urban mag, kann auf dem Trg bana Jelačića in einem der vielen Straßencafés das Flair genießen.

Zur Orientierung

Sehenswürdigkeiten auf einen Blick

Museen und Sammlungen

Archäologisches Museum 25
Atelier Meštrović 8
Galerie der Alten Meister S. 164f 23
Kroatisches Museum für Naturgeschichte 7
Kroatisches Nationalmuseum für Naive Kunst 13
Mimara-Museum 19
Moderne Galerie 24
Museum für Kroatische Geschichte 12
Museum für Kunst und Handwerk 18
Museum für zeitgenössische Kunst 26
Stadtmuseum 6
Volkskundemuseum 20

Kirchen

Kathedrale Maria Himmelfahrt 1
Sv. Ćiril i Metod 14
Sv. Franjo 3
Sv. Katarína 16
Sv. Marija 4
Sv. Marko 9

Paläste und Bauwerke

Ban-Palast 11
Bischofspalast 2
Kroatisches Nationaltheater 17
Kunstpavillon 22
Lotrščak-Turm 15
Parlamentsgebäude 10
Steinernes Tor 5

Parks und Gärten

Botanischer Garten 21
Maksimir-Park 27
Mirogoj-Friedhof 28

INFOBOX

Straßenkarte D2. *780 000.*
bei Velika Gorica, Pleso, (01) 626 52 22, 17 km südöstlich.
Glavni Kolodvor, (060) 333 444. *Avenija Marina Držića 4, (060) 313 333.* **www**.akz.hr
Trg bana Jelačića 11, (01) 481 40 51. *Smotra Folklora, Folklorefestival (Juli); Zagrebačke Ljetne Večeri, Zagreber Sommerfestival.*
www.zagreb-touristinfo.hr

Blick über Zagreb

SIEHE AUCH

- ***Hotels*** S. 230 f
- ***Restaurants*** S. 246 f

In Zagreb unterwegs

Die Altstadtviertel Kaptol und Gradec sind überwiegend Fußgängerzone, autofrei ist auch der Trg bana Jelačića. Diesen fahren zahlreiche Tramlinien auf ihren Routen zwischen dem Osten und Westen der Stadt an *(siehe S. 280 f)*. Das Segelzentrum Jarun erreicht man auch mit der Tram. Buslinien fahren vom Hauptbahnhof auf die andere Seite der Save nach Novi Zagreb. Dort locken eine Rennbahn und ein großes Ausstellungsareal.

LEGENDE

- Detailkarte *(siehe S. 154 f)*
- Eisenbahn
- Bahnhof
- Standseilbahn
- Information
- Parken
- Kirche

Kathedrale Maria Himmelfahrt ❶

Katedrala Marijina Uznesenja

Kaptol. ☎ *(01) 481 47 27.*
◯ *Mo–Sa 10–17 Uhr, So 13–17 Uhr.*

Die Maria Himmelfahrt und dem heiligen Stefan geweihte, im Volksmund Stefansdom genannte Kathedrale ist das Wahrzeichen der Stadt. Ihre heutige Gestalt verdankt sie den von Friedrich von Schmidt und Hermann Bollé nach dem Erdbeben von 1880 ausgeführten Arbeiten. Die Naturkatastrophe hatte die Kuppel, den Glockenturm und teilweise die Mauern beschädigt. Die umfassende Restaurierung, bei der der mittelalterliche Grundriss beibehalten wurde, war der letzte von zahlreichen Umbauten, die das Bauwerk in seiner langen Geschichte erfuhr. Die Kirche stand bereits im Jahr 1094, als König Ladislaus den Bischofssitz von Sisak hierher verlegte. 1242 wurde das Gotteshaus von den Mongolen zerstört, wenige Jahre später unter Bischof Timotej wiederaufgebaut. In den folgenden Jahrhunderten errichtete man die Seitenschiffe und schmückte die Kirche mit Statuen und Reliefs.

Die neugotische Westfassade (1880) krönen zwei spitze Türme. Das große Hauptportal ist mit Steinskulpturen, einer Fensterrose, drei hohen Fenstern und einem Spitzgiebel ausgestattet.

Turmspitze der Kathedrale

Der dreischiffige Innenraum wartet mit einer polygonalen Apsis auf. Bei Umbauten im späten 19. Jahrhundert verbrachte man die Barock- und Rokoko-Altäre in andere Kirchen der Diözese, nur wenige Arbeiten aus der Gotik und Renaissance verblieben – darunter etwa die Statue des hl. Paulus (13. Jh.), einige Holzskulpturen der Heiligen Peter und Paul aus dem 15. Jahrhundert, das Triptychon *Golgotha* (1495) von Albrecht Dürer und Giovanni da Udines *Kreuzigung* aus dem 14. Jahrhundert. Der Dom beherbergt die Votivkapellen und Gräber von Bischöfen und Persönlichkeiten der kroatischen Geschichte, etwa von Petar Zrinski, Krsto Frankopan und dem seliggesprochenen Kardinal Alojzije Stepinac. Das Grab Stepinacs liegt hinter dem Hauptaltar und wurde von Ivan Meštrović geschaffen.

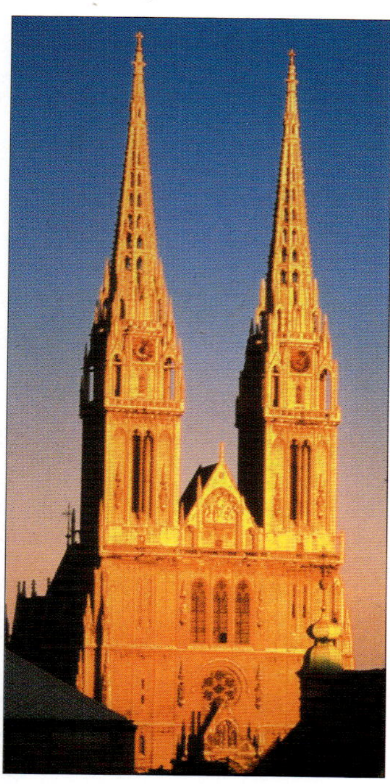

Fassade der Kathedrale in der Abendsonne

Nicht versäumen sollte man in der Sakristei die Fresken im Stil Giottos. Sie stammen aus dem 12. Jahrhundert und sind damit die ältesten im kroatischen Binnenland. Unter der bischöflichen Sakristei birgt der **Domschatz** eine reiche Sammlung, zu der illuminierte Handschriften, Kirchenschmuck aus dem 11. bis 20. Jahrhundert und Objekte wie der Umhang von König Ladislaus (11. Jh.), ein Bischofstuch, wohl aus dem 14. Jahrhundert, und das sogenannte Gottesgrab gehören. Dieses ist ein Werk von Stickern aus dem Dorf Vugrovec, in dem Bischof Petar Petretić um 1650 eine Schule für Stickerei gründete. Zu den ältesten Exponaten zählen ein Diptychon aus Elfenbein (10. Jh.) und ein Bronzekreuz aus dem 11./12. Jahrhundert.

Mittelschiff der neugotischen Kathedrale Maria Himmelfahrt

Bischofspalast ❷

Nadbiskupska Palača

Kaptol. ● *für die Öffentlichkeit.*

Ein imposanter barocker Komplex, zu dem auch der Bischofspalast gehört, säumt die drei anderen Seiten des Domplatzes. Er umfasst drei der fünf runden und einen eckigen Turm, die einst Teil der ab 1469 zur Verteidigung gegen die Türken errichteten Befestigung waren. Der heutige Palast entstand 1730, indem mehrere Gebäude durch eine Barockfassade vereint wurden. Im Inneren des Komplexes befindet sich die dem Erzmärtyrer Stephanus geweihte romanische **Kapelle** (13. Jh.), deren Fresken aus der gleichen Epoche

Hotels und Restaurants in Zagreb *siehe Seiten 230f und 246f*

stammen. Sie ist das älteste Bauwerk in Zagreb, das noch heute im Originalzustand bewundert werden kann.

Den Brunnen auf dem Platz vor dem Palast ziert eine von einer Marienfigur bekrönte Säule mit vier Engeln. Der Brunnen wurde von dem Wiener Künstler Anton Dominik Fernkorn (1813–1878) um 1850 gestaltet.

Die aufgefüllten Gräben vor der Mauer bilden heute den als bischöflichen Lustgarten angelegten **Ribnjak-Park**. Hier steht unter anderem die Statue *Brijuner Akt (Scham, Eva)* von Antun Augustinčić (1900–1979). Die Wehrbauten wurden im 19. Jahrhundert teilweise abgerissen. Verblieben sind gegenüber dem Dom in der Ulica Kaptol Nr. 18 der heute bewohnte **Nordostturm** sowie der **Nordwestturm** (Prišlinova Kula) auf Nr. 15. Letzterer ist in ein Gebäude aus dem 15. Jahrhundert integriert.

Der Bischofspalast am Domplatz

Sv. Franjo ❸

Kirche des hl. Franz

Kaptol 9. (01) 481 11 25.
tägl. 7–12, 15–19 Uhr.

Der Legende zufolge wurde die Kirche nach der Rückkehr des hl. Franz von Assisi aus dem Osten gegründet – tatsächlich stammt sie jedoch aus dem 13. Jahrhundert. Der durch das Erdbeben im Jahr 1880 beschädigte Bau wurde im neugotischen Stil wieder aufgebaut. Dabei entfernte man die Barockaltäre

Prachtvolle Buntglasfenster von Ivo Dulčić in Sv. Franjo

und ersetzte sie teilweise durch neugotische Seitenaltäre. Den Hauptaltar schmückt ein Gemälde des hl. Franz von Celestin Medović (1857–1920). Die farbenprächtigen Buntglasfenster schuf Ivo Dulčić in den 1960er Jahren.

Im benachbarten **Kloster** aus dem 17. Jahrhundert lohnt sich eine Besichtigung der ebenfalls dem hl. Franz geweihten Kapelle Sv. Franjo, in der Stuckdekorationen und Barockmalereien zu sehen sind.

Sv. Marija ❹

Marienkirche

Dolac 2. *(01) 481 49 59.*
zu Messen.

Beim Bau mancher Häuser in der engen Opatovina ulica fanden Teile einer Festung Verwendung, die Ende des 15. Jahrhunderts errichtet worden war. Die schmale Straße führt zu einem alten Bezirk der Stadt, dem Dolac. Am anderen Ende des Bezirks steht die Marienkirche Sv. Marija. Das Bauwerk aus dem 14. Jahrhundert wurde 1740 neu gestaltet und mit Barockaltären von Franjo Rottman ausgestattet. Die heutige Gestalt des Sakralbaus entstand jedoch erst nach dem Erdbeben, das 1880 Zagreb erschütterte.

In der Nähe der Kirche steht eine bemerkenswerte Skulptur von Vanja Radauš. Sie zeigt den legendären wandernden Spielmann Petrica Kerempuh, der seine Lieder einem Gehängten vorträgt.

Rund um die Kirche erstrecken sich seit 1930 die Stände des großen, malerischen **Dolac-Markts**. Die schmalen Straßen und Gassen des pittoresken Viertels werden von Barockhäusern gesäumt. Sehr interessant sind in der Ulica Kaptol die historische Apotheke (Haus Nr. 19) und das alte Haus mit der Nummer 7.

Steinernes Tor ❺

Kamenita Vrata

Kamenita.

Gradec, den Teil der »Oberstadt«, der neben Kaptol errichtet worden war, betrat man einst durch eines von fünf Toren. Nur das Steinerne Tor ist erhalten geblieben. Es wurde im 13. Jahrhundert gebaut und steht neben einem eckigen Turm aus dem Jahr 1266. 1731 zerstörte ein Brand die umgebenden Häuser – einzig ein Bild der Maria mit Kind blieb unbeschädigt. Um das von einem einheimischen Meister im 16. Jahrhundert geschaffene Gemälde errichtete man eine Kapelle. Das Bild selbst wird durch ein barockes Gitter aus Schmiedeeisen geschützt.

An der Westseite der Kirche steht eine Frauenskulptur, die Ivo Kerdić 1929 schuf. Auf der anderen Seite des Tors befindet sich an der Ecke der Straßen Kamenita und Habdelićeva ein interessantes Gebäude (18. Jh.). Die **Apotheke** (Alighieri ljekarna) im Erdgeschoss wurde 1350 gegründet und gehörte ab 1399 Nicolò Alighieri, dem Urgroßenkel des italienischen Dichters Dante Alighieri.

Denkmal für Petrica Kerempuh auf dem Dolac

Im Detail: Gornji Grad (Oberstadt)

Pietà **von Ivan Meštrović**

In der Oberstadt finden sich auf Schritt und Tritt Bauwerke, die in der Geschichte Zagrebs und Kroatiens eine bedeutende Rolle spielten. Heute sind darin wichtige politische und kulturelle Institutionen des Landes untergebracht: die Räume des Präsidenten der Republik, das Parlament, der Rechnungshof, Ministerien. Die Gebäude wurden alle nach dem katastrophalen Erdbeben von 1880 renoviert, restauriert oder wieder aufgebaut. Einige alte Adelspaläste beherbergen heute Museen. Besondere Aufmerksamkeit verdienen die Kirche Sv. Marko, die von den Jesuiten erbaute Barockkirche Sv. Katarína, die Kirche der »Slawenapostel« Sv. Ćiril i Metod und der mittelalterliche Lotrščak-Turm (Turris Latruncolorum). Damals gab eine Glocke abends das Signal zum Schließen der Stadttore.

Kroatisches Museum für Naturgeschichte
Das Museum basiert auf dr Sammlungen. Es zeigt den Großteil der Funde aus Kra pina, die beweisen, dass in Kroation bereits in der Altsteinzeit Menschen lebten.

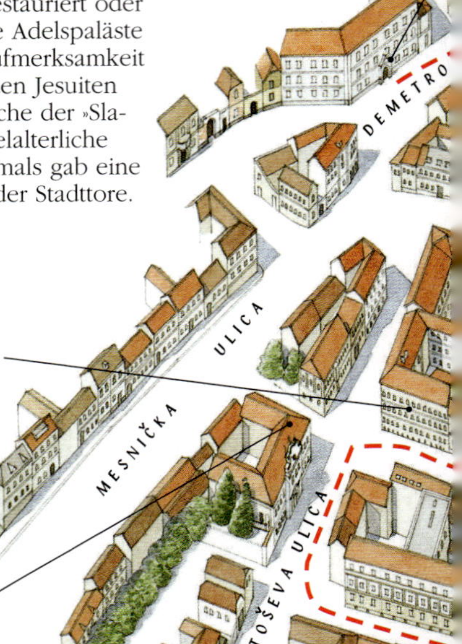

Ban-Palast
Das Gebäude wurde im 17. Jahrhundert errichtet, nachdem die Stadt 1621 zum Sitz des ban *(Vizekönig Kroatiens) aufgestiegen war. Heute ist es die Präsidentenresidenz.* ⓫

Museum für Kroatische Geschichte
Das Museum ist im Vojković-Oršić-Kulmer-Rauch-Palast untergebracht. Die Sammlung stammt von 1959. ⓬

★ Kroatisches Nationalmuseum für Naive Kunst
Über 1500 Werke naiver Kunst von Gründern und Schülern der Schule von Hlebine. ⓭

Sv. Ćiril i Metod
In der von Bartol Felbinger entworfenen orthodoxen Kirche aus der ersten Hälfte des 19. Jahrhunderts ist die wunderschöne Ikonostase unbedingt sehenswert. ⓮

Lotrščak-Turm
Täglich um 12 Uhr mittags ertönt von dem Turm aus dem 12. Jahrhundert ein Kanonenschuss. ⓯

LEGENDE

- - - Routenempfehlung

★ Atelier Meštrović
Der große kroatische Bildhauer Ivan Meštrović lebte 1922–41 in diesem Haus aus dem 18. Jahrhundert. Etwa zehn Jahre vor seinem Tod stiftete er sein Heim mit allen Kunstwerken dem Staat. ❽

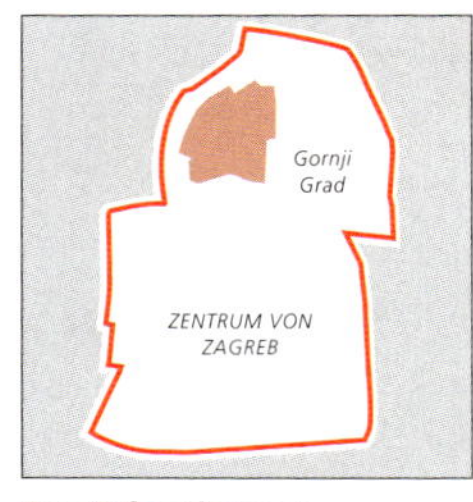

Zur Orientierung

Parlamentsgebäude (Sabor)
Der Bau entstand 1908, als die Regierungssitze der Provinzen vergrößert wurden. 1918 wurde aus dem Mittelfenster des Gebäudes die Unabhängigkeit Kroatiens proklamiert. ❿

★ Sv. Marko
Die bunten Ziegel auf dem Dach der schönen gotischen Kirche zeigen die Wappen Kroatiens, Dalmatiens und Zagrebs. ❾

0 Meter 50

Das Steinerne Tor ist das letzte noch erhaltene von insgesamt fünf Stadttoren. ❺

Klovićevi Dvori, eine wichtige moderne Ausstellungsstätte, ist seit 1982 in einem Jesuitenkloster aus dem 17. Jahrhundert ansässig.

Sv. Katarína
Der eindrucksvollste Barockbau Zagrebs wurde an der Stelle einer alten Dominikanerkirche errichtet. ⓰

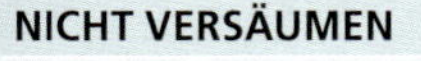

NICHT VERSÄUMEN

- ★ Atelier Meštrović
- ★ Kroat. Nationalmuseum für Naive Kunst
- ★ Sv. Marko

Stadtmuseum ❻

Muzej grada Zagreba

Opatička ulica 20. (01) 485 13 61. *Di–Fr 10–18 Uhr, Sa 11–19 Uhr, So 10–14 Uhr.* *Voranmeldung.* **www**.mgz.hr

Das Stadtmuseum entstand durch die bauliche Verbindung von drei historischen Gebäuden: dem um 1650 errichteten Nonnenkloster der hl. Klara, einem Turm aus dem 12. Jahrhundert und einem heute zu einer Schule umfunktionierten Kornspeicher (17. Jh.). 4500 Objekte aus zwölf Sammlungen dokumentieren ständig die Geschichte und Kultur Zagrebs von den Anfängen bis heute. Zu den Exponaten zählen Gemälde, Karten, Stadtansichten, Standarten, Fahnen, Uniformen, Statuen sowie archäologische Funde. Viele wurden von bekannten Persönlichkeiten der Stadt gestiftet, z. B. dem Musiker Rudolf Matz, der Schauspielerin Tilla Durieux, dem Komponisten Ivan Zajc, der Sopranistin Milka Trnina und dem Architekten Viktor Kovačić.

In derselben Straße sitzt im **Nationalpalais** die Literaturabteilung der kroatischen Akademie der Künste und Wissenschaften, im **Paravić-Palais** mit dem schmiedeeisernen Tor das Historische Institut. Beide Bauten stammen aus dem 19. Jahrhundert.

Statuen aus der reichen Sammlung des Stadtmuseums

Skulpturen im Garten des Atelier Meštrović

Kroatisches Museum für Naturgeschichte ❼

Prirodoslovni Muzej

Demetrova 1. (01) 485 17 00. *Di–Fr 10–17 (Do bis 20 Uhr), Sa 10–19, So 10–13 Uhr.* **www**.hpm.hr

Das Amadeo-Palais aus dem 18. Jahrhundert war von 1797 bis 1834 ein Theater. Heute ist es Sitz des Museums für Naturgeschichte. 1868 brachte man hier die Sammlungen aus der naturwissenschaftlichen Abteilung des Nationalmuseums unter. Ende des 19. Jahrhunderts existierten drei naturgeschichtliche Museen: für Mineralogie und Petrografie, Geologie und Paläontologie sowie für Zoologie. Sie wurden 1986 zum heutigen Museum zusammengelegt.

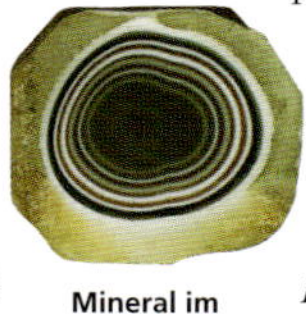

Mineral im Museum für Naturgeschichte

Unter den über 2,5 Millionen Objekten finden sich Mineralien aus der ganzen Welt. Zur paläontologischen Sammlung zählen auch Funde aus Krapina. In der zoologischen Abteilung sind alle in Kroatien heimischen Tierarten vertreten.

Atelier Meštrović ❽

Atelje Meštrović

Mletačka 8. (01) 485 11 23. *Di–Fr 10–18 Uhr, Sa, So 10–14 Uhr.* *Mo.* **www**.mdc.hr/mestrovic

Ivan Meštrović selbst baute das Haus aus dem 18. Jahrhundert um, in dem er von 1922 bis 1942 lebte. Heute werden hier Werke des berühmten kroatischen Bildhauers ausgestellt. Mit dem Museum und dem Kaštilac in Split sowie der Kapelle in Otavice *(siehe S. 110)* gehört es zum Museumsverbund Ivan Meštrović.

Rund 100 Arbeiten können Besucher im Haus und Hof bewundern, darunter die *Geschichte Kroatiens* und die *Kreuzabnahme*. Die zahlreichen Zeichnungen, Modelle und Skulpturen aus Holz, Stein und Bronze zeugen von der Ausdruckskraft und der hohen Kunstfertigkeit Meštrovićs. Das Haus beherbergt auch das persönliche Archiv des Künstlers, Fotografien und Werke anderer, mit Meštrović verbundener Künstler.

Ivan Meštrović (1883 -1962)

Ivan Meštrović, einer der bedeutendsten Bildhauer des 20. Jahrhunderts, wurde 1883 in Vrpolje in der Pannonischen Ebene geboren. Dort arbeiteten seine im dalmatinischen Otavice beheimateten Eltern als Erntehelfer. Als Kind liebte er es, Holzfiguren zu schnitzen. Sowohl der Bürgermeister seines Heimatorts als auch der Archäologe Lujo Marun erkannten sein Talent. Marun schickte den 17-Jährigen zu einer Steinmetzlehre nach Split. Dort konnte Meštrović mithilfe von Geldgebern die Kunstakademie besuchen. Er schuf die Entwürfe für spätere Werke und freundete sich mit dem großen Bildhauer Auguste Rodin an. 1908 zog Meštrović nach Paris und wurde bereits durch seine erste Ausstellung bekannt. Er arbeitete u.a. in Split (dort entstanden viele der in der Galerija Meštrović ausgestellten Arbeiten, *siehe S. 122*) und Zagreb, wo er sich der Politik zuwandte. Im Zweiten Weltkrieg inhaftierten ihn die Nazis, dem Gefängnis konnte er nur durch Intervention des Vatikans entrinnen. Daraufhin ging er nach Rom, wo er die heute im Vatikanischen Museum ausgestellte *Pietà Romana* schuf. Nach dem Krieg lehrte Meštrović an Universitäten in den USA, wo er 1962 verstarb. Letzte Ruhe fand Meštrović in seiner Kapelle in Otavice *(siehe S. 110)*.

Porträt von Ivan Meštrović

Meštrović, in seine Arbeit vertieft

Detail der *Auferstehung des Lazarus* (1940)

Frau am Meer *ist eine Skulptur aus Marmor (1926). Der kraftvolle nackte Körper der verschränkt sitzenden weiblichen Figur steht in spannendem Kontrast zur sinnlichen Haltung.*

Der Bildhauer bei der Arbeit

Meštrović bereitete seine Werke lange vor, schuf sie dann aber in geradezu rasender Geschwindigkeit. Bei großer Nachfrage reproduzierte er seine Arbeiten in Holz, Marmor und Bronze. Von der Statue des Bischofs Grgor Ninski stehen Kopien in Nin, Split und Varaždin.

Mutter und Kind, *eine Holzskulptur von 1942, ist ein eindrucksvolles Beispiel für die außergewöhnliche Ausdruckskraft des Künstlers. Die Figur des Kindes verschwindet fast, im Zentrum der Betrachtung steht das Gesicht der Mutter.*

Geschichte Kroatiens *(1932) existiert in vier Ausführungen. Die Bronzeversion steht im Atelier Meštrović. Der nachdenkliche Blick der Frau ist in die Zukunft gerichtet, er symbolisiert Erwartung und Hoffnung.*

Sv. Marko mit dem prächtigen Dach aus glasierten bunten Dachziegeln

Sv. Marko 9

Markuskirche

Markov trg. (01) 485 16 11.
Informieren Sie sich über die Öffnungszeiten, (01) 481 40 51.

Die heutige Pfarrkirche der Oberstadt wurde 1256 zum ersten Mal erwähnt. In diesem Jahr gewährte König Bela IV. der Stadt Gradec die Erlaubnis, vor der Kirche Sv. Marko zwei Wochen zum Ehrentag des hl. Markus einen Markt abzuhalten.

Im Lauf der Jahrhunderte wurde die Kirche wiederholt umgebaut. Vom Originalgebäude sind nur ein romanisches Fenster und ein prächtiges gotisches Portal geblieben, das der Bildhauer Ivan Parler von 1364 bis 1377 schuf. In den 15 Nischen des Portals stehen Statuen von Jesus, Maria, dem hl. Markus und den zwölf Aposteln. Einige der Skulpturen wurden im Barock durch hölzerne Kopien ersetzt.

Immer wieder führten Brände und Erdbeben zu Veränderungen an der Kirche. Das heutige Erscheinungsbild des Gotteshauses geht auf das Jahr 1882 zurück. Damals wurden die farbig glasierten Dachziegel verlegt, die die Wappen von Kroatien, Dalmatien, Slawonien und der Stadt Zagreb zeigen. Der Kircheninnenraum wurde mit Statuen des Bildhauers Ivan Meštrović ausgestattet: Auf dem Hochaltar ist die große Skulptur *Christus am Kreuz* zu sehen, eine *Pietà* ziert den Heilig-Kreuz-Altar, eine Bronzestatue der *Maria mit Kind* den der hl. Jungfrau geweihten Altar. Die modernen Fresken stammen von Jozo Kljaković. Auf ihnen sind kroatische Könige dargestellt.

Parlamentsgebäude 10

Sabor

Markov trg. (01) 456 96 07.
Gruppen nur mit Voranmeldung.

Der neoklassizistische Bau entstand 1908 an der Stelle einiger abgerissener Barockgebäude aus dem 17. und 18. Jahrhundert. Der Sabor ist das politische Zentrum des modernen Kroatien und zugleich ein äußerst geschichtsträchtiges Gebäude. Von seinem Balkon wurden den historische Proklamationen verkündet: die Loslösung von der k. u. k. Monarchie am 29. Oktober 1918 und die Unabhängigkeit von Jugoslawien nach einem Referendum 1991.

***Maria mit Kind* von Meštrović, Sv. Marko**

Das klassizistische Parlamentsgebäude (Sabor) wurde 1908 erbaut

Ban-Palast 11

Banski Dvori

Markov trg. (01) 456 92 22.
Voranmeldung.

In dem Gebäude gegenüber von Sv. Marko liegen die Räume des Präsidenten der Republik, Regierungsbüros sowie Gericht und Zentralarchiv. Der Palast ist ähnlich gestaltet wie das Parlamentsgebäude. Er besteht aus zwei langen Bauten (17. Jh.), denen im 19. Jahrhundert zwei zweigeschossige Flügel angefügt wurden.

Museum für Kroatische Geschichte 12

Hrvatski Povijesni Muzej

Matoševa ulica 9. (01) 485 19 00
Mo–Fr 10–18 Uhr, Sa, So 10–13 Uhr. *Feiertage.*
www.hismus.hr

Seit 1959 werden in dem Gebäude Ausstellungen gezeigt. Das Museum für Kroatische Geschichte entstand jedoch erst 1991, als mehrere Sammlungen zusammengelegt wurden. Verschiedenste Exponate bringen den Besucher die Geschichte Kroatiens vom Mittelalter bis heute nahe – Dokumente und Gemälde zu politischen, militärischen und kulturellen Ereignissen, aber auch Waffen, Flaggen und Medaillen. Die Ausstellungen wechseln in regelmäßigen Abständen.

Sitz des Museums ist der **Vojković-Oršić-Kulmer-Rauch-Palast** (18. Jh.).

Hotels und Restaurants in Zagreb *siehe Seiten 230f und 246f*

Meine Heimat von I. Rabuzin (1961), Nationalmuseum für Naive Kunst

Kroatisches Nationalmuseum für Naive Kunst ⓭

Hrvatski Muzej Naivne Umjetnosti

Ćirilometodska ulica 3.
(01) 485 19 11. Di–Fr 10–18 Uhr, Sa, So 10–13 Uhr. Feiertage. www.hmnu.org

Seit 1967 ist in dem Gebäude aus dem 19. Jahrhundert eine Ausstellung naiver Kunst zu sehen, die 1952 in Zagreb eröffnet wurde. Die Gemälde bezaubern durch ihre intensive Farbigkeit und erzählerische Dichte. Das Museum zeigt Gemälde der Gründerväter der kroatischen naiven Malerei, Ivan Generalić und Mirko Virius. Zudem sind Arbeiten von Mitgliedern der Schule von Hlebine *(siehe S. 21)* ausgestellt. Sehenswert sind u. a. die Werke von Ivan Večenaj, Mijo Kovačić, Ivan Lacković, Ivan Rabuzin, Slavko Stolnik und Matija Skurjeni. Ebenfalls nicht versäumen sollte man die Skulpturen von Petar Smajič.

Sv. Ćiril i Metod ⓮

Kirche der Heiligen Kyrillos und Methodios

Ćirilometodska ulica.
(01) 485 17 73.

Die um 1830 von Bartol Felbinger (1785–1871) erbaute klassizistische Kirche wurde nach dem Erdbeben von 1880 im neobyzantinischen Stil wiederaufgebaut. Die Entwürfe lieferte Hermann Bollé. Zur Ausstattung zählen eine Ikonostase des ukrainischen Malers Epaminondas Bučevski sowie vier Gemälde von Ivan Tišov. Das benachbarte griechisch-katholische Seminargebäude von 1774 wurde Anfang des 20. Jahrhunderts vergrößert.

Lotrščak-Turm ⓯

Kula Lotrščak

Strossmayerovo Šetalište. *(01) 485 17 68. Apr–Okt: Di–So 11–19 Uhr.*

Seit Mitte des 19. Jahrhunderts stellen die Zagreber ihre Uhren nach dem Kanonenschuss, der täglich um 12 Uhr mittags von dem Turm ertönt. Der Turm stammt aus dem 13. Jahrhundert und ist damit einer der ältesten der Stadt. Ursprünglich stand er an der südlichen Seite der fast zwei Meter dicken Stadtmauer von Gradec. Zum Schutz gegen Erdbeben war diese bereits damals im Inneren mit Ketten verstärkt. 1850 stockte man den dreigeschossigen Bau um ein Stockwerk auf und fügte Fenster hinzu.

Früher kündigte eine Glocke am Turm jeden Abend das Schließen der Stadttore an – ein wichtiges Signal in gefährlichen Zeiten, in denen man außerhalb der schützenden Stadtmauern jederzeit riskierte, überfallen zu werden.

Sv. Katarína ⓰

Katharinenkirche

Katarinin trg. *(01) 485 19 50.*
tägl. 8–20 Uhr.

Der um 1630 von Jesuiten an der Stelle einer früheren Dominikanerkirche errichtete Bau gilt als eine der schönsten Kirchen Zagrebs. In den vier Nischen der weißen, durch sechs Pilaster gegliederten Fassade stehen Statuen, eine weitere Nische darüber ist mit einer Marienstatue geschmückt.

In der einschiffigen Kirche sind zahlreiche barocke Kunstwerke vorhanden. Bemerkenswert sind u. a. die Stuckreliefs (1721–23) von Antonio Quadrio, die *Szenen aus dem Leben der hl. Katharina* des slowenischen Künstlers Franc Jelovšek (1700–1764) im Medaillon an der Decke, der schöne *Altar des hl. Ignatius* des venezianischen Bildhauers Francesco Robba (1698–1757) und *Die hl. Katharina und alexandrinische Philosophen* von Kristof Andrej Jelovšek (1729–1776) am Hauptaltar (1762).

Den nahen Jezuitski trg ziert ein Brunnen mit einer Statue *Fischer mit Schlange* von Simeon Roksandić (1908). An dem Platz stehen ein Jesuitenkloster aus dem 17. Jahrhundert und ein großer Bau aus derselben Epoche, der ursprünglich als Jesuitenkolleg und später als Internat für Knaben aus adeligen Familien diente.

Der reich verzierte barocke Innenraum von Sv. Katarína

Das neobarocke Gebäude des Kroatischen Nationaltheaters

Kroatisches Nationaltheater ⓱

Hrvatsko Narodno Kazalište

Trg Maršala Tita 15. *(01) 488 84 18.* *nur zu den Vorstellungen.* **www**.hnk.hr

Das Kroatische Nationaltheater steht an einem von imposanten Gebäuden gesäumten Platz am Anfang des »grünen Hufeisens«, wie das von Milan Lenuci (1849–1924) entworfene u-förmige Ensemble von Grünanlagen und Plätzen genannt wird. Der 1895 vollendete Bau, eine Mischung aus Neobarock und -rokoko, wurde von den Wiener Architekten Hermann Helmer und Ferdinand Fellner entworfen. Das Dach kennzeichnen zwei kleinere Kuppeln im Vordergrund und eine hintere größere Kuppel. Am gesamten Gebäude entlang verlaufen zwei Säulenreihen.

Die Innenausstattung ist mit Arbeiten kroatischer und venezianischer Künstler reich gestaltet. Zu den fünf schönen Bühnenhintergründen zählt auch die hervorragende *Kroatische Erneuerung* von Vlaho Bukovac.

Vor dem Theater befindet sich der *Lebensbrunnen*, ein ausdrucksvolles Meisterwerk von Ivan Meštrović mit einigen kunstvoll gestalteten Bronzefiguren.

Museum für Kunst und Handwerk ⓲

Muzej Za Umjetnost i Obrt

Trg Maršala Tita 10. *(01) 488 21 11.* *Di–Fr 11–19 Uhr, Sa, So 11–14 Uhr.* *Voranmeldung.* **www**.muo.hr

Das Museum in Hermann Bollés Bau von 1887–92 wurde als Ausstellungsstätte für Kunst und Kunsthandwerk gegründet. Über 3000 Ausstellungsstücke – von der Gotik bis in die Gegenwart – bieten einen umfassenden Überblick über die reiche Kulturgeschichte Kroatiens und deren enge kunsthistorische Verbindungen mit anderen Teilen Europas.

Uhr im Museum für Kunst und Handwerk

Die Sammlungen veranschaulichen auf höchst imposante Weise die Entwicklung von Kunst und Kunsthandwerk vom späten Mittelalter bis zum Art déco und spannen den Bogen zur Gegenwartskunst. Ausgestellt sind u.a. religiöse Objekte und Uhren, Elfenbein- und Metallarbeiten, Keramik und Glaswaren sowie Textilien und Bekleidung.

Gelegentlich werden auch Wechselausstellungen veranstaltet, bei denen Kunstobjekte anderer Länder präsentiert werden.

In der dem Museum angegliederten Bibliothek stehen rund 65 000 Bände über Kunst und Handwerk.

Mimara-Museum ⓳

Muzej Mimara

Rooseveltov trg 5. *(01) 482 81 00.* *Okt–Juni: Di, Mi, Fr, Sa 10–17 Uhr, Do 10–19 Uhr, So 10–14 Uhr. Juli–Sep: Di–Fr 10–19 Uhr, Sa 10–17 Uhr, So 10–14 Uhr.* *Mo.*

Der Unternehmer, Sammler, Maler und Restaurator Ante Topić Mimara stiftete 1972 der Stadt Zagreb seine riesige Sammlung, die heute im Mimara-Museum zu sehen ist. Das Museum ist in einem stattlichen Bau untergebracht, der 1895 von den deutschen Architekten Ludwig und Hülsner im Stil der Neorenaissance errichtet wurde.

Die chronologisch geordneten Arbeiten umfassen Epochen von der Prähistorie bis zur Gegenwart. Besonders faszinierend ist die archäologische Abteilung mit Funden aus dem Alten Ägypten, Mesopotamien, Persien, dem präkolumbischen Amerika sowie aus dem Nahen und Fernen Osten (Japan, Kambodscha, Indonesien und Indien).

Die Ikonensammlung umfasst russische Werke sowie Stücke aus Palästina, Antiochien und Kleinasien aus dem 6. bis 13. Jahrhundert. Beeindruckend sind die antiken persischen, türkischen und marokkanischen Teppiche sowie die über 300 Exponate aus 3500 Jahren chinesischer Kunst von der Shang- zur Qing-Dynastie.

Die 550 ausgestellten Glasgegenstände stammen aus Europa, Persien, der Türkei und Marokko. Rund 1000 Objekte

Renoirs *Die Badende* (1868) im Mimara-Museum

und Möbel bieten einen wunderbaren Überblick über die Entwicklung des europäischen Handwerks vom Mittelalter bis zum 19. Jahrhundert.

Die Skulpturensammlung beinhaltet 200 (antike griechische bis impressionistische) Werke, etwa von den italienischen Bildhauern Giambologna, della Robbia und Verrocchio sowie den französischen Meistern Jean-Antoine Houdon und Auguste Rodin. Die italienische Malerei ist u.a. durch Werke von Veronese, Paolo Veneziano, Pietro Lorenzetti, Raffael, Canaletto, Giorgione und Caravaggio vertreten, der holländische Barock durch Rembrandt, Jacob van Ruisdael und Jan van Goyen. Des Weiteren können flämische Meister wie Rogier van der Weyden, Hieronymus Bosch, van Dyck und Rubens bewundert werden sowie die großen Spanier Diego Velázquez, Bartolomé Esteban Murillo und Francisco Goya.

Das Museum zeigt zudem Gemälde der Engländer John Constable und William Turner sowie französischer Maler wie Camille Pissarro, Auguste Renoir und Édouard Manet.

Putto von Verrocchio, Mimara-Museum

Volkskundemuseum 20

Etnografski Muzej

Trg Braće Mažuranić 14. *(01) 482 62 20.* *Di–So 10–20 Uhr.* *Feiertage.*
www.emz.hr

Das bedeutendste Volkskundemuseum Kroatiens wurde 1919 gegründet. Es ist in einem harmonisch gestalteten Gebäude untergebracht, das 1902 von Vjekoslav Bastl für Ausstellungen der Handelskammer im Wiener Sezessionsstil entworfen wurde. Die Statuen in der Mitte der Fassade stammen von dem Bildhauer Rudolf Valdec, der Maler Oton Iveković schuf die Fresken in der Kuppel. Die rund 2800 ausgestellten Exponate stellen nur einen kleinen Teil des 80000 Objekte umfassenden Museumsbesitzes dar. Das Kunsthandwerk Kroatiens wird durch Gold- und Silberschmuck, Musikinstrumente, herrliche Stickereien, Küchengeräte, Möbel, Werkzeuge, aber auch wunderschöne traditionelle, mit Goldstickereien verzierte Frauentrachten und Festtagsgewänder der Männer anschaulich dargestellt.

Traditionelle kroatische Trachten im Volkskundemuseum

Die Rekonstruktion eines Bauernhauses zeigt Brauchtum und Alltagsleben kroatischer Bauern und Fischer. Sehenswert ist außerdem die Ljeposav-Perinić-Sammlung, eine faszinierende Kollektion von Puppen in traditionellen Trachten.

Die wertvolle Sammlung außereuropäischer Objekte aus Lateinamerika, Zentralafrika, dem Fernen Osten und Australien basiert auf Stiftungen von Wissenschaftlern und Forschern wie etwa Dragutin Lerman oder der Brüder Mirko und Stevo Seljan.

Botanischer Garten 21

Botanički vrt

Marulićev trg 9. *(01) 489 80 60.* *Apr–Okt: Mo, Di 9–14.30 Uhr, Mi–So 9–19 Uhr.*
http://hirc.botanic.hr/vrt

Zu dem von Milan Lenuci entworfenen »Grünen Hufeisen« gehört auch ein großer Park im Stil eines Englischen Gartens. Er wurde 1890 von dem Botanikprofessor Antun Heinz entworfen und der Fakultät für Mathematik und Naturwissenschaften der Universität Zagreb übergeben.

Der 50000 Quadratmeter große Park bildet inmitten der Großstadt eine wahre Oase der Ruhe, in der es sich herrlich spazieren lässt. Rund 10000 Pflanzenarten gedeihen hier, darunter etwa 1800 exotische Gewächse aus der ganzen Welt.

Auf vielen Spazierwegen kann man zwischen Nadelgehölzen, künstlichen Gewässern, Ausstellungspavillons und Gewächshäusern flanieren und die Schönheit der Bäume, Sträucher, Blumen und der in speziellen Teichen gezogenen Wasserpflanzen genießen.

Schön angelegter Teich im Botanischen Garten

Im Kunstpavillon finden bedeutende Ausstellungen statt

Kunstpavillon ㉒
Umjetnički Paviljon

Tomislavov Trg 22. (01) 484 10 70. Di–Sa 11–19 Uhr, So 10–13 Uhr.
www.umjetnicki-paviljon.hr

Der Kunstpavillon war 1896 Kroatiens Beitrag zur Weltausstellung in Budapest. Im Jahr 1898 wurde er von Ferdinand Fellner und Hermann Helmer an seinen heutigen Standort verlegt und dient seitdem als Ausstellungsstätte. Vor dem Pavillon steht eine Plastik von Ivan Meštrović, ein Denkmal für den Renaissance-Maler Andrija Medulić.

Der Tomislavov Trg, an dem der Pavillon steht, ist nach dem ersten kroatischen König Tomislav benannt. Ihm ist auch das Reiterdenkmal von Robert Frangeš-Mihanović gewidmet.

Galerie der Alten Meister ㉓
Galerija Starih Majstora

Siehe S. 164f.

Moderne Galerie ㉔
Moderna Galerija

Andrije Hebranga 1. *(01) 604 10 55.* *Di–Fr 11–19 Uhr, Sa, So 11–14 Uhr.* *Feiertage.*
www.moderna-galerija.hr

Seit 1973 werden im Vraniczany-Palais (1882) Werke herausragender kroatischer Maler und Bildhauer des 19. und 20. Jahrhunderts gezeigt. Die Institution entstand 1905 mit dem ersten Ankauf von Werken von Ivan Meštrović, Mirko Rački und F. Bilak. Im Lauf der Zeit wuchs die vielseitige Sammlung durch weitere Erwerbungen und Schenkungen an. Heute umfasst sie ungefähr 9500 Gemälde, Skulpturen, Aquarelle, Zeichnungen und Drucke.

Am Eingang veranschaulicht das große, 1894 von Vlaho Bukovac geschaffene Gemälde *Gundulić – Osmans Traum* bereits das ausnehmend hohe Niveau dieser Sammlung. Doch auch die ausgestellten Werke anderer kroatischer Künstler sind von erstklassigem Rang: Ljubo Babić, Miljenko Stančić, V. Karas, M. Mašić, Emanuel Vidović, C. Medović, M.C. Crnčić, Bela Csikos Sessija, Ivan Meštrović, Robert Frangeš-Mihanović, Josip Račić, Miroslav Kraljević, V. Becić, O. Hermann und Edo Murtić.

Archäologisches Museum ㉕
Arheološki Muzej

Trg Nikole Šubića Zrinskog 19. *(01) 487 30 00.* *Di–Sa 10–18 Uhr (Do bis 20 Uhr), So 10–13 Uhr.* *Voranmeldung.*
www.amz.hr

Seit 1945 ist das Palais Vraniczany-Hafner Sitz des bereits 1846 gegründeten Archäologischen Museums. Das große Gebäude fällt durch seine imposante Bossenwerkfassade auf. Das Museum zeigt rund 400000 Objekte aus ganz Kroatien, vor allem aus der Gegend um Zagreb. Die Sammlung ist in fünf Abteilungen gegliedert: Prähistorie, Ägypten, Antike, Mittelalter sowie Münzen und Medaillen.

Die erste Abteilung widmet sich der Periode von der Jungsteinzeit bis zur späten Eisenzeit. Hier ist die berühmte *Taube von Vučedol* ausgestellt, ein wie ein Vogel geformtes Gefäß. Trotz der einfachen Materialien, aus denen sie gefertigt sind, zeugen die Exponate von der hohen Kunstfertigkeit der präillyrischen Kulturen.

Gundulić – Osmans Traum **von Vlaho Bukovac, Begründer der modernen kroatischen Malerei, Moderne Galerie**

Hotels und Restaurants in Zagreb *siehe Seiten 230f und 246f*

Im Maksimir-Park findet man Jogger, Flaneure, viel Grün – und den Zoo

Ein interessantes Objekt ist die Bandage, die man bei der Mumie von Zagreb verwendete: Die Herkunft des Stoffs ist unbekannt, der darauf stehende etruskische Text noch nicht vollständig entziffert.

Am bedeutendsten ist die Antikensammlung, u. a. mit dem Lapidarium, das sich im Innenhof befindet. Es handelt sich um eine Sammlung von Steinmonumenten aus römischer Zeit. Das wertvollste Exponat, der *Kopf der Plautilla* aus Salona *(siehe S. 116f)*, wird aktuell nicht ausgestellt, ist aber das Wahrzeichen des Museums.

Kopf der Plautilla, Archäologisches Museum

Die Münzen sind in griechische, römische (Republik, Kaiserreich), byzantinische und moderne Exponate unterteilt.

An das Museum angeschlossen ist ein archäologisches Konservierungslabor, das für die Erhaltung der Exponate sorgt. In der archäologischen Bibliothek nebenan stehen rund 45 000 teilweise sehr wertvolle Bände.

Museum für zeitgenössische Kunst ㉖

Muzej Suvremene Umjetnosti

Avenija Dubrovnik 17. *(01) 605 27 00.* *Di–Fr, So 11–18 Uhr, Sa 11–20 Uhr.* *Voranmeldung.* **www**.msu.hr

Das Museum zeigt rund 12 000 Werke, darunter Zeichnungen, Plakate, Filme, Fotografien, Skulpturen und Gemälde. Die meisten Objekte sind aus der zweiten Hälfte des 20. Jahrhunderts. Die Sammlungen befinden sich seit 2010 in diesem von Igor Franić konzipierten Gebäude.

Maksimir-Park ㉗

Maksimirski Perivoj

Maksimirski Perivoj bb. *tägl.* **www**.park-maksimir.hr

Der größte Park Zagrebs umfasst drei Quadratkilometer und gilt als ein Naturdenkmal. Er ist nach Bischof Maksimilijan Vrhovac benannt, der das 1843 vollendete Projekt bereits im Jahr 1794 initiierte.

Der Park ist im Stil eines Englischen Landschaftsgartens mit großen Rasenflächen, Blumenbeeten, Wäldchen und Seen angelegt. Bei einem der Seen liegt der **Zoo** (Zoološki vrt). Das **Vidikovac** (Belvedere) bietet einen schönen Blick über den Park.

Mirogoj-Friedhof ㉘

Groblje Mirogoj

Mirogoj. *Sommer: tägl. 6–20 Uhr; Winter: tägl. 7.30–18 Uhr.*

Am Fuß des Medvednica-Gebirges liegt vier Kilometer vom Zentrum Zagrebs entfernt der von Hermann Bollé entworfene, 1876 angelegte Mirogoj-Friedhof. Bollé hatte zuvor sein Können durch den Bau der Zagreber Neustadt bewiesen. Auf dem rund 28 000 Quadratmeter großen Areal liegen Kroatiens bekannteste Persönlichkeiten aus Politik, Kunst und Kultur begraben.

Eine imposante Fassade bildet den Eingang zu katholischer und orthodoxer Kapelle. Hier beginnen zwei lange, im Stil der Neorenaissance angelegte Arkaden, die von den Gruften der bedeutendsten Familien gesäumt werden.

Eine lange Allee teilt das Areal in zwei Hälften, die wiederum Bäume und Büsche in Sektionen gliedern. Zwischen dem üppigen Grün der Anlage finden sich Grabskulpturen von führenden kroatischen Bildhauern – von Ivan Meštrović, Jozo Kljaković, Ivan Rendić, Antun Filipović, Antun Augustinčić, Edo Murtić, Ivan Kerdić und Robert Frangeš-Mihanović.

Sehenswert sind jedoch nicht nur die Gräber der Berühmtheiten, sondern auch das Denkmal zu Ehren der Gefallenen des Ersten Weltkriegs von Juri Turkalj und V. Radauš sowie das Monument für die im Zweiten Weltkrieg ermordeten Juden von Antun Augustinčić. An einer der Grünflächen erinnert zudem ein Denkmal an die im Krieg getöteten deutschen Soldaten.

Der hervorragend gepflegte Friedhof ist ein regelrechtes Freiluftmuseum. Die Einheimischen gedenken hier regelmäßig der Toten, indem sie die Gräber liebevoll mit Kerzen und Blumen schmücken.

Arkaden auf dem wunderschönen Mirogoj-Friedhof

Galerie der Alten Meister ㉓

Galerija Starih Majstora

Das Gebäude ließ Josip Juraj Strossmayer, der wohlhabende, einflussreiche Bischof von Đakovo und eine der Schlüsselfiguren des Panslawismus, 1880 errichten. Es beherbergte erst die Akademie der Künste und Wissenschaften, später die Galerie Alter Meister, der Strossmayer etwa 250 Kunstwerke stiftete. Den Innenhof des Neorenaissance-Baus schmückt ein Säulengang. In neun Sälen des Obergeschosses hängen rund 200 Werke der wichtigsten europäischen Schulen des 14. bis 19. Jahrhunderts. Hinter dem Gebäude steht eine große, 1926 von Ivan Meštrović geschaffene Statue des Bischofs Strossmayer.

Jungfrau mit Kind, St. Franziskus und St. Bernhardin von Siena

Das Bild zählt zu de[n] wenigen Arbeiten vo[n] Bartolomeo Caporali (um 1420–1505), di[e] nicht in Perugia hängen.

Susanna und die Alten

Die drei Personen des Gemäldes sind vor einer Landschaft abgebildet. Die ausdrucksvollen Gesichter der beiden Greise wirken, als ob sie der Anblick der schönen Susanna verjüngt hätte. Das Kunstwerk von Majstor Izgubljenogsina zeugt von meisterhafter Technik und zeigt eine wunderbare Farbgebung.

Zweiter Stock

Madame Recamier

Das Porträt von Antoine-Jean Gros (1771–1835) entstand wahrscheinlich um das Jahr 1825. Es zeigt Madame Recamier, die zu dieser Zeit eine der bekanntesten Figuren innerhalb der Pariser Gesellschaft war.

Kurzführer

Im zweiten Stock des Museums werden Werke bedeutender italienischer, französischer, deutscher, flämischer und holländischer Meister gezeigt, auch verschiedene Schulen (14.–19. Jh.) sind vertreten. Keinesfalls sollte man in der Eingangshalle die in glagolitischer Schrift verfasste Tafel von Baška übersehen, eines der ältesten kroatischen Dokumente (11. Jh.).

Hotels und Restaurants in Zagreb *siehe Seiten 230f und 246f*

Jungfrau Maria mit Jesus, Johannes und Engel
Der farbenprächtige Tondo wurde von Jacopo del Sellaio gemalt, einem Künstler aus der Toskana, der wahrscheinlich zum Kreis um Filippo Lippi und Sandro Botticelli gehörte.

INFOBOX

Trg Nikole Šubića Zrinskog 11.
(01) 489 51 17.
Di 10–19 Uhr, Mi–Fr 10–16 Uhr, Sa, So 10–13 Uhr.
 *ohne Blitz.*

Adam und Eva
Das ausdrucksstarke Gemälde stammt von Mariotto Albertinelli (1474–1515), einem Florentiner Maler aus dem Umkreis von Perugino. Es zeigt die Vertreibung aus dem Paradies.

LEGENDE

- Italienische Malerei 14.–16. Jh.
- Italienische Malerei 16.–18. Jh.
- Flämische und holländische Meister, europäische Malerei 15.–17. Jh.
- Französische Meister 18.–19. Jh.
- keine Ausstellungsfläche

★ St. Augustin und St. Benedikt
Die Figuren dieses Meisterwerks des großen venezianischen Künstlers Giovanni Bellini (1430–1516) stehen in einfachen Nischen.

★ St. Sebastian
Das einfühlsam gemalte Bildnis des Heiligen von dem venezianischen Meister Vittore Carpaccio (1465–1525) war Teil eines Polyptychons. Das Gemälde mit der harmonischen Farbgebung thematisiert die Überwindung des Martyriums durch das Lächeln des jungen Mannes im Moment seines Todes.

Haupteingang

NICHT VERSÄUMEN

- ★ St. Augustine und St. Benedikt
- ★ St. Sebastian

ALTARE PRIVILEGIATUM
IN
PERPETVUM.

Zentralkroatien

Zentralkroatien ist im Westen von den Weinbergen von Samobor begrenzt, die sich bis Karlovac und Ogulin erstrecken. Der Süden bis Jasenovac grenzt an Bosnien und Herzegowina. Von Nordosten her dehnt sich das fruchtbare Tal der Save aus, das von Zagreb bis zum Naturpark Lonjsko Polje reicht. Im Schwemmland südlich von Sisak sind zahlreiche Vogelarten heimisch.

Dieser Teil Kroatiens ist von jeher ein Schmelztiegel der Kulturen. Bis zum 12. Jahrhundert v. Chr. wurde das Gebiet von Illyrern besiedelt, auf die im 4. Jahrhundert v. Chr. Kelten folgten. In den illyrischen Städten ließen sich nach dem 1. Jahrhundert n. Chr. die Römer nieder. Die bedeutendste Siedlung war Siscia (das heutige Sisak), die 441 von den Hunnen geplündert und im 6. Jahrhundert von den Awaren überfallen wurde.

Büste der Mitra, 2. Jh. n. Chr., Sisak

Die südliche Grenze zu Bosnien, die auf das Jahr 271 n. Chr. zurückgeht, wurde zur Zeit der Spaltung der West- und der Ostkirche 1054 und später, als die Türken den Balkan eroberten, bestätigt. Um den fortgesetzten Angriffen der Türken Einhalt zu gebieten, errichtete der österreichische Erzherzog Ferdinand 1578 eine *Vojna Krajina* (Militärgrenze). Sie beinhaltete Gebiete, die die Kroaten größtenteils verlassen hatten, um in den Küstenstädten Zuflucht zu suchen. Zum Schutz der Grenze wurden serbische Flüchtlinge, Minderheiten der Walachen, Albaner, Montenegriner und deutschsprachige Gruppen herangezogen. Es entstanden Dörfer, die von Katholiken, Muslimen und Angehörigen der Orthodoxen Kirche gemeinsam bewohnt wurden. Das Zusammenleben war recht harmonisch, bis sich Mitte des 19. Jahrhunderts in Europa nationalistische Ressentiments verbreiteten. Der jüngste Krieg während der 1990er Jahre hat nicht nur zu immensen Zerstörungen, sondern auch zur sogenannten ethnischen Säuberung geführt, bei der Tausende Serben vertrieben wurden.

Dieser Teil Kroatiens ist trotz der landschaftlichen Schönheit, der vielen Kirchen, Museen, Naturreservate und der guten Küche die am wenigsten besuchte Region des Landes.

Pferde auf einer Weide im Naturpark Lonjsko Polje

◁ *Mariä Himmelfahrt*, Fresko von Franc Jelovšek in der Kirche Sv. Anastazija in Samobor *(siehe S. 170)*

Überblick: Zentralkroatien

Dieser Landesteil lässt sich in drei verschiedene Regionen gliedern: das Flachland rund um die Hauptstadt Zagreb mit zahlreichen Gebäuden aus dem 18. Jahrhundert, die an den Standorten antiker Burgen erbaut wurden, das für seine Weinproduktion berühmte Hügelland (Samobor und Karlovac) und schließlich das Grenzland zu Bosnien und Herzegowina südlich von Sisak. Sanft geschwungene Ebenen wechseln sich mit fruchtbaren Weinbergen ab, die höher gelegenen Gebiete sind von dichten Wäldern bedeckt, die Städte locken mit Barockkirchen, Klöstern, Schlössern, Festungen und Museen. Viele Gebäude wurden im Krieg (1991–95) beschädigt. Einige sind wieder instand gesetzt, andere warten noch auf eine Restaurierung.

Exponat aus römischer Zeit, Stadtmuseum, Sisak

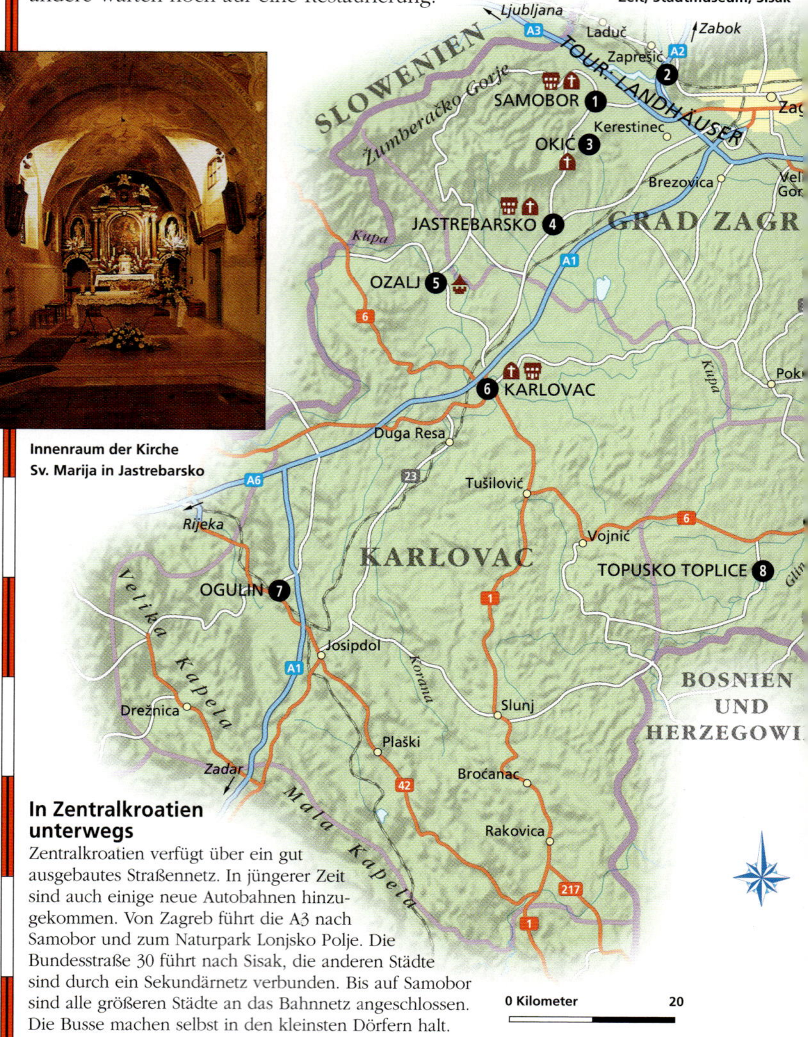

Innenraum der Kirche Sv. Marija in Jastrebarsko

In Zentralkroatien unterwegs

Zentralkroatien verfügt über ein gut ausgebautes Straßennetz. In jüngerer Zeit sind auch einige neue Autobahnen hinzugekommen. Von Zagreb führt die A3 nach Samobor und zum Naturpark Lonjsko Polje. Die Bundesstraße 30 führt nach Sisak, die anderen Städte sind durch ein Sekundärnetz verbunden. Bis auf Samobor sind alle größeren Städte an das Bahnnetz angeschlossen. Die Busse machen selbst in den kleinsten Dörfern halt.

Weitere Zeichenerklärungen *siehe hintere Umschlagklappe*

Sehenswürdigkeiten auf einen Blick

Zur Orientierung

SIEHE AUCH

- ***Hotels*** S. 231f
- ***Restaurants*** S. 247f

Die Save in der Nähe von Sisak

Weinberge rund um Okić

LEGENDE

- Autobahn
- Hauptstraße
- Nebenstraße
- Eisenbahn
- Gespanschaftsgrenze
- Staatsgrenze

Hauptaltar der Kirche Sv. Marija in Samobor

Samobor ❶

Straßenkarte C2. *15200.* *(01) 336 72 76.* *Trg Kralja Tomislava 5, (01) 336 00 44.* *Karneval (Feb); Stadtfest (3. Sa im Okt).* **www**.tz-samobor.hr

Samobor wurde unterhalb einer Burgruine (Stari Grad) erbaut. 1242 erhielt die Gemeinde den Status einer freien Königsstadt und wurde zu einem bedeutenden Handelsplatz. Heute ist Samobor ein Zentrum der kroatischen Gastronomie und rühmt sich einer großen Anzahl einheimischer Gerichte.

Im Stadtzentrum (Taborec) sind alte Holzhäuser und Barockbauten sowie die ursprünglich gotische, im Barockstil umgestaltete **Kirche Sv. Mihalj** (St. Michael) sehenswert. Ebenfalls barock sind die **Kirche Sv. Anastazija** (Hl. Anastasia) und das Franziskanerkloster mit der **Kirche Sv. Marija**. 1752 schuf Franc Jelovšek das Fresko *Mariä Himmelfahrt* hinter dem Hauptaltar, der Altar auf der linken Seite wurde 1734 von Valentin Metzinger ausgestaltet. Das angrenzende Kloster, das rund um einen schönen rechteckigen Kreuzgang angelegt ist, ist im Refektorium sowie in der Bibliothek mit barocken Fresken ausgestattet.

Die Geschichte der Stadt und ihrer Umgebung ist im **Stadtmuseum** (Muzej Grada Samobora) dokumentiert, das im Livadić-Palais (18. Jh.) untergebracht ist. Empfehlenswert ist die Geschichte des Bergsteigens in Kroatien.

Kirche Sv. Anastazija
Ulica Sv. Ane 2. *(01) 336 00 82.* *Voranmeldung.*

Stadtmuseum
Livadićeva 7. *(01) 336 10 14.* *Di–Fr 9–14, Sa 9–13, So 10–17 Uhr.*

Tour: Landhäuser ❷

Siehe S. 172 f.

Okić ❸

Straßenkarte C2. **Bezirk:** *Preradovićeva 42, Zagreb, (01) 4873 665.*

Auf der einsamen Hügelkuppe über Okić ragen die Ruinen einer Stadtfestung empor. Erhalten geblieben sind nur die Überreste einer Mauer mit Rundtürmen, ein Eingangstor sowie eine gotische Kapelle. Die Festung, die bereits in Dokumenten aus dem Jahr 1183 erwähnt wird, gehörte den Adelsgeschlechtern Okić, Zrinski, Frankopan und Erdödy. Sie wurde von den Türken zerstört und im Jahr 1616 aufgelassen.

In dem Ort Okić unterhalb des Hügels lohnt vor allem die **Kirche Sv. Marija** (Hl. Maria) mit ihrem achteckigen Glockenturm einen Besuch. Die Kirche wurde 1893 umgestaltet, ein reich verziertes Portal von 1691 wurde in den Bau integriert. Im Inneren sind Barockaltäre, eine Kanzel sowie ein Taufbecken sehenswert.

Die Ruinen der Stadtfestung von Okić auf einer Hügelspitze

Altargemälde von Metzinger in der Kirche Sv. Marija in Jastrebarsko

Jastrebarsko ❹

Straßenkarte C2. *5500.* *von Zagreb.* *von Zagreb.* *Strossmayerov trg 4, (01) 627 29 40.* **www**.tzgj.hr

Am Fuß der Plešivica-Bergkette zwischen Samobor und Karlovac liegt Jastrebarsko. Die Stadt wird in Dokumenten von 1249 erstmals erwähnt. In diesem Jahr nämlich wurde sie von Bela IV. zur freien Königsstadt erklärt und entwickelte sich in der Folge zu einem lebhaften Handelszentrum für Bauholz, Vieh und Wein. Letzterer wird nach wie vor produziert.

Um 1400 ließ sich die Familie Erdödy hier nieder und errichtete eine imposante **Burg** über rechteckigem Grundriss mit Rundtürmen und einem Innenhof mit Bogengang. Zwei Jahrhunderte später wurde die Burg umgebaut. Heute ist sie der Öffentlichkeit nicht mehr zugänglich.

In der 1772–75 erbauten Barockkirche **Sv. Nikola**

(St. Nikolaus) sollten Besucher ein Fresko von Rašica und das Grab von Petar Erdödy (1567) nicht versäumen. Die **Kirche Sv. Marija** (Hl. Maria) aus dem Jahr 1740 ist für ihre Altäre im Barockstil bekannt. Das der Jungfrau Maria gewidmete Altargemälde aus dem Jahr 1735 stammt von Valentin Metzinger.

Ozalj ❺

Straßenkarte C2. *Karlovac, (060) 338 833; Ozalj, (047) 731 107.* *Kurilovac 1, (047) 731 196.* *Stadtfest (30. Apr); Sommerabende in Ozalj (15.–20. Aug).*
www.ozalj-tz.hr

Auf diesem Felsvorsprung stand einst eine **Burg**, die dem Königshaus gehörte. Sie wurde im 13. Jahrhundert errichtet, um die Straßen und die unterhalb vorbeifließende Kupa überwachen zu können. Die Burg wurde von den Grafen Babonić zu einer Festung ausgebaut und befand sich auch im Besitz der Familie Frankopan und Juraj Zrinskis (spätes 16. Jh.). Nachdem die Türken abgewehrt waren, entstand rund um die Burg ein Dorf.

Teile der Festung, etwa zwei Mauern mit fünf halbkreisförmigen Türmen, sind erhalten geblieben. In deren Nähe befinden sich neuere Gebäude: der Getreidespeicher (*palas*, 16. Jh.) und eine gotische Familienkapelle. Das Hauptgebäude erbte die Familie Thurn und Taxis, die es 1928 restaurieren ließ. Bevor das Gebäude 1971 in ein **Museum** umgewandelt wurde, stand es eine Weile leer. Die Ausstellungen zeigen die Geschichte der Festung und der Gegend, auch glagolitische Inschriften sind zu bewundern.

Die Burg Ozalj war einst im Besitz der Frankopans und Juraj Zrinskis

Burg und Museum
Ulica Zrinskih i Frankopana.
(047) 731 170. wegen Renovierung. Führungen durch einige Bereiche (Mo–Fr 8–15 Uhr).

Karlovac ❻

Straßenkarte C2. *60 000.* *(060) 333 444.* *(060) 338 833.* **Stadt:** *Ulica Petra Zrinskog 3, (047) 615 115;* **Regional:** *A Vraniczanya 6, (047) 615 320.* *Karneval (Feb); Sommer in Karlovac (Juni); Internationales Folkfestival (Aug).*
www.karlovac-touristinfo.hr

Karlovac ist heute eine Industriestadt und ein Verkehrsknotenpunkt der Straßen nach Slowenien. Ursprünglich war Karlovac ein Bollwerk gegen die Türken, die eigentliche Gründung der Stadt erfolgte 1579 durch den österreichischen Erzherzog Karl von Habsburg, nach dem Karlovac benannt ist. Die Stadt wurde von dem Italiener N. Angelini als Festung am Zusammenfluss von Korana und Kupa geplant. Der alte Stadtkern wurde in Form eines sechszackigen Sterns mit Befestigungsanlagen und Gräben angelegt, die heute von ausgedehnten Grünanlagen umgeben sind. Hinter den Bastionen errichtete man 24 sehr ähnliche Gebäude, die heute unterschiedlich genutzt werden.

Wappen, Stadtmuseum, Karlovac

Das Zentrum der Stadt bildet der Strossmayer-Platz mit einem barocken Palais, in dem das **Stadtmuseum** (Gradski Muzej) untergebracht ist. Die archäologischen und ethnografischen Sammlungen dokumentieren die Geschichte von Karlovac. Am Platz Trg bana Jelačića befindet sich ein Franziskanerkloster mit dem **Museum sakraler Kunst**.

Kirchturm der Dreifaltigkeitskirche in Karlovac

Ein Glanzpunkt ist auch die von 1683 bis 1692 erbaute katholische **Kirche Presvetoga Trojstvo** (Dreifaltigkeitskirche), deren Glockenturm aus dem späten 18. Jahrhundert stammt. Berühmt ist der kunstvolle schwarze Marmoraltar von Michele Cussa aus dem Jahr 1698. Die orthodoxe Kirche Sv. Nikola (Hl. Nikolaus) wurde im Jahr 1786 erbaut.

Im Osten erstreckt sich die Stadt bis zur **Burg Dubovac**, einer mittelalterlichen Anlage mit drei Türmen, in der heute ein Hotel untergebracht ist.

Stadtmuseum
Strossmayerov trg 7. *(047) 615 980.* *Mi–Fr 8–16 Uhr, Sa, So 10–12 Uhr.* *nach Vereinbarung.*

Museum sakraler Kunst
Trg bana Jelačića 7. *(047) 615 950/1.* *Informieren Sie sich vorab telefonisch.*

Sv. Trojstvo
Trg bana Jelačića 7. *(047) 615 950/1.* *vor der Messe.*

Tour: Landhäuser ❷

Südlich und westlich von Zagreb liegen mehrere, über die A1 erreichbare kleinere Städte, in denen Bauten von großem architektonischem Interesse den Besuch lohnen. Viele der Häuser stehen an der Straße, die von Zaprešić zu den Hügeln des Zagorje führt. Sie wurden von der kroatischen Aristokratie erbaut, nachdem die Gefahr einer Türkeninvasion gebannt war. Größtenteils handelt es sich um ältere Gebäude, die im 18. und 19. Jahrhundert umgebaut wurden. Fast alle gingen nach dem Zweiten Weltkrieg in Staatsbesitz über. Die meisten Innenräume sind nicht öffentlich zugänglich.

Lužnica ④
Das zweistöckige Gebäude aus dem 18. Jahrhundert hat einen u-förmigen Grundriss. Zwei Rundtürme mit konischem Dach flankieren den mittleren Trakt. Das Zentrum der lang gestreckten Fassade beherrscht ein Giebel. Prachtvoll sind auch das Tor und die darüberliegenden Bogenfenster.

Januševec ⑤
Das sechs Kilometer von Zaprešić entfernte dreistöckige Gebäude ist eines der schönsten Beispiele klassizistischer Architektur in Kroatien. Es wurde um 1830 über rechteckigem Grundriss errichtet und verfügt über eine zentrale Halle mit durchbrochenem Dachaufsatz. Der dreibogige Portikus mit vier Säulen im Zentrum der palladianischen Fassade ist von einem imposanten Giebel gekrönt.

0 Kilometer 3

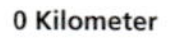

Laduč ⑥
Januševec ⑤
Bregana
E70
Samobor
JASTREBARSKO

Laduč ⑥
Das sieben Kilometer von Zaprešić entfernte Schloss wurde 1882 von K. Waidman für Baron Vladimir Vraniczany errichtet. Die Pastellfarbe des großen zweistöckigen Gebäudes hebt sich elegant von den tiefgrünen Rasenflächen ab. Im Zentrum der Fassade befindet sich ein dreibogiger Portikus, darüber eine überwölbte Loggia. Heute ist in dem Gebäude eine soziele Einrichtung untergebracht.

Novi Dvori ③
Das neoromanische Gebäude in der Nähe von Zaprešić steht auf dem Gelände des einstigen Landsitzes von *ban* Josip Jelačić (1801–1859). Das von einem großen Park umgebene Haus wurde 1991 teilweise restauriert. Die Fassade ist mit einem Stufengiebel verziert, dem Eingang ist ein zweibogiger Portikus vorgelagert. Auf dem Grundstück befindet sich auch das Familiengrab.

ROUTENINFOS

Start: *Brezovica.*
Länge: *40 km einfach.*
Information: *Bis auf einige Ausnahmen sind alle in der Tour angeführten Landhäuser nur von außen zu besichtigen.*
Fremdenverkehrsbüro Zagreb: Trg bana Jelačića 11.
(01) 481 40 51, 481 40 52.
Rasten: *Samoborska Klet, Trg Kralja Tomislava 7.*
(01) 332 65 36.
Das traditionsreiche Restaurant liegt in Samobor; zu den preiswerteren Gaststätten gehört z. B. das Brauhaus Samoborska Pivnica.

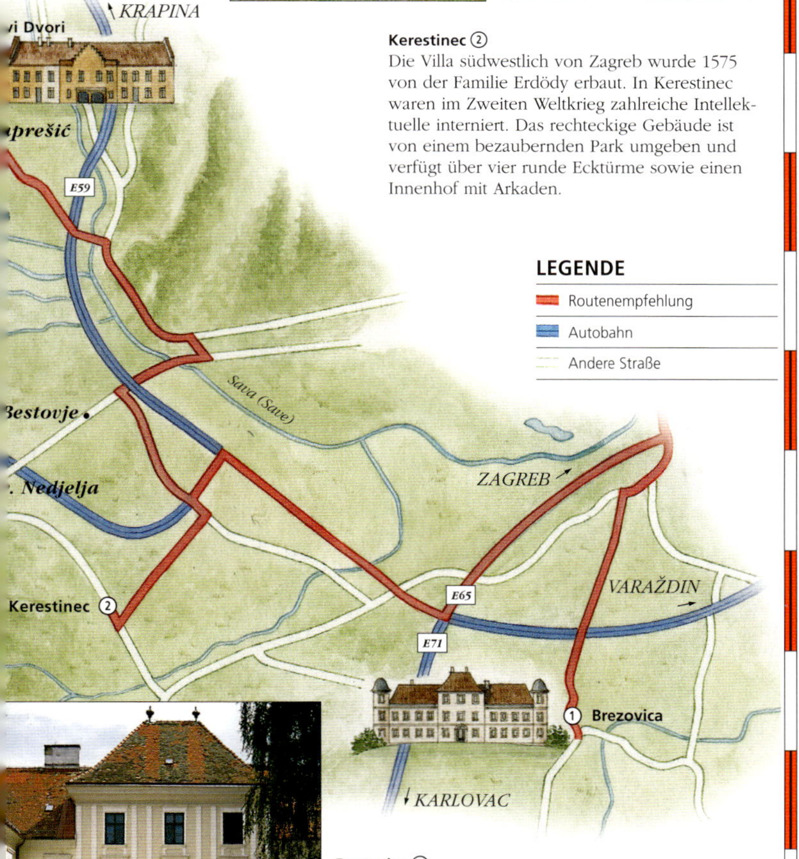

Kerestinec ②
Die Villa südwestlich von Zagreb wurde 1575 von der Familie Erdödy erbaut. In Kerestinec waren im Zweiten Weltkrieg zahlreiche Intellektuelle interniert. Das rechteckige Gebäude ist von einem bezaubernden Park umgeben und verfügt über vier runde Ecktürme sowie einen Innenhof mit Arkaden.

LEGENDE

- Routenempfehlung
- Autobahn
- Andere Straße

Brezovica ①
Dieses Haus ließ die Familie Drašković im 16. Jahrhundert errichten. Zwei Jahrhunderte später wurde es in ein Barockpalais umgewandelt, eine Zeit lang war darin ein Luxushotel untergebracht. Das Gebäude hat einen u-förmigen Grundriss, die Fassade wird von zwei Rundtürmen und einem erhöhten Mittelteil geprägt.

Burg (15. Jh.) der Fürsten Frankopan in Ogulin

Ogulin 7

Straßenkarte C2. 8800. *(047) 525 001.* *Kardinala A. Stepinca 1, (047) 532 278.* **www**.tz-grada-ogulina.hr

Diese Stadt ist in Kroatien in erster Linie deswegen bekannt, weil Marschall Tito *(siehe S. 42f)* zwischen 1927 und 1933 hier inhaftiert war. Das Gefängnis befand sich in der Burg, die die Fürsten Frankopan im 15. Jahrhundert erbauten. Die Burgmauern umschlossen ein großes Gebäude mit zwei hohen Türmen, eine gotische Kapelle und mehrere Häuser, die errichtet wurden, als Ogulin 1627 Teil der *Vojna Krajina* (Militärgrenze, *siehe S. 39*) wurde. Ein Teil des Hauptgebäudes wurde dem **Landesmuseum** zur Verfügung gestellt, das in die Abteilungen »Archäologie«, »Folklore« und »Bergsteigen« gegliedert ist.

Unweit der Stadtfestung, in der Nähe der Đula-Schlucht, befindet sich die alte Burg (Zulumgrad).

Topusko Toplice 8

Straßenkarte D2. 800. *von Zagreb, Sisak, Karlovac.* *Trg bana Jelačića 4, (044) 885 203.* *Honigtage (Feb), Folklorefest (Juni).* **www**.turizamtopusko.com

Durch das Zisterzienserkloster in Topusko Toplice wurde das Christentum in der Region Banovina verbreitet. Die Gegend südlich von Sisak, zwischen der Save und der Glina, ist vor allem von grünen Tälern geprägt. Das Kloster wurde im Jahr 1204 von dem ungarischen König Andreas II. gegründet. Im Mittelalter entstand rund um das Kloster ein Dorf, dessen Grundmauern derzeit freigelegt werden. Die Ausgrabungsfunde sind im Optavina-Park zu besichtigen.

Die nahen Heißwasserquellen (bis zu 78 °C) dienten zur Zeit der Römer sowie in der ersten Hälfte des 19. Jahrhunderts als Thermalbad, das auch Kaiser Franz Joseph mitsamt seinem Hofstaat besuchte. Heute werden in dem Kurort rheumatische, neurologische und posttraumatische Erkrankungen behandelt. Das Wasser kommt aus rund 1500 Meter Tiefe, die Wasserqualität hat sich seit rund 200 Jahren nicht verändert.

Sisak 9

Straßenkarte D2. 36 800. *(044) 524 724.* *(060) 330 060.* *Rimska ulica bb, (044) 522 655.* **www**.sisakturist.com

Die Stadt Sisak liegt in dem Gebiet, in dem die Flüsse Kupa und Odra in die Save münden. Sisak spielte in der Geschichte Kroatiens schon immer eine bedeutende Rolle. Der Name der Stadt wechselte in den vergangenen 2000 Jahren häufig: Das illyrisch-keltische Segestica wurde von den Römern Siscia und später Colonia Flavia genannt. Rom nahm die Stadt nach einem blutigen Kampf ein, in dem Kaiser Augustus verwundet wurde. Nach der Eroberung der Balkanländer ernannte der Kaiser den Ort zur Hauptstadt der Provinz Pannonia Savia, wodurch Sisak zu einem bedeutenden Handelszentrum wurde.

***Herkules* (1. Jh. n. Chr.), Museum Sisak**

Die Stadt wurde 441 von Attila zerstört und musste im 6. Jahrhundert mehrere Angriffe der Awaren und Slawen überstehen. Danach wurde sie von Kroaten wieder aufgebaut und erhielt ihren heutigen Namen. Von Sisak aus begann zudem Fürst Ljudevit im 8. Jahrhundert die Eroberung Kroatiens. Im 10. Jahrhundert wurde die Stadt erneut zerstört – diesmal von Ungarn. Daraufhin verlegte der Bischof die Diözese nach Zagreb. In Sisak ließ er eine Festung erbauen, die 1593 zum Schauplatz des Kampfes wurde, der zur ersten türkischen Niederlage auf dem Balkan führte.

Aufgrund des Schifffahrtszolls erlebte Sisak eine lange Periode des Wohlstands. Aus dieser stammen Barockbauten wie das alte und das neue Rathaus.

Die Mitte des 16. Jahrhunderts zur Zeit der Türkeninvasionen ausgebaute **Festung** (Stari Grad) am Fluss Kupa südlich der Stadt ist von einem Park umgeben. Sie erhebt sich über einem dreieckigen Grundriss, die drei großen runden Ziegeltürme (1544–55) sind durch eine hohe, von Schießscharten durchbrochene Mauer verbunden. Im Park befindet sich ein schönes traditionelles Bauernhaus, im **Stadtmuseum** (Gradski Muzej) sind Exponate aus der alten Römersiedlung zu sehen.

Die im 13. Jahrhundert errichtete Festung von Sisak am Fluss Kupa

Festung
Tome Bakača Erdödyja. *(044) 811 811.* *tel. erfragen.*

Stadtmuseum
Kralja Tomislava 10. *(044) 811 811.* *Apr–Sep: Di–Fr 10–18 Uhr, Sa, So 9–12 Uhr; Okt–März: Mo–Fr 7.30–13.30 Uhr, Sa, So nach Vereinbarung.* **www**.musejsisak.hr

Hotels und Restaurants in Zentralkroatien *siehe Seiten 231 f und 247 f*

Umgebung: Etwa 20 Kilometer südwestlich liegt **Gora**, das im Mittelalter das Zentrum einer gleichnamigen *županija* (Gespanschaft) war. Seinen Sitz hatte der Verwaltungsbezirk in einer Burg, die in Dokumenten von 1242 erwähnt wird, von den Türken 1578 jedoch zerstört wurde. Dieses Schicksal ereilte auch die gotische **Kirche Uznesenja Blažene Djevice Marije** (Mariä Himmelfahrt), die man im 18. Jahrhundert im Barockstil restaurierte. Sie besitzt zahlreiche Kapellen, Gemälde und einen schönen Marmoraltar.

Das tulpenförmige Monument von Bogdanović im Friedhof Jasenovac

Hrvatska Kostajnica ⑩

Straßenkarte D2. *2000.* *von Zagreb, Sisak.* *von Zagreb, Sisak.* *Vladimira Nazora, (044) 851 800.*

Dem Dorf sind noch die Verwüstungen des Krieges der 1990er Jahre anzusehen. Es liegt am linken Ufer des Flusses Una, der über weite Teile die Grenze zwischen Kroatien und Bosnien und Herzegowina bildet. In der Nähe einer Brücke steht eine im Mittelalter errichtete Burg, die mehrmals zerstört wurde. Die **Kirche und das Kloster des hl. Antonius von Padua** (17. Jh.) wurden restauriert. Schmuckstücke der Innenausstattung sind die barocken Altäre, für die die Kirche berühmt war.

Umgebung: Rund 14 Kilometer südwestlich befindet sich **Zrin** mit den Ruinen einer im 14. Jahrhundert von der Familie Babonić errichteten Burg. 1347 kam sie in den Besitz der Fürsten von Bribir. Ein Teil der Familie nannte sich nach dem Dorf um die Burg »Zrinski«. Ab 1577 stand der Ort unter türkischer Besatzung, bis die Türken ihn gegen Ende des 17. Jahrhunderts schließlich zerstörten.

Die Zrinskis spielten eine wichtige Rolle in der kroatischen Geschichte: zunächst als Verteidiger der Region gegen die Türken, später als Initiatoren des misslungenen Versuchs, das Land von den Habsburgern zu befreien.

Jasenovac ⑪

Straßenkarte E2. *1200.* *von Sisak.* *von Sisak.* *Trg Kralja Petra Svačića 3, (044) 672 490.*

Mit dem Ort ist vor allem die Erinnerung an ein Konzentrationslager verbunden, in dem während des Zweiten Weltkriegs Zehntausende von Juden, Zigeunern, Serben und Kroaten ums Leben kamen. Zum Gedenken errichtete man auf dem Friedhof ein von Bogdan Bogdanović entworfenes Monument.

Die ursprünglich gotische Kirche Sv. Luka in Novska

Novska ⑫

Straßenkarte E2. *7300.* *von Zagreb, Sisak, (044) 892 421.* *von Zagreb, Sisak.* *Potočna ulica 1a, (044) 601 305.*

Handel und Industrie der Stadt profitieren von dem nahe gelegenen dichten Bahn- und Straßennetz sowie von der Nähe des Naturparks Lonjsko Polje *(siehe S. 176)*. Auch Exkursionen in die Psunj-Berge und andere sportliche Aktivitäten bieten sich von Novska aus an.

Die barocke Kirche **Sv. Luka** (St. Lukas) wurde 1775 fertiggestellt. Im Innenraum sieht man einen schönen Altar sowie moderne Gemälde von Z. Šulentić. Die **Galerie Bauer** präsentiert naive und zeitgenössische Malerei.

Die mittelalterliche Burg von Kostajnica liegt am Ufer der Una

Storchennest im Naturpark Lonjsko Polje

Naturpark Lonjsko Polje ⓭

Straßenkarte D2. **Park-Büro (Krapje)** *(044) 672 080. Eingang in Čigoć:* *(044) 715 115. Apr–Okt: tägl. 8–16 Uhr; Nov–März: Voranmeldung.* **www**.pp-lonjsko-polje.hr

Die breite Flussbiegung der Save zwischen Sisak und Stara Gradiška wurde 1963 zum Vogelschutzgebiet erklärt. Seit 1990 ist das große Areal (506 km²) auch Naturschutzgebiet. Bei Tauwetter wurde es regelmäßig von der Save und ihren Nebenflüssen Lonja, Ilova, Pakra und Čazma überschwemmt. Im Sommer und Frühherbst zog sich das Wasser wieder zurück. Seit den 1960er Jahren werden nun Teile des Bodens durch ein Abflusssystem entwässert. Obwohl das Gebiet heute weniger als zehn Prozent der ursprünglichen Größe umfasst (6,5 km²), ist der Park nach wie vor eines der faszinierendsten Sumpfgebiete Europas.

Große Wälder mit Eichen, Pappeln, Eschen und Weiden säumen die Flussufer und das Umland, auf den trockenen Feldern weiden in den Sommermonaten Schafe. Im Park leben Bären und Rotwild sowie schwarze Turopolje-Schweine und Posavina-Pferde. Letztere zählen zu den geschützten Arten.

Der Park ist ein bedeutender Nistplatz für den alljährlich im Frühling eintreffenden Schwarzstorch, für zahlreiche Reiherarten, etwa den Silberreiher, sowie für einige Greifvögel, darunter die seltene Weihe und den Seeadler.

Kutina ⓮

Straßenkarte D2. *15 000.* *(060) 333 444.* *(060) 355 060.* *Crkvena 42, (044) 681 004.* **www**.turizam-kutina.hr

Kutina in der Gespanschaft Moslavina wurde über den Ruinen eines römischen *castrum* erbaut, wovon zahlreiche archäologische Funde zeugen. Zwei Burgen prägten die Geschichte der Stadt: Kutinjac Grad, die bereits 1256 erwähnt wird, und die Festung Plovdin, von der nur Ruinen und Teile der Mauern erhalten sind.

Im 17. Jahrhundert, als Kutina sich auf der Ebene südlich der Festung ausbreitete, erlebte die Stadt erneut eine Blütezeit. Um 1770 ließ Graf Karl Erdödy die **Kirche Marija Snježna** (Maria im Schnee) errichten. Sie ist von einem überdachten Bogengang umgeben und mit Stuckarbeiten sowie Trompe-l'Œil-Gemälden von Josip Görner ausgestattet. Die skulpturale Ausgestaltung und die Altarintarsien sind barocke Meisterwerke.

In dem 1895 umgebauten Schloss Erdödy ist das **Regionalmuseum** (Muzej Moslavine) untergebracht mit Ausstellungsstücken zur Folklore und Geschichte der Region.

Regionalmuseum
Trg Kralja Tomislava 13. *(044) 683 548.* *Di–Fr 8–13 Uhr.*

Innenansicht der Kirche Marija Snježna in Kutina

Umgebung: Etwa 50 Kilometer nordwestlich von Kutina liegen **Ivanić-Grad** und die Städte **Kloštar Ivanić** und **Križ**. In den Werkstätten in Ivanić-Grad werden kunsthandwerkliche Produkte aus Flachs und Leinen hergestellt.

In Kloštar Ivanić befinden sich ein Franziskanerkloster aus dem Jahr 1508 und die Kirche Sv. Marija (Hl. Maria), in der Silber- und Gemäldesammlungen sowie reich illustrierte Musik-Codices zu sehen sind.

Die Pfarrkirche des hl. Kreuzes in Križ wurde im 11. Jahrhundert von Kreuzrittern gegründet. Sehenswert sind das Barock-Interieur und die großartige Orgel von 1787.

Überreste der alten Festungsanlage rund um Garić

Garić ⓯

Straßenkarte D2. *76 (Podgarić).* **Regional:** *Trg Eugena Kvaternika 4, Bjelovar, (043) 243 944.*

Auf einem Hügel der Moslavačka-Bergkette (Moslavačka Gora) nahe Podgarić ragen die Ruinen der befestigten Stadt Garić empor, die 1256 als *castrum* erwähnt wurde. 1277 wurde sie vom König dem Bischof Timotej von Zagreb zugesprochen, der ihre Verteidigung den Grafen von Gardun und später jenen von Cilli überließ. Unterhalb von Garić gründete der Paulinerorden 1295 das Marienkloster. 1511 wurden Stadt und Kloster von den Türken zerstört.

Die befestigte Stadt war einst von hohen Mauern, einem Stadtgraben mit Türmen sowie weiteren Türmen innerhalb der Mauern umgeben.

Hotels und Restaurants in Zentralkroatien *siehe Seiten 231 f und 247 f*

Die Dynastien Zrinski und Frankopan

Nach dem Tod von Dujam, dem Fürsten von Krk, im Jahr 1163 und der Versicherung Venedigs, dass Krk im Besitz der Familie bleiben werde, nahmen seine Nachfahren den Namen Frankopan *(Frangere Panem)* an. Sie waren bis 1480, als sie die Insel aufgaben, Verbündete Venedigs. Auch danach verfügten sie noch über riesige Besitzungen, die sie von den ungarischen Königen erhalten hatten. Die Familie Šubić wurde zu Fürsten von Bribir, als ihnen König Andreas II. 1290 die Stadt überließ. 1347, als sie gezwungen wurden, nach Zrin überzusiedeln *(siehe S. 175)*, nahmen sie den Namen »Zrinski« an. Die Hinrichtung von Petar Zrinski und von Fran Krsto Frankopan im Jahr 1671 löschte die beiden mächtigsten kroatischen Adelsgeschlechter aus. Ihr Besitz ging in habsburgische Hände über.

Fran Krsto Frankopan *(1643–1671), der Urenkel von Krsto Frankopan und Erbe von Mario Frangipane (römischer Zweig der Familie), wurde 1671 wegen seiner Rolle bei der Verschwörung gegen die Habsburger in der Wiener Neustadt hingerichtet.*

Krsto Frankopan *(1480–1527), der Sohn von Bernard, dem* ban *von Kroatien, und Louise von Aragon, kämpfte im frühen 16. Jahrhundert als General des österreichischen Kaisers Maximilian I. für die Unabhängigkeit Ungarns. Er wurde in Mailand inhaftiert und starb in Venedig.*

Fran Krsto Frankopan erwartet seine Hinrichtung

Petar Zrinski wird enthauptet

Hinrichtung der Rebellen

Am 30. April 1671 wurden Petar Zrinski, der *ban* von Kroatien, und sein Schwager, Fran Krsto Frankopan, auf Anordnung von Kaiser Leopold I. auf dem Stadtplatz der Wiener Neustadt wegen Hochverrats enthauptet. Sie hatten versucht, eine Koalition kroatischer Feudalherren gegen die Habsburger zu bilden.

Nikola Zrinski *kämpfte als Verteidiger des Christentums gegen die Türken. Er starb im Jahr 1566 in der Schlacht von Siget, nachdem er das Angebot des Sultans,* ban *von Kroatien zu werden, abgelehnt hatte.*

Petar Zrinski *war 1664* ban *(Befehlshaber) und Anführer der Bewegung, die versuchte, den Einfluss der Habsburger in Kroatien einzudämmen. Die geplante Revolte wurde durch Verrat und das Versprechen auf eine Einigung vereitelt. Die beiden Anführer gingen nach Wien, um mit dem Kaiser zu verhandeln. Dort wurden sie inhaftiert und kurz darauf enthauptet.*

Seerosen im Naturpark Lonjsko Polje *(siehe S. 176)*, einem Paradies für viele Tierarten ▷

Slawonien und Baranja

Der östlichste Teil Nordkroatiens grenzt an Ungarn, Serbien sowie an Bosnien und Herzegowina. Dies ist eines der fruchtbarsten Gebiete Europas und als »Kornkammer« Kroatiens bekannt. Die Landschaft Slawoniens und der Baranja ist von endlosen Weizen- und Maisfeldern, Weinbergen und Wäldern geprägt. In der Hauptstadt Osijek ist die Festung berühmt.

Ursprünglich waren Slawonien und die Baranja von Illyrern besiedelt. Im 2. Jahrhundert v. Chr. drangen die Römer in die Region vor. Diese benötigten mehr als 200 Jahre, um die Einwohner der Provinz Pannonia, wie sie das Gebiet nannten, zu unterwerfen. Ab 402 n. Chr. folgten zunächst die Goten, dann die Hunnen, Westgoten, Burgunder, Gepiden, Langobarden, Sarmaten und schließlich die Awaren. Als die Slawen nach Pannonia kamen, war von der römischen Herrschaft wenig geblieben. Das Land, das nun Slawonien genannt wurde, war nahezu menschenleer.

Fresko, Kirche des hl. Franziskus, Požega

925 wurde das Königreich Kroatien gegründet, 1097 jedoch bereits wieder aufgelöst, als König Koloman Slawonien beherrschte und die ungarische Oberhoheit begann. Nach der Schlacht bei Mohács (1526) war Slawonien bis 1689 Teil des Osmanischen Reichs. Um den Konflikten zwischen den Türken und dem Römischen Reich entgegenzuwirken, errichteten die Habsburger 1578 eine Militärgrenze *(Vojna Krajina)*. Diese verlor 1881 an Bedeutung, als die Türken Bosnien und Herzegowina an Österreich-Ungarn abtraten. Die Grenze wurde aufgehoben und das Land in die k. u. k. Monarchie integriert.

Bei Kriegsausbruch im Jahr 1991 war die Existenz serbischer Dörfer Vorwand für die serbische Besetzung Slawoniens. 1995 ging das Gebiet unter Aufsicht der Vereinten Nationen wieder an die Kroaten. Obwohl entlang der Grenze, vor allem in Vukovar, immer noch Kriegsschäden sichtbar sind, geht der Wiederaufbau rasch vonstatten. Heute locken die historischen Schätze und die landschaftliche Schönheit Slawoniens wieder viele Besucher in die Region.

Einheimische in der typischen Landestracht der Region

◁ Die schlanken Türme der neugotischen Kirche Sv. Petar i Pavao *(siehe S. 191)* bestimmen das Stadtbild von Osijek

Überblick: Slawonien und Baranja

Slawonien erstreckt sich zwischen der Donau (Dunav) und den Flüssen Save (Sava) und Drau (Drava) und läuft in bewaldete Hügel oder Weinberge aus. Einst wurde das Gebiet von den Flüssen für viele Monate im Jahr in ein riesiges Sumpfgebiet verwandelt. Die Baranja im hohen Nordosten hat die Form eines Dreiecks, das von der Drau, der Donau und der ungarischen Grenze gebildet wird. Die Ebenen sind mit Maisfeldern bedeckt, auf den Hügeln wird Wein angebaut. Im Süden tritt die Drau regelmäßig über die Ufer, und die Flussauen, in denen sich heute der Naturpark Kopački Rit befindet, stehen von Frühling bis Herbst unter Wasser. In dem bedeutenden Naturschutzgebiet nisten Hunderte Vogelarten, darunter auch der seltene Schwarzstorch.

Am Südufer der Drau liegt die Hauptstadt Osijek mit ihren breiten Straßen, den Parks und der Architektur im Stil des Klassizismus und des Jugendstils.

Der barocke Glockenturm der Kirche Sv. Rok in Virovitica

Landschaft bei Slavonski Brod

Sehenswürdigkeiten auf einen Blick

- Bizovac 21
- Đakovo 8
- Darda 20
- Daruvar 1
- Donji Miholjac 23
- Erdut 15
- Ernestinovo 17
- Ilok 12
- Kutjevo 5
- Lipik 2
- Našice 24
- *Naturpark Kopački Rit S. 194f* 18
- Nova Gradiška 3
- Novi Mikanovci 9
- Orahovica 25
- *Osijek S. 190–193* 16
- Požega 4
- Šarengrad 13
- Slavonski Brod 6
- Topolje 19
- Valpovo 22
- Vinkovci 11
- Virovitica 26
- Vrpolje 7
- Vukovar 14
- Županja 10

Weitere Zeichenerklärungen *siehe hintere Umschlagklappe*

In Slawonien und der Baranja unterwegs

Osijek war lange Zeit ein bedeutender Knotenpunkt des Bahn-, Straßen- und Schiffsverkehrs. Seit dem Krieg der 1990er Jahre verloren Bahn- und Schiffsverkehr zwar an Bedeutung, doch laufen in Osijek nach wie vor alle Straßen der Region zusammen. Dank des gut ausgebauten Straßennetzes ist die Stadt über die Bundesstraße 3 von Varaždin, die Bundesstraße 7 von Vukovar und die E73 von Ungarn aus bequem zu erreichen. Auch das Busnetz ist gut ausgebaut. Etwa sieben Kilometer von Osijek entfernt befindet sich ein Regionalflughafen mit täglichen Flügen nach Zagreb. Osijek selbst verfügt über ein ausgezeichnetes, preisgünstiges und unkompliziertes Straßenbahnnetz.

Zur Orientierung

SIEHE AUCH

- ***Hotels*** S. 232f
- ***Restaurants*** S. 248f

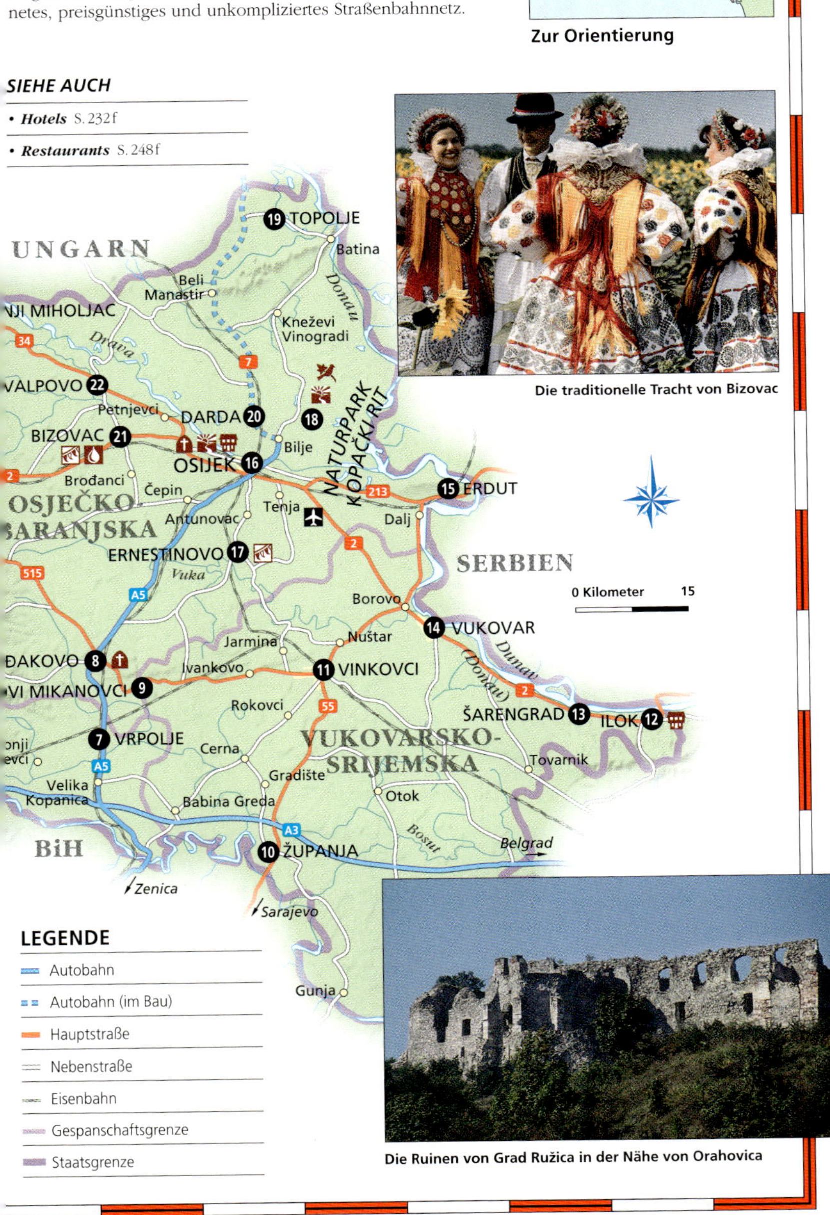

Die traditionelle Tracht von Bizovac

Die Ruinen von Grad Ružica in der Nähe von Orahovica

Daruvar ❶

Straßenkarte E2. *10 000.*
Osijek, 130 km; Zagreb, 150 km.
Trg Kralja Tomislava 12, (043) 331 382. *Weinausstellung (Mai/Juni).* **www**.tz-daruvar.hr

Schon zur Zeit der Römer war das Gebiet wegen der Heißwasserquellen, die am Fuß des Papuk-Gebirges entspringen, unter dem Namen »Aquae Balissae« bekannt.

Die Stadt Daruvar entwickelte sich aus drei mittelalterlichen Siedlungen. 1760 kaufte der ungarische Graf Antun Janković das Gebiet und ließ hier das barocke Schloss Daruvar und das erste **Heilbad** errichten. Heute besitzt Daruvar (»Stadt des Kranichs«) Thermalhotels, ein **Kurzentrum** (Daruvarske Toplice) und einen Wasserpark.

Auch eine katholische und eine orthodoxe Kirche (beide 18. Jh.) lohnen einen Besuch. Daruvar ist ein Zentrum der tschechischen Minderheit in Kroatien.

Heilbad
Julijev Park. *(043) 623 620.*

Lipik ❷

Straßenkarte E2. *2300.*
Osijek, 93 km; Zagreb, 155 km.
von Pakrac. *Trg Kralja Tomislava 3, (034) 421 600.* *Stadtfest (4. Nov).* **www**.tz-lipik.com

Das Gebiet (Aquae Balissae) war schon zur Römerzeit wegen seiner Heilquellen bekannt. Als man im frühen 19. Jahrhundert eine an verschiedenen Mineralien reiche Heißwasserquelle entdeckte, entwickelte sich Lipik zu einem der bekanntesten Kurorte Kroatiens, der sich besonders in der Zwischenkriegszeit großer Beliebtheit erfreute. Lipik wurde im Krieg von 1991 stark beschädigt, doch hat man mittlerweile ein neues **Heilbad** erbaut und die Hotels sowie das Kurzentrum renoviert.

Lipik ist auch für sein Lipizzaner-Gestüt berühmt.

Heilbad (Toplice)
Marije Terezije 13. *(034) 440 700.*

Barockgebäude am Trg Sv. Trojstvo, dem Hauptplatz von Požega

Nova Gradiška ❸

Straßenkarte E2. *13 300.*
Osijek, 93 km; Zagreb, 155 km.
(035) 361 610. *(035) 361 219.*
Matije Antuna Reljkovića 9, (035) 361 494. **www**.tzgng.hr

Die Stadt wurde 1748 als österreichische Grenzgarnison Friedrichsdorf gegründet. Das heutige Nova Gradiška liegt am Fuß des Psunj in einer fruchtbaren Ebene. Auf dem von barocken Gebäuden gesäumten Hauptplatz findet regelmäßig ein Obst- und Gemüsemarkt statt.

Die klassizistische Kirche **Sv. Stepan Kralj** (der Unbefleckten Empfängnis, Začeće Marijino, geweiht) und die Kapelle **Sv. Terezija** (Hl. Theresia) von 1756 wurden in jüngerer Zeit restauriert.

Sv. Stepan Kralj
Aloizija Stepinca 1. *(035) 362 203.* *tägl. 8–18 Uhr.*

Die Barockkapelle Sv. Terezija in Nova Gradiška

Požega ❹

Straßenkarte E2. *21 000.*
Osijek, 67 km; Zagreb, 175 km.
(034) 273 911. *(034) 273 133.* *Antuna Kanižlića 3, (034) 274 900.* *Fest des hl. Gregor (12. März); Musikfestival Zlatne žice Slavonije (3. Wochenende im Sep).* **www**.pozega-tz.hr

Die zwischen Sisak und Osijek gelegene Stadt wurde ursprünglich von den Römern unter dem Namen »Incerum« gegründet. Im 11. Jahrhundert war Požega eines der Zentren der häretischen Bewegung der Bogomilen. Nach deren Vertreibung im 12. Jahrhundert wurde die Stadt von König Bela IV. dem Templerorden übereignet.

1285 gründeten die Franziskaner ein Kloster, dessen Kirche während der türkischen Besatzung als Moschee diente. Im 18. und 19. Jahrhundert nannte man die Stadt wegen der kulturellen Veranstaltungen zur Erinnerung an die Vertreibung der Türken im Jahr 1691 das »slawonische Athen«. Požega erhielt in dieser Zeit ein neues Gepräge. Am Hauptplatz, dem Trg Sv. Trojstvo, wurden Gebäude mit Stuckverzierungen und barocken Säulengängen errichtet.

Auf dem Platz befinden sich eine Pestsäule von Gabrijel Granicije sowie die restaurierte Kirche **Sv. Franjo** (St. Franziskus). Im angrenzenden Kloster leben nach wie vor Franziskanermönche.

Hotels und Restaurants in Slawonien und der Baranja *siehe Seiten 232 f und 248 f*

Interessante Beispiele barocker Architektur bieten das Jesuitenkolleg (1711), das Gymnasium (1726) und die Academia Posegana (1763), alle von Jesuiten gegründet. Die aus dem Jahr 1763 stammende Kirche **Sv. Terezija Avilska** (Hl. Theresa) wurde 1997 zur Kathedrale erhoben. Die Wandfresken gestalteten Celestin Medović und Oton Iveković.

Die Kirche **Sv. Lovro** (Hl. Laurentius, 14. Jh.) wurde um 1700 im Barockstil umgestaltet. Einige Fresken aus dem 14. Jahrhundert sind noch erhalten. Grabsteine wie jener des Dichters Antun Kanižlić (1699–1777) erinnern an die großen Söhne der Stadt. Auf dem Platz zwischen der Kirche des hl. Franziskus und dem Jesuitenkolleg befindet sich eine Statue von Luka Ibrišimović, einem Franziskanermönch, der sich in den Kämpfen gegen die Türken hervortat.

Fresko (14. Jh.) in der Kirche Sv. Lovro in Požega

Das **Stadtmuseum** (Gradski Muzej) zeigt archäologische Funde, romanische Reliefs und barocke Gemälde.

Am 12. März wird in Požega alljährlich der im Jahr 1688 errungene Sieg über die Türken gefeiert.

Sv. Terezija Avilska
Trg Sv. Terezije 13. *(034) 274 321.* *tägl. 8–12, 15–18 Uhr.*

Stadtmuseum
Matice Hrvatske 1. *(034) 272 130.* *Mo–Fr 9–14 Uhr, Sa, So nach Voranmeldung.*

Kutjevo 5

Straßenkarte F2. *2800.* *Osijek, 62 km.* *Našice, 27 km.* *Republike Hrvatske 77, (034) 315 008.* *Fest des hl. Gregor (12. März).*

Die Stadt ist ein bedeutendes Zentrum des Weinbaus und berühmt für das Weingut der Zisterzienser: 1232 gründete der Orden hier ein Kloster und förderte die Kultivierung von Weinstöcken. Nach der Herrschaft der Türken wurde das Kloster Ende des 17. Jahrhunderts von den Jesuiten übernommen. Die Keller der Zisterzienser sind noch intakt, und der Wein ist nach wie vor wichtiger Wirtschaftsfaktor.

Im Jahr 1732 errichteten die Jesuiten auch die Kirche **Sv. Marija** (Hl. Maria), in der eine Madonna mit Kind von A. Cebej (1759) sehenswert ist.

Slavonski Brod 6

Straßenkarte F3. *60 000.* *Osijek, 100 km; Zagreb, 197 km.* *(060) 333 444.* *Trg Hrvatskog proljeća, (060) 310 310.* **Stadt:** *Trg Pobjede 30, (035) 448 594;* **Regional:** *Petra Krešimira IV 2, (035) 408 393.* *Brodsko kolo (Folklorefestival, Mitte Juni).* **www**.tzgsb.hr.

Diese an der Stelle der römischen Siedlung Marsonia erbaute Stadt wurde so angelegt, dass der Verkehr auf dem Fluss Save, der Grenze zu Bosnien und Herzegowina, überwacht werden konnte. Die Stadt unterstand seit dem Mittelalter den Grafen Berislavić-Grabarski, bis sie 1526 von den Türken erobert wurde, die sie bis 1692 besetzt hielten.

Barockaltar der Kirche Sv. Trojstvo in Slavonski Brod

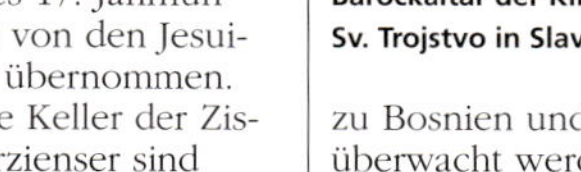

Um die Grenze verteidigen zu können, wurde 1741 eine Festung mit Kasernen und Sakralbauten errichtet. Die im Zweiten Weltkrieg und im Krieg von 1991 zerstörten Gebäude werden derzeit restauriert: Einige werden als Schule genutzt, in anderen sind Museen untergebracht.

Slavonski Brod ist über die ursprünglichen Befestigungsanlagen hinausgewachsen. An den Ufern der Save befinden sich ein **Franziskanerkloster** von 1725, das vor einiger Zeit restauriert wurde, sowie die barocke Kirche **Sv. Trojstvo** (Dreifaltigkeitskirche) mit prachtvollen Altären. Im **Stadt- und Regionalmuseum** (Muzej Brodskog Posavlja) sind historische Dokumente und archäologische Funde ausgestellt.

Die kroatische Schriftstellerin Ivana Brlić-Mažuranić (1874–1938), die Kindermärchen schrieb, lebte viele Jahre in der Stadt. Zu ihren bekanntesten Werken zählen *Fischer Palunko und seine Frau* und *Jagor*. Alljährlich im Juni findet ein Folklorefestival statt (Brodsko kolo).

Kreuzgang des Franziskanerklosters in Slavonski Brod

Stadt-/Regionalmuseum
Ulica Ante Starčevića 40. *(035) 447 415.* *Mo–Fr 10–13, 17–20 Uhr, So 10–13 Uhr.* *25. Dez., 1. Jan.* **www**.muzejbp.hr

Die Kathedrale aus rotem Backstein überragt die Stadt Đakovo

Vrpolje 7

Straßenkarte F3. *2200.*
Osijek, 39 km. *von Osijek.*
Regional: *Petra Krešimira IV 2, Slavonski Brod, (035) 408 393.*

Die kleine Provinzstadt Vrpolje ist als Geburtsort des Bildhauers Ivan Meštrović (1883–1962, *siehe S. 157*) bekannt. Der Künstler vermachte der Stadt, der er Zeit seines Lebens sehr verbunden war, zahlreiche seiner Werke. In der kleinen Pfarrkirche **Sv. Ivan Krstitelj** aus dem Jahr 1774 sind eine Statue von Johannes dem Täufer, ein Relief und ein Kruzifix des Künstlers zu sehen.

Die **Spomen Galerija** zeigt 30 Metallplastiken sowie Bronze- und Holzskulpturen von Meštrović.

***Frauenbüste* von Meštrović, Vrpolje**

Đakovo 8

Straßenkarte F2. *21 000.*
Osijek, 36 km. *(031) 811 360.*
(060) 302 030. *Kralja Tomislava 3, (031) 812 319,* FAX *(031) 811 233.* *Stickereien aus Đakovo, Đakovački Vezovi (erste Juliwoche).*
www.tz-djakovo.hr

Die Stadt war im Mittelalter unter dem Namen »Civitas Dyaco« bekannt, später wurde sie Castrum Dyaco genannt. Ende des 13. Jahrhunderts war Đakovo eine Diözese, deren Einfluss sich über weite Teile Slawoniens und Bosniens erstreckte. Die von den Türken 1536 eroberte und zerstörte Stadt wurde ein Zentrum des Islams, in dem man auch eine Moschee errichtete. Nach der Herrschaft der Türken erhielt die Stadt ein neues Gepräge. Nur die Moschee am Ende der Hauptstraße blieb erhalten. Sie wurde im 18. Jahrhundert zur Kirche **Svi Sveti** (Allerheiligenkirche).

Den Hauptplatz überragt die **Katedrala Sv. Petar** (St. Peter), die Bischof Josip Juraj Strossmayer 1866–82 von den Wiener Architekten Karl Rösner und Friedrich Schmidt erbauen ließ. Die Fassade wird von zwei 84 Meter hohen Türmen flankiert. Der Innenraum ist mit Fresken von Maksimilijan und Ljudevit Seitz, Skulpturen von Ignazio Donegani und Tomas Vodcka sowie Dekorationen von Giuseppe Voltolini (19. Jh.) geschmückt. In der Krypta befinden sich die Gräber der Bischöfe Strossmayer und Ivan de Zela. In der Nähe der Kirche ist der Bischofspalast (18. Jh.) sehenswert.

Bei der Anfang Juli stattfindenden Folkloreveranstaltung »Stickereien aus Đakovo« (Đakovački Vezovi) stehen u.a. Volkstänze und eine Weinverkostung auf dem Programm.

Katedrala Sv. Petar
Strossmayerov trg.
(031) 802 200. *6.30–12 Uhr, 15–19 Uhr.*

Novi Mikanovci 9

Straßenkarte F2. *200.*
Osijek, 50 km. *Stari Mikanovci, 3 km.* *(032) 344 034.*

Der Ort Novi Mikanovci ist für die romanische Kirche **Sv. Bartol** (St. Bartholomäus) aus der ersten Hälfte des 13. Jahrhunderts berühmt. Die Kirche stellt ein seltenes Beispiel für die Architektur vor der türkischen Herrschaft dar. Sie ist von einem Friedhof umgeben und wird aufgrund ihres schiefen Glockenturms auch slawonischer Turm von Pisa genannt. Den Friedhofseingang schmückt eine Statue des hl. Bartholomäus.

Županja 10

Straßenkarte F3. *13 800.*
Osijek, 67 km. *(032) 831 183.*
Veliki kraj 66, (032) 832 711. *Folklorefestival, Šokačko Sijelo (Feb).*
www.tz-zupanja.hr

Županja liegt in einer breiten Biegung des Flusses Save an der Grenze zu Bosnien und Herzegowina. Das Gebiet ist bereits seit der Antike besiedelt. Auf einem Gräberfeld entdeckte man Funde aus der Bronzezeit. Nach der Herrschaft der Türken wurde Županja zum Militärposten der *Vojna Krajina* (Militärgrenze, *siehe S. 39*) sowie zu einem Handelszentrum.

Das **Grenzhaus** – ein Holzgebäude aus dem frühen 19. Jahrhundert, in dem die

Kopfschmuck im Ethnografischen Museum, Županja

Finanzbehörde untergebracht war – brannte während des Krieges ab. Heute befindet sich hier das **Ethnografische Museum** (Zavičajni Muzej »Stjepan Gruber«).

Ethnografisches Museum
Savska 3. *(032) 837 101.* *Mo–Fr 7–19 Uhr, Sa, So 17–19 Uhr.*

Vinkovci ⓫

Straßenkarte F2. *33300.* *Osijek, 43 km.* *(032) 308 215.* *(060) 332 233.* **Stadt:** *Trg bana Josipa Šokčevića 3, (032) 334 653;* **Regional:** *Glagoljaška 27, (032) 344 034.* *Herbst in Vinkovci, Vinkovačke Jeseni (Sep).*
www.tz-vinkovci.hr

Die auf das 6. Jahrtausend v. Chr. datierte Siedlung nannten die Römer Aurelia Cibalae. Vinkovci war Geburtsort der Kaiser Valens und Valentinianus I. und ab dem 14. Jahrhundert Bischofssitz. Im Mittelalter hieß Vinkovci wegen der Kirche **Sv. Ilija** (St. Elias) Zenthelye. Die Kirche stammt aus dem 12. Jahrhundert und ist eines der ältesten Bauwerke Slawoniens.

Das **Stadtmuseum** (Gradski Muzej) in den ehemaligen österreichischen Kasernen aus dem 18. Jahrhundert zeigt Funde von römischen Gräberfeldern sowie eine Folklore-Sammlung. Im Lapidarium des Museums sind römische Sarkophage zu sehen.

Gefäß im Stadtmuseum, Vinkovci

Gegenüber dem Garten befinden sich die im Jahr 1775 errichtete Kirche **Sv. Euzebije i Polion** (Hl. Eusebius und Pollius) sowie das Rathaus.

Alljährlich findet im September in Vinkovci ein Musik- und Folklorefestival statt. In den schön geschmückten Straßen der Stadt, die von Marktständen gesäumt sind, treten Musiker, Tänzer und Jongleure auf.

Stadtmuseum
Trg bana Šokčevića 16. *(032) 332 504.* *Di–Fr 10–13, 17–19 Uhr, Sa, So 10–13 Uhr (Aug: Di–So 10–13 Uhr).*

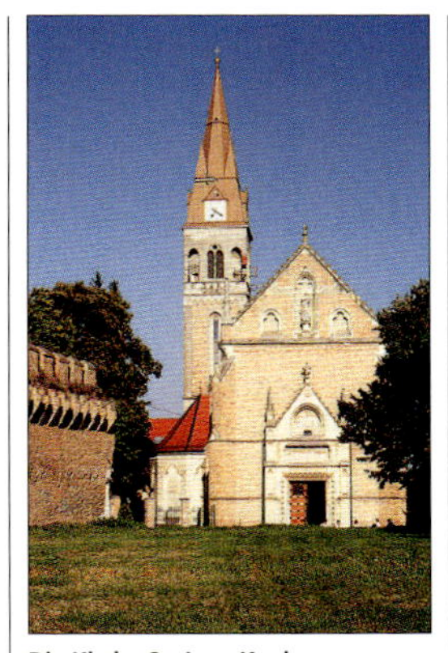

Die Kirche Sv. Ivan Kapistran vor der Stadtmauer in Ilok

Ilok ⓬

Straßenkarte G2. *5900.* *Osijek, 62 km.* *Vukovar, 39 km.* **Stadt:** *Trg Nikole Iločkog 2, (032) 590 020.* *Weinlesefest (erste Woche im Sep).*
www.turizamilok.hr

Das in einer breiten Schleife der Donau liegende Ilok ist die östlichste Stadt Kroatiens und Zentrum der Region Srijem, die seit der Römerzeit für ihre Weinproduktion bekannt ist. Gegen Ende der römischen Ära gewann Ilok – damals noch Cuccium genannt – enorm an Bedeutung.

Im Mittelalter befand sich hier eine befestigte Burg. 1365 erweiterte man die Verteidigungsanlagen und übereignete die Stadt Nikola Kont, dessen Familie später den Titel »Grafen von Ilok« erhielt.

Um die Mitte des 15. Jahrhunderts wurden innerhalb der Festung die **Kirche und das Kloster Sv. Ivan Kapistran** (St. Iwan Kapistran) errichtet. Iwan Kapistran war ein Franziskaner, der die Christen im Kampf gegen die Türken geeint hatte und 1456 hier starb. Als Ilok im 16. Jahrhundert ein bedeutendes Verwaltungs- und Militärzentrum der Türken wurde, entstanden in der Festung zahlreiche Moscheen und türkische Bäder.

Sowohl die Kirche als auch das Kloster sind inzwischen restauriert worden. Dabei sind große Teile der alten Mauern und Fragmente des türkischen Bades erhalten geblieben.

1683 übereignete der österreichische Kaiser Leopold I. die Stadt Livio Odescalchi zum Dank für dessen Verdienste im Kampf gegen die Türken. Odescalchi ließ den u-förmigen **Odescalchi-Palast** erbauen, in dem heute ein Restaurant, Büros und das **Stadtmuseum** (Gradski Muzej) mit archäologischen und ethnografischen Ausstellungsstücken untergebracht sind.

Unter den in Ilok angebauten Weinen ist der trockene Weißwein Traminac der bekannteste.

Kirche und Kloster Sv. Ivan Kapistran
Fra Bernardina Lejakovića 13. *(032) 590 073.* *auf Vereinbarung oder vor der Messe.*

Odescalchi-Palast und Stadtmuseum
Šetalište oca Mladena Barbarića 5. *(032) 827 410.* *tägl. 8–18 Uhr, nur zur Weinverkostung.*
Stadtmuseum *Di–Do 9–15 Uhr, Fr 9–18 Uhr, Sa 11–18 Uhr.*

Der barocke Odescalchi-Palast in Ilok

Tabernakel im Franziskanerkloster in Šarengrad

Šarengrad ⓭

Straßenkarte G2. *100.* *Osijek, 53 km.* *Vukovar, 30 km.* **Regional:** *Vinkovci, (032) 344 034.*

Einst stand hier eine mittelalterliche Festung, von der aus man den Schiffsverkehr auf der Donau überwachte. Im 15. Jahrhundert ließ Graf Ivan Morović ein **Franziskanerkloster** errichten. Die Festung wurde während des Kriegs gegen die Türken im 16. Jahrhundert zerstört, das Gebiet blieb bis zu ihrem Rückzug im 17. Jahrhundert unbewohnt.

Nach der Rückkehr der Bewohner gründeten die Franziskanermönche eine Schule und legten eine archäologische Sammlung für ein Museum an.

Im Krieg von 1991–95 eroberten Serben die Gegend, die daraufhin heftig bombardiert wurde. Nach dem Krieg baute man Kirche und Kloster jedoch rasch wieder auf. Vom Hügel aus hat man einen herrlichen Blick auf die Donau.

Vukovar ⓮

Straßenkarte G2. *31 700.* *Osijek, 23 km.* *Priljevo 2.* *von Vinkovci.* **Stadt:** *J.J. Strossmayer 15, (032) 442 889.*
www.turizamvukovar.hr

Vor dem Krieg von 1991–95 war diese Barockstadt für ihre Kirchen, die eleganten Gebäude aus dem 18. Jahrhundert und die zahlreichen Museen berühmt. Mit der Bombardierung durch die Serben und die Jugoslawische Volksarmee wurde Vukovar zu einem traurigen Symbol dieses Krieges. Der historische Stadtkern wurde fast vollständig zerstört. Zwar gibt es Restaurierungspläne in Zusammenarbeit mit der UNESCO, doch drohen diese an der Finanzierung zu scheitern.

Vukovar blickt auf eine lange Geschichte zurück, wie die berühmte »Taube von Vučedol« aus dem Jahr 2000 v. Chr. bezeugt. Das Gefäß wurde fünf Kilometer von Vukovar entfernt gefunden und befindet sich heute im Archäologischen Museum in Zagreb *(siehe S. 162f)*.

Die Stadt am Zusammenfluss von Donau und Vuka war im Mittelalter unter dem Namen »Vakovo« bekannt. Später wurde sie von den Familien Horvat, Gorjanski und Talovci regiert. Nach der Eroberung durch die Türken wurde Vukovar Garnisonsstadt und bedeutendes Handelszentrum. Als man die Türken 1687 aus der Stadt vertrieben hatte, nahm sie ihre Rolle als Bollwerk der katholischen Welt gegen den Islam und die orthodoxe Kirche wieder ein.

Die Taube von Vučedol, das Symbol Vukovars

1736 wurde Vukovar den Grafen Eltz übereignet, die den Namen der Stadt prägten. Da die Einwohner teilweise dem katholischen, teilweise dem orthodoxen Glauben anhingen, wurden Kirchen für beide Religionsgemeinschaften errichtet, beispielsweise auch ein Franziskanerkloster (1727).

1751 ließ die Familie Eltz ein riesiges barockes Herrenhaus errichten. Es ging nach dem Zweiten Weltkrieg in staatlichen Besitz über und beherbergte das **Stadtmuseum** (Gradski Muzej). Der Palast wurde 1991 schwer beschädigt. Die Bestände des Museums brachte man ebenso wie die Sammlung Bauer und die Schätze des Franziskanerklosters in Museen nach Belgrad und Novi Sad. Im Jahr 2001 wurden die Sammlungen zurückgegeben.

Stadtmuseum
Županijska 2. *(032) 441 270.*
Mo–Fr 7–15 Uhr; Sa, So nur nach Voranmeldung.

Erdut ⓯

Straßenkarte G2. *1500.* *Osijek, 37 km.* *von Osijek.* **Regional:** *Kapucinska 40, Osijek, (031) 214 852.*

Die Stadt Erdut erlangte geschichtliche Bedeutung, als hier am 13. November 1995 das Abkommen zwischen Kroatien und Serbien über die Wiedereingliederung der serbisch kontrollierten Gebiete in Slawonien und der Baranja unterzeichnet wurde.

Von der Stadt aus hat man nicht nur einen schönen Blick über die Donau – Erdut liegt auch strategisch so günstig, dass schon zur Römerzeit hier eine Festung erbaut wurde. Im Mittelalter errichtete man ein **Kastell**, das von den Türken beschädigt, später jedoch wiederaufgebaut und schließlich auch von den Habsburgern genutzt wurde. Zwei Türme dieser Anlage sind noch erhalten.

Das Haus **Cseh**, in dem 1995 das Abkommen von Erdut unterzeichnet wurde, wurde im 19. Jahrhundert von der gleichnamigen Familie errichtet. Das Gebäude wird derzeit restauriert.

Rundturm der mittelalterlichen Burg in Erdut

Osijek ⓰

Siehe S. 190–193.

Naive Skulptur in einem Park in Ernestinovo

Ernestinovo ⑰

Straßenkarte F2. *1200.* *Osijek, 20 km.* *von Osijek.* *Kapucinska 40, Osijek, (031) 214 852.* *Freiluft-Skulpturenausstellung (Aug).*

Seit vielen Jahren treffen sich in Ernestinovo bekannte Bildhauer, um hier im Sommer ihre Werke zu präsentieren. Die Freiluft-Ausstellungen haben dem kleinen Dorf zu internationaler Bekanntheit verholfen. Die erste Ausstellung wurde 1976 von Petar Smajić organisiert. Von 1991 bis 1996 fand die Ausstellung gezwungenermaßen im Exil statt. Heute werden in den Galerien des Dorfs wieder zahlreiche Kunstwerke gezeigt und zum Kauf angeboten. Ernestinovo wurde im Krieg schwer beschädigt, wovon es sich nur allmählich erholt.

Naturpark Kopački Rit ⑱

Siehe S. 194 f.

Topolje ⑲

Straßenkarte F2. *200.* *Osijek, 46 km.* *Beli Manastir, 16 km.* *von Osijek.* *(031) 214 852.*

Prinz Eugen von Savoyen-Carignan, der Anführer der kaiserlichen Armee, beschloss nach dem Sieg über die Türken bei Zenta 1697, in Topolje eine Kirche errichten zu lassen. Die Umgebung der Kirche ist bezaubernd: Flankiert von einer Baumgruppe, liegt sie inmitten weiter Mais- und Tabakfelder. Die Kirche wurde jedoch in den kriegerischen Auseinandersetzungen zwischen Kroatien und Serbien in den Jahren 1991 bis 1995 geplündert und fast vollständig zerstört. Derzeit wird sie wiederaufgebaut, die prachtvolle Innenausstattung ging jedoch für immer verloren.

Wie auch in Darda lebten hier mehrere ungarische Gemeinschaften, die zusammen mit den Kroaten allmählich aus dem Exil zurückkehren. Die Häuser in ungarischem Stil mit ihren überhängenden Dächern sind typisch für die Region. Im Herbst sind vor den Häusern lange Chilizöpfe zu sehen, die zum Trocknen aufgehängt sind.

Umgebung: Rund zehn Kilometer östlich von Topolje liegt **Batina**. Zur Römerzeit befand sich hier am Ufer der Donau eine Festung, die unter dem Namen »Ad militarae« bekannt war. Bis zum Krieg von 1991, in dem die kleine, von Hügeln und Weinbergen umgebene Stadt fast vollständig entvölkert wurde, gab es hier eine Brücke, die die Baranja mit Ungarn und der Wojwodina verband. Seit ihrer Zerstörung sind sowohl der Schiffs- als auch der Straßenverkehr zum Erliegen gekommen.

Auf einem kleinen Hügel über Topolje erinnert ein hohes Monument aus weißem Stein an die Gefallenen des Zweiten Weltkriegs. Das Monument wird von einer weiblichen Bronzefigur, die den Sieg verkörpert, bekrönt. Sie ist ein Werk von Antun Augustinčić *(siehe S. 20)*, einem der großen kroatischen Künstler des 20. Jahrhunderts.

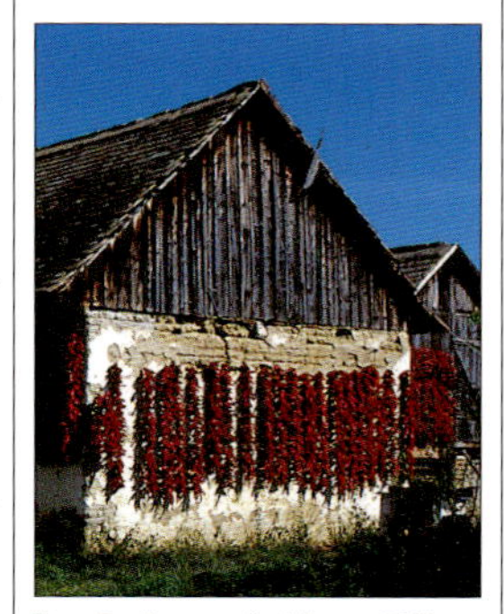

Zum Trocknen aufgehängte Chilischoten an einem Haus in Topolje

Herrenhaus der Familie Esterházy, heute das Rathaus von Darda

Darda ⑳

Straßenkarte F2. *5400.* *Osijek, 15 km.* *von Osijek.* *Kapucinska 40, Osijek, (031) 214 852.*

In dem eleganten Herrenhaus der Familie Esterházy (zweite Hälfte 18. Jh.) befindet sich heute das Rathaus von Darda. Es ist das einzige erhaltene Gebäude, das die Geschichte der Stadt bezeugt. Darda war einst eine befestigte Siedlung, die auf den Landkarten des 17. Jahrhunderts als Festung eingetragen und mit Osijek durch die acht Kilometer lange Brücke von Solimano verbunden war. Die 1566 errichtete Brücke wurde 1664 von Nikola Zrinski *(siehe S. 177)* zerstört, um die türkische Armee aufzuhalten. Auch die Stadt wurde daraufhin verwüstet.

Im Lauf des jüngsten Kriegs wurden zwei historisch sehr wertvolle Kirchen aus dem 18. Jahrhundert zerstört: die katholische Kirche **Sv. Ivan Krstitelj** (St. Johannes der Täufer) und die orthodoxe Kirche **Sv. Mihajlo** (St. Michael).

Umgebung: In **Bilje**, vier Kilometer südlich von Darda, befinden sich der Haupteingang und das Informationsbüro des Naturparks Kopački Rit *(siehe S. 194f)*. Letzteres ist in einem von Prinz Eugen errichteten Palast untergebracht.

Osijek ⑯

Die Hauptstadt Slawoniens liegt inmitten einer sehr fruchtbaren Ebene. Osijek ist Industriezentrum und Universitätsstadt mit pulsierendem mitteleuropäischen Flair und breiten Avenuen, die drei Stadtteile verbinden: die Festung (Tvrđa), die Unterstadt (Donji Grad) und die Oberstadt (Gornji Grad). Aufgrund der strategisch günstigen Lage an der Drau (Drava) spielte Osijek von jeher eine bedeutende Rolle. 1809 erhielt sie von Kaiser Franz I. den Status der freien Königsstadt. 1991, nach der Unabhängigkeitserklärung Kroatiens, wurde Osijek über ein Jahr lang von der Jugoslawischen Volksarmee bombardiert, wobei ein Großteil des alten Stadtkerns zerstört wurde. Osijek wurde 1995 befreit und 1998 dem kroatischen Staat eingegliedert.

Der Hauptplatz Trg Sv. Trojstvo im Zentrum der Tvrđa

Überblick: Osijek

Die Festung (Tvrđa) befindet sich im Zentrum von Osijek. Sie wurde zu Beginn des 18. Jahrhunderts nach der Befreiung von den Türken erbaut. Während des Kriegs zwischen Kroatien und Serbien in den Jahren 1991 bis 1995 wurde die Tvrđa nicht allzu stark beschädigt. Die ungewöhnlich zurückhaltende barocke Architektur blieb erhalten. Die Schmucklosigkeit lässt sich darauf zurückführen, dass die Gebäude für Soldaten und Kanzleikräfte geplant waren.

Mehrere dieser Barockbauten befinden sich gegenüber dem Trg Sv. Trojstvo, dem Hauptplatz der Tvrđa, der nach der Heiligen Dreifaltigkeit benannt ist. Die Hauptwache mit dem Glockenturm stammt aus dem 18. Jahrhundert. Die Militärkommandantur Slawoniens ist heute Teil der Universität. Man erkennt sie an dem monumentalen barocken Eingang.

Herzstück Osijeks ist der Hauptplatz in der Oberstadt, der Trg Ante Starčevića. Mit seinen Läden, Bars und Restaurants repräsentiert er das moderne Osijek, das sein Erscheinungsbild Ende des 19. bis Anfang des 20. Jahrhunderts erhielt. Gegenüber befindet sich das Bezirksamt im Stil der Renaissance, das zu Beginn des 20. Jahrhunderts errichtet wurde.

Museum von Slawonien
Muzej Slavonije

Trg Sv. Trojstvo 6, Tvrđa. *(031) 250 730.* *Di–Fr 9–19 Uhr (Do bis 20 Uhr), Sa 17–21 Uhr, So 10–14 Uhr.* www.mso.hr

An der Ostseite des Hauptplatzes liegt das alte Rathaus, in dem seit 1946 das Museum von Slawonien untergebracht ist. Hier sind geologische, prähistorische, griechische, illyrische und römische Exponate ausgestellt. Eine dem altrömischen Mursa gewidmete Abteilung zeigt Statuen, Gräber, architektonische Exponate und eine Münzsammlung.

Andere Räume befassen sich mit Folklore und zeigen unter anderem reich verzierte Trachten – Vorlagen für das florierende Kunsthandwerk.

Sv. Križ
Kirche des Hl. Kreuzes

Franjevačka ulica, Tvrđa. *(031) 208 177.* *tägl. 8–12, 15–18 Uhr.*

Nordöstlich des Hauptplatzes befindet sich an der Stelle, wo ursprünglich ein mittelalterlicher Sakralbau stand, die Kirche Sv. Križ, die Franziskaner 1709–20 errichteten.

In unmittelbarer Nähe findet man das Kloster (1699–1767), in dem die erste Druckerpresse Slawoniens (1735) stand und in dem ab Mitte des 18. Jahrhunderts eine Schule für Philosophie und Theologie untergebracht war. In der Kirche sind eine Marienstatue aus dem 15. Jahrhundert und liturgische Gegenstände sehenswert.

Sv. Mihovil
Kirche des Hl. Michael

Trg Jurja Križanića. *(031) 208 990.* *vor der Messe.*

Hinter dem Platz liegt die von den Jesuiten errichtete Kirche Sv. Mihovil (1719) versteckt. Die Fassade wird von zwei Glockentürmen und einem prachtvollen Portal dominiert. In der Krypta sind noch die Fundamente der Kasim-paša-Moschee aus dem 16. Jahrhundert zu sehen.

Kriegerdenkmal im Park Kralja Držislava

Europska Avenija
Europaavenue

Die Hauptstraße von Osijek verbindet die Festung (Tvrđa) mit der Oberstadt (Gornji Grad). Sie durchquert Parkanlagen wie die Kralja Držislava, in der ein Bronzedenkmal für die Gefallenen des 78. Infanterieregiments von Robert Frangeš-Mihanović (1894) steht. Es gilt als Kroatiens erste Skulptur der Moderne.

Hotels und Restaurants in Slawonien und der Baranja *siehe Seiten 232 f und 248 f*

Innenraum der neugotischen Kirche Sv. Petar i Pavao

Galerie der bildenden Künste
Galerija likovnih umjetnosti

Europska Avenija 9. *(031) 251 280.* *Juli, Aug: Mo–Fr 10–20 Uhr; Sep–Juni: Di–Fr 10–18 Uhr (Do bis 20 Uhr), Sa, So 10–13 Uhr.* *nach Vereinb.* **www**.gluo.hr

Die 1954 von dem Maler Jovan Gojković gegründete Galerie ist in einem Gebäude aus dem 19. Jahrhundert untergebracht. Gezeigt werden Gemäldesammlungen aus dem 18. und 19. Jahrhundert sowie Werke zeitgenössischer kroatischer Künstler, etwa großformatige Bilder von Bela Csikos Sessija. Eine Abteilung ist der »Schule von Osijek« gewidmet.

Sv. Jakov
Kirche und Kloster St. Jakob

Kapucinska ulica 41, Gornji Grad. *(031) 201 182.* *tägl. 6.30–12, 16–20 Uhr und nach Voranmeldung.*

Die Kirche Sv. Jakov (1702–27) mit dem angrenzenden Kapuzinerkloster ist das älteste Gebäude der Oberstadt. In der Sakristei sind Gemälde zum Leben des hl. Franziskus aus der Mitte des 18. Jahrhunderts ausgestellt.

Sv. Petar i Pavao
Kirche St. Peter und Paul

Trg Marina Držića, Gornji Grad. *(031) 310 020.* *Mo 14–18.30 Uhr, Di–Fr 9–18.30 Uhr.*

Die imposante neugotische Kirche ist den Heiligen Petrus und Paulus geweiht. Aufgrund ihrer Größe wird sie von den Einheimischen auch Katedrala genannt. Die Kirche wurde von Franz Langenberg entworfen und Ende des 19. Jahrhunderts erbaut. Die zehn Buntglasfenster sowie einige Skulpturen stammen von dem Wiener Künstler Eduard Hauser. Die im Krieg 1991–95 stark beschädigten Fenster wurden mittlerweile restauriert.

INFOBOX

Straßenkarte F2. *90 500.* *5 km, Vukovarska 67, (060) 339 339.* *Bartola Kašića, (060) 334 466.* *Trg Ružičke, (031) 205 155.*
Stadt: *Županijska 2, (031) 203 755;*
Regional: *Kapucinska 40, (031) 214 852.* *Tag der Stadt (2. Dez); Sommernächte von Osijek (Juni–Aug).*
www.tzosijek.hr

Kroatisches Nationaltheater
Hrvatsko Narodno Kazalište

Županijska ulica 9, Gornji Grad. *(031) 220 700.*

Das Gebäude wurde im 19. Jahrhundert im maurischen Stil erbaut. In der Spielzeit von September bis Juni werden hier Opern und Schauspiele aufgeführt.

Kroatisches Nationaltheater

Zeichenerklärung *siehe hintere Umschlagklappe*

Im Detail: Festung (Tvrđa) Osijek

Pergament mit dem Titel »Königliche Freistadt«

Die Festung im Zentrum von Osijek (Tvrđa) wurde über der ehemaligen römischen Siedlung Mursa erbaut, die 131 n. Chr. die Hauptstadt von Pannonia inferior (Unterpannonien) wurde und den Namen »Colonia Aelia Mursa« erhielt. Von den Awaren zerstört und den Kroaten wiederaufgebaut, blieb sie bis 1526, als sie von den Türken niedergebrannt wurde, das militärische und administrative Zentrum. Die Türken nutzten die strategisch günstige Lage, bauten die Festung unter Sultan Suleiman II. wieder auf und errichteten eine Brücke über die Drau. Nach der Vertreibung der Türken (1687) ließ der österreichische Kaiser Leopold I. die Moscheen und andere Relikte der türkischen Herrschaft zerstören. Die Festungsanlage, die er erbauen ließ, erinnert eher an eine Stadt. Heute umfasst die Tvrđa das Rathaus, die Universität und das Museum von Slawonien.

★ Kirche Sv. Mihovil
Die von den Jesuiten Anfang des 18. Jahrhunderts errichtete Kirche hat eine von zwei Türmen flankierte Barockfassade.

Hauptwache
Auf der Westseite des Platzes befindet sich die Hauptwache mit einem Glockenturm aus dem 18. Jahrhundert. Sie ist Sitz des Archäologischen Museums.

Kroatische Akademie der Wissenschaft und Künste

Pestsäule
Im Zentrum des Platzes steht eine Pestsäule, die 1729 zum Dank dafür errichtet wurde, dass die Stadt von der Pest verschont blieb.

LEGENDE

– – – Routenempfehlung

NICHT VERSÄUMEN

★ Kirche Sv. Mihovil

★ Museum von Slawonien

Kirche und Kloster Sv. Križ
Die von den Franziskanern zwischen 1709 und 1720 errichtete Heiligkreuzkirche grenzt an das Kloster, das die erste Druckerpresse Slawoniens besaß.

Blick auf Osijek und die Drau (Drava)
Von den Ufern der Drau hat man einen herrlichen Blick auf die Stadt. Im Unterschied zu heute hatte der Fluss früher große Bedeutung für den Handel.

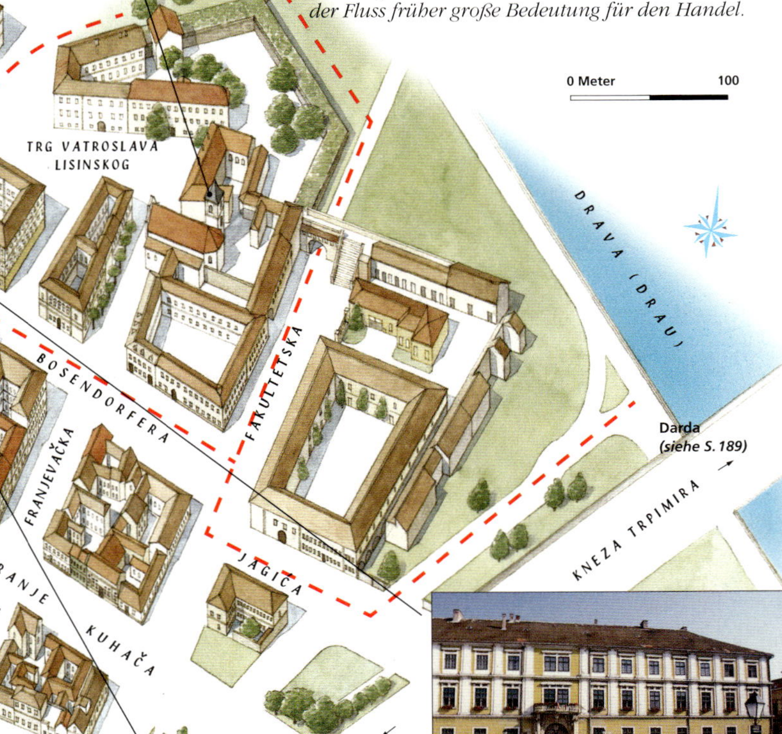

★ Museum von Slawonien
Das Museum zeigt Sammlungen geologischer, prähistorischer, griechischer, illyrischer und römischer Artefakte.

Militärkommandantur von Slawonien
Auf der Nordseite des Hauptplatzes der Tvrđa befindet sich die ehemalige Militärkommandantur von Slawonien, in der heute das Rektorat der Universität untergebracht ist.

Naturpark Kopački Rit ⓲

Park Prirode Kopački Rit

Der 177 Quadratkilometer große Naturpark liegt am Zusammenfluss von Drau (Drava) und Donau (Dunav). Die Landschaft verändert sich mit den Jahreszeiten, das Gebiet wird regelmäßig überflutet. Wenn die Donau über die Ufer tritt, verwandelt sich das Areal in ein ausgedehntes Marschland. In den übrigen Monaten erstreckt sich hier eine riesige Grünfläche mit zahlreichen Teichen und Tümpeln. Es gibt auch Trockengebiete, in denen Weiden und Eichen wachsen. Der Park wurde 1967 zum Naturschutzgebiet erklärt. Er besitzt eine vielfältige Fauna und ist Nistplatz Hunderter Vogelarten. Ein Damm im westlichen Bereich des Parks verhindert die Ausbreitung des Hochwassers. Auf dem Damm verläuft eine Straße, die zu diesem Teil des Parks führt.

Weißstörche
Der Weißstorch, ein Symbol des Parks, ist besonders in der Brutzeit oft zu sehen.

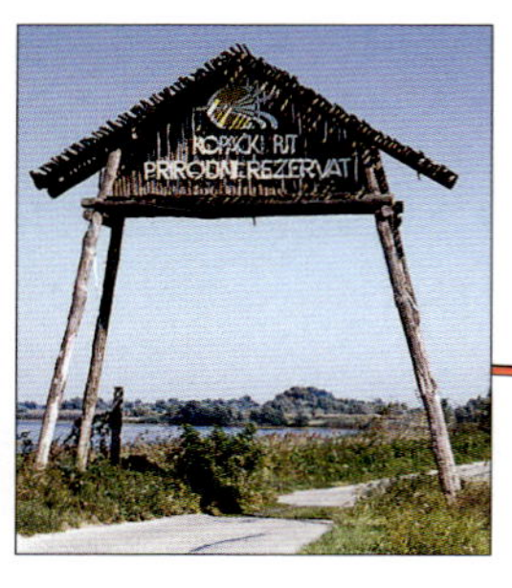

Parkeingang
Der Haupteingang des Naturparks Kopački Rit befindet sich in dem Dorf Bilje (siehe S. 189).

OSIJEK

Kanal Sakadaš

Sarvaška

0 Kilometer 2

Schwarzstörche sind sehr selten. Nur einige Dutzend Paare leben in dem Park.

Drava (Drau)

Drava (Drau)

Seen und Teiche
Vierzig verschiedene Fischarten leben in den Seen und Teichen, die den Park prägen.

Weißschwanzadler
Die Greifvögel sorgen für ein natürliches Gleichgewicht in der Vogelpopulation. Der Weißschwanzadler ist der seltenste Adler Europas.

Hotels und Restaurants in Slawonien und der Baranja *siehe Seiten 232 f und 248 f*

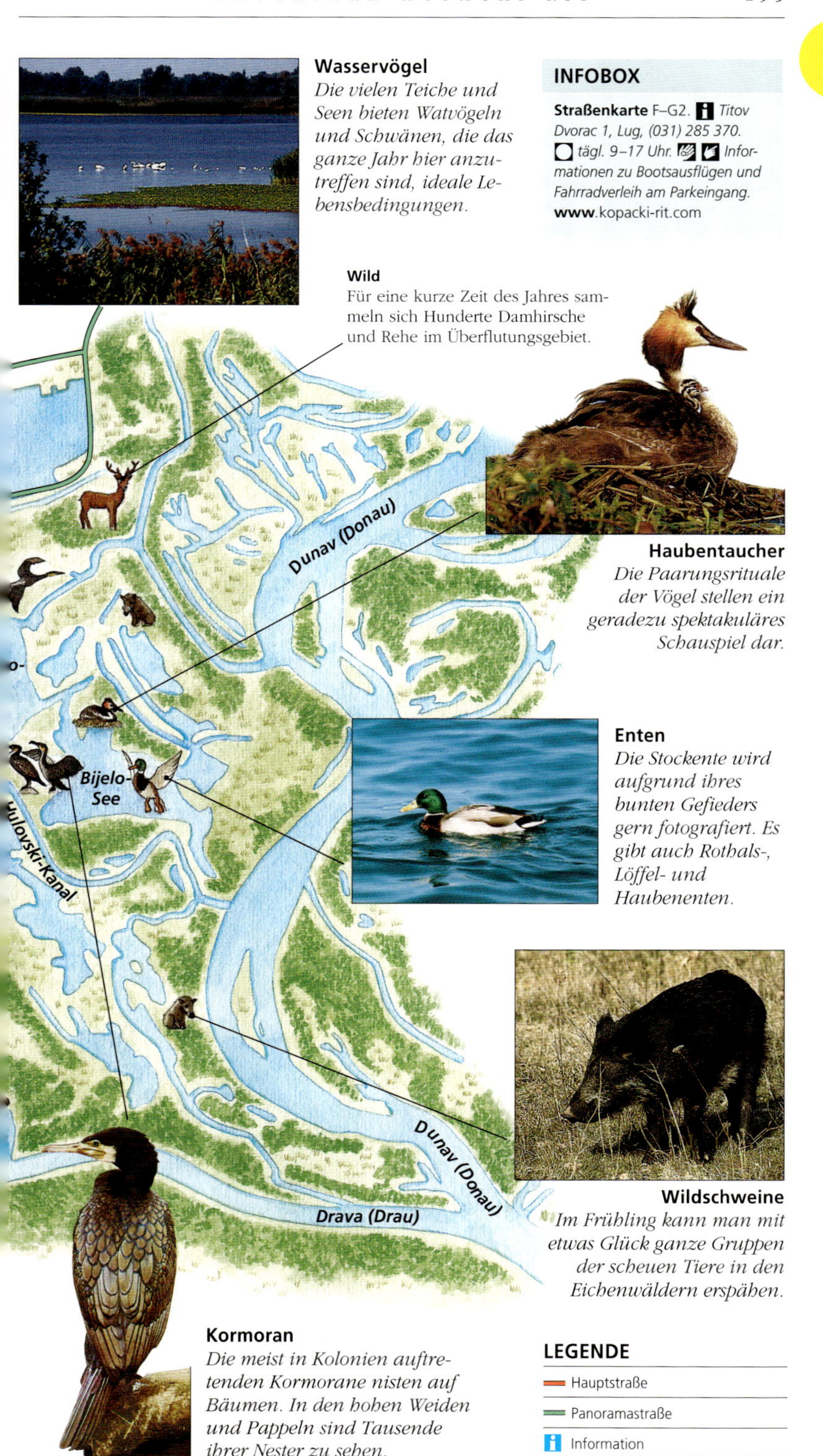

Wasservögel
Die vielen Teiche und Seen bieten Watvögeln und Schwänen, die das ganze Jahr hier anzutreffen sind, ideale Lebensbedingungen.

INFOBOX

Straßenkarte F–G2. *Titov Dvorac 1, Lug, (031) 285 370. tägl. 9–17 Uhr. Informationen zu Bootsausflügen und Fahrradverleih am Parkeingang.* **www**.kopacki-rit.com

Wild
Für eine kurze Zeit des Jahres sammeln sich Hunderte Damhirsche und Rehe im Überflutungsgebiet.

Haubentaucher
Die Paarungsrituale der Vögel stellen ein geradezu spektakuläres Schauspiel dar.

Enten
Die Stockente wird aufgrund ihres bunten Gefieders gern fotografiert. Es gibt auch Rothals-, Löffel- und Haubenenten.

Wildschweine
Im Frühling kann man mit etwas Glück ganze Gruppen der scheuen Tiere in den Eichenwäldern erspähen.

Kormoran
Die meist in Kolonien auftretenden Kormorane nisten auf Bäumen. In den hohen Weiden und Pappeln sind Tausende ihrer Nester zu sehen.

LEGENDE

- Hauptstraße
- Panoramastraße
- Information

Das Thermalbad Bizovačke Toplice in Bizovac

Bizovac ㉑

Straßenkarte F2. *2300.*
Osijek, 20 km. *von Osijek.*
von Osijek. *Kralja Tomislava 136, (031) 675 112.*

Als man Mitte des 20. Jahrhunderts bei Bizovac nach Erdöl suchte, entdeckte man eine Heißwasserquelle, deren mineralienreiches Wasser eine Temperatur von bis zu 90 °C erreicht. Wenige Jahre später wurde das Thermalbad **Bizovačke Toplice** gebaut – heute eine sehr gut besuchte und weitläufige Anlage mit Hotel, zwei großen Schwimmbecken sowie Becken für Thermalbäder. Täglich genießen Hunderte von Gästen die zahlreichen Behandlungen, die bei rheumatischen Beschwerden, Erkrankungen der Atemwege und zur Wundheilung empfohlen werden.

Das überschaubare Ortszentrum von Bizovac ist aufgrund seiner erlesenen Gold- und Silberstickereien einen Besuch wert. Die Stickereien werden von Frauen aus der Region meist als Auftragsarbeiten ausgeführt.

Bizovačke Toplice
Sunčana 39. *(031) 685 100.*
www.bizovacke-toplice.hr

Umgebung: Etwa neun Kilometer südlich von Bizovac liegt das Dorf **Brođanci**, das für die alljährlich im August stattfindende »antike Olympiade« berühmt ist. Bei diesen Wettkämpfen messen sich Athleten in Sportarten, die früher von den Bauern Slawoniens ausgeübt wurden. Dazu gehören beispielsweise Tauziehen, Steinwurf und Reiten ohne Sattel.

Das Ereignis wird von einem umfangreichen Rahmenprogramm begleitet: Musiker spielen in den Straßen, alte Handwerkskünste werden gezeigt, und man kann regionale Produkte kaufen.

Valpovo ㉒

Straßenkarte F2. *8000.*
Osijek, 30 km. *(060) 390 060.*
Ulica Matije Gupca 32, (031) 656 200. *Sommer in Valpovo: Tanz, Volksmusik und Theater.*
www.tz-valpovo.com

Das Zentrum von Valpovo liegt über den Ruinen der Festung Lovallia, einer der vielen befestigten Siedlungen, die die Römer in der pannonischen Tiefebene errichtet haben. Im Mittelalter wurde hier eine Burg erbaut, von der aus man die nahe Drau gut überblicken konnte. Die Burg gelangte später in den Besitz der Familien Morovič, Gorjanski und Norman. Nach der Eroberung durch die Türken im Jahr 1526 wurde sie als Truppenstandort genutzt.

Nach der Vertreibung der Türken 1687 unterstand die Region der Familie Hilleprand Prandau. Anfang des 19. Jahrhunderts wurde die Burg durch ein Feuer zerstört. Nach Wiederaufbau und Erweiterung ist heute hier das **Stadtmuseum** (Muzej Valpovštine) untergebracht. Es zeigt Stilmöbel und einige interessante archäologische Funde. Die Anlage steht inmitten eines großen Parks, die mittelalterlichen Mauern sind von einem Graben umgeben. Das heutige Valpovo entstand rund um die Festung. Sehenswert ist vor allem die barocke Kirche **Začeće Marijino** (Unbefleckte Empfängnis), die aus dem Jahr 1722 stammt.

Das prächtige Schloss von Valpovo ist heute ein Museum

Stadtmuseum
Dvorac Prandau Norman.
(031) 650 639. *Mo, Do 16–19 Uhr (Sommer: bis 20 Uhr), Di, Mi, Fr 10–12 Uhr.*

Der im englischen Stil erbaute Majláth-Palast in Donji Miholjac

Donji Miholjac ㉓

Straßenkarte F2. *6700.* *Osijek, 45 km.* *Valpovo, 20 km; Našice, 30 km.* *(060) 357 060.*
Trg Ante Starčevića 2, (031) 633 103. *Miholjačko Sijelo: Kostümfest (Sommer).* **www**.tz-donjimiholjac.hr

Die kleine Stadt an den Ufern der Drau liegt an der Grenze zu Ungarn. Die Spuren der Vergangenheit zeigen sich nur noch an der Kirche **Sv. Mihovil** (St. Michael), die auf romanische Ursprünge zurückgeht. Der im englischen Stil errichtete **Majláth-Palast** wurde Anfang des 20. Jahrhunderts von der Familie Majláth erbaut. Heute ist hier das Rathaus.

Majláth-Palast
Vukovarska 1. *Informationsbüro: (031) 633 103.* *Vereinbarung.*

Umgebung: Etwa 25 Kilometer westlich von Donji Miholjac liegt das Dorf **Čađavica**, in dessen Umgebung Spuren alter kroatischer Siedlungen entdeckt wurden. Die romanische Kirche Sv. Petar wurde von den Türken als Moschee genutzt und im 18. Jahrhundert restauriert.

Našice ㉔

Straßenkarte F2. *8300.* *Osijek, 42 km.* *(060) 333 444.* *(060) 334 030.* *Pejačevićev trg 4, (031) 614 951.* **www**.tznasice.hr

Našice liegt inmitten von Weinbergen und Wäldern auf einer kleinen Hochebene. Die Stadt wurde an der Stelle einer antiken Siedlung erbaut und erstmals in der ersten Hälfte des 13. Jahrhunderts als Nekche erwähnt. Vermutlich gehörte sie damals dem Templerorden. Nach der Auflösung des Ordens im Jahr 1312 ging sie an das Adelsgeschlecht Gorjanski und später an die Fürsten von Ilok über, bevor die Türken sie 1532 eroberten.

Nach der Vertreibung der Türken wendete sich das Blatt erneut. Die Franziskaner kehrten zurück und restaurierten die Kirche **Sv. Antun Padovanski** (St. Antonius von Padua). Darüber hinaus bauten sie auch das Kloster wieder auf, das hier Anfang des 14. Jahrhunderts gegründet worden war. Nach den Zerstörungen durch den Krieg im Jahr 1991 sind beide Gebäude renovierungsbedürftig.

Nicht weit davon entfernt erhebt sich ein imposantes Herrenhaus, das Anfang des 19. Jahrhunderts die Familie Pejačević im klassizistischen Stil errichten ließ und in dem die Musikerin Dora Pejačević (1885–1923) lebte. Heute ist in dem von einem Park umgebenen zweistöckigen Gebäude das **Stadtmuseum** untergebracht.

Stadtmuseum
Pejačevićev trg 5. *(031) 613 414.* *Mo–Fr 8–15 Uhr, Di–Do 8–18 Uhr, Sa 9–12 Uhr.*
www.zmn.hr

Die Kirche Sv. Antun Padovanski

Orahovica ㉕

Straßenkarte F2. *4300.* *Osijek, 62 km.* *(033) 646 079.* *(033) 673 231.* *Trg Sv. Florijana bb, (099) 2620 336.* *Frühling in Orahovica: Folklorefest (Juni).*
www.tzgorahovica.hr

Die Stadt Orahovica ist in Kroatien für ihre hervorragenden Weine bekannt. Sie wurde erstmals 1228 erwähnt und diente später den Türken als Garnisonsstadt. Ihr heutiges Erscheinungsbild erhielt sie im 18. Jahrhundert.

Auf einem der Hügel rund um die Stadt ragen die Ruinen von **Rosetta** (Ružica Grad) empor, eine der bedeutendsten mittelalterlichen Festungen Kroatiens. Die neun Meter dicken Mauern umschlossen militärische Gebäude, eine Kirche und die Residenz des Befehlshabers. Die Anlage war so groß, dass man sie oft als Stadt bezeichnete.

Die Türken brannten die Festung nieder, bauten sie dann teilweise wieder auf und nutzten sie als Militärbasis. Die 1690 befreite Festung wurde später erneut zu Verteidigungszwecken genutzt, um die Anlage entstand ein von Serben bewohntes Dorf.

Umgebung: Fünf Kilometer südlich von Orahovica Richtung Kutjevo befindet sich in der Nähe von Duzluk das orthodoxe **Kloster St. Nikolaus** (Manastir Sv. Nikola), das frühmittelalterliche Fresken und illuminierte Handschriften besitzt. Etwa 30 Kilometer von Orahovica entfernt liegt an der Straße nach Virovitica, hinter der Abzweigung nach Čeralije, **Voćin**, ein Dorf, in dem die Zerstörungen des Kriegs von 1991 noch deutlich zu sehen sind. Über dem Dorf liegt eine Burg, die die Grafen Aba in der zweiten Hälfte des 13. Jahrhunderts erbauten. Von der Kirche **Sv. Marija** (Hl. Maria) ist nur ein Teil der Apsiswand erhalten.

Altar der Barockkirche Sv. Rok in Virovitica

Virovitica ㉖

Straßenkarte E2. *15600.* *Osijek, 89 km.* *Ulica Stjepana Radića, (033) 730 121.* *Trg Fra. B. Gerbera 1, (033) 721 113.* *Trg Kralja Tomislava 1, (033) 721 241.* *Stadtfest (16. Aug).*

Gegen Ende des 1. Jahrtausends tauchte Virovitica in Dokumenten unter dem ungarischen Namen »Wereuche« auf. Nachdem König Bela IV. Virovitica 1234 zur freien Königsstadt erklärt hatte, entwickelte es sich zu einem Landwirtschafts- und Handelszentrum. Im 16. Jahrhundert wurde es von den Türken besetzt, unter deren Herrschaft es bis 1684 blieb.

Die Barockkirche **Sv. Rok** (St. Rochus, 18. Jh.) ist mit Werken des Bildhauers Holzinger und des Malers Göbler ausgestattet. Im **Pejačević-Palast** (1800–1804) ist heute das **Stadtmuseum** (Gradski Muzej) mit archäologischen und volkskundlichen Sammlungen untergebracht.

Stadtmuseum
Dvorac Pejačević, Trg bana Jelačića 23. *(033) 722 127.* *Mo, Fr 8–15 Uhr, Di–Do 8–19 Uhr, Sa 10–13 Uhr.*
www.muzejvirovitica.hr

Nordkroatien

Nordkroatien ist sehr vielfältig: Es umfasst die sanften Hügel der Zagorje mit Heilquellen und Thermalbädern, das für seine Weine berühmte Gebiet Međimurje sowie die Städte Varaždin und Čakovec, die rund um alte Burgen entstanden sind. Koprivnica ist von fruchtbarem Land und Weingärten umgeben, Bjelovar und Križevci sind für die schönen Paläste bekannt.

Die bedeutendsten Städte in dieser Region wurden schon in der Antike gegründet. Zwei von ihnen – Varaždin und Križevci – waren mehrmals Sitz des *sabor*, des kroatischen Parlaments. Bjelovar ist die jüngste und größte Stadtfestung des Landes. Der Krieg von 1991 betraf auch den Süden dieser Region. Doch schon in den Kriegen in der zweiten Hälfte des 18. Jahrhunderts wurden viele mittelalterliche Bauten sowie Festungen der Türken zerstört.

Porzellanteller in der Galerie Hlebine

Verschont geblieben sind zahlreiche Sakralbauten wie etwa eine Reihe katholischer Franziskaner- und Paulinerklöster in Orten, die vorher von orthodoxen Gemeinschaften bewohnt worden waren. Nach wie vor steht hier das religiöse Leben im Mittelpunkt, weshalb die Kirchen in gutem Zustand sind. Die hohen Hügel der Zagorje sind von Wäldern bedeckt. Sie werden nur von Lichtungen durchbrochen, die für mittelalterliche Burgen geschlagen wurden. Viele dieser Burgen wandelte man im Barock in Herrenhäuser um. In Podravina an der Drau sind die Hügel flacher und von Weingärten sowie spärlichem Wald bedeckt.

In diesem Teil Kroatiens wurden alte Trachten und Traditionen bewahrt, die für die naive Kunst zur Inspirationsquelle wurden. Das Zentrum der naiven Kunst ist Hlebine, wo Künstler wie Ivan Generalić den Nachwuchs fördern.

Die Gegend zwischen Belec und Marija Bistrica ist überwiegend ländlich geprägt

◁ Entspannte Atmosphäre in der schönen Barockstadt Varaždin *(siehe S. 202 f)*

Überblick: Nordkroatien

Nordkroatien ist ein fruchtbares Landwirtschaftsgebiet, auf dessen weiten Feldern Mais, Tabak und Sonnenblumen gedeihen. Die Hügel sind mit Weingärten bedeckt, in denen ausgezeichnete Weißweine produziert werden. Die edlen Tropfen kann man bei den Weingütern direkt oder in kleinen Dorfläden entlang der Weinstraße kaufen. Trotz dieser Attraktionen besuchen nur wenige Urlauber die Region. Dies gilt besonders für das Međimurje, das Tal der Mur, das Kroatien nach dem Zweiten Weltkrieg zugesprochen wurde. Da ein Teil der Bevölkerung ungarischer Herkunft ist, werden hier ungarische Sitten und Gebräuche gepflegt.

Nebenkapelle der Kirche Sv. Marija Snježna, Marija Bistrica

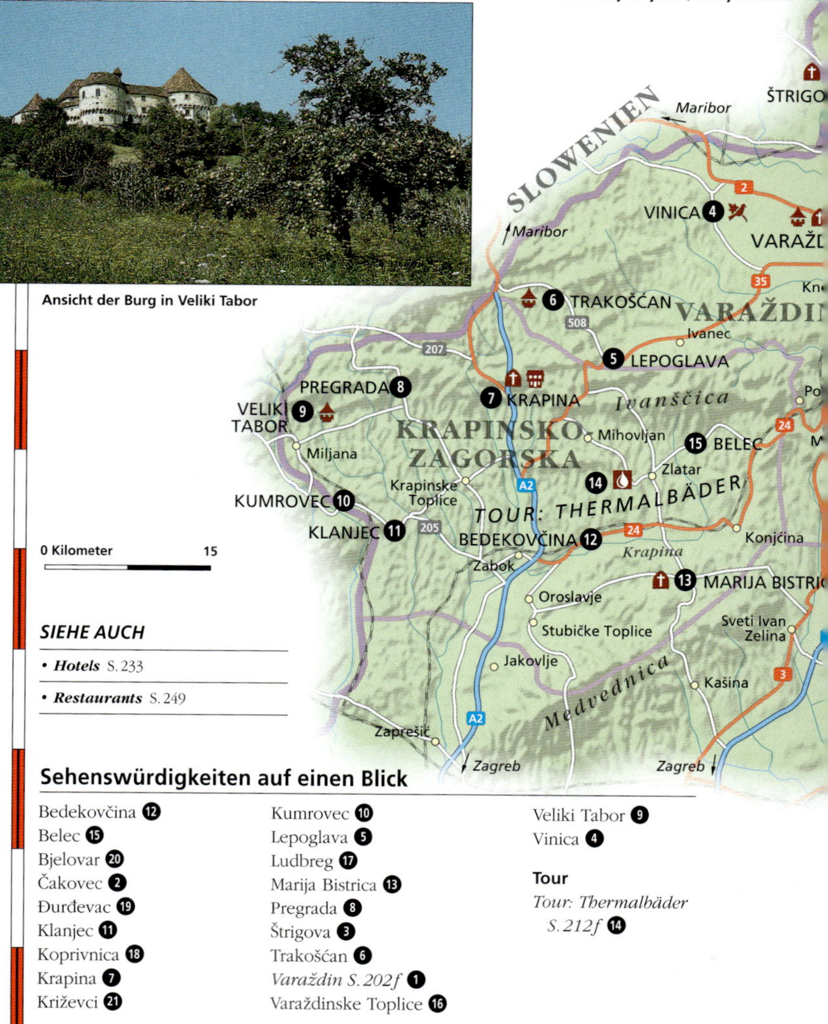

Ansicht der Burg in Veliki Tabor

SIEHE AUCH

- ***Hotels*** S. 233
- ***Restaurants*** S. 249

Sehenswürdigkeiten auf einen Blick

Bedekovčina 12
Belec 15
Bjelovar 20
Čakovec 2
Đurđevac 19
Klanjec 11
Koprivnica 18
Krapina 7
Križevci 21
Kumrovec 10
Lepoglava 5
Ludbreg 17
Marija Bistrica 13
Pregrada 8
Štrigova 3
Trakošćan 6
Varaždin S. 202f 1
Varaždinske Toplice 16
Veliki Tabor 9
Vinica 4

Tour

Tour: Thermalbäder S. 212f 14

In Nordkroatien unterwegs

Autobahnen führen von Zagreb über den Ort Krapina zum einen nach Maribor in Slowenien, zum anderen über Varaždin nach Ungarn. Darüber hinaus verlaufen Bundesstraßen mehr oder weniger parallel zu den beiden Autobahnen. Die Bundesstraße 3 führt von der slowenischen Grenze, nordwestlich von Varaždin, nach Osijek. Entlang der Bundesstraße 3 verläuft auch eine Eisenbahnlinie, die in Varaždin an die Eisenbahnlinien aus Zagreb, Slowenien und Ungarn anschließt. Von den Bahnhöfen in Čakovec und Koprivnica hat man auch Verbindungen nach Slowenien und Ungarn.

Zur Orientierung

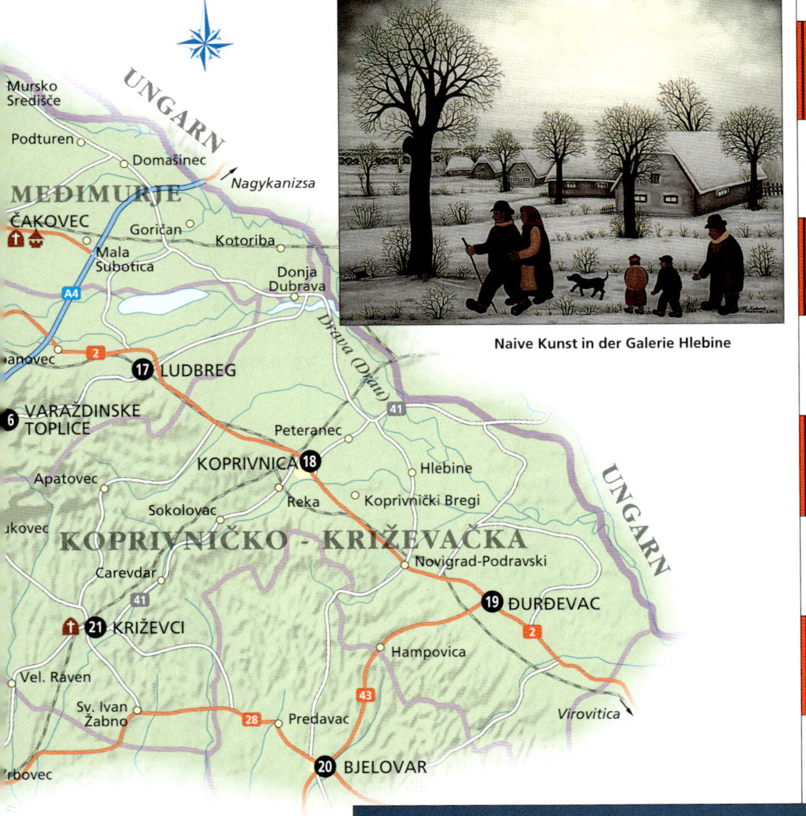

Naive Kunst in der Galerie Hlebine

LEGENDE

- Autobahn
- Hauptstraße
- Nebenstraße
- Eisenbahn
- Gespanschaftsgrenze
- Staatsgrenze

Winterlich verschneite Burg Varaždin

Varaždin ❶

Detail am Portal der Kathedrale

Rund um die Burg Varaždin entdeckte man Spuren des neolithischen Zeitalters, der La-Tène-Kultur und der Römerzeit. Erwähnt wird die Stadt allerdings erst in einem Schriftstück aus dem Jahr 1181, in dem Bela II. das Recht der Zagreber Kurie auf die Thermalbäder der Region bestätigte. Nachdem Varaždin 1209 von Andreas II. zur freien Königsstadt erklärt worden war, entwickelte es sich zu einem Handelszentrum. Im späten 14. Jahrhundert wurde es den Grafen Celjski, später den Adelsgeschlechtern Frankopan, Brandenburg und Erdödy übereignet. 1466 wütete ein Feuer, 1572 folgte ein Angriff der Türken. 1776 brach erneut ein Feuer aus, von dem die berühmten Barockgebäude aber verschont blieben.

Luftaufnahme der Burg: Sie beherbergt heute das Stadtmuseum

Burg und Stadtmuseum
Stari Grad & Gradski Muzej

Strossmayerovo šetalište 7. *(042) 658 754. Di–Fr 9–17 Uhr, Sa, So 9–13 Uhr.*

Quellen zufolge wurde die Burg bereits im 12. Jahrhundert über den Ruinen eines Beobachtungsturmes erbaut. Im 15. Jahrhundert fügte man zwei Rundtürme hinzu. 1560 baute der italienische Architekt Domenico dell'Allio die Burg im Stil der Renaissance um, indem er auf zwei Stockwerken Arkaden und Korridore anlegte.

Das heutige Erscheinungsbild der Burg geht auf die Ära der Grafen Erdödy zurück, die die Bastionen und einen Graben hinzufügten. In dem Gebäude ist nun das Stadtmuseum untergebracht, das Waffensammlungen, Porzellan, Möbel, Kunsthandwerk und eine Apotheke aus dem 18. Jahrhundert präsentiert. Von den alten Mauern sind nur einige Fragmente sowie Teile des Lisak-Turms östlich der Burg erhalten.

Galerie Alter und Moderner Meister
Galerija Starih i Novih Majstora

Stančićev trg 3. *(042) 214 172. Di–Fr 9–17 Uhr, Sa, So 9–13 Uhr. Vereinbarung.*

Die Galerie besitzt eine umfangreiche Sammlung von Werken aus ganz Europa, insbesondere Landschaftsbilder flämischer und italienischer Künstler sowie Porträts von deutschen und holländischen Malern.

Tomislav-Platz
Trg Kralja Tomislava

Rathaus (Gradska Vijećnica): Trg Kralja Tomislava 1. *(042) 402 508. Vereinbarung.* **Drašković-Palast** (Palača Drašković): Trg Kralja Tomislava 3. *für die Öffentlichkeit.*

Dieser Platz ist das Zentrum der Stadt. Gegenüber befindet sich das **Rathaus** (Gradska Vijećnica), eines der ältesten Gebäude von Varaždin, das im 15. Jahrhundert in gotischem Stil erbaut, später aber umgestaltet und mit einem Glockenturm versehen wurde. 1523 vermachte Prinz Georg von Brandenburg das Gebäude der Stadt, seither ist hier das Rathaus untergebracht. An der Ostseite des Platzes ist die Rokoko-Fassade des im späten 17. Jahrhundert erbauten **Drašković-Palasts** (Palača Drašković) sehenswert, in dem 1756–76 der kroatische Landtag tagte. Gegenüber steht das Haus Ritz im Stil der Renaissance, eines der ältesten Gebäude der Stadt (1540).

Katedrala Uznesenja Marijina
Kathedrale Mariä Himmelfahrt

Pavlinska ulica 4. *(042) 210 688. tägl. 9.30–12.30, 16–19 Uhr.*

Die Kirche Mariä Himmelfahrt wurde 1997 zur Kathedrale erhoben. Sowohl die Kirche als auch das angrenzende Kloster ließen Jesuiten in der ersten Hälfte des 17. Jahrhunderts errichten. Später gehörten Kirche und Kloster dem Paulinerorden.

Die Fassade wird von Säulen aufgelockert. Der Innenraum ist ein Meisterwerk des Barock. Der Hauptaltar nimmt die Breite des Mittelschiffs ein und ist mit vergoldeten Säulen, Stuckaturen und Schnitzereien verziert. Zentraler Blickfang ist das Gemälde *Mariä Himmelfahrt*, das an Tizians Meisterwerk in Venedig erinnert. Die Kirche wird für Barockkonzerte genutzt.

Reich verzierter Barockaltar in der Katedrala Uznesenja Marijina

Sv. Ivan Krstitelj
Kirche von Johannes dem Täufer

Franjevački trg 8. *(042) 213 166. tägl. 8.30–12, 17.30–19 Uhr.*

Die Kirche wurde 1650 im Barockstil an der Stelle eines älteren Baus aus dem 13. Jahrhundert errichtet. Die Fassade wird von einem Renaissance-

Glockenturm der Kirche Sv. Ivan Krstitelj am Tomislav-Platz

Tor mit Tympanon und zwei Statuen dominiert. Der Innenraum ist mit acht Seitenkapellen und einer vergoldeten Kanzel aus dem späten 17. Jahrhundert ausgestattet. Der Glockenturm erhebt sich 54 Meter über den Tomislav-Platz.

Vor der Kirche steht eine Kopie des *Denkmals für Bischof Grgor Ninski* von Ivan Meštrović. Die Apotheke besitzt Kunstwerke wie etwa allegorische Fresken von Ivan Ranger *(siehe S. 206)*.

Hercer-Palast

Palača Hercer

Franjevački trg 6. *Di–Fr 9–17 Uhr, Sa, So 9–13 Uhr.* **Entomologisches Museum:** *(042) 658 760.* *wie Palast.*

Der Hercer-Palast wurde gegen Ende des 18. Jahrhunderts erbaut. Das Wappen des Gründers ist noch am Tor zu sehen. Seit 1954 ist hier die **Entomologische Abteilung des Stadtmuseums** (Entomološki Odjel Gradskog muzeja) untergebracht. Die Gründung ist Franjo Košćec (1882–1968) zu verdanken, der der Stadt 1959 seine naturgeschichtliche Sammlung vermachte. Von 1962 bis 1980 wurde sein Werk von seiner Tochter Ružica, einer Biologin, weitergeführt. Neben Tausenden von Insekten kann man im Museum auch ein Herbarium besichtigen. Gelegentlich finden Wechselausstellungen zu den unterschiedlichsten Themen statt.

Sv. Trojstvo

Dreifaltigkeitskirche

Kapucinski trg 7. *(042) 213 550.* *Mo–Sa 9–12, 18–19 Uhr, So vor und nach der Messe.*

Die Kirche stammt aus dem frühen 18. Jahrhundert und besitzt zahlreiche barocke Gemälde und Kunstwerke einheimischer Meister sowie eine Orgel, die mit musizierenden Engeln geschmückt ist.

Das angrenzende Kloster aus derselben Epoche ist für seine Bibliothek berühmt, die zahlreiche Pergamentbände, Inkunabeln und Handschriften sowie einige der ältesten altkroatischen Schriftstücke *(kajkavski)* umfasst.

INFOBOX

Straßenkarte D1. *41 500.* *Frane Supila, (042) 210 444.* *Kolodvorska 17, (060) 333 555.* **Stadt:** *Ivana Padovca 3, (042) 210 987;* **Regional:** *Uska 4, (042) 210 096.* *Barockabende, Varaždin, (Sep–Okt); Gastrolov (Okt).* **www**.tourism-varazdin.hr

Nationaltheater

Narodno Kazalište

Ulica Augusta Cesarca 1. *(042) 214 688.* *nur für Aufführungen.*

Das 1873 von Hermann Helmer erbaute Theater ist eines der kulturellen Zentren der Stadt. Im Sommer und Herbst kommen Theaterfreunde aus ganz Europa hierher.

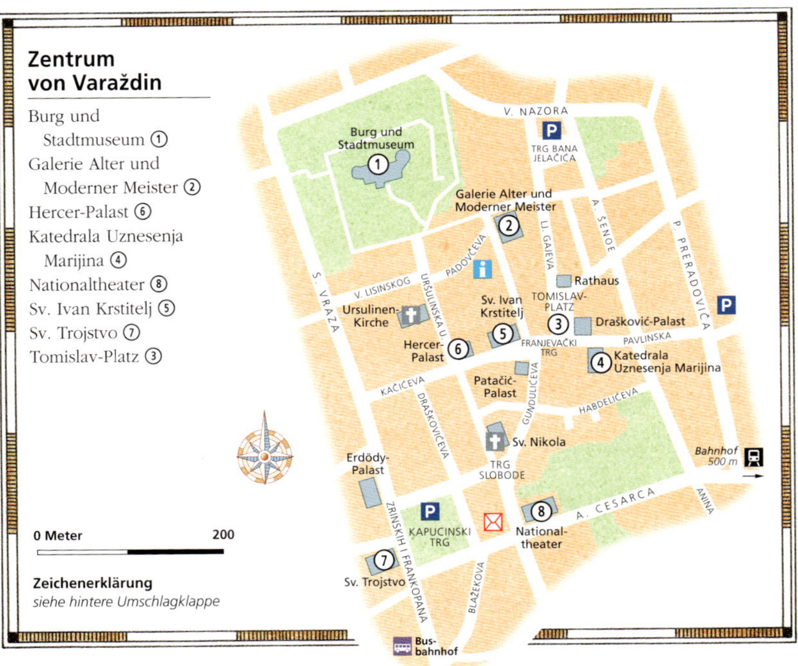

Weingärten in der Gegend von Čakovec

Čakovec ❷

Straßenkarte D1. *15 800.* *(040) 384 333.* *Masarykova ulica, (040) 313 947.* **Stadt:** *Kralja Tomislava 1, (040) 313 319;* **Regional:** *J.B. Jelačića 22, (040) 390 191.* *Karneval in Međimurje (Feb); Stadtfest am Gründungstag (29. Mai).* **www**.tourism-cakovec.hr

Graf Demetrius Chaky, Mitglied des Hofstaats von König Bela IV., ließ in der zweiten Hälfte des 13. Jahrhunderts auf dem einst von Römern besiedelten Areal einen Turm errichten, den er Chaktornya nannte. Im folgenden Jahrhundert entstand rund um diesen Turm die Verteidigungsanlage des Međimurje. 1547 übereignete König Ferdinand die Festung gemeinsam mit einem großen Anwesen Nikola Zrinski, dem *ban* (Befehlshaber) von Kroatien *(siehe S. 177)* als Belohnung für den Sieg gegen die Türken. Nikola Zrinski wurde zum Nationalhelden, als er sich in der Schlacht um Siget, das die Türken für sich beanspruchten, für sein Land opferte. Am 29. Mai 1579 gewährte einer seiner Nachfahren, ein Mitglied der Familie Zrinski aus Siget, all jenen Steuerprivilegien, die sich in der Stadt niederließen, die rund um die Festung entstanden war. Dieser Tag gilt heute als Gründungsdatum der Stadt und wird alljährlich mit einem großen Fest begangen. Um weiteren Angriffen standzuhalten, wurden Bastionen gebaut und ein Graben angelegt. Innerhalb der Stadtmauern errichtete man einen vierstöckigen Palast mit Innenhof.

1671 führte Petar Zrinski eine Verschwörung an, um Kroatien vom Königreich Ungarn abzuspalten. Sie wurde aufgedeckt, Zrinski und seinen Mitverschwörer Fran Krsto Frankopan enthauptete man am 30. April 1671 *(siehe S. 177)*. Danach unterstand Čakovec dem österreichischen Kaiser Leopold I. Das alte Renaissance-Schloss, von dem nur der erste Stock erhalten ist, und das neue Barockschloss mit dem rechteckigen Grundriss stehen einander gegenüber. Lange Zeit diente das alte Schloss als Gefängnis. Es wird derzeit restauriert und soll in Zukunft für kulturelle Veranstaltungen genutzt werden. Die Kirche ist bereits wieder geöffnet.

Im **Stadtmuseum des Međimurje** sind prähistorische Exponate, Fundstücke aus der Römerzeit und ethnografische Sammlungen zu sehen. Auch dem einheimischen Komponisten J. Slavenski (1896–1955) ist eine Ausstellung gewidmet.

Čakovec ist Verwaltungszentrum des Međimurje, einer Grenzregion zu Slowenien und Ungarn. Das hügelige, von breiten Tälern durchzogene Land im westlichen Teil der Region ist für seine Weine bekannt, in den fruchtbaren Ebenen des Ostens wird Getreide angebaut.

Stadtmuseum
Trg Republike 5. *(040) 313 285.* *Mo–Fr 8–15 Uhr, Sa, So 10–13 Uhr.*

Umgebung: In dem kleinen Dorf Šenkovec, zwei Kilometer von Čakovec entfernt, steht die Kirche **Sv. Helena**

Neues und altes Schloss Čakovec aus der Vogelperspektive

Hotels und Restaurants in Nordkroatien *siehe Seiten 233 und 249*

(St. Helena). Die wenigen Überbleibsel des ursprünglich gotischen Baus wurden harmonisch in das spätere barocke Erscheinungsbild eingefügt. Einzig erhalten gebliebener Teil des 1376 von Paulinern gegründeten Klosters ist die Kirche. Das Kloster wurde im Lauf der Zeit mehrere Male zerstört: während einer protestantischen Revolte, bei einem Brand und schließlich bei einem Erdbeben. Jedes Mal baute man sie danach jedoch wieder auf.

Im Innenraum der Kirche Sv. Helena befinden sich die Grabsteine von Nikola Zrinski und seiner Frau Katherina Frankopan sowie der von Petar Zrinski.

Fresko in der Kirche Sv. Helena, Šenkovec

Štrigova ❸

Straßenkarte D1. *450.* *von Čakovec.* *von Čakovec.* **Regional:** *J.B. Jelačića 22, Čakovec, (040) 390 191.*

In der Umgebung des kleinen Ortes entdeckte man zahlreiche Funde aus der Römerzeit, weshalb Historiker vermuten, dass Štrigova auf dem Siedlungsgebiet des römischen Stridon errichtet wurde, der Geburtsstadt des hl. Hieronymus.

In dem Ort lebten einst die Grafen von Štrigovčak, ihre Burg wurde während eines Türkenangriffs allerdings zerstört. Ganz in der Nähe errichteten die Grafen Bannfy eine weitere Burg, die im 17. Jahrhundert in einen Palast umgewandelt wurde. Früher war das Gebäude aufgrund seiner prachtvollen Ausstattung und seiner Kunstsammlungen berühmt.

Fresko am Tor der Kirche Sv. Jerolim, Štrigova

Die Kirche **Sv. Jerolim** (St. Hieronymus) erhebt sich am Rand des Dorfes auf einem Hügel. Bei ihrer Restaurierung entdeckte man Fresken über dem Tor und in den Nischen der Fassade, die von zwei Glockentürmen flankiert und von einem geschwungenen Giebel bekrönt ist.

Im Inneren der Kirche sind die Trompe-l'Œil-Gemälde des Tiroler Künstlers Ivan Ranger (*siehe S. 206*) sehenswert, so etwa die *Engel*, die *Evangelisten* und das *Leben des hl. Hieronymus*.

Vinica ❹

Straßenkarte D1. *1200.* *von Varaždin.* **Regional:** *Uska 4, Varaždin, (042) 210 096.*

Die kleine Stadt ist auf allen Seiten von Weinbergen umgeben. Sie wurde erstmals in Schriftstücken aus dem Jahr 1353 erwähnt, denen zufolge sie an der Stelle einer mittelalterlichen Festung erbaut wurde. Einst war Vinica für den großen Palast bekannt, den die Fürsten Patačić hier errichteten. Von diesem Palast sind heute nur noch Ruinen zu sehen, ebenso von jenem der Grafen Drašković.

Die mit Fresken verzierte Fassade der Hieronymuskirche, Štrigova

Im späten 19. Jahrhundert ließ Graf Marko Bombelles zwei Kilometer südlich von Vinica den **Opeka-Park** anlegen. Dieses große Arboretum war damals das einzige seiner Art in Kroatien und ist mit einer Fläche von 65 Hektar noch heute das größte des Landes. Bombelles pflanzte auf dem hügeligen Gelände eine große Anzahl exotischer Bäume und Pflanzen aus aller Welt.

In der Nähe des wunderschönen Parks, der 1961 zum Naturschutzgebiet erklärt wurde, richtete man eine Gartenbauschule ein, die mehrere Glashäuser und einen großen Garten von überwältigender Blütenpracht besitzt.

Farbenfrohes Blumenbeet im Opeka-Park in der Nähe von Vinica

Chorgestühl der Kirche Sv. Marija mit Fresken von Ivan Ranger

Lepoglava 5

Straßenkarte D1. 8700. (042) 791 193. *von Ivanec.* **Stadt:** *Hrvatskih pavlina 7, (042) 494 317;* **Regional:** *Ivanec, (042) 784 284.* *Internationales Fest der Spitzenklöppelei (Sep).*
www.lepoglava-info.hr

Lepoglava ist für seine Spitzenklöppeleien bekannt, die auch heute noch in der Stadt hergestellt werden. Die Schule, in der das Kunsthandwerk gelehrt wird, ist mehrere Hundert Jahre alt.

Lepoglava ist in Kroatien aber auch bekannt, weil sich hier ein Gefängnis befand, in dem Josip Broz Tito und Erzbischof Stepinac, das Oberhaupt der kroatischen Kirche während des Zweiten Weltkriegs, inhaftiert waren.

Ursprünglich war das Gefängnisgebäude ein Paulinerkloster, das die Grafen von Cilli Ende des 14. Jahrhunderts gegründet hatten. König Matthias Corvinus ließ das Kloster baulich umgestalten und die Anlage erweitern. Es wurde als Schule für Theologie, Grammatik und Philosophie sowie als Gymnasium genutzt.

Nach der Auflösung des Paulinerordens im Jahr 1854 wandelte man die Mönchszellen in Häftlingszellen um. Hinter dem Kreuzgang wurde ein modernes Gefängnis errichtet, das heute das größte in Kroatien ist.

Vorbildlich restauriert wurde die schöne gotische Kirche **Sv. Marija** (St. Maria), die im späten 17. Jahrhundert im Stil des Barock umgebaut wurde. Die einschiffige Kirche hat einen polygonalen Chor. Die Fassade wird durch Wandpfeiler, Nischen und zwei Giebelfelder gegliedert. Der Innenraum der Kirche ist mit Stuckarbeiten aus dem 18. Jahrhundert von Antonio Giulio Quaglio geschmückt. Ebenfalls sehenswert sind die Fresken von Ivan Ranger, etwa die Apokalypse über dem Chorgestühl. Interessant sind auch die Kanzel und der Altar der hl. Anna von dem Paulinermönch und Bildhauer Aleksije Königer.

Typische Spitzenklöppelei aus Lepoglava

Sv. Marija
Trg 1. hrvatskog sveučilišta 3.
(042) 792 566. *Vereinbarung.*

Trakošćan 6

Straßenkarte D1. *nach Bednja.* *Trakošćan, (042) 796 281.*
www.trakoscan.net

Die hervorragend erhaltene **Burg Trakošćan** ist nicht zuletzt aufgrund der reizvollen Umgebung eines der beliebtesten Ausflugsziele in der Zagorje. Die Burg wurde zum Schutz der Straße gebaut, die von Ptuj in das Tal der Save führt. Im Jahr 1434 wird sie auf der Liste der Besitztümer erwähnt, die Sigismund von Habsburg dem Grafen von Cilli vermachte. Bis zum Ende der türkischen

Ivan (Johannes Baptist) Ranger

Der in Götzens in der Nähe von Innsbruck geborene Ivan Ranger trat schon in jungen Jahren in den Paulinerorden ein. Über seine Jahre als Novize ist wenig bekannt. Man weiß lediglich, dass er eine Zeit lang in Italien lebte, wo er sich in Venedig, Rom, Bologna und Mantua mit dem Barockstil auseinandersetzte. Im Alter von 30 Jahren wurde er nach Lepoglava eingeladen, dem damaligen Hauptsitz des Ordens, dem er bis zu seinem Tod im Jahr 1753 diente. Ranger war auch in den benachbarten Städten und in Slowenien tätig (etwa im Kloster Olimje und dem Burgkloster Sveti Jemej in Rogatec). Getreu den Prinzipien der Pauliner gründete er eine Schule für Freskenmaler. Mit den Künstlern dieser Schule schuf er farbenfrohe und ausdrucksstarke Freskenzyklen. Die Trompe-l'Œil-Gemälde bezeugen auch seine technische Meisterschaft.

Fresko des Paulinermönchs Ivan Ranger

Die Burg Trakošćan und ihr Museum ziehen viele Besucher an

Herrschaft nutzte man sie zu Verteidigungszwecken. 1568 ging sie in den Besitz der Grafen Drašković über.

In der zweiten Hälfte des 19. Jahrhunderts wurde sie von Juraj Drašković in einen prachtvollen neugotischen Wohnsitz umgebaut. Er legte darüber hinaus einen See, einen Park und Gärten an, gleichzeitig behielt er die militärischen Bauelemente der Burg bei.

Das Gebäude steht auf einem bewaldeten Hügel und ist von einer hohen Mauer mit Turm umgeben. In den 32 Räumen ist nun ein **Museum** untergebracht, in dem Mobiliar, Waffen, Gemälde sowie eine seltene Porträtreihe der Familie Drašković zu sehen sind.

Burg und Museum
(042) 796 422, 796 495. Apr–Okt: tägl. 9–18 Uhr; Nov–März: tägl. 9–16 Uhr.

Krapina 7

Straßenkarte D1. *4500. Frana Galovića bb, (049) 328 028. A. Starčevića, (049) 315 018. Magistratska 11, (049) 371 330. Woche der Musik und Kultur von Kajkaviana (Sep).* **www**.tzg-krapina.hr

Krapina erlangte Berühmtheit, als man in der Nähe der Stadt Knochen des »Krapina-Mannes« *(Homo krapinensis)* aus dem Paläolithikum fand. Das Skelett eines Neandertalers, das 1899 in einer Höhle entdeckt wurde, befindet sich heute im Archäologischen Museum in Zagreb.

Das **Neandertalermuseum** in Krapina – eines der modernsten Museen Kroatiens – dokumentiert das Leben zur Zeit der Neandertaler.

Krapina wurde erstmals 1193 als Standort einer Burg (heute eine Ruine) erwähnt. Nachdem die Gefahr der Türkenangriffe gebannt war, ging die Burg in den Besitz der Grafen Keglević über. Die umgebende Stadt stieg zu einem wichtigen Verwaltungszentrum auf.

Zudem entwickelte sich Krapina zu einem überregional bedeutenden religiösen Zentrum. Mitte des 17. Jahrhunderts wurden ein Franziskanerkloster und die Barockkirche **Sv. Katarína** errichtet. Die Sakristei und einige Räume des Klosters sind mit Fresken von Ivan Ranger geschmückt. Auf einem der Stadtplätze steht ein Denkmal für den 1809 in Krapina geborenen Ljudevit Gaj, der in der ersten Hälfte des 19. Jahrhunderts für die Wiederbelebung kroatischer Politik und Kultur eintrat.

Büste des Ljudevit Gaj, Krapina

Neandertalermuseum
Šetalište V Sluge bb. (049) 371 491. Apr–Sep: Di–So 9–19 Uhr; Nov–Feb: Di–So 9–16 Uhr; März, Okt: Mo–Fr 9–16 Uhr, Sa, So 7–18 Uhr. nach Vereinbarung.

Umgebung: In **Trški Vrh**, etwas nördlich von Krapina, befindet sich die Kirche der **Muttergottes von Jerusalem**, einer der schönsten Barockbauten in Kroatien. Sie wurde 1750–61 erbaut, die Fassade weist einen Glockenturm mit einer Zwiebelkuppel auf. Das Innere der Kirche ist mit geschwungenen Arkaden und vier Kapellen geschmückt, die dem Stil des Turms ähneln. Wände, Gewölbe und Kuppel sind mit einem Freskenzyklus mit biblischen Themen und Szenen aus dem Leben Mariens von dem Steirer Künstler Anton Lerchinger verziert. Den Hauptaltar gestaltete der Grazer Bildhauer Filip Jacob Straub, die Kanzel und die weiteren drei Altäre sind Arbeiten des Bildhauers Anton Mersi.

Fresko in der Barockkirche der Muttergottes von Jerusalem in Trški Vrh

Pregrada 8

Straßenkarte C1. 1700.
Stadt: *Trg Gospe Kunagorske 2, (049) 377 050. Karneval (Feb); Branje grožđa, Weinlese (Sep).*
www.pregrada.hr

Die Dorfkirche von Pregrada gibt es bereits seit der Antike, doch zeigt sie mit der von zwei spitzen Glockentürmen flankierten Fassade heute ein Erscheinungsbild aus dem 19. Jahrhundert. In der Kirche befinden sich die Gräber der Familien Keglević und Gorup. Auch die große Orgel, die früher in der Kathedrale von Zagreb stand, ist sehenswert.

An der Stelle einer mittelalterlichen Burg befindet sich inmitten der Wälder von Hrvatsko Zagorje in der Nähe der Weinstraße die **Burg Gorica**, die früher der Familie Keglević gehörte. Rundtürme begrenzen die kunstvolle Fassade. Ein Teil des Gebäudes wird heute als Weingut genutzt.

Umgebung: Auf einem Weinberg in **Vinagora**, sieben Kilometer westlich von Pregrada, befindet sich ein ungewöhnliches Heiligtum antiken Ursprungs. 1780 wandelte man es in die Pfarrkirche **Sv. Marija od Pohoda** (Mariä Heimsuchung) um, in der die gotischen Statuen und das prachtvolle Mobiliar einen Besuch wert sind. Die Kirche ist von Mauern umgeben, die sich um den Hügel ziehen. Rundtürme flankieren den Eingang, der einst ausschließlich über eine Zugbrücke zugänglich war. Heute sind in den Türmen Kapellen.

Innenraum der Kirche Sv. Marija od Pohoda in Vinagora

Veliki Tabor 9

Straßenkarte C1. *von Krapina oder Zagreb nach Desinić.* **Regional:** *Košnièčki Hum 1, (049) 374 970. Ritterspiele (Sep).*
www.velikitabor.com

Eine der berühmtesten und am besten erhaltenen Burgen Kroatiens steht weithin sichtbar auf einer kahlen Hügelspitze. Im 15. Jahrhundert, zur Zeit von König Matthias Corvinus, befand sie sich im Besitz des Königshauses, was das imposante Erscheinungsbild erklärt. Die Burg ging später in den Besitz der Familie Ratkaj über, die die eher düsteren Gemächer im 16. Jahrhundert freundlicher umgestaltete und die Burg in einen luxuriösen Wohnsitz verwandelte.

Mauern mit vier halbkreisförmigen Türmen umgeben den fünfeckigen Haupttrakt. Zwei Stockwerke öffnen sich über Arkaden zum Innenhof hin. Die Bastionen, die Veliki Tabor den Ruf einer uneinnehmbaren Festung einbrachten, sind nicht erhalten. Heute ist in der Burg ein Museum untergebracht.

Burg und Museum
Košnički Hum 1, Desinić. *(049) 343 963.* FAX *(049) 301 533. Apr–Sep: Di–Fr 9–17 Uhr, Sa, So 9–19 Uhr; Nov–Feb: Di–So 9–16 Uhr; März, Okt: Di–Fr 9–16 Uhr, Sa, So 9–17 Uhr.*

Umgebung: In **Miljana**, südwestlich von Veliki Tabor, steht eines der malerischsten Barockschlösser Kroatiens. Der Bau dauerte vom 17. bis Mitte des 19. Jahrhunderts, was die Stilvielfalt erklärt. Einige Gemächer sind mit Rokoko-Fresken geschmückt.

Kumrovec 10

Straßenkarte C1. 300. *(049) 553 129. von Zagreb. Cesta Lijepe naše 6a, (049) 502 044. Hochzeit von Zagorje (Sep).*
www.kumrovec.hr

Kumrovec ist der Geburtsort Josip Broz Titos. Der langjährige Präsident Jugoslawiens wurde 1892 hier geboren. Sein Geburtshaus aus dem Jahr 1860 ist seit 1953 ein Museum, in dem Mobiliar und Hausrat aus dem Besitz seiner Familie zu sehen sind.

Auf dem Platz vor dem Haus steht ein Tito-Denkmal, das Antun Augustinčić 1948 schuf. Sowohl Titos Geburtshaus als auch andere Gebäude des Ortes sind heute Teil des **Ethnologischen Museums – Staro Selo** (»altes Dorf«). Die strohgedeckten Häuser sind mit Haushaltsgegenständen aus der damaligen Zeit ausgestattet. In nachgebauten Ate-

Veliki Tabor ist eine der besterhaltenen Burgen Kroatiens

◁ **Weingärten bei Kumrovec im Hügelland Zagorje** *(siehe S. 47)*

Das Geburtshaus Titos ist Teil des Museums Staro Selo in Kumrovec

liers wird das Handwerk der Hanf- und Flachsweberei veranschaulicht.

Ethnologisches Museum – Staro Selo
Josipa Broza 19a. *(049) 225 830. Mai–Okt: tägl. 9–19 Uhr; Nov–Apr: tägl. 9–17 Uhr.*

Klanjec ⑪

Straßenkarte C1. *600.* *(049) 550 404. von Zagreb, Krapina, Zabok.* *Trg A. Mihanovića 3, (049) 550 235. Karneval (Feb).* **www**.klanjec.hr

In Klanjec wurde Antun Augustinčić (1900–1979) geboren. Werke des bedeutendsten kroatischen Bildhauers des 20. Jahrhunderts sind auf der ganzen Welt zu sehen. In seinem Geburtsort zeigt die **Galerie Antun Augustinčić** einige Stücke.

Statue von Antun Mihanović, Klanjec

Am Hauptplatz von Klanjec stehen ein von Robert Frangeš-Mihanović geschaffenes Denkmal für Antun Mihanović, den Verfasser der kroatischen Nationalhymne, und das Franziskanerkloster mit der Marienkirche, die beide im 17. Jahrhundert von der einflussreichen Familie Erdödy erbaut wurden. Hier finden sich auch die Gräber der Familie.

Umgebung: In **Zelenjak**, drei Kilometer nördlich von Klanjec an der Straße nach Tuheljske Toplice, befindet sich ein weiteres Denkmal für Antun Mihanović.

Galerie Antun Augustinčić
Trg A. Mihanovića 10. *(049) 550 343. Apr–Sep: tägl. 9–17 Uhr; Okt–März: Di–Sa 9–15 Uhr.*

Bedekovčina ⑫

Straßenkarte D1. *3500.* *Trg A. Starčevića 12, (049) 213 106. von Zagreb.* **Regional:** *D.G. Krambergera 1, Krapina, (049) 233 653. Wein-Messe (Juni).*

In dieser Stadt befindet sich ein besonders attraktiver Palast – eines der vielen Gebäude, die auf den Hügeln der Zagorje über den Ruinen alter Burgen errichtet und größtenteils während der Türkenkriege zerstört wurden. Das Schloss wurde zu Beginn des 18. Jahrhunderts erbaut und beherbergt heute Büros. Das zweistöckige Palastgebäude hat einen quadratischen Grundriss und ist mit einem steilen Giebeldach ausgestattet. Die Eingangstore sind mit prachtvollen Wappen geschmückt.

Marija Bistrica ⑬

Straßenkarte D1. *1000.* *Zlatar Bistrica, 5 km. von Zagreb.* *Zagrebačka bb, (049) 468 380. Bistrica-Woche (Juli).* **www**.info-marija-bistrica.hr

Der kleine Ort an der Nordseite des Medvednica-Massivs ist einer der populärsten Marienwallfahrtsorte Kroatiens. An der Stelle der heutigen **Majke Božje Bistričke** gab es bereits 1334 eine Kirche. Um die Mitte des 16. Jahrhunderts, als ein Angriff der Türken drohte, wurde hier die Holzstatue der *Schwarzen Madonna mit Kind* versteckt. Später entdeckte man sie auf wundersame Weise wieder. Die Kirche entwickelte sich daraufhin zu einem Wallfahrtsort.

Die Kirche wurde mehrmals umgebaut und war die erste, die 1715 vom kroatischen Parlament zu einem Wallfahrtsort erklärt wurde. 1883 wurde sie von dem Architekten Hermann Bollé restauriert. Er entschied sich für einen eklektischen Ansatz und kombinierte romanische, gotische und barocke Stilelemente. Darüber hinaus besitzt die Kirche einen großen, mit Fresken geschmückten Portikus.

Im Sanktuarium werden zahlreiche prächtige Sakralgegenstände aufbewahrt: Gold- und Silberobjekte, Mobiliar und goldbestickte Kirchengewänder. Einige der Stücke sind heute im Diözesanmuseum in Zagreb ausgestellt.

Majke Božje Bistričke
Trg pape Ivana Pavla II 32.
(049) 469 156.
Voranmeldung.

Die Wallfahrtskirche Majke Božje Bistričke in Marija Bistrica

Hotels und Restaurants in Nordkroatien *siehe Seiten 233 und 249*

Tour: Thermalbäder ⓮

Zwischen Varaždin und Zagreb finden sich sechs Thermalbäder aus unterschiedlichen Epochen. Die Heilbäder liegen in einer von Wäldern und Weingärten geprägten Hügellandschaft und sind bei den Einheimischen und bei Besuchern aus benachbarten Ländern gleichermaßen beliebt. Nicht nur die gut ausgestatteten Thermalbäder, auch die umliegenden Städte sind für die Gäste attraktiv. Darüber hinaus kann man hier zahlreiche Burgen, Kirchen und Museen besichtigen.

0 Kilometer

Dekoratives Detail aus dem Römerba in Varaždinske Toplice

Krapinske Toplice ④
Das Thermalbad wurde in der zweiten Hälfte des 19. Jahrhunderts in der Nähe einer kalzium-, magnesium- und karbonathaltigen Heißwasserquelle errichtet. Hier werden rheumatische, neurologische und Herz-Kreislauf-Erkrankungen behandelt. Es gibt drei Innenbecken und im Hotel ein Freiluftbecken.

Sutinske Toplice ⑤
Der acht Kilometer nordwestlich vo Zlatar gelegene Kurort in 170 Mete Höhe ist seit dem 13. Jahrhundert fü die Heilkraft seines Wassers bekann das leicht radioaktiv und reich an Mine ralien ist, insbesondere an Kalzium un Magnesium. Viele Patienten spreche auf die Behandlung mit Schlammbäder gut an. Nur Freiluftbecke

Terme Jezerčica ①
Das Thermalbad in der Nähe von Donja Stubica befindet sich in eine Hotel mit Spa, Sauna, Beauty-Cente mehreren Schwimmbecken und Fitness-Räumen.

Terme Tuhelj ③
Die Kurstadt liegt 40 Kilometer von Zagreb entfernt. In dem Hotel mit acht Schwimmbecken werden u.a. rheumatische und gynäkologische Erkrankungen behandelt.

Stubičke Toplice ②
Das Heilbad am Fuß des Medvednica wurde 1776 gegründet. Es gibt ein Hotel sowie eine Klinik, die auf die Behandlung degenerativer Gelenk- und Wirbelsäulenerkrankungen spezialisiert ist.

ROUTENINFOS

Länge: *100 km einfach.*
Rasten: *Toplice Hotel, A. Mihanovića 2, (049) 202 202; Hotel Matija Gubec, V. Šipeka 31, Stubičke T., (049) 282 501/630; Hotel Minerva, Trg Slobode 1, Varaždinske T., (042) 630 534.*
Stubičke T., V. Šipeka 24, (049) 282 727; Krapinske T., Zagrebačka 4, (049) 232 106; Terme Tuhelj, Gajeva 4, (049) 203 000; Sutinske T., (049) 466 627; Varaždinske T., (042) 633 133.

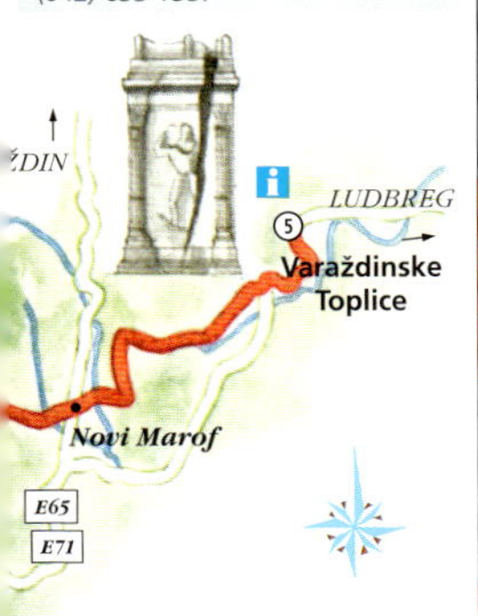

Varaždinske Toplice ⑥
Der Kurort zählt zu den ältesten Kroatiens. Die ersten Bäder entstanden gegen Ende des 18. Jahrhunderts, das erste öffentliche Heilbad wurde 1829 eröffnet. Das Thermalwasser wird vor allem zur Behandlung rheumatischer Krankheiten empfohlen.

LEGENDE

- Routenempfehlung
- Autobahn
- Andere Straße
- Information

Der reich verzierte Innenraum der Kirche Sv. Marija Snježna, Belec

Belec ⓯

Straßenkarte D1. *500.* *von Zabok.* *D.G. Krambergera 1, Krapina, (049) 233 653.*

Auf den Hügeln der Zagorje liegt das Dorf Belec, das für seine am Stadtrand gelegene Kirche **Sv. Juraj** (St. Georg) berühmt ist. Die Kirche ist eines der wenigen romanischen Gebäude, die im Landesinneren von Kroatien erhalten geblieben sind. Der Glockenturm beherrscht die gesamte Fassade und erinnert eher an einen Verteidigungsturm. Der kleine Portikus mit zwei schlanken Säulen auf der rechten Seite führt in den Innenraum mit dem reich verzierten gotischen Altar und interessanten Fresken aus der Entstehungszeit der Kirche im 12. und 13. Jahrhundert.

Etwas unterhalb liegt die Kirche **Sv. Marija Snježna** (Maria Schnee), die von der Familie Keglević im Jahr 1674 erbaut wurde. Die Kirche gilt aufgrund des prachtvoll verzierten Innenraums als ein Meisterwerk des Barock. Der Mönch und Künstler Ivan Ranger *(siehe S. 206)* malte einige der Trompe-l'Œil-Meisterwerke, beispielsweise die *Szenen aus dem Alten Testament* und *Episoden aus dem Leben der Jungfrau Maria.* Zudem besitzt die Kirche einen prachtvollen Hauptaltar, der von Cherubinen und Heiligen eingerahmt ist.

Sv. Marija Snježna
(049) 460 040. *Vereinbarung.*

Varaždinske Toplice ⓰

Straßenkarte D1. *2000.* *von Zagreb u. Novi Marof.* *von Zagreb.* *Trg Slobode 16, (042) 630 000.* **www**.varazdinsketoplice.com

Das Wasser, das aus der schwefelhaltigen Quelle am Fuß des Hügels südlich von Varaždin sprudelt, war dem illyrischen Stamm der Iasi schon im 3. Jahrhundert v. Chr. bekannt. Die Stadt wurde von den Römern Aquae Iasae genannt. Wie zahlreiche hier entdeckte archäologische Funde beweisen, gewann das Heilbad rasch an Bedeutung. Die Bäder waren in Betrieb, bis die Goten in das Gebiet einfielen. Später wurden sie von einem Erdrutsch begraben und gerieten jahrhundertelang in Vergessenheit.

Im 12. Jahrhundert gründete der Bischof von Zagreb hier den Ort Toplissa. Die Bewohner nutzten das Wasser aus der Quelle wieder. Als der heutige Kurort entstand, wurde auch die einstige römische Siedlung wiederentdeckt.

Zudem besitzt Varaždinske Toplice einen mittelalterlichen Bezirk mit einer Burg, in der das **Historische Museum** untergebracht ist. In einer kleinen Festung kann man die Pfarrkirche und zwei Altäre von Francesco Robba besichtigen. Einen Besuch wert ist auch das in einem nahen Park gelegene Landhaus Seoska Kuća, das im 18. Jahrhundert errichtet wurde.

Die Wallfahrtskirche Sv. Trojstvo in Ludbreg

Ludbreg ⓱

Straßenkarte D1. *3800.* *von Koprivnica.* *von Zagreb.* *Trg Sv. Trojstvo 14, (042) 810 690.* *Feier des Blutwunders (1. So im Sep).* **www**.tz-ludbreg.hr

In dieser Gegend fand man zahlreiche Spuren aus der Römerzeit, beispielsweise Mauern und Bäder. Im Zuge der darauf folgenden Nachforschungen haben einige Historiker Ludbreg als die römische Siedlung Iovia identifiziert.

Die Stadt wurde später eine der ersten Diözesen im Landesinneren von Kroatien. 1411 beobachtete ein Priester während der Messe, wie sich der Wein im Kelch in Blut verwandelte. Daraufhin entwickelte sich die Kapelle, in der das Wunder stattfand, zu einem Wallfahrtsort. 1513 erklärte Papst Leo X. die Kirche **Sv. Trojstvo** zur »einzigen Dreifaltigkeitskirche Kroatiens«.

Die ursprünglich gotische Kirche wurde 1829 umgebaut und besitzt nun einen barocken Altar und Fresken von M. Rački (1937). Der für Wallfahrtskirchen typische Portikus stammt von 1779.

1739 beschloss das Parlament den Bau einer Kapelle, um den wundersamen Kelch an einem angemessenen Ort aufzubewahren. Geweiht wurde die Kapelle allerdings erst 1994.

Das Herrenhaus in barockem und klassizistischem Mischstil, das von der Familie Batthyány 1745 erbaut wurde, beherbergt heute Ateliers des kroatischen Instituts für Denkmalschutz.

Koprivnica ⓲

Straßenkarte D1. *24 800.* *Kolodvorska 31, (060) 305 040.* *Zagrebačka ulica, (048) 621 282.* **Stadt:** *Trg bana Jelačića 7, (048) 621 433;* **Regional:** *Nemčićeva 5, (048) 624 408.* *Podravski Motivi, Ausstellung naiver Kunst (1. Woche im Juli).* **www**.koprivnicatourism.com

Das von der Familie Ernust gegründete Koprivnica war ein Handelszentrum und ab 1356 freie Königsstadt. Im 16. Jahrhundert brannten die Türken es nieder.

Nach dem Wiederaufbau im 17. Jahrhundert erhielt die Stadt ein barockes Gepräge mit einer breiten Prachtstraße, die von den wichtigsten öffentlichen und privaten Gebäuden gesäumt wird. Hier leben viele serbische Immigranten, es gibt auch eine orthodoxe Kirche, Sveti Duh (Kirche des Hl. Geistes), die Ende des 18. Jahrhunderts errichtet wurde. Bedeutende Ereignisse für die Stadt waren die Gründung eines **Franziskanerklosters** im Jahr 1685 und die Gründung der Kirche Sv. Antun Padovanski. Das Kloster war eine für die Region sehr wichtige Kultur- und Bildungsstätte – eine Position, die es seit Kurzem wieder einnimmt.

Ganz in der Nähe liegt das **Stadtmuseum** (Gradski Muzej) mit archäologischen, historischen und kulturellen Exponaten sowie der **Galerija Koprivnica**, in der eine Sammlung naiver Malerei *(siehe S. 21)* zu sehen ist. Bei den Einheimischen sehr beliebt ist die in einer ehemaligen Brauerei untergebrachte Bierhalle Kraluš *(siehe S. 249)*.

Umgebung: Hlebine, 13 Kilometer östlich von Koprivnica, verdankt seinen Ruhm den Malern, die der Künstler Krsto Hegedušić förderte. In den 1930er Jahren gründete die Gruppe um ihn die »Schule von Hlebine« *(siehe S. 21)*. Herzstück dieser naiven Kunstrichtung ist die einfache und doch originelle Darstellung von Mensch und Landschaft. Die Arbeiten werden sowohl in der **Galerie Hlebine** als auch in der Galerie Koprivnica gezeigt.

Stadtmuseum
Trg Leandera Brozovića 1.
(048) 642 538. *Mo–Fr 8–14 Uhr, Sa 10–13 Uhr.*

Galerie Koprivnica
Zrinski trg 9/1. *(048) 622 564.* *Mo–Fr 8.30–15.30 Uhr, Sa 9.30–13 Uhr.*

Galerie Hlebine
Trg Ivana Generalića 15.
(048) 836 075. *Mo–Fr 10–16 Uhr, Sa 10–14 Uhr.*

Gemälde aus der Schule von Hlebine, Galerie Koprivnica

Die mittelalterliche Burg in Đurđevac beherbergt eine Galerie

Đurđevac ⑲

Straßenkarte E1. *6700.* *Kolodvorska 21, (048) 813 089.* *(048) 812 002.* *Vladimira Nazora 2, (048) 812 046.* *Đurđevo, Stadtfest (23. Apr); Picokijada, Folkloreveranstaltung (letzte Juniwoche).* **www**.djurdjevac.hr

Obwohl sich der Name der Stadt von einem frühmittelalterlichen Sakralbau ableitet, der dem hl. Georg gewidmet war (Sv. Juraj), ist die Stadt heute vor allem wegen der **Burg** (Stari Grad) bekannt, die früher Wasserburg genannt wurde. Im Mittelalter war das Gebäude wesentlich größer: Ausgrabungen verweisen auf einen rechteckigen Grundriss mit einer Zugbrücke und einem Turm. Von der ursprünglichen Substanz erhalten ist lediglich ein oktogonales Gebäude mit Innenhof. Im oberen Geschoss befindet sich eine Galerie.

Bjelovar ⑳

Straßenkarte D1. *27 800.* *Masarykova ulica, (043) 241 263.* *Masarykova ulica, (043) 241 269.* **Stadt:** *Trg Eugena Kvaternika 2, (043) 243 944;* **Regional:** *Trg Eugena Kvaternika 4, (043) 243 944.* *Terezijana, Kulturveranstaltung (Juni).* **www**.turizam-bilogorabjelovar.com.hr

Im Mittelalter wurde die Stadt Wellewar genannt. 1756 erlangte sie Bedeutung, als die österreichische Kaiserin Maria Theresia hier eine Festung errichten ließ, um die sich eine Militärstadt entwickelte. Heute befinden sich an dieser Stelle die Kathedrale Sv. Terezija, die orthodoxe Kirche des Hl. Geistes sowie Kasernen. Das **Stadtmuseum** (Gradski Muzej) verfügt über eine umfangreiche, interessante Sammlung.

Stadtmuseum
Trg Eugena Kvaternika 1.
(043) 244 207. *Di–Fr 10–19, Sa, So 10–14 Uhr.*

Ikonostase in der Kirche Sv. Trojstvo, Križevci

Križevci ㉑

Straßenkarte D1. *11 600.* *(048) 716 193.* *Nemčićev trg 6, (048) 681 199.* *Križevačko Veliko Spravišće, kulturelle und gastronomische Veranstaltung (Mitte Juni).* **www**.tz-krizevaci.hr

Hinweise auf diese Stadt finden sich bereits in Schriftstücken vom Beginn des 12. Jahrhunderts. Im Jahr 1252 wurde sie zur freien Königsstadt erklärt und war mehrmals Tagungsort des kroatischen Parlaments. Während einer Sitzung im Jahr 1397 wurden einige Adelige getötet, die man des Verrats an König Sigismund bezichtigt hatte. Später wurde die Stadt befestigt. Erhalten sind allerdings nur noch das Fundament der Türme und Teile der Stadtmauern. Mit der Anbindung an die Eisenbahn 1871 prosperierte die Stadt.

Das älteste Gebäude von Križevci-Stadt ist die Kirche **Sv. Križ** (Hl. Kreuz). Sie wurde in der zweiten Hälfte des 18. Jahrhunderts im Stil des Barock umgebaut. Der Altar des Hl. Kreuzes wurde von dem Bildhauer Francesco Robba im Jahr 1756 für die Kathedrale von Zagreb angefertigt.

Die katholische Kirche **Sv. Trojstvo** (Dreifaltigkeitskirche) besitzt eine Ikonostase, Fresken von Celestin Medović und Ivan Tišov aus dem frühen 19. Jahrhundert sowie einen prachtvollen Hauptaltar, den Sante Pardoni im 18. Jahrhundert schuf. Das angrenzende Kloster wurde später zum **Bischofspalast** (Biskupski Dvor). Er beherbergt Gemälde, Ikonen, Handschriften sowie Sakralgegenstände. Im **Stadtmuseum** (Gradski Muzej) sind interessante archäologische Funde und verschiedene Kunstsammlungen zu sehen.

Sv. Križ
Ivana Dijankovečkog 1.
(048) 711 711. *Vereinbarung.*

Bischofspalast
(048) 712 171. *Vereinbarung.*

Stadtmuseum
Sermageova 2. *(048) 711 210.* *Mo, Mi, Fr 8–15 Uhr, Di, Do 8–19 Uhr, Sa, So 10–12 Uhr.*

Altar von Francesco Robba in der Kirche Sv. Križ, Križevci

Zu Gast in Kroatien

Hotels

Hotelschild in Bežanec in der Nähe von Pregrada

Kroatien ist vor allem bei den Deutschen, Österreichern und Italienern seit Langem ein beliebtes Ferienziel. Im Lauf der Jahre wurde die Hotellerie verbessert, sodass den Besuchern heute zahlreiche Unterkunftsmöglichkeiten zur Auswahl stehen. Die Schäden, die der Fremdenverkehr durch den Krieg in den 1990er Jahren erlitt, sind behoben, und Kroatien bietet den Gästen heute wieder jeden Komfort. Vor allem entlang der Küste gibt es zahlreiche moderne Hotels, Apartments und Feriendörfer. Eine einfachere, aber durchaus akzeptable Ausstattung bieten Campingplätze oder Privatzimmer. Viele Reiseveranstalter haben Pauschalangebote in verschiedenen Ferienorten Kroatiens im Programm. Allerdings ist es auch nicht schwierig, die Reise auf eigene Faust zu planen. Die Unterkünfte sollten im Voraus gebucht werden. Vor allem in der Hochsaison – in den Monaten Juni, Juli und August – ist eine Reservierung zu empfehlen.

Das Hotel Palace-Bellevue in Opatija *(siehe S. 223)* an der Küste Istriens

Hotels

Die meisten Hotels, vor allem jene in den Badeorten an der Küste, wurden in den 1970er und 1980er Jahren gebaut, als der Tourismus in Kroatien einen Aufschwung erfuhr. Die Ausstattung ist im Allgemeinen modern, wenngleich Einrichtung und Mobiliar zuweilen etwas einförmig erscheinen mögen. Diese Unterkünfte haben vielleicht nicht den Charme von alten Grandhotels, doch ist der Service in der Regel gut, die Zimmer sind sauber und geräumig, und die wesentlichen Einrichtungen sind vorhanden (die meisten Zimmer verfügen über ein eigenes Bad).

Grandhotels, die im Stil der Wende vom 19. zum 20. Jahrhundert erbaut wurden, findet man nur in der Hauptstadt Zagreb und in Opatija an der Kvarner Bucht. Opatija, zur Zeit der k.u.k. Monarchie ein beliebter Badeort, der vom österreichischen Kaiserpaar Ferdinand und Maria Anna samt Hofstaat regelmäßig besucht wurde, bietet noch immer Hotels aus dieser Epoche. Sie haben Stil und etwas verblichene Eleganz, die man in den modernen, mehrstöckigen Gebäuden an der Küste vergeblich sucht. In Zagreb findet man auch Luxushotels und internationale Hotelketten wie Opera und Sheraton. Ausstattung und Service in diesen Hotels entsprechen einem sehr hohen Qualitätsniveau, das sich allerdings auch im Preis widerspiegelt.

Privatunterkünfte

Eine kostengünstige Alternative zu den Hotels sind Privatunterkünfte *(privatne sobe)*. Sie sind nicht nur preiswerter, sondern bieten auch die Chance, Einheimische kennenzulernen und Einblick in ihre Kultur und Lebensart zu erhalten.

Die erste und beste Kategorie hat drei Sterne und beinhaltet immer ein eigenes Bad. Die Zwei-Sterne-Kategorie gilt für Zimmer, bei denen das Bad mit anderen Gästen geteilt wird. Die Ein-Stern-Kate-

Die kroatische Küste wird von großen Ferienhotels gesäumt

◁ Feigen liegen zum Trocknen in der Sonne

Das elegante Hotel Regent Esplanade in Zagreb *(siehe S. 231)*

gorie schließlich zeigt den niedrigsten Standard an.

Privatunterkünfte können über Zimmervermittlungen gebucht werden, die man in allen Touristenzentren findet. Eine Aufenthaltssteuer und eine Provision werden aufgeschlagen, im Sommer wird oft auch ein Mindestaufenthalt von vier Nächten verlangt.

Günstiger ist es, wenn man die Gastfamilien direkt kontaktiert. Gute Möglichkeiten dazu bieten sich bei der Ankunft oder an Treffpunkten wie Busbahnhöfen, Fähranlegeplätzen und Cafés. Diese Orte werden oft von Zimmervermieterinnen aufgesucht. Es empfiehlt sich, Quartier und Preis zu prüfen, bevor man eine verbindliche Zusage trifft.

Eine weitere Möglichkeit ist es, nach Schildern Ausschau zu halten, auf denen »sohe« auf Kroatisch, »Zimmer« auf Deutsch oder »camere« auf Italienisch zu lesen ist. Es empfiehlt sich, frühmorgens mit der Suche zu beginnen. Wenn Sie ein Haus gefunden haben, das Ihnen gefällt, sollten Sie sich das Zimmer zeigen lassen und – vorausgesetzt, dass es Ihnen zusagt – die Bedingungen und den Preis erfragen. Außerhalb der Saison kann man durchaus versuchen, einen besseren Preis auszuhandeln.

Im Allgemeinen werden Privatzimmer nur für die Übernachtung angeboten. Viele verfügen jedoch über eine Kochgelegenheit. Manche Vermieter bieten darüber hinaus auch Halb- oder sogar Vollpension an.

Selbstversorgung

Einige der größeren Hotelanlagen an der Küste bieten neben den Hotelzimmern auch Selbstversorger-Apartments an. Dies ist für Familien oder Gruppen eine ausgezeichnete Lösung, da die Preise günstig sind, Zugang zu Hoteleinrichtungen wie Swimmingpool und Restaurant aber dennoch besteht.

Kategorien

Kroatien hat das Sterne-System übernommen, das in anderen europäischen Ländern zur Kategorisierung von Hotels üblich ist. Dabei steht ein Stern für eine einfache Unterkunft, fünf Sterne für ein Luxushotel. Die alte kroatische Bewertung richtete sich nach Buchstaben. Nach diesem System wurden die Hotels in fünf Kategorien eingeteilt. Die höchste war »L«, das Äquivalent eines Fünf-Sterne-Hotels. Diese Häuser haben einen hohen Standard und ein ausgezeichnetes Angebot an Serviceleistungen und Infrastruktur. Sie verfügen im Allgemeinen über eines oder mehrere Restaurants, einen Nachtclub, Sporteinrichtungen, einen Swimmingpool und, an der Küste, vielleicht über einen Privatstrand. Es gibt in Kroatien nur wenige Fünf-Sterne-Hotels, die meisten findet man in Zagreb.

Vier-Sterne-Hotels (früher Kategorie »A«) sind hinsichtlich Ausstattung und Service mit Fünf-Sterne-Häusern vergleichbar, die Einrichtung ist aber einfacher.

Die meisten Hotels in Kroatien haben drei Sterne (früher »B«) und bieten angenehmen Komfort. Hotels der alten Kategorien »C« und »D« sind nun Zwei-Sterne-Unterkünfte. Sie sind günstiger, im Allgemeinen aber spartanisch eingerichtet, und sie bieten weniger Service.

Hinweisschild für Zimmer

Es ist in Kroatien üblich, dass die Hotels Halbpension *(polupansion)* anbieten, wobei im Preis Übernachtung und Frühstück sowie eine weitere Mahlzeit (meist das Abendessen) inbegriffen sind. Die Preise für Halbpension sind sehr günstig, doch wird in den Hotelrestaurants oft eine standardisierte »internationale« Küche ohne regionale Besonderheiten serviert.

Die Rezeption des Hotels Westin Zagreb *(siehe S. 231)*

Schild, das auf einen nahen Campingplatz oder auf ein Autocamp verweist

Camping

Es gibt zahlreiche Campingplätze in Kroatien. Das Angebot reicht von kleinen, oft privat geführten Anlagen bis zu großen *Autocamps*, die Service und Einrichtungen wie Restaurants und Geschäfte bieten. Fast alle Campingplätze Kroatiens liegen inmitten von Wäldern, weshalb an Schatten spendenden Bäumen kein Mangel herrscht. Die meisten Campingplätze findet man in Istrien und in der Kvarner Bucht sowie in Dalmatien.

In den Sommermonaten Juni, Juli und August bis Mitte September sind alle Campingplätze geöffnet. Wenn man einen Aufenthalt im Mai oder Ende September plant, sollte man sich vorab vergewissern, dass der betreffende Campingplatz in Betrieb ist, da sich die Öffnungszeiten von Jahr zu Jahr ändern.

Einige der schönsten Anlagen in abgeschiedener Lage sind FKK-Campingplätze *(siehe S. 266f)* und damit Nudisten vorbehalten.

Das Campen außerhalb der vorgesehenen Bereiche ist in ganz Kroatien verboten. Sie sollten sich deshalb nicht dazu verleiten lassen, in Wäldern, am Strand, an Gewässern oder in anderen nicht dafür vorgesehenen Gebieten zu campen. Die Strafen für wildes Campen sind in Kroatien sehr hoch.

Jugendherbergen

Eine preiswerte Alternative für junge Leute sind die Jugendherbergen, die der **HFHS** (der **Kroatische Jugendherbergsverband**) betreibt.

Es gibt zehn Jugendherbergen in Kroatien. Die Preise variieren je nach Saison, mit einem Jugendherbergsausweis erhält man attraktive Ermäßigungen.

Preise

Die Hotels und Campingplätze in den Urlauberhochburgen wie den Küstengebieten, den Plitvicer Seen und der Hauptstadt Zagreb verlangen meist höhere Preise als in anderen Regionen. Zumindest in den Badeorten steigen die Preise in der Hauptsaison beträchtlich an, vor allem im August, ungeachtet der Kategorie des Hotels. Doch sind selbst diese erhöhten Preise immer noch etwa 10 bis 20 Prozent günstiger als Unterkünfte vergleichbaren Standards in anderen Teilen Europas. In Zagreb sind die Preise unabhängig von der Saison immer hoch.

Buchung

Wer sich nicht für ein Pauschalangebot *(siehe S. 274f)* entscheidet und Eigeninitiative nicht scheut, sollte seine Urlaubsplanung in Kroatien selbst in die Hand nehmen. Abgesehen von der Hochsaison ist es keinerlei Problem, ohne Reservierung ein Zimmer zu finden.

Die Kroatische Zentrale für Tourismus *(siehe S. 267)* informiert Sie gern bereits vor der Reise. Fremdenverkehrsbüros (in jeder Stadt vorhanden) helfen bei der Zimmersuche, man kann auch direkt im Hotel nach einem Zimmer fragen.

Eingang des Hotel Dubrovnik in Zagreb

Behinderte Reisende

Die Einrichtungen für Behinderte sind in Kroatien gut – aus dem traurigen Grund, dass es hier infolge des Krieges (1991–95) viele Behinderte gibt. Doch trotz des Verständnisses, das Behinderten hier entgegengebracht wird, dauert es, bis behindertengerechte Zugänge zu Hotels und Restaurants fertiggestellt sind. Viele Hotels sind für Personen mit eingeschränkter Mobilität ungeeignet, etwa Hotels in steiler Lage, die nur über Treppen, nicht aber über Rampen oder Lifte zugänglich sind. Infos erhalten Sie bei der Hrvatski Savez Udruga Tjelesnih Invalida, der Vereinigung der Behindertenorganisationen in Zagreb *(siehe S. 267)*.

Die meisten Hotels – auch an der Küste – bieten einen Swimmingpool

Luftansicht der Insel Andrija mit Leuchtturm in der Nähe von Dubrovnik

Leuchttürme

Eine reizvolle und originelle Unterkunftsmöglichkeit in Kroatien bieten die Leuchttürme, die auf exponierten Plätzen der Inseln und der Küsten stehen. Derzeit bieten zwölf Leuchttürme Übernachtungsmöglichkeiten an:

Savudrija, der älteste Leuchtturm im Mittelmeerraum, ist neun Kilometer von Umag entfernt und vor allem bei Windsurfern sehr beliebt.

Rt Zub befindet sich auf der Halbinsel Lanterna, 13 Kilometer von Poreč und Novigrad entfernt. Trotz der abgeschiedenen Lage sind mehrere Urlaubsorte von hier aus leicht zu erreichen.

Sveti Ivan na pučini liegt auf einer Insel, die zum Archipel vor Rovinj (3,5 km entfernt) zählt, und ist ideal für alle Urlauber, die gern fischen oder tauchen.

Der Leuchtturm **Porer** auf der gleichnamigen Insel ist 20 Kilometer von Pula entfernt. Er bietet eine herrliche Aussicht und liegt besonders abgeschieden.

Veli Rat steht am nordwestlichen Kap der Insel Dugi Otok, 35 Kilometer von Zadar entfernt. Am Eingang zum Hafen von Makarska befindet sich in der Nähe eines der schönsten Strände der Adria der Leuchtturm **Sveti Petar**.

Pločica liegt auf dem gleichnamigen Eiland zwischen den Inseln Hvar und Korčula und der Halbinsel Pelješac.

Der Leuchtturm von **Sušac** wurde im Jahr 1878 auf der gleichnamigen Insel (40 km von Hvar) erbaut. Er steht 100 Meter über dem Meeresspiegel und bietet einen wunderbaren Blick auf das offene Meer. Es gibt viele Wanderpfade auf der Insel, darüber hinaus besteht am südlichen Ende der Insel die Möglichkeit zum Sporttauchen.

Der Leuchtturm von **Palagruža** liegt 68 Kilometer von Split entfernt zwischen der italienischen und der kroatischen Küste. Den 1839 erbauten Leuchtturm **Struga** findet man auf der Insel Lastovo, 80 Kilometer von Split entfernt. Ein großartiger Ort für Angler!

Der Leuchtturm **Sveti Andrija** befindet sich auf der gleichnamigen Insel in zehn Kilometer Entfernung von Dubrovnik. Auf der Insel Murter schließlich findet man den Leuchtturm **Prišnjak**, der inmitten eines dichten Pinienwaldes steht.

Die Leuchttürme verfügen normalerweise über ein oder zwei Apartments, in denen vier oder mehr Personen Platz finden. Weitere Informationen erhalten Sie bei **Adriatica.net** in Zagreb.

AUF EINEN BLICK

Fremdenverkehrsverbände

HUPA Verband kroatischer Reiseagenturen
Rooseveltov trg 2, Zagreb.
Tel. *(01) 456 15 70.*
FAX *(01) 482 84 99.*

UHPA Verband der kroatischen Reiseagenturen
I. Kršnjavoga 1, Zagreb.
Tel. *(01) 230 49 93, 230 49 92.*
FAX *(01) 236 06 55.*
www.putovanja.hr

Studentska Turistička Agencija Zagreb (Reiseagentur für Studenten)
Krvavi most 3, Zagreb.
Tel. *(01) 4886 340.*

Camping

Kamping Udruženje Hrvatske (kroatischer Campingverband)
Bože Milanovića 20, Poreč.
Tel. *(052) 451 324, 451 292.*
www.camping.hr

Jugendherbergen

Internationales Verzeichnis der Jugendherbergen
(erhältlich beim Deutschen Jugendherbergswerk – DJH)
Tel. *(05231) 740 10.*
www.jugendherberge.de

HFHS Kroatischer Jugendherbergsverband
Savska 5, Zagreb.
Tel. *(01) 482 92 96.*
FAX *(01) 487 04 77.*
www.hfhs.hr

Leuchttürme

www.lighthouses-croatia.com

Adriatica.net
Heinzelova 62a, Zagreb.
Tel. *(01) 2415 611.*
FAX *(01) 2452 909.*
www.adriatica.net
(Online-Buchungen möglich)

Hotelauswahl

Die folgenden Hotels wurden nach Qualität und Lage quer durch alle Preiskategorien ausgewählt. Die meisten haben im Juli und August Hochsaison – außerhalb dieser Zeit kann ein Aufenthalt viel preiswerter sein. Die Hotels sind nach Regionen aufgeführt. Die Straßenkarte finden Sie auf den hinteren Umschlaginnenseiten.

PREISKATEGORIEN

Preise für ein Standard-Doppelzimmer inklusive Steuern pro Nacht in der Hauptsaison. Die meisten Preise verstehen sich inklusive Frühstück.

Kn unter 500 Kuna
KnKn 500–750 Kuna
KnKnKn 750–1000 Kuna
KnKnKnKn 1000–1200 Kuna
KnKnKnKnKn über 1200 Kuna

Istrien und Kvarner Bucht

BRIJUNI-INSELN Karmen KnKn

Veliki Brijuni. Tel. *(052) 525 807* Fax *(052) 521 367* ***Zimmer*** *54* — ***Straßenkarte*** *A3*

Die Brijuni-Inseln sind reizend, nicht sehr erschlossen und ruhig. Das Karmen hat eine schöne Strandlage und ist von den die Inseln prägenden Pinien umgeben. Die Zimmer mit Meerblick sind natürlich am begehrtesten, deswegen kosten sie auch mehr. Eines von drei ähnlichen Häusern auf der Insel. **www.brijuni.hr/en**

CRES Kimen Kn

Melin 1/16, Cres. Tel. *(051) 573 305* Fax *(051) 573 002* ***Zimmer*** *223* — ***Straßenkarte*** *B3*

Das Kimen, ein großes Hotel im Resortstil, ist eine gute Adresse für Familien: Ein eigener Strand und jede Menge Sporteinrichtungen stehen zur Verfügung. Die Zimmer sind klein und einfach, aber hier hält man sich sowieso fast nur im Freien auf. Gutes Preis-Leistungs-Verhältnis. 15 Minuten zur Stadt. **www.hotel-kimen.com**

CRIKVENICA Hotel Esplanade KnKn

Strossmayerovo šetalište 52. Tel. *(051) 785 006* Fax *(051) 785 090* ***Zimmer*** *62* — ***Straßenkarte*** *B2*

Trotz seiner pittoresken, altmodischen Fassade ist das Hotel recht modern – und eher funktional als charmant. Es liegt mitten im Wald und nahe am Strand, eignet sich also ideal für Familien. Fragen Sie nach einem der Zimmer mit Balkon und Meerblick. **www.jadran-crikvenica.hr**

CRIKVENICA Kaštel KnKn

Frankopanska 22. Tel. *(051) 241 044* Fax *(051) 241 490* ***Zimmer*** *74* — ***Straßenkarte*** *B2*

Das Gebäude aus dem 14. Jahrhundert war früher ein Kloster und danach eine Burg – und sieht entsprechend beeindruckend aus. Ideale Lage am Fluss und in Strandnähe. Leider ist die Inneneinrichtung nicht jedermanns Sache, es sei denn, Sie schwelgen gern in Erinnerungen an die 1970er Jahre. **www.jadran-crikvenica.hr**

KRK Marina KnKn

Obala hrvatske mornarice 17, Krk. Tel. *(051) 221 128* Fax *(051) 221 357* ***Zimmer*** *10* — ***Straßenkarte*** *B3*

Kleines, charmantes Hotel im Zentrum der Altstadt, direkt an der Hafenpromenade. Das Personal ist zuvorkommend. Von der Restaurantterrasse aus lässt sich das bunte Treiben des Ortes trefflich beobachten. Die Zimmer sind gut ausgestattet. Alles in allem ein gutes Preis-Leistungs-Verhältnis. **www.hotelikrk.com**

KRK Koralj KnKnKn

Vlade Tomačića, Krk. Tel. *(051) 655 400* Fax *(051) 221 063* ***Zimmer*** *193* — ***Straßenkarte*** *B3*

Ein Hotel der größeren Art direkt am herrlichen Strand. Vor allem Familien werden die Einrichtungen wie Pools, Fitness-Raum und Sauna schätzen. Die Zimmer sind praktisch und recht gemütlich, für Paare stehen romantische Suiten zur Verfügung. Cocktail-Lounge und Strandbar sind weitere Attraktionen. **www.valamar.com**

LOŠINJ Alhambra Kn

Čikat, Mali Lošinj. Tel. *(051) 232 022* Fax *(051) 232 042* ***Zimmer*** *40* — ***Straßenkarte*** *B3*

Das Alhambra ist eine alte Landvilla an der wunderschönen Bucht von Čikat. Zypressen und Pinien sorgen für das Ambiente, der Strand ist nur ein paar Schritte entfernt. Die Zimmer sind geräumig und angenehm möbliert, wenn auch bisweilen etwas einfach. Der Aufpreis für die Zimmer mit Meerblick lohnt sich. **www.losinj-hotels.com**

LOŠINJ Bellevue KnKnKn

Čikat, Mali Lošinj. Tel. *(051) 231 222* Fax *(051) 231 268* ***Zimmer*** *245* — ***Straßenkarte*** *B3*

Das große, moderne Hotel liegt versteckt inmitten der wunderschönen Pinienwälder von Čikat direkt am Strand. Auch bis in die Stadt sind es nur 1,5 Kilometer. Das Angebot bezüglich Unterhaltung, Sport und anderer Unternehmungen ist größer, als man erwarten würde. Auch die Zimmer sind akzeptabel. **www.losinj-hotels.com**

LOŠINJ Punta KnKnKn

Sestavine bb, Veli Lošinj. Tel. *(051) 662 000* Fax *(051) 236 301* ***Zimmer*** *235* — ***Straßenkarte*** *B3*

Großes Resorthotel in Veli Lošinj, der kleineren Schwestergemeinde von Mali Lošinj. Die Lage ist beeindruckend: mitten in der Bucht, hoch auf den Felsen über dem kristallklaren Wasser. Viele Sportangebote, u. a. Tauchkurse. Verschiedene Wellness- und Beauty-Einrichtungen. **www.losinj-hotels.com**

Zeichenerklärung *siehe hintere Umschlagklappe*

LOŠINJ Apoksiomen

Riva Lošinjskih kapetana 1, Mali Lošinj. (051) 520 820 FAX (051) 520 830 **Zimmer** 25 **Straßenkarte** B3

Entzückendes Boutique-Hotel am Hafen. Es verfügt nicht über alle modernen Einrichtungen (immerhin gibt es WLAN), und die Zimmer sind nicht wirklich aufregend. Dafür bietet das Haus Stil, Liebe zum Detail und einen herrlichen Meerblick. Angenehm: Ein Stockwerk ist für Nichtraucher reserviert. **www.apoksiomen.com**

LOŠINJ Villa Favorita

Sunčana Uvala bb. (051) 520 640 FAX (051) 232 853 **Zimmer** 8 **Straßenkarte** B3

Kleines Vier-Sterne-Hotel inmitten von duftenden Pinien, nur einen Steinwurf vom Strand mit kristallklarem Wasser entfernt. Das vornehme Herrenhaus aus dem 19. Jahrhundert bietet gut ausgestattete Zimmer mit Meerblick, einen ruhigen Garten, eine einfache Sauna und einen kleinen Swimmingpool. **www.villafavorita.hr**

LOVRAN Bristol

Šetalište Maršala Tita 27. (051) 710 444 FAX (051) 710 339 **Zimmer** 100 **Straßenkarte** B2

Das hübsche Gebäude im Zuckerbäckerstil aus dem 19. Jahrhundert bietet dank seiner Lage an der Strandpromenade einen wunderschönen Meerblick. Die besten Zimmer haben hohe Decken und Balkone. Einzige Minuspunkte: die fehlenden Klimaanlagen und die Steinplatten am Hotelstrand. **www.liburnia.hr**

MOTOVUN Hotel Kaštel

Trg Andrea Antico 7. (052) 681 607 FAX (052) 681 652 **Zimmer** 33 **Straßenkarte** A2

Das restaurierte Gebäude aus dem 17. Jahrhundert bietet dank seiner Hügellage einen schönen Blick über das Landesinnere Istriens. Das Wellness-Center ist gut ausgestattet. Empfehlenswertes Restaurant mit lokalen Spezialitäten – darunter Trüffelgerichte – und gepflegter Weinkarte. **www.hotel-kastel-motovun.hr**

OPATIJA Galeb

Maršala Tita 160. (051) 271 177 FAX (051) 711 935 **Zimmer** 20 **Straßenkarte** B2

Nettes, kleines Hotel im Stadtzentrum, direkt am Wasser. Gutes Preis-Leistungs-Verhältnis. Die Zimmer sind geräumig und sauber, die teureren haben Balkon mit Meerblick. Das Personal ist freundlich und schnell. Restaurant und Bar bieten lokale Spezialitäten. Sehr zu empfehlen! **www.hotel-galeb.hr**

OPATIJA Istra

Maršala Tita 143. (051) 710 444 FAX (051) 710 399 **Zimmer** 130 **Straßenkarte** B2

Modernes Hotel mittlerer Größe direkt am *Lungomare* – der Strandpromenade. Die Inneneinrichtung ist etwas in die Jahre gekommen, aber es wird einiges an Ausstattung geboten. Die zentrale Lage in Opatija lädt zum abendlichen Ausgehen ein. Zum größten Strand der Stadt sind es nur fünf Minuten zu Fuß. **www.liburnia.hr**

OPATIJA Palace-Bellevue

Maršala Tita 144–146. (051) 710 444 FAX (051) 710 399 **Zimmer** 210 **Straßenkarte** B2

Das Hotel, bestehend aus zwei eindrucksvollen Gebäuden aus dem 19. Jahrhundert, atmet den dekadenten Charme der k. u. k. Monarchie. Die großen Zimmer mögen ein wenig heruntergewohnt sein, aber der großzügig verbaute Marmor sorgt für aristokratisches Ambiente. Etwas für Nostalgiker. **www.liburnia.hr**

OPATIJA Villa Ariston

Maršala Tita 179. (051) 271 379 FAX (051) 271 494 **Zimmer** 10 **Straßenkarte** B2

Die herrliche Villa aus dem Jahr 1924 verfügt über wenige, dafür umso beeindruckendere Zimmer. Die Lage nur einen Steinwurf von der Felsenküste entfernt garantiert atemberaubenden Meerblick. Über das Anwesen verstreute Statuen sorgen für romantische Stimmung. Exzellentes Restaurant. **www.villa-ariston.com**

OPATIJA Hotel Milenij

Maršala Tita 109. (051) 278 007 FAX (051) 278 021 **Zimmer** 99 **Straßenkarte** B2

Luxushotel in mehreren villenähnlichen Gebäuden am Strand. Die Aussicht aus den – bestens ausgestatteten – Zimmern kann von recht unterschiedlicher Qualität sein, also schauen Sie sich Ihre Unterkunft vorher an. Angeboten wird das ganze Repertoire an Pools, Sauna sowie Beauty- und Wellness-Behandlungen. **www.milenijhoteli.hr**

OPATIJA Admiral

Maršala Tita 139. (051) 710 444 FAX (051) 710 399 **Zimmer** 180 **Straßenkarte** B2

Ein ganzer Hotelkomplex am Strand mit Fitness-Studio, Schönheitsfarm, Massagesalon, mehreren Saunas, Disco und Yachthafen. Im Gegensatz zu vielen anderen Hotels sind hier all diese Einrichtungen bestens gepflegt. Einiges mag ein bisschen groß und modern geraten sein, aber der Gesamteindruck ist stimmig. **www.liburnia.hr**

OPATIJA Hotel Mozart

Maršala Tita 138. (051) 718 260 FAX (051) 271 739 **Zimmer** 29 **Straßenkarte** B2

Fünf-Sterne-Hotel im Stadtzentrum, nahe am Strand. Das fünfstöckige Gebäude wirkt durch seine Pastelltönung wie aus dem 19. Jahrhundert übrig geblieben. Die Zimmer sind eindrucksvoll – mit dunklen Holzböden, massiven Möbeln und frischen Blumen. Auch ein Privatstrand ist vorhanden. **www.hotel-mozart.hr**

PLITVICE Grabovac

Grabovac bb, Rakovica. (053) 751 999 FAX (053) 751 892 **Zimmer** 31 **Straßenkarte** C3

Einfaches, modernes Gebäude, eher ein Motel als ein Hotel. Es gibt ein Selbstbedienungsrestaurant und eines mit Service. Die Zimmer sind einfach und sauber. Das Haus liegt zwölf Kilometer nördlich des Naturparks. Etwas für das schmalere Urlaubsbudget. **www.np-plitvicka-jezera.hr**

Straßenkarte *siehe hintere Umschlaginnenseiten*

PLITVICE Plitvice

Plitvička Jezera. (053) 751 100 FAX (053) 751 165 **Zimmer** 51 **Straßenkarte** C3

Vier Hotels betreibt die Parkverwaltung von Plitvice, und das hier ist das beste. Zwar lassen die Gemeinschaftsräume etwas Charakter vermissen, die Zimmer aber sind sauber und freundlich. Die Einrichtungen des Hauptkomplexes können benutzt werden: Sauna, Sportzentrum, Disco und Pool. **www.np-plitvicka-jezera.hr**

POREČ Hotel Hostin

Rade Koncara 4. (052) 408 800 FAX (052) 408 857 **Zimmer** 41 **Straßenkarte** A2

Ein typisch kroatischer Hotelkomplex: Der moderne Bau ist nicht zwingend als eine architektonische Meisterleistung anzusehen. Trotzdem: Das Hostin liegt nahe am Strand und bietet jede Menge Einrichtungen wie Internet-Zugang, Satellitenfernsehen, Fitness-Raum, Pool und Sauna. Familienfreundlich, zudem in Stadtnähe. **www.hostin.hr**

POREČ Parentium

Zelena Laguna. (052) 411 500 FAX (052) 451 536 **Zimmer** 368 **Straßenkarte** A2

Großes Resorthotel auf einer separaten Halbinsel inmitten Schatten spendender Pinien. Auf einer Seite liegt ein Yachthafen, auf der anderen gibt es mehrere schöne Strände. Vor allem für Kinder gibt es eine Menge Angebote. Die Zimmer sind gemütlich und sauber, doch die Pinien versperren manche gute Aussicht. **www.plavalaguna.hr**

POREČ Valamar Club Tamaris

Lanterna 6. (052) 401 000 FAX (052) 443 500 **Zimmer** 390 **Straßenkarte** A2

Ein riesiges Resorthotel, etwa zehn Kilometer von Poreč entfernt. Die Lage ist abgeschieden und ruhig (was von 700 Gästen bisweilen wieder zunichtegemacht werden kann), und es gibt unzählige Freizeitangebote. Am nahen Kiesstrand sorgen Pinien für hochwillkommenen Schatten. Ideal für Familien. **www.valamar.com**

POREČ Valamar Riviera

Obala Maršala Tita 15. (052) 400 800 FAX (052) 431 351 **Zimmer** 105 **Straßenkarte** A2

Die wunderschöne Lage des Hauses im Herzen der Altstadt, direkt am Hafen, macht das Hotel attraktiv, aber auch ein wenig laut. Fragen Sie nach einem Zimmer mit Blick auf den Hafen. Begeisterte Schwimmer können den kostenlosen Fährservice zur Nachbarinsel in Anspruch nehmen (Privatstrand für Hotelgäste). **www.valamar.com**

PULA Hotel Omir

Sergia Dobrića 6. (052) 218 186 FAX (052) 213 944 **Zimmer** 19 **Straßenkarte** A3

Kleines Zwei-Sterne-Hotel im Stadtkern. Das Unternehmen ist in Familienbesitz – genauso wie die angeschlossene Pizzeria und eine Zoohandlung (Ihre mitgebrachten Haustiere werden also bestens versorgt). Die Zimmer sind recht preiswert und funktionell und haben Klimaanlagen. **www.hotel-omir.com**

PULA Hotel Riviera

Splitska 1. (052) 211 166 FAX (052) 219 117 **Zimmer** 65 **Straßenkarte** A3

Hinter der imposanten, säulenbestückten Fassade im k. u. k. Stil verbirgt sich ein Ein-Stern-Gästehaus, das mehr bietet, als der Preis vermuten lässt. Das Riviera hat einfache, saubere Zimmer, und seine Lage im Stadtzentrum macht es zu einer guten Wahl, wenn man auf Besichtigungstour eine Bleibe sucht. **www.arenaturist.hr**

PULA Hotel Scaletta

Flavijevska 26. (052) 541 599 FAX (052) 540 285 **Zimmer** 12 **Straßenkarte** A3

Einfaches, aber mit viel Geschmack eingerichtetes Boutique-Hotel in Familienbesitz. Das Restaurant bietet traditionelle lokale Küche und eine luftige Terrasse (probieren Sie die Scampi-Ravioli mit Trüffeln). Günstige Lage nahe den örtlichen Sehenswürdigkeiten. Gutes Preis-Leistungs-Verhältnis. **www.hotel-scaletta.com**

PULA Park Plaza Histria

Verudela 17. (052) 590 000 FAX (052) 214 175 **Zimmer** 241 **Straßenkarte** A3

Großes, komfortables und bestens ausgestattetes Resorthotel vier Kilometer vor der Stadt am Yachthafen Veruda. Die Zimmer bieten viel Bewegungsfreiheit und – allerdings nicht alle – einen herrlichen Blick. Die Halbpension ist recht preiswert, erweckt aber den Eindruck der Massenabfertigung. **www.parkplaza.com/histria**

PULA Hotel Valsabbion

Pješćana Uvala 1X/26. (052) 218 033 FAX (052) 383 333 **Zimmer** 10 **Straßenkarte** A3

Ein elegantes Boutique-Hotel in einer Strandvilla, sechs Kilometer südlich von Pula. Zu den Gästen gehörten schon Berühmtheiten wie John Malkovich, Placido Domingo, Naomi Campbell – und jeder weiß, wie anspruchsvoll die sein können. Das Hotel ist im Januar geschlossen. **www.valsabbion.hr**

RAB Imperial

Palit bb. (051) 724 522 FAX (051) 724 126 **Zimmer** 134 **Straßenkarte** B3

Großes Hotel im Herzen der Stadt Rab in einem schattigen Park mit einigen Tennisplätzen. Es verfügt über geräumige, einfach, aber geschmackvoll eingerichtete Zimmer – einige mit Balkon. Man kann zwischen Park- und Meerblick wählen, für Letzteren muss man einige Kuna mehr bezahlen. **www.imperial.hr**

RAB Padova

Banjol bb. (051) 724 544 FAX (051) 724 418 **Zimmer** 175 **Straßenkarte** B3

Das großzügig gestaltete, moderne Hotel liegt an der Bucht von Rabs Altstadt. Es verfügt über diverse Sporteinrichtungen (u. a. 19 Tennisplätze), Pool, Hallenbad, eine Sauna und einen Wellness-Bereich. Herrlicher Blick über die Bucht auf Rab. Alle Zimmer verfügen über Klimaanlagen. Konferenzeinrichtungen vorhanden. **www.imperial.hr**

Preiskategorien *siehe S. 222* **Zeichenerklärung** *siehe hintere Umschlagklappe*

RABAC Hotel Mimosa

52221 Rabac. *(052) 872 024* FAX *(052) 872 097* **Zimmer** *217* **Straßenkarte** *B3*

Der flache, lang gezogene Hotelblock prägt gemeinsam mit zwei ähnlichen Gebäuden die Küstenlinie. Es wird viel an Animation geboten, die Restaurants sind gut erreichbar, und alles, was man sonst noch braucht, gibt es in unmittelbarer Nähe. Miniclubs für die Kids, Wassersport und Tennis runden das Programm ab. **www.maslinica-rabac.com**

RABAC Villa Annette

Raška 24. *(052) 884 222* FAX *(052) 884 225* **Zimmer** *12* **Straßenkarte** *B3*

Das Hotel in wunderbarer Lage über der Bucht von Rabac liegt 15 Gehminuten vom Meer entfernt. Das Haus ist modern, aber das Gegenteil eines seelenlosen Resorthotels. Geschmackvoll eingerichtete, helle Zimmer, ein schicker Pool auf der Terrasse und ein gutes Restaurant sorgen für einen angenehmen Aufenthalt. **www.villa-annette.com**

RIJEKA Best Western Jadran

Šetalište XIII divizije 46. *(051) 216 600* FAX *(051) 216 458* **Zimmer** *69* **Straßenkarte** *B3*

Die Fundamente des Gebäudequaders an der Küstenstraße Rijeka–Split stehen fast im Wasser, so nah liegt das Hotel am Strand. Die Zimmer (mit Internet-Zugang) sind geräumig, angenehm möbliert, und bei den meisten eröffnen große Fenster einen herrlichen Blick auf das Meer. Die Zimmer zur Straße sind preiswerter. **www.jadran-hoteli.hr**

RIJEKA Grand Hotel Bonavia

Dolac 4 *(051) 357 100* FAX *(051) 335 969* **Zimmer** *121* **Straßenkarte** *B3*

Obwohl das Bonavia im Zentrum der Stadt aus dem 19. Jahrhundert stammt, wirkt es wie ein modernes Hotel. Die Zimmer sind ansprechend und bieten Meerblick. Der Service ist exzellent, gern organisiert man Touren und Exkursionen aller Art. Es gibt Internet in jedem Zimmer sowie verschiedene gute Restaurants und Bars. **www.bonavia.hr**

ROVINJ Valdaliso

Monsena bb. *(052) 805 500* FAX *(052) 811 541* **Zimmer** *121* **Straßenkarte** *A3*

In der Bucht von Rovinj liegt dieses familienfreundliche Hotel, es bietet Zugang zu schönen Kiesstränden und Badefelsen. Die Zimmer sind funktionell, wenn auch etwas fantasielos. Angeboten werden Sport, Tauchen und sogar ein Malkurs. In der Nähe liegt ein großer Campingplatz, es kann also etwas lebhaft werden. **www.malstra.hr**

ROVINJ Hotel Adriatic

Obala P. Budicin bb. *(052) 803 510* FAX *(052) 803 520* **Zimmer** *27* **Straßenkarte** *A3*

Mitten in Rovinj befindet sich das Adriatic, an einer der schönsten Uferpromenaden Kroatiens. Die Zimmer sind angenehm geräumig. Leider haben nicht alle Meerblick. Das 1912 eröffnete Hotel ist das älteste der Stadt, aber immer noch der beste Tipp, wenn Sie die quirlige Hafenatmosphäre zu schätzen wissen. **www.maistra.hr**

ROVINJ Katarina

Otok Sv. Katarina bb. *(052) 804 100* FAX *(052) 804 111* **Zimmer** *120* **Straßenkarte** *A3*

Das Hotel liegt auf einer Insel oberhalb des historischen Zentrums von Rovinj. Die Haupthalle befindet sich in einer ehemaligen Burg. Das Katarina hat einen schönen Kieselstrand und einen speziellen Strandabschnitt für Kinder. Es gibt auch einen Bootsservice nach Rovinj. **www.maistra.com**

ROVINJ Hotel Heritage Angelo D'Oro

V Švalba 38–42. *(052) 840 502* FAX *(052) 840 111* **Zimmer** *23* **Straßenkarte** *A3*

Boutique-Hotel in einem sorgsam restaurierten Palast aus dem 17. Jahrhundert – überall prägen Antiquitäten das Ambiente. Ein ruhiger Patio und schattige Loggien oder Balkone geben über rote Ziegeldächer den Blick aufs Meer frei. Gutes Restaurant, guter Service – doch das kann man bei den Preisen auch verlangen. **www.rovinj.at**

ROVINJ Park

I. M. Ronjgova bb. *(052) 808 000* FAX *(052) 808 550* **Zimmer** *202* **Straßenkarte** *A3*

Ein beliebtes Hotel in der Bucht gegenüber der Altstadt (etwa 20 Gehminuten). Die Zimmer sind geräumig und einladend, die mit Meerblick bieten eine prächtige Aussicht. Alle denkbaren Angebote, vor allem für Familien, sind vorhanden – allerdings ist dafür ein tiefer Griff in den Geldbeutel nötig. **www.maistra.hr**

UMAG Komfor Adriatic

Jadranska bb. *(052) 741 644* FAX *(052) 741 470* **Zimmer** *93* **Straßenkarte** *A2*

Das Gebäude wirkt nicht sehr einladend, liegt aber direkt an der Küste und bietet eine entsprechende Aussicht. Die Zimmer wirken etwas abgewohnt, Klimaanlagen gibt es nicht. Zur Stadt sind es nur zehn Gehminuten. Im Angebot sind jede Menge Sportmöglichkeiten. Etwas für Schnäppchenjäger. **www.istraturist.com**

UMAG Sol Aurora

Katoro. *(052) 717 000* FAX *(052) 717 999* **Zimmer** *306* **Straßenkarte** *A2*

Das große Resorthotel ist frisch renoviert und nun eines der besten Häuser in der Gegend von Umag. 2,5 Kilometer sind es bis zur Stadtmitte, zum Strand nur ein Katzensprung – die Fernsicht wird allerdings manchmal durch große Pinien beeinträchtigt. Die Zimmer sind einfach und sauber. Viele Freizeitaktivitäten. **www.istraturist.com**

VRSAR Belvedere

Petalon 1, Vrsar. *(052) 689 100* FAX *(052) 689 555* **Zimmer** *134* **Straßenkarte** *A3*

Ein großes Ferienresort mit allen üblichen Angeboten – eine gute Wahl für Familien. Die Zimmer sind zweckmäßig, sauber und modern. Die günstige Lage garantiert einen schönen Blick auf die vorgelagerten Inseln. Das Belvedere bietet viel fürs Geld. Es gibt auch 176 schöne Apartments. **www.maistra.hr**

Straßenkarte *siehe hintere Umschlaginnenseiten*

VRSAR Petalon

Petalon, Vrsar. (052) 426 100 FAX (052) 426 280 **Zimmer** 176 **Straßenkarte** A3

Das Ferienresort liegt auf einer Halbinsel in der Nähe eines Kiesstrands. Es gibt viele Angebote für Erholung und Sport. Geboten werden auch ein tägliches Entertainmentprogramm und Aktivitäten für Kinder. Alles ist modern und hell. Die Zimmer haben Balkone. **www.maistra.hr**

VRSAR Pineta

Vrsar. (052) 637 500 FAX (052) 637 550 **Zimmer** 95 **Straßenkarte** A3

Luxushotel mit herrlichem Meerblick – und trotzdem nur einen Katzensprung von der Stadt entfernt. Neben dem Hallenbad im Haus können die Gäste den Pool des benachbarten Belvedere nutzen. Wenn Sie nicht am Pool oder am Kiesstrand entspannen wollen: Hier werden jede Menge Aktivitäten angeboten. **www.maistra.hr**

Dalmatien

BRAČ Hotel Kaštil

F. Radića 1, Bol. (021) 635 995 FAX (021) 635 997 **Zimmer** 32 **Straßenkarte** D5

Angenehmes Zwei-Sterne-Hotel mittlerer Größe mit viel Flair. Das Gebäude aus weißem Stein war einst eine barocke Festung, liegt aber heute völlig friedlich am Hafen der Stadt. Alle Zimmer und das Restaurant haben Meerblick. Von Pauschalreisenden wurde das Haus noch nicht entdeckt, allerdings ist das Restaurant abends voll. **www.kastil.hr**

BRAČ Hotel Kaktus

Put Vele Luke 4, Supetar. (021) 631 133 FAX (021) 631 344 **Zimmer** 120 **Straßenkarte** D5

Das moderne und bestausgestattete Vier-Sterne-Hotel der Stadt ist Teil eines riesigen Gebäudekomplexes. Es bietet Zimmer mit Meerblick und viele Freizeitmöglichkeiten. Supetar mit seinem Hafen und der Uferpromenade hat mehr altertümlichen Charme und ist weniger überlaufen als Bol. **www.watermanresorts.com**

BRAČ Bluesun Hotel Borak

Put Zladnok rata bb, Bol. (021) 306 202 FAX (021) 306 215 **Zimmer** 136 **Straßenkarte** D5

Das angesehenste Vier-Sterne-Resorthotel in Bol liegt inmitten von Zypressen und Pinien – in unmittelbarer Nachbarschaft anderer Hotels. Das Borak bietet alle nur denkbaren Annehmlichkeiten. Es befindet sich am berühmtesten Strand Kroatiens, Zlatni Rat (Achtung, teuer!). Oft ausgebucht. **www.bluesunhotels.com**

BRAČ Bluesun Hotel Elaphusa

Bračka Cesta 13, Bol. (021) 306 200 FAX (021) 635 447 **Zimmer** 300 **Straßenkarte** D5

Das kürzlich renovierte Elaphusa liegt in einem für die Insel typischen Pinienwald, nicht weit vom Strand von Bol und gerade einmal zehn Gehminuten von der Stadt entfernt. Die Hälfte der Zimmer hat Klimaanlage, die meisten verfügen über Balkone (Meerblick nur gegen Aufschlag). Sportangebote und Beauty-Farm. **www.bluesunhotels.com**

CAVTAT Hotel Iberostar Cavtat

Tiha bb. (020) 478 246 FAX (020) 478 651 **Zimmer** 94 **Straßenkarte** F6

Moderner Flachbau am Strand, umgeben von Bäumen, nicht weit vom Stadtzentrum. Das Cavtat bietet solide, vielleicht etwas charakterarme Drei-Sterne-Qualität. Der Aufenthalt in Cavtat ist wesentlich ruhiger als in Dubrovnik, die Stadt hat sehr viel Charme. **www.iberostar.com**

CAVTAT Hotel Supetar

Obala Dr. A. Starčevića 27. (020) 479 833 FAX (020) 479 858 **Zimmer** 28 **Straßenkarte** F6

Charmantes, gemütliches, preiswertes Hotel in einem alten Steinhaus am Ufer. Der zugehörige »Strand« besteht aus einer Betonplattform mit Sonnenschirmen – macht aber nichts, die benachbarte Halbinsel bietet herrliche Strände unter schattigen Pinien. Das Mobiliar ist etwas in die Jahre gekommen. **www.hotelsupetar.com**

CAVTAT Croatia

Frankopanska 10. (020) 475 555 FAX (020) 478 213 **Zimmer** 487 **Straßenkarte** F6

Das schicke Hotel ist in die Flanke eines bewaldeten Hügels gebaut und wirkt wie aus einem James-Bond-Film entlehnt: Man sieht es erst, wenn man praktisch davorsteht. Schöne, geschmackvoll möblierte Zimmer und eigener (Felsen-)Strand. Restaurant und Bar sind empfehlenswert. **www.hoteli-croatia.hr**

DUBROVNIK Adriatic

Masarykov put 9. (020) 433 520 FAX (020) 433 530 **Zimmer** 158 **Straßenkarte** F6

Nichts für Gehfaule: Das moderne, aber etwas angegraute Hotelgebäude liegt in hügeliger Landschaft mit vielen Treppen. Gutes Preis-Leistungs-Verhältnis. Die Zimmer wirken ein bisschen renovierungsbedürftig, doch das Haus ist dank seiner Lage, des Meerblicks und der niedrigen Preise sehr beliebt. **www.dubrovnikhotels.travel**

DUBROVNIK Hotel Sumratin

Šetalište Kralja Zvonimira 9. (020) 436 333 FAX (020) 436 006 **Zimmer** 41 **Straßenkarte** F6

Die 1922 erbaute dreistöckige Villa vor der Stadt auf der Halbinsel Lapad hat einen schönen Garten, liegt nahe am Strand und verfügt über Restaurants und Bars in unmittelbarer Nähe. Das Gebäude wurde renoviert, die alten Möbel und fehlende Angebote sind aber nach wie vor nur zwei Sterne wert. **www.hotels-sumratin.com**.

Preiskategorien *siehe S. 222* **Zeichenerklärung** *siehe hintere Umschlagklappe*

DUBROVNIK Zagreb

Šetalište Kralja Zvonimira 27. (020) 438 930 FAX (020) 436 006 **Zimmer** 23 **Straßenkarte** F6

Das kleine, aber komfortable Hotel in einer hübschen Villa aus dem späten 19. Jahrhundert liegt inmitten eines von Palmen bestandenen Gartens vier Kilometer vor Dubrovniks Altstadt, in Lapad. Das Personal ist freundlich, die Bäder sind manchmal ein bisschen klein. In die Stadt gelangt man mit einem Linienbus. **www.hotels-sumratin.com**

DUBROVNIK Excelsior

Frana Supila 12. (020) 430 830 FAX (020) 430 835 **Zimmer** 158 **Straßenkarte** F6

Der Marktführer unter den Luxushotels befindet sich östlich der Stadt auf einem Hügel mitten in den Klippen, direkt über dem Wasser. Die Zimmer sind wohnlich, die Aussicht fantastisch. Das Excelsior verfügt über exzellente Restaurants und eine schöne Terrasse. Verhaltene Kritik gibt es nur am Service. **www.alh.hr**

DUBROVNIK Hotel Pucić Palace

Od Puća 1. (020) 326 222 FAX (020) 326 223 **Zimmer** 19 **Straßenkarte** F6

Das Fünf-Sterne-Hotel in einem Palazzo aus dem 17. Jahrhundert befindet sich am Marktplatz in der Altstadt. Geschmackvolle, luxuriöse Zimmer mit Stilmöbeln und dunklen Deckenbalken haben ihren Preis: Hier steigt die Oberschicht ab und delektiert sich an guten Restaurants und einer noblen Weinbar. **www.thepucicpalace.com**

DUBROVNIK Hotel Stari Grad

Od Sigurate 4. (020) 322 244 FAX (020) 321 256 **Zimmer** 8 **Straßenkarte** F6

Gemütliches Boutique-Hotel in bester Altstadtlage, möbliert wie ein altes Herrenhaus – mit Leuchtern, Spiegeln, alten Teppichen und Gemälden. Das Beste ist der Panoramablick von der Dachterrasse, wo das Frühstück serviert wird. Nicht immer ganz ruhig – die Altstadt ist recht lebendig. **www.hotelstarigrad.com**

DUBROVNIK Hotel Vis

Masarykov put 4. (020) 433 555 FAX (020) 433 550 **Zimmer** 151 **Straßenkarte** F6

In diesem weißen, modernen Hotelkomplex, hoch über der Bucht von Lapad, wird aller erdenklicher Komfort geboten – und ein herrlicher Blick aufs offene Meer (nicht aus allen Zimmern!). Der Service lässt keine Wünsche unerfüllt. Saubere, großzügige Zimmer sind eine Selbstverständlichkeit. **www.dubrovnikhotels.travel**

DUBROVNIK Villa Dubrovnik

Vlaha Bukovca 6. (020) 500 300 FAX (020) 500 310 **Zimmer** 56 **Straßenkarte** F6

Die exzellente Lage in den Klippen der Bucht gegenüber der Altstadt garantiert herrlichen Meerblick (alle Zimmer mit Balkon). Die Restaurantterrasse eignet sich für Sonnenuntergangsdinner hart an der Kitschgrenze. Aufmerksames Personal, Fährservice nach Dubrovnik. **www.villa-dubrovnik.hr**

DUGI OTOK Hotel Lavanda

Božava, Dugi Otok. (023) 291 291 FAX (023) 377 682 **Zimmer** 80 **Straßenkarte** C4

Kleiner Hotelkomplex in guter Lage in Božava, nur ein paar Schritte von einer ruhigen Bucht entfernt. Alle Zimmer haben Balkon mit Meerblick. Dazu gibt es viele Einrichtungen – Pool, Sauna, Massage – und die Möglichkeit, sich die Zeit mit Tennis, Bowling und Tauchen zu vertreiben. **www.hoteli-bozava.hr**

DUGI OTOK Hotel Sali

Sali bb. 23281, Sali. (023) 377 049 FAX (023) 377 078 **Zimmer** 48 **Straßenkarte** C4

Top Preis-Leistungs-Verhältnis. Das Sali bietet einfache Unterkünfte (immerhin mit Klimaanlage), aber in einer wunderbaren Umgebung – der umliegende Wald sorgt für ein angenehm mildes Klima. Das angeschlossene Restaurant serviert gutes und preiswertes Essen. **www.hotel-Sali.hr**

HVAR Amfora

Ulica biskupa Jurja Dubokovića 5. (021) 750 300 FAX (021) 750 301 **Zimmer** 324 **Straßenkarte** D5

Großes Hotel (allein 100 Apartments) am Strand nicht weit von Hvar. Das Innere ist geschmackvoll und modern, bei der Einrichtung der Zimmer hat man sich wirklich Mühe gegeben. Vier gute Restaurants mit Meerblick, eines davon mit abendlicher Live-Musik. Dazu kommen Tennisplätze und eine Tauchschule. **www.suncanihvar.com**

HVAR Hotel Podstine

Put Podstina 11, Hvar. (021) 740 400 FAX (021) 740 499 **Zimmer** 40 **Straßenkarte** D5

Nur zwei Kilometer südwestlich von Hvar liegt das Vier-Sterne-Hotel abgeschieden in einer ruhigen Bucht, umgeben von Schatten spendenden Bäumen. Ein Privatstrand und mehrere Terrassen laden zum Sonnenbaden ein. Die Zimmer sind modern, die meisten haben Meerblick und einen Balkon. **www.podstine.com**

HVAR Hotel Riva

Riva bb, Hvar. (021) 750 100 FAX (021) 750 101 **Zimmer** 46 **Straßenkarte** D5

Das einstige bodenständige Hotel Slavija ist seit seiner gründlichen Renovierung eines der besten Boutique-Hotels des Landes. Die Zimmer sind von Flachbildfernsehern und Designermöbeln geprägt. Beste Lage im Stadtzentrum, die Nähe zum beliebten Club Carpe Diem sorgt allerdings manchmal für Lärm. **www.suncanihvar.com**

HVAR Palace

Trg sv. Stjepana 5, Hvar (021) 741 966 FAX (021) 742 420 **Zimmer** 62 **Straßenkarte** D5

Das älteste Hotel in Hvar – standesgemäß im Herzen der Altstadt mit Blick über die Bucht gelegen. Elegantes Dachterrassenrestaurant. Die Einrichtung ist modern, wirkt aber hier und da etwas abgewohnt. Das Restaurant Palm und die Bar Arsenal sind zu empfehlen. Gelegentlich Live-Musik. **www.suncanihvar.com**

KORČULA Bon Repos

Korčula. (020) 726 800 FAX (020) 726 699 **Zimmer** 278 **Straßenkarte** E6

Großes Hotel in typischer Architektur der 1970er Jahre, nahe am Strand, umrahmt von Pinien und Zypressen. In der Hochsaison verkehrt ein Wassertaxi zur Stadt, ansonsten sind es 15 Gehminuten um die Bucht herum. Die Zimmer sind einfach und sauber, beim Essen kann es Gedränge geben. Viele Freizeitangebote.

KORČULA Korčula

Korčula. (020) 711 078 FAX (020) 711 746 **Zimmer** 24 **Straßenkarte** E6

Kleines, altertümlich aussehendes Hotel im Stadtzentrum mit großer Terrasse zum Wasser. Der helle Korčula-Stein, aus dem das Haus gebaut ist, wirkt freundlich. Die Zimmer machen einen etwas abgewohnten Eindruck. Das Angebot mag hier nicht das reichhaltigste sein, dafür ist die Lage unschlagbar. **www.korcula-hotels.com**

KORČULA Liburna

Put od luke 17, Korčula. (020) 726 006 FAX (020) 726 272 **Zimmer** 83 **Straßenkarte** E6

Nur fünf Gehminuten von Korčula liegt das Liburna: ruhig und mit einem grandiosen Meerblick. Obwohl das Haus in den 1980er Jahren erbaut wurde, wirkt alles wie aus den 1970er Jahren. Die Zimmer sind groß und relativ einfach eingerichtet. Der hoteleigene Strand ist klein. **www.korcula-hotels.com**

MAKARSKA Hotel Meteor

Kralja Petra Krešimira IV 21300, Makarska. (021) 602 600 FAX (021) 564 200 **Zimmer** 270 **Straßenkarte** E5

Eines der komfortabelsten Hotels in der Gegend, in einer baumbestandenen Ecke am Strand westlich des Stadtzentrums gelegen. Alle Zimmer haben Balkon mit Meerblick (auch wenn man bei denen an der Seite ein wenig den Hals verrenken muss). Das Essen könnte besser sein. Meerwasserpool. **www.hoteli-makarska.hr**

MAKARSKA Biokovo

Obala Kralja Tomislava bb. (021) 615 244 FAX (021) 615 081 **Zimmer** 55 **Straßenkarte** E5

Zwischen dem zentral gelegenen Hotel und der wunderschönen Bucht verläuft eine palmengesäumte Straße. Das Biokovo bietet bestens ausgestattete Zimmer, viele Beauty-Anwendungen und ein nahe gelegenes Sportzentrum. Pluspunkt ist die Lage in der Stadt – wer seine Ruhe will, steigt anderswo ab. **www.hotelbiokovo.com**

METKOVIĆ Villa Neretva

Krvac 2. (020) 672 200 FAX (020) 671 199 **Zimmer** 8 **Straßenkarte** E6

Das Hotel liegt im Tal des Flusses Neretva an der Straße von Opuzen nach Metković. Die Zimmer sind einfach, aber gemütlich. Das Hotel verfügt über ein exzellentes Restaurant *(siehe S. 244)*. Die umgebende Region offeriert viele Möglichkeiten für Exkursionen und andere Aktivitäten. **www.hotel-villa-neretva.com**

OREBIĆ Hotel Bellevue

Obala pomoraca 36. (020) 713 148 FAX (020) 714 310 **Zimmer** 54 **Straßenkarte** E6

Nahe an der Altstadt und nur einen Steinwurf von einem schönen Kiesstrand entfernt gelegen – das Bellevue bietet ein gutes Preis-Leistungs-Verhältnis. Die meisten Zimmer haben Meerblick, einige Balkon. Unweit eines der schönsten Strände Dalmatiens (Trstenica). **www.orebic-htp.hr**

OREBIĆ Grand Hotel Orebić

Petra Krešimira IV 107. (020) 798 000 FAX (020) 713 880 **Zimmer** 184 **Straßenkarte** E6

Der Hauptvorteil des an einem bewaldeten Strand vor der Stadt gelegenen Hotels ist seine abgeschiedene Lage. Die üblichen Unterhaltungen sind im Angebot – ansonsten ist alles eher unspektakulär. Das Hotel war lange Zeit in Staatsbesitz, was man dem Service zuweilen noch anmerkt. **www.grandhotelorebic.com**

PAG Pagus

Ante Starčevića 1, Pag. (023) 611 310 FAX (023) 611 101 **Zimmer** 116 **Straßenkarte** C4

Das in einem modernen Flachbau untergebrachte Hotel nahe der Stadt Pag verfügt über einen eigenen Kiesstrand. Die Zimmer sind geräumig, die nach vorne bieten einen schönen Meerblick. Jede Menge Wassersportmöglichkeiten in der Umgebung. Alles in allem eines der besseren Hotels der Gegend. **www.coning-turizam.hr**

POMENA Hotel Odisej

Pomena bb, Mljet. (020) 430 830 FAX (020) 430 835 **Zimmer** 157 **Straßenkarte** E6

Der malerische Hafen Pomena liegt mitten im Mljet-Nationalpark auf einer einsamen Landzunge zwischen klarem Wasser und grünem Wald – und damit weit entfernt vom Urlaubertrubel. Ideal für ruhebedürftige Rad- und Wassersportfreunde. Der Aufenthalt lohnt allemal einen kleinen Umweg. **www.alh.hr**

PRIMOŠTEN Zora

Raduča 11. (022) 570 048 FAX (022) 571 120 **Zimmer** 324 **Straßenkarte** D5

Der große Resortkomplex liegt auf einer schmalen Landenge gegenüber Primošten inmitten dichter Pinien- und Zypressenwälder. Zur guten Lage kommen ansprechende Zimmer mit Balkon, Pool und Fitness-Raum. Eine ideale Option für Familien. Zur Stadt ist es ein angenehmer Spaziergang. **www.hotelzora-adriatiq.com**

ŠIBENIK Hotel Jadran

Obala dr. Franje Tuđmana 52. (022) 242 009 FAX (022) 212 480 **Zimmer** 57 **Straßenkarte** D5

Wenn Sie in der Stadt übernachten wollen, sollten Sie im Jadran absteigen. Das moderne Gebäude wirkt zwischen den alten Steinhäusern Šibeniks etwas deplatziert, ist aber recht ansprechend eingerichtet. Das Hotel bietet ein gutes Preis-Leistungs-Verhältnis und eine schöne Lage am Hafen. **www.rivijera.hr**

ŠIBENIK Solaris Hotel Jakov

Hotelsko nasilje Solaris bb. (022) 365 951 FAX (022) 364 945 **Zimmer** 236 **Straßenkarte** D5

Großer, moderner Gebäudekomplex sechs Kilometer vor der Stadt an einem wunderschönen Strand. Das Angebot hier ist vielfältig: Meerwasserpool, Volleyball, Fußball, Basketball, Tennisplätze, Minigolf und ein Kinderspielplatz. In der Hochsaison ist das Hotel oft ausgebucht. **www.solaris.hr**

ŠIBENIK Solaris Hotel Jure

Hotelsko naselje Solaris bb. (022) 362 951 FAX (022) 362 945 **Zimmer** 256 **Straßenkarte** D5

Das Jure liegt sechs Kilometer von Šibeniks Altstadt entfernt an einem Kiesstrand. Pinien sorgen für Schatten und ein malerisches Ambiente. Die Einrichtung des Hotels ist sehr funktional, fast industriemäßig, doch alles in allem sind die Zimmer in Ordnung. Zur Stadt gibt es eine Busverbindung. **www.solaris.hr**

SPLIT Consul

Tršćanska 34. (021) 340 130 FAX (021) 340 133 **Zimmer** 19 **Straßenkarte** D5

Das Consul befindet sich in einer ruhigen Wohngegend, nur einen 15-minütigen Spaziergang vom Zentrum entfernt. Von außen sieht es nicht sehr groß aus, die Zimmer sind jedoch recht geräumig und mit diversen Annehmlichkeiten ausgestattet (u. a. Bäder mit Jacuzzi). Empfehlenswertes Restaurant. **www.hotel-consul.net**

SPLIT Hotel Globo

Lovretska 18. (021) 481 111 FAX (021) 481 118 **Zimmer** 33 **Straßenkarte** D5

Große, moderne Zimmer, bester Komfort und aufmerksamer Service machen das fantasielose Äußere und die Stadtlage des Hotels mehr als wett. 15 Gehminuten sind es in die Innenstadt und zu den Stränden – die Strände in Split sind, außer auf der Halbinsel Marjan, allerdings nicht die besten. **www.hotelglobo.com**

SPLIT Hotel Peristil

Poljana kraljice Jelene 5. (021) 329 070 FAX (021) 329 088 **Zimmer** 12 **Straßenkarte** D5

Wundervolle Lage mitten im Herz von Splits historischem Zentrum innerhalb der Mauern das Palasts von Diokletian. Von den Zimmern blickt man auf das Peristyl und die Kathedrale St. Domnius. Einige Räume haben sogar Teile der originalen Mauern. Das Restaurant Tifani serviert lokale und internationale Küche. **www.hotelperistil.com**

SPLIT Hotel President

Starčevićeva 1. (021) 305 222 FAX (021) 305 225 **Zimmer** 73 **Straßenkarte** D5

Gutes Mittelklassehotel mit geschmackvoll möblierten und gut ausgestatteten Zimmern. Das Haus ist vor allem auf Geschäftsreisende spezialisiert, was ihm aber nicht unbedingt zum Nachteil gereicht. Günstige Lage mitten in Split, bester Service und akzeptable Preise. **www.hotelpresident.hr**

SPLIT Radisson Blue Resort Split

Put Trstenika 19. (021) 303 030 FAX (021) 303 031 **Zimmer** 246 **Straßenkarte** D5

Das Radisson Blu Resort Split befindet sich direkt an der hier tiefblauen Adria und ist eine Oase der Erholung. Neben dem schönen Kieselstrand schätzen die Gäste auch zwei Pools, drei Restaurants und mehrere stilvolle Bars. Die Zimmer – darunter 25 Suiten – sind modern eingerichtet. **www.radissonblu.com/resort-split**

STON Hotel Ostrea

Ante Starčevića 9, Mali Ston, Ston. (020) 754 555 FAX (020) 754 575 **Zimmer** 13 **Straßenkarte** E6

Ein nettes, kleines Boutique-Hotel mit überraschend großen Zimmern in bester Hafenlage. Der Service ist freundlich und professionell. Besondere Pluspunkte sind zwei exzellente Restaurants in unmittelbarer Nachbarschaft, die für ihre Fischgerichte und sorgfältig ausgewählten Weine aus der Gegend bekannt sind. **www.ostrea.hr**

TROGIR Hotel Concordia

Obala bana Berislavića 22. (021) 885 400 FAX (021) 885 401 **Zimmer** 11 **Straßenkarte** D5

Der aus dem 18. Jahrhundert stammende, eindrucksvolle Steinbau in der Altstadt wurde in ein attraktives Boutique-Hotel umgewandelt. Die meisten Zimmer haben Meerblick. Einige sind ein wenig eng, aber insgesamt bietet das Concordia mehr, als man von einem Zwei-Sterne-Haus erwarten kann. **www.concordia-hotel.net**

TROGIR Trogirski Dvori

Kneza Trpimira 245. (021) 885 444 FAX (021) 881 318 **Zimmer** 15 **Straßenkarte** D5

Kleines familiengeführtes Hotel, zehn Gehminuten vom Stadtzentrum und zwei vom nächsten Strand entfernt. Das zugehörige Restaurant ist ausgesprochen gut. Serviert werden auf einer von Weinlaub beschatteten Terrasse klassische dalmatinische Küche und kroatische Weine. **www.hotel-trogirskidvori.com**

TROGIR Vila Sikaa

Obala Kralja Zvonimira 13. (021) 798 240 FAX (021) 885 149 **Zimmer** 10 **Straßenkarte** D5

Kleines Boutique-Hotel in einem 300 Jahre alten Gebäude mit Blick auf die alte Inselstadt Trogir. Es gibt nur zehn Zimmer, die meisten davon sind aber recht geräumig. Das Innere des Hauses wurde sorgfältig restauriert, das Personal ist freundlich und hilfsbereit. Hervorragendes Preis-Leistungs-Verhältnis. **www.vila-sikaa-r.com**

TROGIR Vila Tina

Cesta domovinske zahvalnosti 63, Trogir. (021) 888 001 FAX (021) 888 336 **Zimmer** 20 **Straßenkarte** D5

Charmantes Hotel, fünf Kilometer östlich von Trogir, mit großen, zweckmäßig eingerichteten Zimmern mit Balkon. Die Strandlage garantiert ungetrübten Badespaß, von der wunderschönen Terrasse aus lassen sich bei einem Drink ebensolche Sonnenuntergänge betrachten. Gutes Restaurant (empfehlenswert: Fisch vom Grill). **www.vila-tina.com**

Straßenkarte *siehe hintere Umschlaginnenseiten*

VIS Hotel Tamaris

Obala sv. Jurja 20. (021) 711 350 FAX (021) 711 349 **Zimmer** 27 **Straßenkarte** D6

Die repräsentative Villa aus der k. u. k. Zeit mit ihren hohen Zimmerdecken und dunklen Holzböden liegt mitten im Stadtkern von Vis. Trotz der Stadtlage wird eine Menge an Freizeitaktivitäten angeboten. Die Zimmer sind einfach möbliert – den Preisen angemessen. Bestehen Sie auf ein Zimmer mit Blick auf den Hafen! **www.vis-hoteli.hr**

VIS Issa

Šetalište Apolonija Zanelle 5, Vis. (021) 711 124 FAX (021) 711 740 **Zimmer** 125 **Straßenkarte** D6

Modernes Hotel am Ende der Bucht von Vis (zur Innenstadt sind es etwa 800 Meter) mit vielen Sport- und Freizeitangeboten – darunter auch Tennis, Fußball, Volleyball, Basketball. Das moderne Gebäude liegt dicht am Strand. Alle Zimmer haben Balkon. Versuchen Sie, eines mit Blick auf das Meer oder den Park zu bekommen. **www.vis-hoteli.hr**

VIS Hotel San Giorgio

Petra Hektorovića 2, Vis. (021) 711 362 FAX (021) 717 501 **Zimmer** 10 **Straßenkarte** D6

Die Lage im ältesten Teil der Stadt ist nur einer von vielen Pluspunkten des Hauses. Die Zimmer sind elegant und modern möbliert, alle sind mit WLAN, Klimaanlage, Satelliten-TV und Minibar ausgestattet. Das Restaurant serviert mediterrane Küche. Im Garten gedeihen Palmen sowie Zitronen- und Orangenbäume. **www.sangiorgiovis.com**

ZADAR Hotel Donat

Majstora Radovana 7. (023) 555 600 FAX (023) 555 680 **Zimmer** 240 **Straßenkarte** C4

Ein großer, funktioneller Komplex, der einen höheren Standard bietet, als seine drei Sterne erwarten lassen. Seit der letzten Renovierung gibt es einen Pool und diverse Sportstätten. Nach wie vor überzeugen das gute Preis-Leistungs-Verhältnis und die Strandlage an einem herrlichen Küstenabschnitt. **www.falkensteiner.com**

ZADAR Hotel Adriana

Majstora Radovana 7. (023) 555 600 FAX (023) 555 680 **Zimmer** 48 **Straßenkarte** C4

Das Adriana gehört zur gleichen Kette wie das Hotel Donat, kommt aber völlig anders daher: als strandnahes »Lifestyle«-Hotel in einer Villa aus dem 19. Jahrhundert. Es gibt keine Zimmer, nur Juniorsuiten. Alles wirkt etwas prätentiös, was aber durch den Pool und das exzellente Restaurant wettgemacht wird. **www.falkensteiner.com**

ZADAR Hotel President

Vladana Desnice 16. (023) 333 696 FAX (023) 333 595 **Zimmer** 27 **Straßenkarte** C4

Hübsches Hotel, nahe am Strand, aber auch hart an der Kitschgrenze. Die Einrichtung – viel dunkles Kirschholz und dicke Vorhänge – hat ihre beste Zeit bereits hinter sich, trotzdem verströmt alles Ruhe und Qualität. Der Service ist tadellos, das Restaurant liegt deutlich über dem Durchschnitt. **www.hotel-president.hr**

Zagreb

ZAGREB Hotel Ilica

Ilica 102. (01) 377 75 22 FAX (01) 377 77 22 **Zimmer** 25 **Straßenkarte** D2

Das kleine Familienhotel nahe dem Marktplatz bietet ein unschlagbares Preis-Leistungs-Verhältnis. Die Einrichtung ist individuell bis zum Eklektizismus – kommen Sie also nicht hierher, wenn Sie uniformen Funktionalismus erwarten. Vorsicht: Das Ilica ist oft ausgebucht und akzeptiert keine Kreditkarten. **www.hotel-ilica.hr**

ZAGREB Hotel Jadran

Vlaška 50. (01) 455 37 77 FAX (01) 461 21 51 **Zimmer** 48 **Straßenkarte** D2

Günstig gelegenes Hotel – nur ein paar Gehminuten vom Hauptplatz entfernt. Die Fassade mag ein bisschen Patina angesetzt haben, und einige Zimmer mögen etwas abgewohnt wirken – doch die meisten sind in gutem Zustand. Alle Zimmer liegen nach hinten, was Ruhe garantiert. **www.hotel-jadran.com.hr**

ZAGREB Hotel Sliško

Supilova 13. (01) 618 47 77 FAX (01) 619 42 23 **Zimmer** 18 **Straßenkarte** D2

Mittelklassehotel im Stadtzentrum in der Nähe des Busbahnhofs. Die Zimmer sind einfach, aber modern eingerichtet, sie bieten Klimaanlage und Satellitenfernsehen. Trotz des niedrigen Preisniveaus wird einiges an Ausstattung geboten. Alles in allem eine sehr gute Option. **www.slisko.hr**

ZAGREB Laguna

Kranjčevićeva 29. (01) 304 70 00 FAX (01) 382 00 35 **Zimmer** 160 **Straßenkarte** D2

Freundliches und modernes Hotel, eine kurze Taxifahrt von der Innenstadt entfernt. Die angebotenen Einrichtungen übertreffen, die Preise unterbieten die meisten anderen Innenstadthotels. Die Zimmer und Gemeinschaftsräume sind geschmackvoll möbliert. Die Benutzung des Fitness-Centers ist Damen vorbehalten. **www.hotel-laguna.hr**

ZAGREB Central

Branimirova 3. (01) 484 11 22 FAX (01) 484 13 04 **Zimmer** 76 **Straßenkarte** D2

Seine günstige Lage zum Bahn- und Busbahnhof macht das moderne Hotel zum Anlaufpunkt für Durch- und Städtereisende. Die Zimmer mögen etwas klein sein, aber die Einrichtung ist tadellos. WLAN-Benutzung ist für alle Gäste kostenlos. Eine – allerdings etwas uninteressante – Bar gibt es auch. **www.hotel-central.hr**

Preiskategorien *siehe S. 222* **Zeichenerklärung** *siehe hintere Umschlagklappe*

ZAGREB Hotel Vila Tina

Bukovačka cesta 213. (01) 244 51 38 FAX (01) 244 52 04 **Zimmer** 25 **Straßenkarte** D2

Relativ modernes Hotel in einer ruhigen Wohngegend nahe dem Stadtzentrum. Zur guten Ausstattung gehören Klimaanlage, Hallenbad und Schönheitsfarm. Gutes Preis-Leistungs-Verhältnis. Die schöne Lage neben dem wunderbar grünen Maksimir-Park gibt es gratis dazu. **www.hotelvilatina.hr**

ZAGREB International

Miramarska 24. (01) 610 88 00 FAX (01) 610 87 00 **Zimmer** 207 **Straßenkarte** D2

Das International ist Teil einer ultramodernen Anlage im Geschäftsviertel der Stadt, aber noch in Gehdistanz zu den Sehenswürdigkeiten. Hauptsächlich steigen hier Geschäftsreisende ab, Familienzimmer sind jedoch auch zu haben. Geräumige Zimmer, guter Service. Großes, aber etwas langweiliges Casino. **www.hotel-international.hr**

ZAGREB Hotel Palace

Trg J.J. Strossmayerov 10. (01) 489 96 00 FAX (01) 481 13 57 **Zimmer** 123 **Straßenkarte** D2

Das schöne Hotel im Stadtzentrum ist in einem wahren Palast untergebracht, der zu Beginn des 20. Jahrhunderts im Jugendstil errichtet wurde. Zur Auswahl stehen 118 Luxuszimmer, drei Suiten und zwei Mini-Suiten – alle sind mit Retro-Elementen eingerichtet. Gästen stehen Parkplätze zur Verfügung. WLAN gratis. **www.palace.hr**

ZAGREB Westin Zagreb

Kršnjavoga 1. (01) 489 20 00 FAX (01) 489 20 01 **Zimmer** 349 **Straßenkarte** D2

Das frühere Opera Hotel ist ein erstklassiges Luxushotel: Seit einer sorgfältigen Renovierung bietet es Service und Einrichtungen auf internationalem Niveau zu einem angemessenen Preis. Das Haus liegt im Herzen der Stadt in direkter Nachbarschaft der historischen Sehenswürdigkeiten. **www.hotelwestinzagreb.com**

ZAGREB Regent Esplanade

Mihanovićeva 1. (01) 456 66 66 FAX (01) 456 60 50 **Zimmer** 209 **Straßenkarte** D2

Das Esplanade in einem wunderschönen Gebäude aus der Zeit um 1925 bietet exzellenten Service – es dürfte das beste Hotel in Zagreb sein. Die Zimmer sind schön eingerichtet und haben luxuriöse Bäder. Die Gemeinschaftsräume sind in Marmor gehalten. Auch Restaurants und Bars sind erstklassig. **www.regenthotels.com**

Zentralkroatien

ČAKOVEC Hotel Aurora

Franje Punčeca 2. (040) 310 700 FAX (040) 310 700 **Zimmer** 10 **Straßenkarte** D1

Ein herrliches Gebäude für ein Hotel mit nur zehn Zimmern – dafür mit allen nötigen (und luxuriösen) Einrichtungen wie Fitness-Räumen sowie einem Spa-Bereich mit Sauna und Solarium. Die Zimmer selbst sind äußerst großzügig und machen das Hotel zur besten Unterkunft in Čakovec. **www.hotelaurora-ck.com**

ČAKOVEC Park

Zrinsko Frankopanska bb. (040) 311 255 FAX (040) 311 244 **Zimmer** 106 **Straßenkarte** D1

Das größte Hotel der Stadt liegt fünf Gehminuten vom Stadtzentrum entfernt und damit ideal für Besichtigungstouren. Die Zimmer sind klein, aber gemütlich. Das Park bietet ein anständiges Preis-Leistungs-Verhältnis und ist eine gute Wahl, wenn das Hotel Aurora ausgebucht ist. **www.hotel-park.info**

KARLOVAC Hotel Carlstadt

Vraniczanyeva 1. (047) 611 111 FAX (047) 611 111 **Zimmer** 40 **Straßenkarte** C2

Das Carlstadt bietet einfache Zimmer mit allen notwendigen Einrichtungen in bester Zentrallage. Das Erdgeschoss beherbergt ein gutes Restaurant, obwohl die verwendeten Begriffe »Casino« und »Cocktailbar« etwas übertrieben sind. Bei Geschäftsreisenden wegen der niedrigen Preise beliebt. **www.carlstadt.hr**

KARLOVAC Hotel Korana Srakovčić

Perivoj Josipa Vrbanića 8. (047) 609 090 FAX (047) 609 091 **Zimmer** 16 **Straßenkarte** C2

Das Korana ist das mit Abstand beste Hotel der Gegend – vor allem wegen seiner bezaubernden Lage am gleichnamigen Fluss. Die gediegene, exklusive Villa liegt abseits der Stadt und bietet alles, was der Gast sich nur wünschen kann – wenn auch nicht gerade umsonst. Viele Sportmöglichkeiten. **www.hotelkorana.hr**

SAMOBOR Hotel Livadić

Trg Kralja Tomislava 1. (01) 336 58 50 FAX (01) 336 55 88 **Zimmer** 21 **Straßenkarte** C2

Dicht am pittoresken Zentrum von Samobor liegt dieses kleine Hotel und passt sich seiner Umgebung perfekt an. Pastellfarben, Stilmöbel und freundlicher Service schaffen eine wunderbare Atmosphäre. Das Café (mit Terrasse) bietet die regionale Spezialität an – ein Vanillegebäck namens *Samoborske kremsnite*. **www.hotel-livadic.hr**

SAMOBOR Lavica

Ferde Livadića 5. (01) 336 80 00 FAX (01) 336 80 00 **Zimmer** 33 **Straßenkarte** C2

Das in einem schönen historischen Gebäude untergebrachte Hotel Lavica bietet alles für einen angenehmen Aufenthalt. Allein schon die zentrale Lage überzeugt. Die Zimmer sind einfach eingerichtet, aber sauber und verfügen über Bäder. Das Parken auf dem hoteleigenen Parkplatz ist für Gäste kostenlos. **www.lavica-hotel.hr**

Straßenkarte *siehe hintere Umschlaginnenseiten*

SAMOBOR Garni Hotel Samobor Kn Kn

Josipa Jelačića 30. (01) 336 69 71 FAX (01) 336 69 71 **Zimmer** 15 **Straßenkarte** C2

Entzückendes Haus im alpenländischen Stil, mitten in den bewaldeten Hügeln um die Stadt Samobor gelegen. Die Zimmer sind recht einfach möbliert, die Gemeinschaftsräume aber sehr ansprechend eingerichtet. Von der Terrasse des Restaurants sieht man auf die Tennisplätze des Hotels. **www.garnihotel-samobor.hr**

SISAK Toplica Kn

Trg bana J. Jelačića 16, Topusko. (044) 886 001 FAX (044) 886 417 **Zimmer** 146 **Straßenkarte** D2

Dies ist sicher nicht die schönste Unterkunft, aber das Angebot an sportlichen Aktivitäten sowie Beauty- und Wellness-Anwendungen ist üppig. Das Toplica umfasst auch zwei Restaurants und eine Bar. Ausflüge in den Nationalpark Plitvice und zu den Weinkellern von Moslavačke werden organisiert. **www.topterme.hr**

SISAK Panonija Kn Kn

Ivana Kukuljevića Sakcinskog 21. (044) 515 600 FAX (044) 515 601 **Zimmer** 42 **Straßenkarte** D2

Das Äußere des Panonija ist schlicht der Gipfel der Scheußlichkeit, zum Glück ist das Innere viel angenehmer. Die Zimmer sind frisch renoviert und geschmackvoll eingerichtet. Auch das Restaurant ist von unvermutet akzeptabler Qualität. Nichts Großartiges, aber das Beste, was man in Sisak bekommen kann. **www.hotel-panonija.hr**

Slawonien und Baranja

ĐAKOVO Blaža Kn

A Starčevića 158. (031) 816 760 FAX (031) 816 764 **Zimmer** 23 **Straßenkarte** F2

Eigenwillig aussehendes Hotel 1,5 Kilometer vor Đakovo mit erstaunlichem Angebot – ein großer Pool, Zugang zu Tennisplätzen und Fitness-Anlagen. Mehr als ein Stern wäre jedoch unverdient: Die Zimmer sind so einfach wie das Restaurant, die Gemeinschaftsräume ebenfalls. **www.hotel-blaza.hr**

DARUVAR Hotel Balise Kn

Trg Kralja Tomislava 22. (043) 440 220 FAX (043) 440 230 **Zimmer** 17 **Straßenkarte** E2

Das kleine, zentral gelegene und preiswerte Hotel liegt in einem ehemals beeindruckenden Altbau, dessen Glanz allerdings verblichen ist. Eine längst fällige Renovierung der Fassade ist in Planung. Die Zimmer sind unprätentiös, das Preis-Leistungs-Verhältnis kann sich aber durchaus sehen lassen. **www.hotel-balise.hr**

DARUVAR Termal Kn

Julijev Park 1. (043) 623 623 FAX (043) 331 455 **Zimmer** 150 **Straßenkarte** E2

Großes, modernes Hotel aus dem Jahr 1980 in einem schattigen Park in Daruvar (Thermalquellen!). Der Wellness-Bereich mit Sauna, Pool und Fitness-Raum wirkt typisch kroatisch – eine Mischung aus Klinik und Sportvereinsheim. Etwas gepflegtere Unterkunft in der Nachbarschaft bietet das Vila Arcadia. **www.daruvarske-toplice.hr**

ILOK Dunav Kn Kn

Julija Benešića 62. (032) 596 500 FAX (032) 590 134 **Zimmer** 16 **Straßenkarte** G2

Das Hotel am Ufer der Donau liegt mitten im Grünen. Die Sonnenterrassen sind ideal zum Entspannen und Genießen der schönen Umgebung. Alle Zimmer sind mit Bad und Internet-Zugang ausgestattet. Das Restaurant verwöhnt mit internationalen Gerichten und edlen Tropfen aus der Umgebung. **www.hoteldunavilok.com**

OSIJEK Hotel Central Kn Kn

Trg A Starčevića 6. (031) 283 399 FAX (031) 283 891 **Zimmer** 32 **Straßenkarte** F2

In diesem Traditionshotel – erbaut 1889 – im Herzen der Stadt gibt man sich mit den Gästen richtig Mühe. Die Zimmer sind zweckmäßig und geschmackvoll eingerichtet, die Gemeinschaftsräume sind erstaunlich gemütlich und auf angenehme Art altmodisch. **www.hotel-central-os.hr**

OSIJEK Hotel Osijek Kn Kn Kn

Šamačka 4. (031) 230 333 FAX (031) 230 444 **Zimmer** 147 **Straßenkarte** F2

Das Hotel wird gerne von Geschäftsreisenden gebucht. Sie wissen den WLAN-Zugang und andere technische Ausstattungen zu schätzen. Die Zimmer sind elegant und modern eingerichtet. Im türkischen Bad kann man sich von anstrengenden Verkaufsverhandlungen erholen. **www.hotelosijek.hr**

OSIJEK Hotel Waldinger Kn Kn Kn

Županijska ulica 8. (031) 250 450 FAX (031) 250 453 **Zimmer** 16 **Straßenkarte** F2

Reizend altmodisches Hotel in Zentrumsnähe, 100 Meter von der Drau-Promenade entfernt. Das Waldinger bietet 16 elegante Zimmer (einige mit Jacuzzi) sowie Stil und Intimität. Alle Zimmer verfügen über WLAN. Eine Konditorei im Haus sorgt für köstliche Kalorienzufuhr. **www.waldinger.hr**

ŠPIŠIĆ BUKOVICA Hotel Mozart Kn Kn

Kinkovo bb. (033) 801 000 FAX (033) 801 016 **Zimmer** 14 **Straßenkarte** E2

Das Mozart hat zwar nur 14 Zimmer, dafür aber allen großstädtischen Komfort, obwohl es mitten auf dem Land liegt. Die Einrichtung ist von etwas verblasstem Charme, passt aber perfekt in ein Landhaus. Eine Oase der Ruhe in herrlicher Landschaft – man kann reiten und sogar auf die Jagd gehen. **www.hotelmozart.hr**

Preiskategorien *siehe S. 222* **Zeichenerklärung** *siehe hintere Umschlagklappe*

VINKOVCI Slavonija

Duga ulica 1. (032) 342 555 FAX (032) 342 550 ***Zimmer*** *89* — **Straßenkarte** *F2*

Das große, moderne Gebäude befindet sich im Stadtzentrum. Von vielen Zimmern hat man einen schönen Blick auf den langsam dahinziehenden Fluss Bosut. Das Hotel ist nichts besonders Aufregendes, doch ein Restaurant und ein Café sorgen für das leibliche Wohl. **www.hotel-slavonija.eu**

VINKOVCI Cibalia

A Starčevića 51. (032) 339 222 FAX (032) 339 220 ***Zimmer*** *23* — **Straßenkarte** *F2*

Das Haus etwas nördlich des Stadtzentrums verfügt über große, saubere Zimmer mit anständigem Komfort. Auch ein kleines Restaurant gehört zum Angebot. Allzu viel an Charme und Charakter darf man nicht erwarten, wohl aber ein gutes Preis-Leistungs-Verhältnis. Gute Bus- und Bahnanbindung. **www.hotel-cibalia.com**

VUKOVAR Hotel Lav

J J Strossmayera 18. (032) 445 100 FAX (032) 445 110 ***Zimmer*** *44* — **Straßenkarte** *G2*

Das bei Weitem netteste Hotel in Vukovar. Das Gebäude ist ein Neubau, aber keinesfalls unansehnlich. Die Zimmer sind sauber und funktionell, wenn auch etwas charakterarm, Angebote und Service liegen auf Vier-Sterne-Niveau. Die Lage am Fluss garantiert eine schöne Aussicht. WLAN-Zugang vorhanden. **www.hotel-lav.hr**

Nordkroatien

KRAPINSKE TOPLICE Villa Magdalena

Mirna ulica 1. (049) 33 333 ***Zimmer*** *9* — **Straßenkarte** *D1*

Die Villa Magdalena liegt auf einem kleinen Hügel im Zentrum des beschaulichen Thermalorts. Die Zimmer sind recht komfortabel ausgestattet und verfügen über Internet-Zugang und Jacuzzis, die mit Thermalwasser betrieben werden. Das Restaurant serviert traditionelle Küche der Region. **www.villa-magdalena.net**

STUBIČKE TOPLICE Hotel Matija Gubec

Ulica Viktora Šipeka 31. (049) 282 501 FAX (049) 282 403 ***Zimmer*** *97* — **Straßenkarte** *D1*

Das beste Haus in Stubičke Toplice, wenngleich ein mittelgroßes, eher fantasiearmes Wellness-Hotel. Die Zimmer sind einfach, doch das Angebot an Pools, Wasserfällen, Whirlpools und heißen Quellen ist überwältigend. Fitness-Raum und Sauna stehen ebenfalls zur Verfügung. **www.hotel-mgubec.com**

TRAKOŠĆAN Trakošćan

Trakošćan bb. (042) 440 800 FAX (042) 440 977 ***Zimmer*** *126* — **Straßenkarte** *D1*

Die Lage des modernen Hotels nahe einem See und der erhabenen Burg ist wunderschön. Die komfortabel ausgestatteten Zimmer verfügen über WLAN und Minibar und bieten schöne Ausblicke. In der Umgebung kann man eine Vielzahl an Outdoor-Aktivitäten betreiben. **www.hotel-trakoscan.hr**

VARAŽDIN Hotel Turist

Aleja Kralja Zvonimira 1. (042) 395 395 FAX (042) 215 028 ***Zimmer*** *104* — **Straßenkarte** *D1*

Modernes Hotel im Stadtzentrum, hauptsächlich für Geschäftsreisende. Es gibt eine Bar, ein Café und ein Restaurant, in dem kroatische Gerichte serviert werden. Die Zimmer sind elegant, der Rest des Hauses lässt etwas Charakter vermissen. Das Casino ist mittelmäßig. **www.hotel-turist.hr**

VARAŽDIN La'Gus

Varaždinbreg. (042) 652 940 FAX (042) 652 944 ***Zimmer*** *26* — **Straßenkarte** *D1*

15 Autominuten sind es bis nach Varaždin – wenn also dort alles ausgebucht ist oder Sie die idyllische Lage in den Weinbergen schätzen, ist das La'Gus eine Empfehlung, auch wenn es von der Straße aus wenig attraktiv wirkt. Die Zimmer sind gemütlich, es gibt eine große Terrasse. **www.hotel-lagus.hr**

VARAŽDIN Pansion Garestin

Zagrebačka 34. (042) 214 314 FAX (042) 214 314 ***Zimmer*** *13* — **Straßenkarte** *D1*

Eigentlich ein Restaurant mit Zimmern, nur fünf Gehminuten vom barocken Stadtkern entfernt. Das hübsche Gebäude präsentiert sich zu einer Seite in nachgemachtem Barock, zur anderen in einer Art Landhausstil. Die Zimmer wirken einfach, aber das Restaurant (mit großer Terrasse) bietet exzellentes Essen. **www.gastrocom-ugostiteljstvo.com**

VARAŽDINSKE TOPLICE Minerva

Trg Slobode 1. (042) 630 534 FAX (042) 630 826 ***Zimmer*** *269* — **Straßenkarte** *D1*

Großes Hotel aus dem Jahr 1981 in unmittelbarer Nachbarschaft der original erhaltenen römischen Bäder. Das Haus bietet eine Vielzahl an Sportmöglichkeiten. Die Zimmer sind akzeptabel, was man vom Essen jedoch leider nicht immer behaupten kann. **www.minerva.com**

ZABOK Hotel Dvorac Gjalski

Gredice Zabočke 7, Zabok (nahe Bedekovčina). (049) 201 100 FAX (049) 201 135 ***Zimmer*** *19* — **Straßenkarte** *D1*

Das Hotel liegt in einer eindrucksvollen Burg und ist von den sanften Hügeln von Hrvatsko Zagorje umgeben. Die Gäste werden von Rittern in glänzenden Rüstungen willkommen geheißen. Die Zimmer sind elegant. Das ganze Hotel verströmt eine angenehme Atmosphäre vergangener Zeiten. **www.dvorac-gjalski.hr**

Straßenkarte *siehe hintere Umschlaginnenseiten*

Restaurants

Die Küche Kroatiens ist sehr vielseitig. Sie reicht von frischem Fisch und Meeresfrüchten in den Küstenstädten bis zu mitteleuropäischen Gerichten wie Gulasch im Landesinneren. Zwar hat Kroatien eine eigene gastronomische Tradition, doch wurden die Küstengebiete durch die langen Jahre der venezianischen Herrschaft geprägt, während im Landesinneren vor allem Einflüsse der österreichischen und der ungarischen Küche zu spüren sind. Auch Pastagerichte und Pizzas (mit dünnem Boden nach italienischer Art) sind überall erhältlich. Die kroatische Küche weiß Fleisch, Fisch und Gemüse einfallsreich zu variieren. Spezialitäten sind der berühmte Schafkäse *(paški sir)* von der Insel Pag und der luftgetrocknete, geräucherte Schinken *Dalmatinski pršut*. Die Preise in kroatischen Restaurants sind deutlich niedriger als in westeuropäischen Ländern.

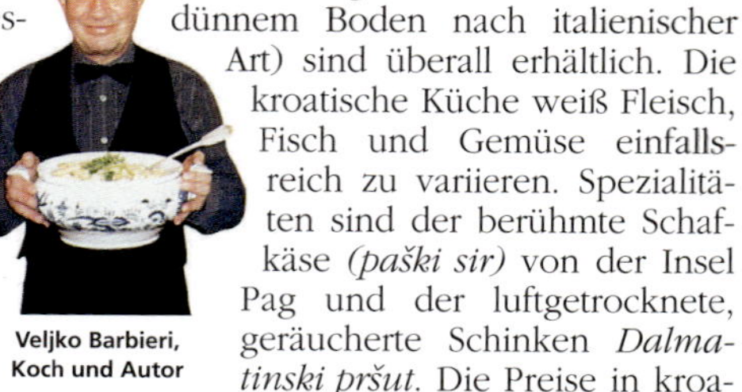

Veljko Barbieri, Koch und Autor

Das Restaurant Valsabbion in Pula

Restaurants

Das kroatische Wort *restoran* wird genauso benutzt wie im Deutschen Restaurant. Es bezeichnet alle Speiselokale, an denen man in etwas gehobener Atmosphäre, verglichen etwa mit einem Straßencafé, essen kann. Das Spektrum an Restaurants kann dabei von einem teuren, ausgezeichneten Hotelrestaurant bis zu einem günstigeren, familiengeführten Gasthaus mit einfachen Speisen reichen. Je nach Lokalität unterscheiden sich natürlich auch die Preise zum Teil ganz erheblich voneinander.

Gemütlicher sind aber die zahlreichen *gostionica* oder *konoba* (einer Trattoria oder Taverne vergleichbar), Familienbetriebe, in denen man die traditionelle Küche der Region kennenlernen kann. Essen kann man außerdem in einem *pivnica* genannten Bierlokal, in dem man zum Bier herzhafte Kost genießt.

Ein Nachteil dieser Lokale ist, dass am Eingang nicht immer eine Speisekarte ausgehängt ist. Am besten geht man einfach hinein, fragt nach der Speisekarte (oder erkundigt sich einfach nach den Tagesgerichten) und entscheidet dann, ob man bleiben will. Man kann das Lokal ohne Bedenken wieder verlassen, wenn einen das Angebot, der Service oder die Preise nicht ansprechen.

Die meisten *gostionica*, *konoba* und *pivnica* sind der mittleren Preiskategorie zuzuordnen, manche bieten ein ausgezeichnetes Preis-Leistungs-Verhältnis. Die durchschnittlichen Preise für eine Mahlzeit betragen zwischen 120 und 200 Kuna (etwa 16–27 Euro) und beinhalten eine Vorspeise, ein Hauptgericht (immer mit Gemüsebeilage) und ein Dessert. Die Preise können auch deutlich höher ausfallen, je nach Standard und Lage des Lokals: Eine *gostionica*, *konoba* oder *pivnica* an der Küste ist natürlich teurer als eine im Landesinneren. Manchmal wird ein Aufpreis für Brot und Gedeck berechnet, in der Regel ist dieses jedoch im Preis der einzelnen Gerichte enthalten.

An der Küste gibt es frischen Fisch in Hülle und Fülle, der jedoch nicht gerade billig ist. Auf den Speisekarten sind die Preise für Fisch und Meeresfrüchte meist pro Kilo angegeben. Eine ausreichende Portion Fisch oder Meeresfrüchte wiegt etwa 250 Gramm. Mit dieser Faustregel lässt sich der Preis gut kalkulieren. Das Angebot an Fisch und Meeresfrüchten variiert täglich je nach Fang.

Zu den Mahlzeiten wird in Kroatien häufig Wein getrunken (Überblick über die Weine Kroatiens *siehe S. 239*), doch sind auch Weinmischgetränke (*bevanda* oder *gemišt* genannt) sehr beliebt. Leitungs- oder Mineralwasser und Wein werden getrennt serviert und vom Gast selbst gemixt.

Schild einer *gostionica*, in der traditionelle Küche angeboten wird

Terrasse einer Pizzeria im Hafen von Umag

Pizzerien und Bistros

Für Reisende mit schmaler Geldbörse sind Pizzas ein guter Tipp. Die kroatischen Pizzas schmecken vorzüglich und können es mit den italienischen ohne Weiteres aufnehmen. Die Preise sind angemessen und um rund 30 bis 40 Prozent günstiger als in vielen anderen europäischen Ländern.

Ebenfalls landestypisch sind die Bistros, die eine Auswahl an einfachen Gerichten anbieten: Dazu gehören *rižot* (Risotto), Spaghetti (die hier als Vorspeisen gelten) und Snacks wie *ražnjići* (Fleischspieße), *ćevapčići* (Fleischröllchen) und Meeresfrüchte, zum Beispiel gebratener Oktopus und Tintenfischringe *(lignje)*.

In den Pizzerien und Bistros wird zu den Mahlzeiten gewöhnlich Bier, *pivo* genannt, getrunken, doch sind auch alkoholfreie Getränke und Weine erhältlich.

Picknicks und Selbstversorgung

In Kroatien gibt es viele schöne Plätze in idyllischer Umgebung. Wer einen Ausflug an einen Ort abseits der Touristenpfade plant, an dem nicht für Verpflegung gesorgt ist, sollte daran denken, einen Picknickkorb zu packen. Die Zutaten dafür erhält man in Lebensmittelläden, Supermärkten oder auf einem der typischen Märkte, die eine große Auswahl an Salami, Käse, Brot und Oliven sowie frisches Obst und verschiedene Getränke anbieten.

Manchmal findet man auch einfache Fertiggerichte wie *burek*, eine Art Blätterteigpastete mit Fleisch- *(meso)* oder Käsefüllung *(sir)*. *Burek* bekommen Sie in Bäckereien oder kleinen »Fast Food«-Läden. Die Preise für Lebensmittel sind günstig und die Verkäufer meist sehr hilfsbereit. Es ist durchaus üblich, dass belegte Brötchen nach Wahl ohne Aufpreis zubereitet werden.

Auch Familien oder Gruppen, die in Selbstversorger-Apartments wohnen, sollten kein Problem mit der Verpflegung haben. Viele Hotelanlagen mit Apartments verfügen über Mini-Supermärkte.

Vegetarische Gerichte

Immer mehr Restaurants in Kroatien bieten auch vegetarische Gerichte an. Und mittlerweile gibt es rein vegetarische Lokale. Denken Sie jedoch daran, dass selbst Gerichte, die vegetarisch aussehen – z. B. die *manestra* (Gemüsesuppe) –, Fleischextrakt enthalten können. Restaurants, Pizzerien und Cafés servieren jedoch italienische Küche wie Pizzas mit verschiedenen Gemüsebelägen und Nudelgerichte. Außerdem gibt es fast überall Gemüsebeilagen und in manchen Lokalen Omeletts *(omlet)*. Im Herbst, wenn Pilzsaison ist, ist vor allem in Istrien die Auswahl größer.

Bezahlung

Die Bezahlung mit Kreditkarte ist in kroatischen Restaurants – ob groß oder klein – mittlerweile fast überall eine Selbstverständlichkeit. Trotzdem kann es passieren, dass man die Rechnung nur bar in der Landeswährung Kuna begleichen kann.

Kreditkarten werden in den *gostionica*, *konoba*, *pivnica* oder kleineren Bars und Cafés meist nicht akzeptiert. Vergewissern Sie sich, dass Sie Bargeld bei sich haben.

Öffnungszeiten

Restaurants haben sehr flexible Öffnungszeiten, weshalb man, vor allem in Urlaubszentren, zu fast jeder Tageszeit speisen kann. Die Essenszeiten der Kroaten entsprechen denen anderer Mittelmeerländer. Das Mittagessen wird in der Regel von 12 bis 14 Uhr serviert, das Abendessen wird relativ spät, zwischen 20 und 22 Uhr, eingenommen.

Das elegante Restaurant Zinfandels *(siehe S. 247)* in Zagreb

Kroatische Küche

Kroatien kann grob in vier kulinarische Regionen eingeteilt werden: Die istrische Küche ist stolz auf ihr italienisches Erbe und wartet mit eleganter Pasta, Gnocchi und Trüffeln auf, die dalmatinische Küche ist von Meeresfrüchten geprägt und weist venezianische Anklänge auf. Der fruchtbare Boden Slawoniens bringt ungarisch beeinflusste Gerichte hervor, und die Küche Zentralkroatiens erinnert stark an die österreichische. Dennoch gibt es Gemeinsamkeiten – etwa das Brot, das auch zu Hause häufig selbst gebacken wird. Ebenso wichtig ist Fisch, was bei der langen Küste und den vielen Inseln nicht überrascht. Die bevorzugte Zubereitungsart ist das Grillen.

Grüner Spargel

Fangfrischen Fisch gibt es auf dem lebhaften Markt in Split

Istrien

In der istrischen Küche mit ihrem starken italienischen Einschlag legt man deutlich mehr Wert auf gutes Essen als in anderen Landesteilen (mit Ausnahme von Zagreb). Im Mittelpunkt stehen Trüffeln *(tartufi)*. Frisch bekommt man sie im Herbst, getrocknet werden sie das ganze Jahr über in Risotti und Pastagerichten wie *mare monti* (Pilze und Schalentiere) verwendet. In vielen Restaurantküchen kommt die *peka* zum Einsatz – ein Topf mit Deckel, der mit heißer Asche bedeckt wird. Sehr beliebt sind *srnetina* (Wildeintopf mit Gnocchi) und gegrilltes Lamm. Ebenfalls auf keinen Fall versäumen sollte man den istrischen Räucherschinken *(pršut)* sowie die besten Austern und Muscheln Kroatiens – sie werden im Limski-Kanal gezüchtet.

Dalmatien

Ein Großteil des Fischs, der in Kroatien verzehrt wird, stammt aus der Adria. Weitverbreitet sind Goldbrasse, Seebarbe, Seezunge und Petersfisch, ebenso wie Muscheln, Austern, Oktopus, Tintenfisch, Shrimps, Krabben und Hummer. Die Wasserstraßen zwischen den Inseln eignen sich ideal, um Schalentiere zu züchten. Zubereitet wird der Fisch meist mit Olivenöl, Knoblauch und

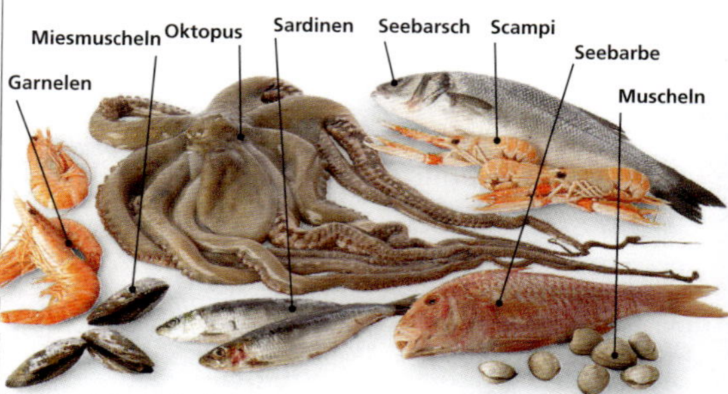

Fisch und Meeresfrüchte sind in ganz Kroatien beliebt

Kroatische Spezialitäten

Pršut **– Räucherschinken**

In Kroatien assoziiert man mit vielen Feiertagen ganz bestimmte Gerichte. *Bakalar* (gesalzener Kabeljau) isst man zum Beispiel an Weihnachten und Karfreitag, *kulen* (scharfe Salami) am Erntedankfest und *guska* (Gans) mit Maroni am Martinstag. Die vor über 200 Jahren zu Ende gegangene türkische Herrschaft hat ein reiches Erbe von gegrilltem Fleisch und Kebabs, *sarma* (Kohl mit Reis und Minze), *burek* (mit Fleisch oder Käse gefüllter Blätterteig) und *baklava* (sehr süßes Gebäck mit Nüssen und Sirup) hinterlassen. Zu den Spezialitäten an der Küste zählen *brudet* (Fischeintopf mit Polenta), *crni rižot* (Tintenfischrisotto) und *lignje* (Tintenfisch), entweder paniert oder im Ganzen gegrillt *(na žaru)*.

Manestra *Sättigende Suppe mit Rauchfleisch, Bohnen, Nudeln und Gemüse – istrische Version der Minestrone.*

Frisches Brot und Gebäck in einer kroatischen Bäckerei *(pekara)*

Kräutern. Darüber hinaus stehen auch hier viele italienische Gerichte auf der Speisekarte. Die dalmatinische Variante des *pršut* ist etwas fester als die istrische. Köstlich ist auch hier das gegrillte Lamm *(janjetina)*.

Zentral- und Nordkroatien

Im Landesinneren isst man etwas schwerer – statt Olivenöl verwendet man Butter, Speck oder Bratenfett. Auf der Speisekarte herrscht Fleisch vor, meist mit herzhaften und sättigenden Beilagen wie Knödeln oder Nudeln serviert. Die Gastronomie Zagrebs ist gehobener, außerhalb der Hauptstadt bevorzugt man eher Hausmannskost und Wildgerichte. Das Fleisch wird entweder gegrillt, in Eintöpfen verwendet oder am Spieß gebraten *(pečenje)* – beliebt sind Gans, Ente, Lamm und Wildschwein. Die wahrscheinlich offensichtlichste Wiener Reminiszenz sind die Desserts: Palatschinken, Strudel und mächtige *štrukli*.

Auswahl an kroatischem Hart-, Weich- und Ziegenkäse

Slawonien und Baranja

Der österreichisch-ungarische Einfluss tendiert in der slawonischen Küche eher zum rein Ungarischen. Die überwiegend ländliche Bevölkerung isst gern herzhaft und warm – verständlich bei dem feuchten und kalten Klima. Oft gibt es Fleisch und Fisch in schweren Saucen, gewürzt mit Paprika. Die Drau liefert frischen Fisch wie Hecht und Karpfen. Die berühmteste Vorspeise, *kulen*, sollten Sie unbedingt probieren: Die mit Chili und Paprika verfeinerte Salami wird mit Tomaten, *turšija* (eingelegtes Gemüse) und Quarkkäse serviert.

Auf der Speisekarte

Fiš paprikaš: Scharfer slawonischer Fischeintopf (meist Karpfen), mit Paprika gewürzt.

Zagrebački odrezak: Kalb, Schinken und Käse, paniert und frittiert – ein absolutes Superschnitzel.

Ajvar: Scharfer Parikadip. Jede Region hat ihr eigenes Rezept.

Čevapčići: Herzhafte Fleischröllchen, mit rohen Zwiebeln, Fladenbrot und Ajvar serviert.

Blitva sa krumpirom: Beliebte Beilage aus Mangold, Kartoffeln, Olivenöl und Knoblauch.

Palačinke: Eines der besten Desserts Kroatiens: mit Marmelade gefüllte Pfannkuchen mit Schokolade und Walnüssen.

Škampi na buzaru *Scampi, in Wein geschmort, mit Tomaten, Knoblauch, Kräutern und Semmelbröseln.*

Pašticada *Rindfleisch und Gemüse der Saison, in Weinsauce geschmort, manchmal auch mit Backpflaumen.*

Štrukli *Das nordkroatische Gericht aus gekochtem und gebackenem Quarkkäse kann süß oder herzhaft sein.*

Getränke

In Kroatien gibt es eine große Auswahl an im Land produzierten Getränken, von Bier über Wein bis hin zu scharfen Obstschnäpsen. Das kroatische Bier ist meist ein Lagerbier, doch ist auch Dunkelbier erhältlich. Ausländische Marken wie Stella Artois, Tuborg und Kaltenberg werden unter Lizenz gebraut. Darüber hinaus gibt es irische Pubs, die Guinness und andere irische Biere anbieten. In den Weingärten Kroatiens wachsen die unterschiedlichsten roten und weißen Rebsorten, die man außerhalb des Landes kaum kennt. Traubenschnäpse sind wie Obstschnäpse aus Pflaumen oder Birnen als Aperitif beliebt. Auch mit Kräutern, Nüssen oder sogar Honig aromatisierte Schnäpse erfreuen sich großer Popularität. Das Leitungswasser ist trinkbar, es gibt aber überall Mineralwasser.

Typisches Schild eines Pubs oder *pivnica*

Traditionelle Utensilien für die Zubereitung von starkem Türkischen Kaffee

Kaffee und Tee

Kaffee *(kava)* wird überall in Kroatien getrunken. Er wird wie ein kleiner Mokka als *espresso* serviert. Wenn er zu stark ist, kann man etwas Milch hinzufügen oder einen Cappuccino (Kaffee mit geschäumter heißer Milch) bestellen. Auch Türkischer Kaffee wird in manchen Lokalen angeboten. Kräutertee *(čaj)* ist überall zu bekommen. Auch Darjeeling-Tee ist erhältlich, er wird meist klassisch mit Zitrone serviert.

Bier

Ein weiteres sehr beliebtes Getränk, das in Cafés und Pubs verkauft wird, ist Bier *(pivo)*. Es wird stets sehr kalt serviert. Die meisten Flaschenbiere sind Lagerbiere, doch sind auch Dunkelbiere erhältlich. Die bekanntesten Lagerbiermarken sind Ožujsko (aus Zagreb) und Karlovačko (aus Karlovac). Eine weitere beliebte Marke ist Pan. International bekannte Biersorten wie Stella Artois sind überall erhältlich, aber etwas teurer als die einheimischen.

Karlovačko-Bier

Ožujsko-Bier

Spirituosen

Die Auswahl an Spirituosen ist groß und zeigt die Beliebtheit scharfer Getränke in Kroatien, vor allem von Obstschnäpsen. Eines der populärsten Getränke dieser Art ist der Pflaumenschnaps, der in Slowenien *Šljivovica* genannt wird und landesweit erhältlich ist. *Loza* ist ein Traubenschnaps mit hohem Alkoholgehalt und *Travarica* ein Schnaps auf Kräuterbasis. *Vinjak* ist ein Brandy, *Pelinkovac* ein Kräuterlikör und *Maraskino* ein süßer Likör aus Zadar, der aus den Kernen der Weichselkirsche Maraska zubereitet wird.

Viele Schnäpse werden als Aperitif getrunken. Der sogenannte *Bermet* wird in Samobor nahe Zagreb nach einem alten, sorgsam gehüteten Rezept hergestellt. Er wird als Aperitif mit Eis und einer Zitronenscheibe serviert.

Pelinkovac-Likör

Zrinski-Brandy

Šljivovica – Slibowitz

Überall im Land werden diverse Kräuterschnäpse gebrannt

Mineralwasser, alkoholfreie Getränke und Fruchtsäfte

Alle kroatischen Bars und Cafés bieten eine große Auswahl an Fruchtsäften und bekannten alkoholfreien Getränken an. Das Leitungswasser in Kroatien ist trinkbar, doch kann man auch überall Mineralwasser in Flaschen *(mineralna voda)* bestellen. Die in Kroatien meistverbreiteten Mineralwassermarken sind Studena, Jamnica und Jana, doch sind auch viele importierte Marken erhältlich.

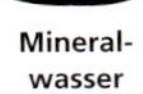

Mineralwasser

Orangensaft

Pubs und Bars mit Live-Musik sind nicht nur bei jungen Leuten beliebte Treffpunkte

Kroatische Trinkbräuche

Pubs, Bars und Cafés sind nicht nur Orte, an denen man gern eine Erfrischung einnimmt, sondern auch Zentren des gesellschaftlichen Lebens. Gästen aus dem Ausland bietet sich hier die Möglichkeit, Einheimische kennenzulernen.

Es ist in Kroatien üblich, Wein mit anderen Getränken wie etwa Mineralwasser oder sogar Cola zu mischen. *Bevanda* nennt sich ein Gemisch aus Rot- oder Weißwein mit Leitungswasser, während bei einem *gemišt* Weißwein mit kohlesäurehaltigem Mineralwasser gemischt wird. Eines der beliebtesten Sommergetränke ist Rotwein mit Cola, *bambus* genannt.

Die Kroaten trinken bisweilen auch gern einen über den Durst, wie eine slawonische Trinkzeremonie zeigt. Dieses traditionelle Ritual sollte allerdings nur ausprobieren, wer viel Alkohol verträgt. Die erste Phase, in der noch kein Alkohol im Spiel ist, wird *dočekuša* genannt. Darauf folgt die *razgovoruša*, bei der man sich unterhält und dabei mindestens sieben Gläser Wein trinkt. Die letzte Phase ist die sogenannte Verabschiedung oder *putnička*, in deren Verlauf mindestens elf weitere Gläser geleert werden, bevor die Freunde auseinandergehen.

Weine

Kroatien ist ein Weinland mit vielen Weinbergen im Landesinneren, an der Küste und auf den Inseln. Qualität und Quantität variieren, das Niveau wird aber immer besser. Aus der Kvarner Region kommen der Weißwein Žlahtina (aus Vrbnik auf Krk), der rote Cabernet (aus Poreč) und der Teran (aus Buzet), ein leichter Rotwein. Dalmatien ist für den Pošip und den Grk (beides Weißweine) aus Korčula bekannt.

Žlahtina

Der Dingač (einer der besten kroatischen Rotweine) und der Postup stammen von der Halbinsel Pelješac. Der Plavac (Rotwein) kommt aus Brač und der Malmsey aus Dubrovnik. Slawonien ist bekannt für die Sorten Kutjevačka Graševina, Kutjevo Chardonnay sowie für den Riesling.

Dingač **Postup**

Typen von Lokalen

Es gibt verschiedene Lokalkategorien, die zu kennen sehr nützlich sein kann. Eine *kavana* entspricht einem Café. Hier werden sowohl Alkoholika als auch alkoholfreie Getränke serviert. In einer *pivnica* sind vorwiegend Biertrinker anzutreffen. Es gibt auch irische Pubs, in denen Guinness und andere irische Biere angeboten werden. Wein trinkt man vorwiegend in einer *konoba* in Küstenstädten. In den größeren Städten gibt es das *bife*, das kroatische Äquivalent einer Imbissstube, wo Getränke und Snacks serviert werden. Doch gibt es auch Überschneidungen zwischen den einzelnen Kategorien, die nicht allzu streng genommen werden. Die Cafés öffnen früh und schließen spät, meist etwa um 23 Uhr, im Sommer auch später. Getränke verschiedenster Art (wenngleich selten alkoholische) werden auch in den Konditoreien oder *slastičarna* serviert. Die enge Verbindung der kroatischen Gastronomie zu Österreich, insbesondere zu Wien, zeigt sich in den köstlichen Mehlspeisen sowie vorzüglichen *sladoled* (Eiscremes).

Imbissstube mit Tischen im Freien in Fažana, einem Ferienort an der Küste

Restaurantauswahl

Die unten aufgeführten Restaurants wurden aus einem weiten Preisspektrum nach Qualität, Lage und Preis-Leistungs-Verhältnis ausgewählt. Ob in einem Restaurant das Rauchen erlaubt ist, geht aus einem entsprechenden Zeichen an der Eingangstür hervor. Die Straßenkarte finden Sie auf den hinteren Umschlaginnenseiten.

PREISKATEGORIEN

Preise für ein Drei-Gänge-Menü mit Getränken (außer Wein), inklusive Service (Trinkgeld empfohlen):

(Kn) unter 100 Kuna
(Kn)(Kn) 100–200 Kuna
(Kn)(Kn)(Kn) 200–300 Kuna
(Kn)(Kn)(Kn)(Kn) 300–400 Kuna
(Kn)(Kn)(Kn)(Kn)(Kn) über 400 Kuna

Istrien und Kvarner Bucht

BUZET Toklarija (Kn)(Kn)(Kn)(Kn)(Kn)

Sovinjsko Polje 11, Buzet. (091) 926 67 69 **Straßenkarte** *A2*

Nobles Restaurant in einem Landhaus auf einem Hügel – Reservierung ist unbedingt erforderlich. Die Karte ist lang, und lang ist auch die Zeit, die man für die einzelnen Gänge aufwendet: Hier isst man nicht im Vorübergehen. Liebe zum Detail und die Verwendung regionaler Produkte machen das Toklarija zu einem Spitzenrestaurant.

CRES Gostionica Belona (Kn)(Kn)

Šetalište 20 travnja 24, Cres. (051) 571 203 **Straßenkarte** *B3*

Besonders bei Einheimischen beliebtes Lokal, in den Abendstunden oft sehr voll. Die Einrichtung ist genauso rustikal, wie es manche der Gerichte sind, aber das muss ja nichts Schlechtes sein. Serviert werden Fisch und Meeresfrüchte – probieren Sie unbedingt *lignje na žaru* (gegrillter Tintenfisch) –, aber auch Fleisch und Nudelgerichte.

CRES Riva (Kn)(Kn)

Obala Creskih Kapetana 13, Cres. (051) 571 107 **Straßenkarte** *B3*

Seine Lage im Herzen von Cres beschert diesem Restaurant eine zweifach gute Aussicht: Die eine Seite geht auf den neu gestalteten Marktplatz, die andere – mit einer großen Terrasse – auf den Hafen hinaus. Wie zu erwarten, ist der Fisch fangfrisch und gut. Versuchen Sie die Seebrasse, Scampi oder den Meeresfrüchterisotto. Im Winter geschlossen.

KASTAV Kukuriku (Kn)(Kn)(Kn)(Kn)(Kn)

Trg Lokvina 3, Kastav. (051) 691 519 **Straßenkarte** *B2*

Ein gastronomisches Highlight der Gegend. Im Kukuriku legt man Wert auf kreative Küche und verarbeitet frische Produkte aus der Region, etwa Honig, Käse, Pilze und vor allem das berühmte Lamm. Die Karte ist der Saison angepasst. Im Frühling gibt es Spargel, im Herbst Trüffeln. Folgen Sie den Empfehlungen des Chefs.

KRK Konoba Šime (Kn)

Ulica Antuna Mahnića 1, Krk. (051) 220 042 **Straßenkarte** *B3*

Direkt an der weitläufigen Hafenpromenade befindet sich dieses Restaurant. Das Innere wirkt etwas mittelalterlich-düster, doch an der Promenade gibt es überdachte Tische im Freien mit Blick auf den Hafen. Die Speisen – etwa gegrillter Oktopus und *blitva*, ein Kartoffel-Mangold-Gericht mit viel Knoblauch – sind recht einfach.

KRK Konoba Nono (Kn)(Kn)

Krckih Iseljenika 8, Krk. (051) 222 221 **Straßenkarte** *B3*

Das Traditionsrestaurant im Stadtzentrum ist auf Einheimisches spezialisiert – es gibt aber auch die ganze Palette an Seafood, Pasta und einige ordentliche Fleischgerichte. Versuchen Sie die hausgemachten *šurlice*, Nudelrollen, die üblicherweise mit Ragout gefüllt werden. Im Winter geschlossen.

KRK Marina (Kn)(Kn)

Puntica 9, Punat. (051) 654 380 **Straßenkarte** *B3*

Die Bucht von Punat, die seit den Zeiten der Römer als Hafen genutzt wird, ist ein herrliches Fleckchen Erde. Das Innere des Marina ist mit naiven Gemälden geschmückt, die Terrasse wirkt dagegen etwas trist. Das Essen aber ist gut – es gibt natürlich Fisch sowie die gängige Auswahl an mediterranen Gerichten.

LIMSKI-KANAL Viking (Kn)(Kn)

Lim, Sveti Lovreč. (052) 448 119 **Straßenkarte** *A3*

Das Viking ist für seine Schalentiere berühmt – also sollten Sie hier zu Austern, Muscheln oder den Scampi mit Nudeln und Steinpilzen greifen. Das Restaurant ist – nicht jedermanns Geschmack – im Stil der 1970er Jahre eingerichtet, aber die bezaubernde Lage an einem kleinen Kanal macht das mehr als wett.

LOŠINJ Lanterna (Kn)

Sv Marije 12, Mali Lošinj. (051) 233 625 **Straßenkarte** *B3*

Das kleine Lokal ist – vor allem im Sommer – ein willkommener Rückzugsort von den Touristenmassen, die sich durch den Ort schieben: Halten Sie sich vom Hafen aus östlich, den Berg Richtung Kirche hinauf. Das Essen ist klassische Mittelmeerkost: Seafood, Grillfleisch und Pasta, alles gut zubereitet.

Zeichenerklärung *siehe hintere Umschlagklappe*

LOŠINJ Villa Diana

Čikat bb, Mali Lošinj. (051) 232 055 — **Straßenkarte** B3

Das Villa Diana, Teil eines kleinen Hotels an der abgeschiedenen Bucht von Čikat, verfügt über eine wunderschöne Uferterrasse, beschattet von großen Zypressen. Das Restaurant bietet eine große Auswahl an typisch kroatischen und internationalen Gerichten. Der Umweg lohnt sich! Im Winter geschlossen.

MOTOVUN Mondo

Ulica Barbacan 1, Motovun. (052) 681 791 — **Straßenkarte** A2

Exzellentes Restaurant mit von Kerzen beleuchtetem Inneren und einer Terrasse. Die Küche scheint es sich zur Aufgabe gemacht zu haben, fast alles zu trüffeln: von den Omeletts über die hausgemachten Pasteten bis zum Rindfleisch. Es gibt auch einige wechselnde Gerichte ohne Trüffeln.

MOTOVUN Restoran Zigante

Livade 7, Motovun. (052) 664 302 — **Straßenkarte** A2

Die Restaurants im Landesinneren unterscheiden sich von denen an der Küste durch den fehlenden Ansturm unkritischer Touristen – und sie sind in der Regel besser. Istriens gediegenste Kultstätte, dem göttlichen Trüffel zu huldigen, bietet exzellente Menüs. Berühmtheiten, die hier zu Gast waren, zieren auf Fotos die Wände.

OPATIJA Istranka

Bože Milanovića 2, Opatija. (051) 271 835 — **Straßenkarte** B2

Das Restaurant liegt direkt im Zentrum von Opatija. Spezialität ist die typische istrische Küche, einschließlich solcher Gerichte wie Trüffeln, hausgemachte *fuži* (ein spezielles istrisches Nudelgericht) und *manestra* (istrische Gemüsesuppe). Darüber hinaus gibt es frischen Fisch, Fleisch und Nudelgerichte. Sehr angenehme Einrichtung.

OPATIJA Amfora

Črnikovica 4, Volosko. (051) 701 222 — **Straßenkarte** B2

Großes, gemütliches Restaurant, das deutlich über dem Durchschnitt liegende Qualität bietet. Eine kurze Wegstrecke vom Stadtzentrum am Rand der Bucht von Volosko gelegen. Eine ausladende Terrasse gibt den Blick aufs Meer frei, aus dem frischer Fisch und Meeresfrüchte kommen.

OPATIJA Bevanda

Zert 8, Lido, Opatija. (051) 493 888 — **Straßenkarte** B2

Eines von mehreren guten Fischrestaurants in Opatija, in exzellenter Lage auf einer kleinen Halbinsel mit eigenem kleinen Strand. Die Terrasse ist gemütlich, die Musik in der Regel nicht allzu laut. Über 20 Vorspeisen stehen zur Auswahl, wie die Hauptgerichte meist mit Zutaten aus dem Meer. Exzellenter Hummer!

OPATIJA Plavi Podrum

Ulica Frana Supila 12, Opatija. (051) 701 223 — **Straßenkarte** B2

Seit über 100 Jahren gibt es hier ein Restaurant, und diese Tradition verpflichtet. Natürlich spielt Fisch die Hauptrolle, aber auch auf die Fleischgerichte ist man hier zu Recht stolz. Ein besonderer Geheimtipp sind die nach Rezepten aus dem Mittelmeerraum zubereiteten Suppen. Erstklassige Weinauswahl, empfohlen vom fachkundigen Sommelier.

POREČ Nono

Zagrebačka 4, Poreč. (052) 453 088 — **Straßenkarte** A2

Die Pizza hier ist wahrscheinlich die beste, auf alle Fälle die größte, die Sie in Kroatien bekommen können. Auch die Fleisch- und Fischgerichte sind von respektabler Größe (gute Steaks und gegrillter Tintenfisch), aber die meisten Gäste kommen der Pizza wegen. Das kleine Lokal ist oft voll, das Warten auf einen Platz lohnt sich aber.

POREČ Konoba Ulixes

Dekumanus 2, Poreč. (052) 451 132 — **Straßenkarte** A2

Das kleine, lauschige Restaurant in der Altstadt von Poreč ist ein echtes Juwel. Hier bekommen Sie die berühmten Trüffeln der Gegend, ohne vorher eine Bank überfallen zu müssen. Auch der Fisch und die Meeresfrüchte sind empfehlenswert. Die Einrichtung ist rustikal und gemütlich, zudem gibt es eine Terrasse mit Olivenbäumen.

POREČ Sv. Nikola

Obala Maršala Tita 23, Poreč. (052) 423 018 — **Straßenkarte** A2

Das eindrucksvolle, preisgekrönte Restaurant liegt am Hafen von Poreč mit Blick auf die Insel Sv. Nikola. Auf der Speisekarte stehen exzellente Fisch- und Fleischgerichte. Spezialitäten sind Carpaccio aus Anglerfisch und Oktopus sowie Fischfilet mit Spargel und Trüffeln. Üppiges Interieur.

PULA Vodnjanka

D. Vitezića 4. (052) 210 655 — **Straßenkarte** A3

Das kleine Restaurant ist eine echte Entdeckung: Hier pflegt man die istrische Hausmannskost, die – wen wundert's – sehr vom benachbarten Italien geprägt ist. Das Lokal ist alles andere als chic, hier verkehren die Einheimischen, entspannen und lassen es sich zu günstigen Preisen gut gehen.

PULA Stari Grad 2

Sisplac 3, Pula. (052) 386 808 — **Straßenkarte** A3

Das nur wenig außerhalb des Zentrums gelegene Restaurant eignet sich wunderbar, um die typische Küche Istriens zu probieren. Ein Genuss sind die hausgemachten Pastagerichte, darunter auch *fuži* und *pljukanci*. Weintrinker haben die Wahl zwischen rund 40 edlen Tropfen. Es gibt auch vegetarische Gerichte. Reservierung wird empfohlen.

Straßenkarte *siehe hintere Umschlaginnenseiten*

PULA Milan Kn Kn Kn

Stoja 4, Pula. (052) 300 200 **Straßenkarte** A3

Gutes Hotelrestaurant, das bereits seit 1967 besteht – in dieser Zeit hat man sich hier einen Weinkeller mit an die 350 edlen Tropfen angelegt. Die Fischgerichte sind ebenso beeindruckend: Seeteufel, Sardinen, Kalmare, Rotbarben. Die Lasagne mit Hummer *(lazanje sa jastogom)* ist eine besondere Empfehlung.

PULA Vela Nera Kn Kn Kn

Franja Mošnje 3b, Sišan. (052) 300 621 **Straßenkarte** A3

Etwa sieben Kilometer von Pula entfernt liegt dieses moderne Restaurant mit seiner großzügigen Terrasse, auf der man nahe Olivenbäumen speist. Die Karte vereint lokale Gerichte mit Speisen aus anderen Teilen des Mittelmeerraums. Eine große Auswahl an Weinen aus Kroatien und dem Rest der Welt ist im Angebot.

RAB Konoba Riva Kn Kn

Biskupa Draga 3, Rab. (051) 725 887 **Straßenkarte** B3

Gutes Mittelklasserestaurant im typischen *konoba*-Stil – Fischereizubehör an den Wänden, Holzbalken und Natursteinwände. Es gibt eine nette Terrasse mit Meerblick und gelegentlich Live-Musik. Sollten Sie mit Ihrer eigenen 60-Meter-Yacht im Hafen ankern: Man liefert Ihnen das Essen gern auch an Bord.

RAB Marco Polo Kn Kn

Banjol, Rab. (051) 725 846 **Straßenkarte** B3

Das entzückende Restaurant liegt in Banjol, nicht weit von der Stadt Rab entfernt. Die Zutaten für die schmackhaften Gerichte stammen aus dem Meer oder aus dem eigenen Garten. Die Auswahl an edlen Tropfen aus Kroatien und anderen Ländern ist groß, das Personal empfiehlt zu jedem Gericht den passenden Wein.

RAB Astoria Kn Kn Kn

Trg Municipium Arba 7, Rab. (051) 774 844 **Straßenkarte** B3

Der alte venezianische Palazzo mit seinen Balkendecken und Natursteinmauern liegt oberhalb des Marktplatzes und beherbergt ein Restaurant mit exzellenter Küche und einer Terrasse, die einen fantastischen Hafenblick bietet. Die verwendeten Gewürze stammen aus eigener Produktion, die anderen Zutaten aus der unmittelbaren Umgebung.

RIJEKA Arca Fiumana Kn Kn

Adamićev gat, Rijeka. (051) 319 084 **Straßenkarte** B2

Das Restaurant befindet sich auf dem oberen Deck eines Schiffs im Hafen von Rijeka – man kann also sicher sein, dass der Fisch immer absolut frisch ist. Serviert werden auch exzellente hausgemachte Nudelgerichte von der Insel Krk, Speisen mit Trüffeln und eine Auswahl an Fleischgerichten. Gute Auswahl an kroatischen Weinen.

RIJEKA Konoba Tarsa Kn Kn

Josipa Kulfaneka 10, Rijeka. (051) 452 089 **Straßenkarte** B2

Das Restaurant im historischen Zentrum beeindruckt durch seinen rustikalen, mit viel Holz versehenen Speiseraum. Hier steht mediterrane Küche im Fokus. Zu den Spezialitäten gehört Wild mit hausgemachten Gnocchi. Einige Speisen enthalten Pferdefleisch. Mehr als 100 Weine stehen zur Auswahl. Am Wochenende Live-Musik.

RIJEKA Kamov Kn Kn Kn

Dolac 4, Rijeka. (051) 357 100 **Straßenkarte** B2

Das bei Feinschmeckern beliebte Restaurant des ambitionierten Grand Hotels Bonavia bietet nach seinem Motto: »Fünf-Sterne-Service im Vier-Sterne-Hotel« rundum gute Qualität bei Essen und Service. Das Kamov verbindet eine über 130 Jahre alte gastronomische Tradition mit modernster kulinarischer Raffinesse.

ROVINJ Amfora Kn Kn Kn

Obala Aldo Rismondo 23, Rovinj. (052) 816 663 **Straßenkarte** A3

So viele Stammgäste können sich nicht irren: Das Amfora bietet konstant gutes Essen in einer wunderschönen Umgebung (die Lage am Hafen ist ideal). Standards wie Grillfisch, Pasta und Fleischgerichte werden handwerklich perfekt zubereitet. Probieren Sie *mare monti* – Fisch und Pilze mit Nudeln, eine örtliche Spezialität.

ROVINJ Veli Jože Kn Kn Kn

Svetoga Križa 1, Rovinj. (052) 816 337 **Straßenkarte** A3

Das hübsche Restaurant bietet traditionelle Gerichte aus Istrien wie *bakalar* (in Salz eingelegter Kabeljau) in heller Sauce, Lammeintopf mit Kartoffeln, Nudelgerichte und Grillfisch. All das lässt sich trefflich mit dem örtlichen Malvasier hinunterspülen. Auch eine große Terrasse ist vorhanden.

ROVINJ Puntulina Kn Kn Kn Kn

Ulica Svetog Križa 38, Rovinj. (052) 813 186 **Straßenkarte** A3

Rovinjs bestes Restaurant liegt romantisch auf einem Felsen über dem Meer am Rand der Altstadt. Es verbindet italienische und istrische Kochtradition, und das Ergebnis kann sich sehen lassen. Lassen Sie es gemütlich angehen, und nehmen Sie vor dem Dinner einen Sundowner in der Bar im Erdgeschoss.

UMAG Badi Kn Kn Kn

Lovrečica. (052) 756 293 **Straßenkarte** A2

Gutes Restaurant im kleinen Dorf Lovrečica, zehn Autominuten auf der Küstenstraße vor Umag, mit schöner Terrasse und schattig-grüner Umgebung. Die Karte bietet keine großen Überraschungen, aber Seafood, Pasta und Risotti sind italienisch geprägt und schmackhaft. Spezialität des Hauses ist gebackener Fisch.

Preiskategorien *siehe S. 240* **Zeichenerklärung** *siehe hintere Umschlagklappe*

Dalmatien

BRAČ Konoba Mlin

Ante Starčevića 11, Bol. (021) 635 376 — **Straßenkarte** D5

Das Restaurant im schönsten Teil von Bol ist in einer alten Mühle untergebracht. Zu den hier servierten Köstlichkeiten gehören Fisch- und Grillfleischgerichte sowie dalmatinischer *pršut* (dalmatinischer Schinken) mit Käse. Eine Auswahl einheimischer Weine ist vorhanden. Von der Terrasse genießt man eine wundervolle Aussicht auf die Küste.

BRAČ Ribarska Kućica

Ante Starčevića, Bol. (021) 635 033 — **Straßenkarte** D5

Von der Terrasse hat man einen herrlichen Blick auf das Meer und den Privatstrand des Hauses. Eine große Auswahl an Fischgerichten und ein abendliches Festpreismenü, Pizza und exzellente Gnocchi mit *pršut* in Käsesauce sorgen dafür, dass Sie nach anstrengenden Schwimmnachmittagen wieder zu Kräften kommen.

BRAČ Taverna Riva

Frane Radića 5, Bol. (021) 635 236 — **Straßenkarte** D5

Bol ist so überlaufen, dass sich manche Restaurants nicht besonders bemühen und trotzdem gute Geschäfte machen. Das Riva ist da anders – man serviert fantasiereiche Variationen der üblichen Fischgerichte. Probieren Sie *salata od hobotnice* (Oktopussalat), *pršut* oder *rižot od liganja* (Tintenfischrisotto).

CAVTAT Galija

Vuličevićeva 1. (020) 478 566 — **Straßenkarte** F6

Das beste Lokal in Cavtat liegt an der Promenade Richtung Halbinsel, nahe dem Franziskanerkloster. Das Galija ist eine altertümliche Taverne mit baumbestandener Terrasse am Meer, die Tische sind weiß gedeckt und von Kerzen beleuchtet. Die Karte ist fantasievoller als gewohnt. Vor allem am Wochenende ist eine Reservierung empfohlen.

CAVTAT Kolona

Put Tiha 2, Cavtat. (020) 478 787 — **Straßenkarte** F6

Schönes Restaurant mit gemütlicher alter Einrichtung. Die Terrasse ist von duftenden Hecken umstanden und bietet einen schönen Blick auf das Meer. Die Karte listet hauptsächlich Fisch auf, und einen besonderen Pluspunkt verdient der freundliche Service – man fährt sogar späte, vom Essen erschöpfte Gäste nach Hause.

DUBROVNIK Lokanda Peskarija

Na Ponti. (020) 324 750 — **Straßenkarte** F6

Hier nehmen die Einheimischen einfache, frische Fischgerichte zu sich. Im gemütlichen Inneren dominiert Holz, und die kleine Bar ist immer belebt. Die Nähe zum Hafen und zum Fischmarkt macht die Bestellung von Fisch und Meeresfrüchten fast schon zur Pflicht. Eine Reservierung ist dringend angeraten.

DUBROVNIK Tabasco

Cavtatska 11. (020) 429 595 — **Straßenkarte** F6

Pizzeria direkt vor dem befestigten Teil der Stadt nördlich des Ploče-Tors. Hier gibt es wagenradgroße Pizzas und teller- sowie magenfüllende Portionen *panzerotti* (mit Schinken-Käse-Füllung und Tomatensauce). Weitere Nudelgerichte und frische Salate runden das Angebot ab. Sehr gutes Preis-Leistungs-Verhältnis.

DUBROVNIK Mimoza

Branitelja Dubrovnika 9. (020) 411 157 — **Straßenkarte** F6

Das Mimoza liegt etwas außerhalb der Stadtmauer, in unmittelbarer Nähe zum Pile-Tor. Sie können auf der großen Terrasse oder im eleganten Speiseraum Platz nehmen. Zu den Klassikern der Speisekarte gehören neben Fisch- und Fleischgerichten auch einige vegetarische Optionen.

DUBROVNIK Taverna Arsenal

Pred Dvorum 1. (020) 321 065 — **Straßenkarte** F6

Neben seinem reichen Angebot an gastronomischen Köstlichkeiten und einer Auswahl zwischen ungefähr 40 edlen Tropfen fasziniert das Restaurant auch durch seine Einrichtung. Die Eichenholzvertäfelung schafft ein gemütliches Ambiente. Von der Terrasse blickt man auf den Hafen, in dem Nachbildungen zweier alter Schiffe vertäut sind.

DUBROVNIK Levanat

Šetalište Nika i Meda Pucica 15, Lapad. (020) 435 352 — **Straßenkarte** F6

Das beste Haus in Lapad. Das kleine Restaurant liegt direkt am Meer in der Bucht von Lapad und hat eine Terrasse mit Panoramablick, was flammend rote Sonnenuntergänge fast schon garantiert. Das Essen ist einfach, aber sehr gut – das übliche Seafood, Grillfleisch und Pfannkuchen *(palačinke)* mit Schokolade und Walnüssen.

DUBROVNIK Orhan

Od Tabakarije 1. (020) 414 183 — **Straßenkarte** F6

Unprätentiöses Fischrestaurant, gut versteckt in einer kleinen Bucht bei der Altstadt. Die Lage außerhalb der Stadtmauern garantiert, dass das Orhan von den Tagesausflüglern der Kreuzfahrtschiffe relativ unbehelligt bleibt. Terrasse mit Blick auf die seeseitigen Befestigungsanlagen von Dubrovnik.

Straßenkarte *siehe hintere Umschlaginnenseiten*

DUBROVNIK Nautika Ⓚⓝ Ⓚⓝ Ⓚⓝ Ⓚⓝ

Brsalje 3. *(020) 442 526* **Straßenkarte** *F6*

Das mutmaßlich eleganteste Restaurant der Stadt gleich beim Pile-Tor besticht durch einen herrlichen Blick auf die Befestigungsanlagen und das Meer. Das Essen ist von hohem Standard, wenn auch recht teuer. Die Fischgerichte sind besonders empfehlenswert: gegrillter Hummer, Fischeintopf *(brodet)* mit Polenta. Am Wochenende reservieren!

DUBROVNIK Proto Ⓚⓝ Ⓚⓝ Ⓚⓝ Ⓚⓝ Ⓚⓝ

Široka 1. *(020) 323 234* **Straßenkarte** *F6*

Das seit 1886 betriebene Restaurant befindet sich im Herzen der Altstadt. Bekannt ist es vor allem für seine große Auswahl an Seafood und Fleischgerichten. Shrimps in Safransauce und Rinderbraten mit hausgemachten Nudeln sind nur einige der vielen Spezialitäten. Wählen Sie Haselnuss-Parfait als Dessert. Frühzeitige Reservierung empfohlen.

DUGI OTOK Tamaris Ⓚⓝ Ⓚⓝ

Sali II 18, Sali. *(023) 377 377* **Straßenkarte** *C4*

Sali ist der Hauptort der Insel Dugi Otok, und das Tamaris, auch wenn es weder von außen noch innen besonders schön anzuschauen ist, gilt als kulinarisches Zentrum. Das Essen ist nicht zu beanstanden (gegrillte Scampi, Spaghetti mit Meeresfrüchten), und auch die Einheimischen fühlen sich hier wohl.

HVAR Jurin Podrum Ⓚⓝ

Donja kola 11, Stari Grad. *(021) 765 448* **Straßenkarte** *D5*

Das Jurin Podrum liegt abgeschieden in einer kleinen Seitenstraße. Die spartanische Einrichtung spiegelt wider, was man in der Küche schafft: einfaches, geradlinig-gutes Essen. Probieren Sie Tintenfischeintopf oder Meeresfrüchte in Tomatensauce *(buzara)*, dazu einen der hiesigen Weißweine. Guter Käse aus der Region.

HVAR Eremitaž Ⓚⓝ Ⓚⓝ

Priko, Stari Grad. *(021) 765 056* **Straßenkarte** *D5*

In der ehemaligen Quarantänestation des Hafens ist heute ein familiengeführtes Restaurant untergebracht, das eine breite Palette guter Fischgerichte bietet. Das Gebäude liegt an der ruhigeren Seite der Bucht, von der schattigen Terrasse hat man einen schönen Blick auf die Altstadt – vor allem nachts ein romantisches Plätzchen.

HVAR L'Antica Ⓚⓝ Ⓚⓝ

Stari Grad. **Straßenkarte** *D5*

Kleines, aber bekanntes Restaurant im idyllischen Zentrum von Hvar – besonders beliebt bei den örtlichen Künstlern und Intellektuellen. Die zahlreichen Cocktails, die hier angeboten werden, sind genauso gut wie das Essen. Probieren Sie Thunfischsteaks in Kapernsauce, Seeteufel mit Dill und Meeresfrüchterisotto. Dachterrasse.

HVAR Hanibal Ⓚⓝ Ⓚⓝ Ⓚⓝ

Trg sv. Stjepana, Hvar. *(021) 742 760* **Straßenkarte** *D5*

Nicht nach dem karthagischen Feldherrn, sondern nach dem hiesigen Dichter Hanibal Lucić (16. Jh.) benannt – was jedoch an der Qualität der Küche nichts ändert. Scampi, Hummer, Krabben, Oktopus, aber auch Lamm und Steaks sind legendär. Sicherheitshalber vorbestellen.

HVAR Macondo Ⓚⓝ Ⓚⓝ Ⓚⓝ

Groda, Hvar. *(021) 742 850* **Straßenkarte** *D5*

Restaurant auf einem Hügel abseits des Marktplatzes (Wegweiser) mit einer sehr guten Fischküche. Versuchen Sie die feinen Spaghetti mit Hummerfleisch, danach sollte noch Platz für einen hausgemachten *prosec* (Dessertwein) sein. Schöne Terrasse, abends trifft sich hier die örtliche Schickeria.

HVAR Panorama Ⓚⓝ Ⓚⓝ Ⓚⓝ

Smokovnik, Hvar. *(021) 742 515* **Straßenkarte** *D5*

Das Panorama liegt in einer kleinen österreichischen Festung zwei Kilometer vor der Stadt Hvar. Außer der schönen Aussicht genießt man hier die in einem Eisentopf *(peka)* geschmorten Lammspezialitäten mit Gemüsesauce. Wegen der aufwendigen Zubereitung muss man diese allerdings 24 Stunden im Voraus bestellen. Im Winter geschlossen.

KORČULA Morski Konjić Ⓚⓝ Ⓚⓝ

Šetalište Petra Kanavelića, Korčula. *(020) 711 878* **Straßenkarte** *E6*

Eine gemütliche *konoba* (Hafenrestaurant) am Ende der befestigten Halbinsel. Der frische Fisch und die exzellenten Meeresfrüchte sind berühmt – es kann deshalb durchaus sein, dass Sie dafür Schlange stehen müssen. Im Keller lagern etliche ausgesuchte kroatische Weine.

MAKARSKA Jež Ⓚⓝ Ⓚⓝ

Petra Krešmira IV 90. *(021) 611 741* **Straßenkarte** *E5*

Traditionelles dalmatinisches Essen in moderner, luftiger Umgebung. Das hier verwendete Olivenöl kommt direkt aus dem Nachbarhain. Der Fisch ist exzellent, die kroatischen Weine ebenso. Die Lage an der Autobahn Split–Dubrovnik macht das Jež zum Anlaufpunkt für Durchreisende.

METKOVIĆ Villa Neretva Ⓚⓝ Ⓚⓝ

Kravac 2. *(020) 672 200* **Straßenkarte** *E5*

Das üppig grüne Tal der Neretva ist der Standort eines der besten Lokale Kroatiens. Die Villa Neretva an der Straße zwischen Opuzen und Metković bietet gute Fischgerichte, und zwar sowohl aus dem Meer als auch Süßwasserfisch. Zu den örtlichen Spezialitäten gehören Aal und Froschschenkel.

Preiskategorien *siehe S. 240* **Zeichenerklärung** *siehe hintere Umschlagklappe*

OREBIĆ Amfora

Kneza Domagoja 6. (020) 713 779 **Straßenkarte** E6

Beliebtes Familienrestaurant in günstiger Uferlage. Viele einheimische Gäste, die sich über große Portionen Fisch hermachen, sind der Garant für die Qualität des Lokals. Auch einige Fleischgerichte stehen auf der Karte. Exzellentes Preis-Leistungs-Verhältnis. Die Fähre nach Korčula legt gleich ums Eck an.

PAG Konoba Bodulo

Vangrada 19. (023) 611 989 **Straßenkarte** C4

Das familiengeführte Restaurant bietet frisches und einfaches Essen auf einer von Weinlaub beschatteten Terrasse. Es gibt typische Hausmannskost, viel vom allgegenwärtigen dalmatinischen Schinken *(pršut)*, Käse aus der Region, exzellente Fischsuppe *(brodet)*, alle Sorten Grillfleisch sowie Nudelgerichte.

ŠIBENIK Tinel

Trg Pučkih Kapetana 1. (022) 331 815 **Straßenkarte** D5

Eines der besten Restaurants der Stadt – und definitiv das mit der größten Weinkarte. Das zweistöckige Lokal liegt an einem kleinen Platz an der Kirche des hl. Chrysogonus und bietet alle Klassiker der dalmatinischen Küche – Seafood, Grillfleisch, Eintöpfe, Wurst und Steaks.

ŠIBENIK Uzorita

Bana Josipa Jelačića 58. (022) 213 660 **Straßenkarte** D5

Ein kleines Juwel, das noch seiner Entdeckung harrt: Das Uzorita überrascht durch schickes, modernes Styling in einem weinbewachsenen alten Steinhaus. Spezialität sind natürlich Fisch und Meeresfrüchte. Trauen Sie sich und probieren Sie eine der Empfehlungen des Hauses wie Oktopus und Muscheln in Aspik.

SPLIT Galija

Tončićeva 12. (021) 347 932 **Straßenkarte** D5

Das Zentrum von Split ist nicht gerade berühmt für seine Restaurants – meist bekommt man nur Pizza. Hier ist sie immerhin gut, groß und kommt aus dem Holzofen, belegt mit *pršut* und Garnelen, Thunfisch und Oliven. Bierdeckeldünne Böden sind Ehrensache. In der Nähe des Fischmarkts, nördlich des Hauptplatzes (Trg Republike).

SPLIT Stellon

Preradovićevo Šetalište. (021) 489 200 **Straßenkarte** D5

Das Stellon ist in einem wirklich hässlichen Beton-Glas-Pavillon oberhalb des Stadtstrands und des Resorts Baćvice untergebracht, verschafft sich aber seine Existenzberechtigung durch gute, günstige Pizzas, Nudelgerichte und gebratenen Fisch. Der schöne Blick über die Bucht tut sein Übriges: Abends ist der Laden meist gut gefüllt.

SPLIT Boban

Hektorovićeva 49. (021) 543 300 **Straßenkarte** D5

Gut eingeführtes Restaurant mit gewollt moderner, aber etwas billig wirkender Einrichtung (viel Chrom und Rauchglas). Trotzdem: Das Essen ist ausgezeichnet (etwa Kalbssteak mit Pilzen) und der Fisch immer fangfrisch (lassen Sie sich den Tagesfang empfehlen). Kein Wunder, dass die Berühmtheiten von Split hier verkehren.

SPLIT Kadena

Ivana pl. Zajca 4. (021) 389 400 **Straßenkarte** D5

Genießen Sie die vorzügliche Küche Dalamtiens am besten auf der Terrasse – Meerblick inklusive. Doch auch der Speisesaal überzeugt durch modernes Ambiente. Zu den beliebtesten Gerichten gehört Petersfischfilet in Kapernsauce. Sie haben die Auswahl zwischen mehr als 400 Weinen. Bis Mitternacht geöffnet. Reservierung empfohlen.

SPLIT Kod Joze

Ulica Sredmanuška 4. (021) 347 397 **Straßenkarte** D5

Die in einem alten Steinhaus versteckte Taverne ist nicht leicht zu finden, doch die Suche lohnt sich: Es werden einige exzellente Fischgerichte (immer fangfrisch) und köstliche traditionelle Fleischmahlzeiten in riesigen Portionen serviert. Auf der Terrasse sitzt es sich ruhig und kühl. Bei Einheimischen sehr beliebt.

SPLIT Noštromo

Kraj sv. Marije 10. (021) 405 66 66 **Straßenkarte** D5

Das elegante, üppig dekorierte Restaurant liegt nahe dem Fischmarkt, entspreched frisch sind die Zutaten für das schmackhafte Seafood. Die Speisekarte listet köstliche Gerichte – vom dalmatinischen Tintenfischsalat über Risotto bis zum Steak. Frühzeitige Reservierung ist anzuraten.

STON Kapetanova Kuća

Mali Ston. (020) 754 264 **Straßenkarte** E6

In der »Kapitänskajüte« gibt es feinste Austern, Schalentiere und Risotto mit Tintenfisch, daneben alles andere, was das Meer noch so hergibt. Dazu werden ausgesuchte Weine aus der Region serviert und ein fast magensprengender Makkaronikuchen mit Nudeln, Nüssen und Schokolade. Schöne Lage am Hafen.

TROGIR Kamerlengo

Vukovarska 2, Trogir. (021) 884 772 **Straßenkarte** D5

Das Restaurant im Herzen der Altstadt verfügt über einen wunderbaren Patio, in dem auch ein Holzofen und ein Holzkohlengrill stehen. Man ist auf Seafood spezialisiert, aber alles andere, was auf besagtem Grill unterzubringen ist, gibt es ebenfalls. Die Lage ist etwas versteckt, folgen Sie den Hinweisschildern.

Straßenkarte *siehe hintere Umschlaginnenseiten*

TROGIR Fontana Kn Kn Kn

Obrov 1. *(021) 884 811* **Straßenkarte** *D5*

Die Einrichtung des Fontana ist nicht gerade attraktiv, aber auf der Terrasse dieses Hotelrestaurants lässt sich trefflich speisen – inmitten eines wunderbaren Inselstädtchens mit fantastischem Blick auf das Wasser. Serviert wird alles von Pizza über örtliche Fischspezialitäten bis zu klassisch-dalmatinischem Rindereintopf *(pašticada)*.

VIS Villa Kaliopa Kn Kn Kn Kn Kn

V Nazora 32, Vis. *(021) 711 755* **Straßenkarte** *D6*

Ein Restaurant mitten im ummauerten Garten des Garibaldi-Palasts aus dem 16. Jahrhundert, wohlversehen mit Statuen und beeindruckenden Pflanzen. Die angenehme Atmosphäre zieht gut betuchte Yachtbesitzer und romantische Pärchen an. Essen und Wein sind exzellent, wenn auch alles etwas teuer ist.

ZADAR Foša Kn Kn Kn

Kralja Dimitra Zvonimira 2. *(023) 314 421* **Straßenkarte** *C4*

Die Lage innerhalb der alten Stadtmauern überzeugt. Die Innenausstattung mit ihrem Mix aus Stein und modernen Möbeln schafft ein angenehmes Ambiente. Bekannt ist das Restaurant für Fleisch- und Fischgerichte, viele Weine und eine große Auswahl an Olivenölen. Von den Tischen auf der Terrasse blickt man über den Hafen.

ZADAR Pet Bunara Kn Kn Kn

Trg Pet Bunara bb. *(023) 224 010* **Straßenkarte** *C4*

Das wunderschön mit Stein- und Holzelementen dekorierte Pet Bunara befindet sich in Zadars Altstadt. Die Speisekarte listet eine große Auswahl an kalten und warmen Vorspeisen, Fleischgerichten (zum Teil mit Feigenmarmelade serviert), Seafood und einigen leckeren Desserts.

Zagreb

ZAGREB Mimice Kn

Jurišićeva ulica 21. *(01) 481 45 24* **Straßenkarte** *D2*

So etwas wie eine Institution und vor allem bei den Einheimischen beliebt: Im Mimice gibt es nur einige wenige, aber sehr gute Fischgerichte. Eher eine Bar, in der es auch Essen gibt, und fast immer voll. Wer auf gepflegte Gemütlichkeit Wert legt, muss woandershin: Meist isst man hier im Stehen. Versuchen Sie Sardinen oder Anchovis.

ZAGREB Boban Kn Kn

Gajeva ulica 9. *(01) 481 15 49* **Straßenkarte** *D2*

Unverwechselbares Restaurant in einem Raum mit großen gemauerten Bogen. Serviert werden italienisch beeinflusste Gerichte, vor allem Pasta – und die sind ziemlich gut. Kosten Sie *rustica* – Steak mit Bratkartoffeln, Kirschtomaten und Radicchio. Im ersten Stock gibt es eine verrauchte Bar, Frischluft auf der Terrasse.

ZAGREB Ćiho Kn Kn

Pavla Hatza 15. *(01) 481 70 60* **Straßenkarte** *D2*

Die mit Schnickschnack übersäten Wände des Lokals schaffen eine etwas verrückte Atmosphäre. Man versteht sich in erster Linie als Fischrestaurant und serviert Spezialitäten von Korčula – sehr gute, vor allem, wenn man den niedrigen Preis berücksichtigt. Der Service kann etwas langsam sein, vertreiben Sie sich also die Zeit mit dem guten Hauswein.

ZAGREB Kaptolska Klet Kn Kn

Kaptol 5. *(01) 481 48 38* **Straßenkarte** *D2*

Das Restaurant befindet sich direkt vor der Kathedrale und damit in der Einflugschneise für Urlauber – trotzdem ist es ein angenehmes Plätzchen. Das Gebäude war einst eine Scheune, altertümliche Einrichtung sorgt für Gemütlichkeit. Das Essen ist klassisch, gut und preiswert, wenn auch nicht besonders fantasiereich. Überdachte Terrasse.

ZAGREB Nokturno Kn Kn

Skalinska 4. *(01) 483 33 94* **Straßenkarte** *D2*

Von der Terrasse des in einer pittoresken Straße gelegenen Restaurants hat man einen schönen Blick auf die Kathedrale. Das Nokturno ist bei Einheimischen und Besuchern gleichermaßen beliebt. Die Speisekarte listet u. a. Lasagne, Pizza, Pasta sowie Fleisch- und Fischgerichte zu vernünftigen Preisen. Auch zum Frühstück geöffnet.

ZAGREB Vallis Aurea Kn Kn

Tomićeva 4. *(01) 483 13 05* **Straßenkarte** *D2*

Das Lokal neben der Standseilbahn hat eine nette altertümliche Einrichtung, die von weißen Wänden und dunklem Holz dominiert wird. Man serviert v. a. slawonische Gerichte – versuchen Sie Gulasch mit Dörrpflaumen *(pašticada)* oder gefüllte Teigtaschen *(štrukli)*. Auch die geräucherten Schweinerippchen und Forellen sind nicht zu verachten.

ZAGREB Baltazar Kn Kn Kn

Nova Ves 4. *(01) 466 69 99* **Straßenkarte** *D2*

Lieblingstreff der Zagreber Szene, nördlich der Kathedrale, immer gut besucht. Es gibt hierzulande gängige Gerichte, einen guten Service und eine heimelige Atmosphäre, was der Unterbringung in einem alten Kellergewölbe geschuldet ist. An sonnigen Tagen sollten Sie sich einen der begehrten Tische im Innenhof reservieren lassen.

Preiskategorien *siehe S. 240* **Zeichenerklärung** *siehe hintere Umschlagklappe*

ZAGREB Bistro Apetit

Jurjevska 65. *(01) 467 73 35* **Straßenkarte** D2

Die Mischung aus französischer, kroatischer und italienischer Küche überzeugt. Auf der Speisekarte dieses elegant möblierten Restaurants finden sich ungewöhnliche Gerichte wie Wildschwein mit einer Quiche aus Grünkohl, Thunfisch und Birnen. Auch die Kartoffelravioli schmecken sehr gut. Mehr als 250 Weine. Montags geschlossen.

ZAGREB Dubravkin Put

Dubravkin Put 2. *(01) 483 49 75* **Straßenkarte** D2

Gutes Restaurant, außerhalb des Zentrums in einem schattigen Park gelegen. Landwirtschaftliche Produkte sowie Fische und Meeresfrüchte aus der Region werden täglich frisch geliefert. Kein Wunder also, dass die Fischgerichte allemal einen Versuch wert sind. Schöne Terrasse.

ZAGREB Gračanka Kamanjo

Gračanka cesta 48. *(01) 461 75 55* **Straßenkarte** D2

Das Restaurant etwas außerhalb des Stadtzentrums, an der Straße zum Medvednica, ist sehr beliebt bei den Einheimischen, vor allem bei Schauspielern, Sportlern und Politikern. Das Essen ist sehr gut, vor allem die Fleischgerichte und die mit frischen Pilzen (natürlich nur zur Saison).

ZAGREB Ivica i Marica

Tkalčićeva 70. *(01) 482 89 99* **Straßenkarte** D2

Der Name des Restaurants entspricht im Deutschen »Hänsel und Gretel«. Im Fokus stehen traditionelle kroatische Gerichte aus biologisch angebauten Zutaten. Die Einrichtung ist rustikal, die Atmosphäre gemütlich. In der gleichnamigen Konditorei nebenan gibt es leckere Backwaren aus Vollkornmehl und braunem Zucker.

ZAGREB Okrugljak

Mlinovi 28. *(01) 467 41 12* **Straßenkarte** D2

Großes Restaurant im ländlichen Stil an der Straße Zagreb–Medvednica mit einem Garten für Kinder und einer geräumigen, schattigen Terrasse. An einfachen Holztischen gibt es Spezialitäten wie gebratenes Lamm, Ente oder Truthahn und als Beilage *mlinci,* eine kroatische Nudelsorte, die erst gekocht, dann gebraten wird.

ZAGREB Pod Gričkim Topom

Zakmardijeve stube 5. *(01) 483 36 07* **Straßenkarte** D2

Wer mit der Seilbahn nach oben fährt, trifft in einer arkadischen Umgebung auf dieses angenehme Restaurant. Es bietet eine schöne Terrasse und jede Menge Fleischgerichte kroatischer Machart, aber auch wohlschmeckend gegrillten Fisch, serviert mit einer Mixtur aus *blitva* (Mangold), Knoblauch und Kartoffeln.

ZAGREB Zinfandels

Hotel Esplanade, Mihanoviceva 1. *(01) 456 66 66* **Straßenkarte** D2

Noch ein architektonisches Highlight und dazu ein Zentrum der *haute cuisine* in Zagreb. Obwohl es sich hier um ein Spitzenrestaurant handelt, herrscht eine angenehm entspannte Atmosphäre. Die Einrichtung ist hochelegant, das Essen über jeden Zweifel erhaben – nur die gelegentliche Klaviermusik könnte besser sein.

Zentralkroatien

JASTREBARSKO K Lojzeku

Strossmayerov trg 12. *(01) 628 11 29* **Straßenkarte** C2

Gut eingeführtes Restaurant mit großer, schattiger Terrasse. Die Küche konzentriert sich auf traditionell Kroatisches und versucht – meist erfolgreich –, etwas Pep hineinzubringen: Truthahnbrust mit Gorgonzolasauce und Oliven ist eines der Ergebnisse. Dazu kommen Standards vom Grill, Pasta und Fisch. Gute Weinauswahl.

KARLOVAC Žganjer

Turanj-Jelaši 41. *(047) 64 13 04* **Straßenkarte** C2

Restaurant und Motel an der Straße nach Plitvice. Man isst draußen auf der überdachten Terrasse, und zwar Lamm von den Inseln oder Jungschweinbraten – kroatische Spezialitäten, auf die die Küche stolz ist. Strauß steht ebenfalls auf der Speisekarte. Wen das alles müde gemacht hat, der kann hier gleich ein Zimmer für die Nacht mieten.

SAMOBOR Pri Staroj Vuri

Giznik 2. *(01) 336 05 48* **Straßenkarte** C2

Beste rustikale Küche – in einem Bauernhaus in einem charmanten kleinen Dorf. Probieren Sie *hrvatska pisanica* (Steak mit Pilzen, Zwiebeln, Tomaten und Rotweinsauce), Rinderbraten mit Knödeln und, zum Dessert, *štrukli* oder *kalavkalash*. Die Einrichtung ist leider etwas »kuckucksuhrenlastig« (der Lokalname bedeutet »alte Uhren«).

SAMOBOR Samoborska Klet

Trg Kralja Tomislava 7. *(01) 332 65 36* **Straßenkarte** C2

Das familienbetriebene Restaurant liegt im Herzen der malerischen Stadt Samobor. Die Auswahl an Speisen ist groß, auch die Zubereitungsarten sind äußerst vielfältig. Einige Gerichte gibt es am Spieß gebraten *(na ražnju)*, andere werden in einem Ofen gebacken *(krušnoj peć)*.

Straßenkarte *siehe hintere Umschlaginnenseiten*

SISAK Cocktail (Kn)(Kn)
A Starčevića 27. *(044) 549 137* **Straßenkarte** *D2*

Traditionelle, aber auch etwas pfiffigere kroatische und italienische Gerichte gibt es in diesem Restaurant im Zentrum Sisaks in der Nachbarschaft des Stadtmuseums. Das Lokal ist in einem modernen, erfrischend klar gestalteten Gebäude untergebracht. Gutes Essen, gutes Preis-Leistungs-Verhältnis, gute Weine.

Slawonien und Baranja

ĐAKOVO Trnavački Vinodom (Kn)
A Starčevića 52. *(031) 814 810* **Straßenkarte** *F2*

Kleines slawonisches Restaurant mit einfachen Gerichten zu günstigen Preisen. Versuchen Sie gebratenen Karpfen oder *ražnjići* (Kebab vom Schwein), dazu ein Glas vom hiesigen Graševina oder Traminac. Das Innere wirkt etwas abgenutzt, dafür liegt das Lokal günstig für die, die mit dem Auto unterwegs sind.

ĐAKOVO Croatia Turist (Kn)(Kn)
Preradovića 25 *(031) 813 391* **Straßenkarte** *F2*

Das Restaurant serviert typisch slawonische Gerichte – und verfügt über eine eigene Räucherkammer. Bestellen Sie also etwas Hausgeräuchertes wie würzige Wurst *(kulen)*, Wild oder Süßwasserfisch. Auch das *čobanac*, eine Art Gulasch, ist einen Versuch wert. Exzellente Weißweine aus der Region helfen beim Hinunterspülen.

DARUVAR Terasa (Kn)(Kn)
Julijev Park 1. *(043) 331 705* **Straßenkarte** *E2*

Dieses Restaurant in der Nähe der Thermalbäder sieht mit seinem auf Barock gemachten Mobiliar aus, als erwarte man jeden Moment die alte k. u. k. Aristokratie zur Badekur. Auch die Karte gibt sich kronländisch – es gibt Kroatisches, Ungarisches, Böhmisches und Italienisches. Große Terrasse.

KUTJEVO Schön Blick (Kn)(Kn)
Zagrebačka 11, Vetovo. *(034) 267 108* **Straßenkarte** *F2*

Bäuerliche Küche in herrlicher Lage an einem See acht Kilometer von Kutjevo entfernt. Das beliebte Restaurant liegt an der Straße Kutjevo–Velika. Unbedingt probieren sollten Sie den berühmten Weißwein der Gegend, *Kutjevački Risling* – der hiesige Weinbau geht auf Zisterziensermönche zurück, und die verstanden etwas davon.

LIPIK Lipa (Kn)
Marije Terezije 5. *(034) 421 244* **Straßenkarte** *E2*

Dieses Lokal gehört zu einem kleinen rosafarbenen Hotel, dessen Gäste meist der heilenden Heißwasserquellen von Lipik wegen kommen. Das Restaurant ist etwas nichtssagend, doch die Küche bietet einige Kostproben der herzhaften slawonischen Küche – nicht gerade Schonkost, aber sehr gut!

NAŠICE Ribnjak (Kn)(Kn)
Stjepana Radića 1, Ribnjak, Našice. *(031) 607 006* **Straßenkarte** *F2*

Das Ribnjak ist ein rustikales Restaurant in wunderschöner Umgebung, zehn Kilometer vor Našice an der Straße von Osijek. Die wasserreiche Region ist bekannt für ihren Süßwasserfisch – wo, wenn nicht hier, sollte man also slawonische Fischgerichte und Spezialitäten wie die ungarisch geprägten *fiš paprikaš* probieren?

NOVA GRADIŠKA Slavonski Biser (Kn)(Kn)
Nikole Tesle 2–4, Nova Gradiška. *(035) 363 259* **Straßenkarte** *E2*

Das Restaurant liegt besucherfreundlich in der Nähe von Bahn- und Busbahnhof, es bietet kroatische Küche und eine Standardauswahl internationaler Gerichte. Die Terrasse liegt leider direkt an der Straße, aber die ist zum Glück nicht allzu befahren. Ein Motel gehört mit zum Betrieb.

OSIJEK Kod Ruže (Kn)(Kn)
Kuhačeva 25a, Osijek. *(031) 206 066* **Straßenkarte** *F2*

Das im historischen Zentrum von Osijek gelegene Lokal wirkt mit seiner fast schon altmodischen Einrichtung richtig anheimelnd. Herzhafte Gerichte aus Slawonien dominieren die Speisekarte, darunter viele Fischgerichte. Es gibt aber auch knackige Salate aus frischen Zutaten. Die Auswahl an Spirituosen und kroatischen Weinen überzeugt.

OSIJEK Slavonska Kuća (Kn)(Kn)
K. Firingera 26, Osijek. *(031) 369 955* **Straßenkarte** *F2*

Traditionelle slawonische Gerichte sind Markenzeichen dieses beliebten, eher rustikalen Restaurants. Ein Schwerpunkt liegt auf Fischgerichten. Probieren Sie *fiš paprikaš*, das zu den Spezialitäten der Region gehört. Das über einem Feuer im Kessel zubereitete Gulasch aus verschiedenen Fischen überzeugt ebenso wie der Räucherfisch.

SLAVONSKI BROD Onyx (Kn)
Zrinska 50, Slavonski Brod. *(035) 445 555* **Straßenkarte** *F2*

Das modern eingerichtete Restaurant befindet sich in Gehentfernung vom Zentrum Slavonski Brods. Die Speisekarte besticht durch ihren gelungenen Mix aus kroatischen und italienischen Gerichten sowie Spezialitäten aus anderen Ländern. Mit einem dalmatinischen Fischgericht – natürlich aus fangfrischem Fisch – werden Sie sicher zufrieden sein.

Preiskategorien *siehe S. 240* **Zeichenerklärung** *siehe hintere Umschlagklappe*

VUKOVAR Vrške

Parobrodarska 3. (032) 441 788 **Straßenkarte** G2

Restaurant am Flussufer mit verblasstem Charme, spezialisiert auf regionale Gerichte mit Süßwasserfisch – das scharfe Fischgulasch *(fiš paprikaš)*, der Stör *(kečiga)*, gebratener Karpfen *(šaran)* oder der Wels mit Pilzen *(som u šampinjonima)* sind einen Versuch wert. Eines der wenigen Restaurants, die schon vor dem Bürgerkrieg in Betrieb waren.

Nordkroatien

KOPRIVNICA Kraluš

Zrinski trg 10. (048) 622 302 **Straßenkarte** D1

Eine 250 Jahre alte Bierhalle an einem Marktplatz im Stadtzentrum – auch wenn man in der Gegend zu Recht stolz auf seine Weine ist, pflegt man eine alte Bierkultur. Das Kraluš braut seinen eigenen Gerstensaft und bietet zu dessen Verkostung spezielle Menüs an. Probieren Sie Bierwurst *(pivska kobasica)* mit Bohnen *(podravski grah)*.

KOPRIVNICA Podravska Klet

Prvomajska 46, Starigrad. (048) 634 069 **Straßenkarte** D1

Strohgedecktes Bauernrestaurant mit Butzenscheiben und schweren Holztischen. Serviert werden gute Gerichte aus der Region – Hausmacherwurst, cremiger Käse, Rinderzunge und als häusliche Spezialität ein Bauerngulasch *(gorički gulaš)*. Manchmal gibt es Live-Musik, Weine aus der Region gibt es immer.

KRAPINSKE TOPLICE Zlatna Lisica

Martinišće 38a. (049) 236 627 **Straßenkarte** D1

Das einfache Restaurant bietet außer guter, ehrlicher Hausmannskost einen wunderbaren Blick über die sanfte Hügellandschaft. Versuchen Sie die vom laufenden Meter geschnittene Wurst *(kobasice na metre)*, Wildragout *(gulaš od divljači)* und vor allem das hiesige Wildschwein vom Rost *(pečena veprovina iz banjica)*.

STUBIČKE TOPLICE Academia

Zagrebačka bb, Hotel Kaj, Marija Bistrica. (049) 326 600 **Straßenkarte** D1

Das Restaurant im Hotel Kaj bietet ein außergewöhnliches kulinarisches Erlebnis. Aus frischesten Zutaten der Region zubereitete Gerichte in allerbester Qualität machen das Academia zu einer populären Adresse. Versuchen Sie ein Fleischgericht oder eine der köstlichen *štrukli* (Pasteten). Frühzeitige Reservierung ist anzuraten.

TRAKOŠĆAN Trakošćan

Trakošćan bb. (042) 440 800 **Straßenkarte** D1

Das Trakošćan gehört zu einem großen Hotelkomplex, der an einem See in der Nähe der mittelalterlichen Burg Trakošćan liegt. Hier werden kroatische Spezialitäten aus den Zagorje-Bergen serviert. Versuchen Sie die Schweinekoteletts in Traubensauce *(svinjski kotlet u moštu)*. Die große Terrasse garantiert eine schöne Aussicht.

VARAŽDIN Grenadir

Kranjčevićeva 12. (042) 211 131 **Straßenkarte** D1

Das Restaurant im Herzen der Stadt bietet sehr gutes Essen zu angemessenen Preisen. Die Speisekarte listet jede Menge interessanter Gerichte. Wenn Sie unter den kroatischen Speisen nichts finden, können Sie auch aus den Nudelgerichten auswählen, auch Gnocchi mit Mozzarella und die Salate sind zu empfehlen.

VARAŽDIN Restoran Raj

Gundulićeva 11. (042) 213 146 **Straßenkarte** D1

Auch wenn man in diesem Restaurant auf Gewölbedecken und alte Leuchter trifft, ist es doch angenehm modern und zurückhaltend eingerichtet. Es gibt traditionelle Hausmannskost: Hühnerleber in Speck *(pileća jetrica u slanini)*, Blutwurst *(krvavice)* und Entenbraten *(domaća pečena patka)*. Schön bepflanzte Terrasse.

VARAŽDIN Zlatne Ruke

Ivana Kukuljevića 13. (042) 320 065 **Straßenkarte** D1

Das Zlatne Ruke gliedert sich in drei Bereiche – Speiseraum, Terrasse und Loungebar. Der Speiseraum ist gemütlich eingerichtet und mit Steinwänden versehen. Auf der Speisekarte findet man vorwiegend regionale Spezialitäten. Bei großem Hunger ist Wildschwein in Minzesauce eine gute Wahl. Auch das Gulasch ist sehr beliebt.

VELIKI TABOR Grešna Gorica

Taborgradska Klet, Desinić. (049) 343 001 **Straßenkarte** C1

Im Bauernhaus auf einem Hügel über Veliki Tabor, in der Nähe der Miljana-Burg, serviert man einfache kroatische Gerichte. Einige Tische stehen im Obstgarten, die Kinder lockt ein Gehege mit Pfauen, Hühnern, Truthähnen und Rehen – das meiste findet sich, herzhaft zubereitet, auch auf dem Teller wieder.

ZABOK Dvorac Gjalski

Gredice Zabočke 7, Zabok (nahe Bedekovčina). (049) 201 100

Das exzellente Restaurant befindet sich im gleichnamigen Hotel *(siehe S. 233)* in einer Burg mitten in den sanften Hügeln von Hrvatsko Zagorje. Die umfangreiche Speisekarte offeriert eine große Auswahl kroatischer Küche. Das Restaurant ist elegant dekoriert, der Service ist aufmerksam und professionell.

Straßenkarte *siehe hintere Umschlaginnenseiten*

Shopping

Die Herstellung von Souvenirs ist in Kroatien mittlerweile ein bedeutender Wirtschaftsfaktor geworden. Das Land fördert die Herstellung traditioneller Handwerksprodukte, die sich ideal als Mitbringsel eignen. Die Preise sind vergleichsweise günstig, die Auswahl ist groß und reicht von handgefertigter Spitze bis zu handbemalten Keramiken oder Schmuckstücken. Auf der Insel Pag werden erlesene Spitzen hergestellt. Osijek ist für seine prachtvollen Stickereien und Puppen bekannt. Auch Krawatten und Füllfederhalter – beide wurden in Kroatien erfunden – sind beliebte Souvenirs. In einigen Ferienorten bieten einheimische Künstler Aquarelle zum Verkauf an. Besonders gefragt sind kroatische Spezialitäten wie Honig oder Pflaumenschnaps. Viele Gäste nehmen diese gern mit nach Hause.

Trachtenpuppe, Osijek

Diverse Honigsorten, eine Spezialität auf der Insel Šolta

Öffnungszeiten

Die Läden und Kaufhäuser sind in der Regel montags bis freitags von 8 bis 22 Uhr (manche auch von 7 bis 21 Uhr) und samstags von 8 bis 13 oder 15 Uhr geöffnet. Bedenken Sie, dass kleinere Läden im Sommer oft eine Mittagspause von 12 bis 16 Uhr machen. An Sonn- und Feiertagen sind die Läden geschlossen, doch in Urlaubszentren sind die Geschäfte in der Hochsaison auch an diesen Tagen geöffnet.

Preise

Da die Preise in den Läden Fixpreise sind, ist Handeln im Allgemeinen nicht üblich. Das trifft auch auf Märkte und Verkaufsbuden zu. Die Waren sind auf den Märkten oft mit Preisen ausgezeichnet, man sollte aber wissen, dass die angeschriebenen Preise nicht immer jenen entsprechen, die von den Einheimischen verlangt werden. Die Kaufkraft der Gäste ist oft größer als die der Kroaten, was teilweise zu unterschiedlichen Preisen für Urlauber und Einheimische führt.

Bezahlung

In Kaufhäusern, Einkaufszentren und größeren Handelsketten kann man nur in der landesüblichen Währung oder mit internationalen Kreditkarten bezahlen. In kleineren Läden und auf Märkten ist Barzahlung in der Landeswährung Kuna üblich.

Mehrwertsteuer

Urlauber können sich in Kroatien die Mehrwertsteuer, die hier 22 Prozent beträgt und PDV genannt wird, für Waren, die mehr als 500 Kuna kosten, rückerstatten lassen. Man sollte beim Einkauf den Verkäufer nach dem entsprechenden Formular (PDV-P) fragen, das im Laden ausgefüllt und abgestempelt wird.

Dieses Dokument muss bei der Ausreise von den Zollbehörden beglaubigt werden. So wird nachgewiesen, dass die gekaufte Ware für den Export bestimmt war. Die Rückvergütung in Kuna erfolgt innerhalb eines Zeitraums von sechs Monaten, entweder – nach erneuter Einreise – in dem Laden, in dem die Ware erworben wurde (in diesem Fall wird die Steuer sofort zurückerstattet), oder indem man die Beglaubigung per Post an den Laden schickt und die Nummer des Kontos angibt, auf das der Beitrag überwiesen werden soll. In diesem Fall wird die Rückvergütung innerhalb von 15 Tagen nach Erhalt des Schreibens überwiesen.

Märkte

Auf den Straßenmärkten Kroatiens herrscht ein buntes, lebhaftes Treiben.

In Zagreb werden auf dem Dolac-Markt *(siehe S. 153)* täglich unter roten Sonnenschirmen Lebensmittel verkauft. Die Stände in der unteren, regengeschützten Halle bieten Fleisch- und Wurstwaren, Käse usw. an.

In Split wird jeden Morgen am Pazar, östlich der Palastmauern, ein Markt abgehal-

Obst- und Gemüsestände auf dem Dolac-Markt in Zagreb

ten, auf dem man praktisch alles bekommt: Obst, Gemüse, Blumen, Schuhe, Kleider und eine riesige Auswahl an Souvenirs. Es gibt ein altes Sprichwort, demzufolge es das, was man auf diesem Markt nicht findet, schlichtweg nicht gibt (zumindest nicht in Split).

Einkaufszentren

In den größeren Städten Kroatiens gibt es auch große Einkaufszentren. Zahlreiche Läden, darunter meist ein Warenhaus und ein Supermarkt, bieten ihre Produkte hier unter einem Dach an.

Eines der beliebtesten und bekanntesten Kaufhäuser in Zagreb ist das **Nama**, gute Einkaufsmöglichkeiten bietet auch das **Importanne**. Die **Importanne Galerija** ist nur wochentags geöffnet.

Eine weitere interessante Adresse für Shopping-Fans ist die **Avenue Mall** mit mehr als 130 Geschäften, einschließlich so bekannter Namen wie Calvin Klein, Marks & Spencer und Benetton. Das **Westgate Shopping Center** ist ein Einkaufskomplex außerhalb Zagrebs.

Traditionelles Kunsthandwerk

Dem Besucher bieten sich unzählige Möglichkeiten, typisch kroatisches Kunsthandwerk zu kaufen, das sich ideal als Souvenir eignet.

Das Land besitzt eine sehr lange kunsthandwerkliche Tradition, die von den Behörden gefördert und unterstützt wird, weil man darin eine Möglichkeit sieht, das kulturelle Erbe und die alten Traditionen sowie die Handwerkskünste des Landes zu bewahren.

In Zagreb kann man Stickereien, Puppen in traditionellen Trachten, Keramik-, Terrakotta-, Holzgegenstände und ähnliche Dinge im **Rukotvorine** erwerben. In Split findet man viele Souvenirs mit maritimen Sujets. Im Laden des Diokletianpalasts *(siehe S. 120f)* werden erstklassige Reproduktionen von Artefakten aus der Römerzeit angeboten. In Osijek verkaufen zahlreiche Läden im Stadtzentrum Handwerksprodukte aus unterschiedlichen Regionen des Landes. Hier findet man Puppen in wunderschön gefertigten Kostümen, erlesene Spitze und insbesondere feine Gold- und Silberstickereien.

Bemaltes Keramikgeschirr in einem Schaufenster

Spitze

Ein bedeutendes und speziell kroatisches Kunsthandwerk ist die Herstellung von erlesener Spitze, mit der viele Frauen ihren Lebensunterhalt verdienen. Charakteristische Spitzen weisen ein rotes geometrisches Muster auf weißem Hintergrund auf. Dieses Design schmückt viele Tischtücher, Kissenbezüge und Blusen. Eine entsprechende Würdigung erhielt dieses Kunsthandwerk 2009, als die UNESCO die Spitzenherstellung in Pag, Lepoglava und Hvar zum Welterbe erklärte.

Stoffe aus Osijek, mit feinen Goldstickereien verziert

In Kroatien gefertigte Spitze ist zu Recht berühmt und wird weithin bewundert. Die Ursprünge der kunstvollen Spitzenklöppelei gehen auf die Renaissance zurück, als auf der Insel Pag die Blusen der Damen kunstvoll verziert wurden.

Doch erst zu Beginn des 20. Jahrhunderts erlangte dieses Handwerk seinen wohlverdienten Ruhm, als die Erzherzogin von Österreich, Maria Josephine, eine wunderschön bestickte Bluse als Geschenk erhielt. Dieses Präsent fand so großen Anklang bei Hof, dass die Erzherzogin persönlich nach Pag reiste, um weitere Kleidungsstücke in Auftrag zu geben. Da der österreichische Hof damals die Mode in weiten Teilen Europas bestimmte, legte der Besuch der Erzherzogin den Grundstein für den unaufhaltsamen Siegeszug der Pager Spitze.

Die Spitze wird auf einem zylindrischen Nähkissen von Näherinnen mit großem Geschick und viel Geduld gefertigt. Die Spitzen stellen Interpretationen der Muster und Entwürfe dar, die von einer Generation an die nächste weitergegeben wurden. Auf diese Weise sind die meisten Stickereien Einzelstücke, obwohl allen dasselbe geometrische Muster zugrunde liegt.

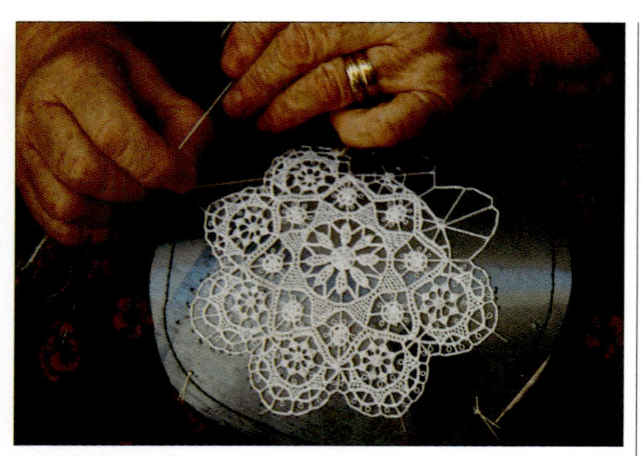
Frau bei der Herstellung von Spitze in Pag

Die Spitzen aus Pag sind ein überraschend zartes Gewebe, das gleichzeitig aber äußerst robust ist. Wenn möglich, sollte man die Spitzen in Pag selbst erwerben – nicht nur weil sie hier am preiswertesten sind, sondern auch weil man dazu beiträgt, eine Handwerkstradition am Leben zu erhalten, die seit über hundert Jahren besteht. Die Preise variieren je nach Größe der Handarbeit. Wenn man bedenkt, dass ein Tischdeckchen mit zehn Zentimetern Durchmesser 24 Stunden Arbeit erfordert, bekommt man eine Vorstellung vom damit verbundenen Arbeitsaufwand.

Der einzige Ort in Pag, an dem Spitzen verkauft werden, ist **Lace Gallery and Shop** im älteren Teil des Ortes.

Schmuck

Es gibt ein Schmuckstück, das man nur in Kroatien, genauer gesagt nur in Rijeka findet. Dies ist der *morčić*, die kleine Figur eines Mohren mit Turban. Sie schmückte ursprünglich Ohrringe, ist heute aber auch in Form von Krawattennadeln und Broschen erhältlich. Der *morčić* wurde zum Symbol der Stadt und 1991 zum Maskottchen von Rijeka erklärt. Einer Legende nach entstand das Figürchen im 16. Jahrhundert anlässlich der unerwarteten Befreiung der Stadt von der türkischen Belagerung. Ausschlaggebend für den Sieg war der Beitrag der Frauen von Rijeka – zum Dank dafür beschlossen ihre Männer, ihnen ein Geschenk in Form besonderer Ohrringe zu überreichen. Auf diesen Schmuckstücken waren die von den tapferen Frauen in die Flucht geschlagenen Eindringlinge dargestellt.

Eine plausiblere Erklärung ist, dass der *morčić* im 17. oder 18. Jahrhundert entstand und eine etwas bescheidenere Reproduktion einer mit Steinen besetzten Figur war, die sich bei den Venezianern großer Beliebtheit erfreute. Die Figur repräsentierte die Verbindung zwischen Venedig und dem Osten. Zudem war sie ein Symbol für die Fremdheit dieses damals noch fast unbekannten Teils der Welt.

Die Figur galt bei den Istriern bald als Glückssymbol. Sie wurde mit der Zeit immer luxuriöser und kunstvoller verarbeitet, weshalb die Produktion in die Hände der Goldschmiede überging. Der Körper des Figürchens besteht traditionellerweise aus glasierter Keramik. Auf Anfrage wird die Figur mit kostbaren Steinen dekoriert. Die größte Auswahl bietet die **Mala Galerija**.

Ohrring mit dem *morčić* von Rijeka

Kuriositäten

Kroatien ist stolz darauf, eines der wichtigsten Accessoires für die Männergarderobe erfunden zu haben – die Krawatte. Sie geht auf eine Art Schal zurück, den kroatische Kavalleristen trugen, um sich während des blutigen Dreißigjährigen Krieges, der von 1618 bis 1648 in Europa wütete, von den anderen Soldaten zu unterscheiden. Die Franzosen nannten diese besondere Art, einen Schal zu binden, *»à la cravate«*, was übersetzt nichts anderes als »auf kroatische Art« heißt. Von Kroatien aus trat die Krawatte ihren modischen Siegeszug um die ganze Welt an.

Die Krawattenproduktion hat in Kroatien nach wie vor einen überaus hohen Stellenwert, und eine Krawatte aus Kroatien ist mit Sicherheit ein ganz besonderes Geschenk, das jedem modebewussten Krawattenträger Freude bereitet. Es gibt einige hervorragende Herrenausstatter im Zentrum von Zagreb, die eine große Auswahl an Krawatten führen. Die bekanntesten unter ihnen sind **Boutique Croata** und **Heruc Galeria**.

Einer der vielen Juwelierläden in Kroatien

Nur wenigen ist bekannt, dass auch der Erfinder der Füllfeder und des Kugelschreibers ein Ingenieur aus Zagreb war. 1906 ließ sich Eduard Slavoljub Penkala ein mechanisches Schreibgerät patentieren. Ein Jahr später meldete er das Patent einer Füllfeder mit einem Tintenreservoir an, die er »mechanische Füllfeder« nannte. Diese Erfindung sollte die Welt der Schreibgeräte revolutionieren.

Penkala gründete später, im Jahr 1911, die erste Fabrik für die Produktion von Füllfedern in Zagreb, die innerhalb kurzer Zeit sehr erfolgreich war und sich zu einer der bedeutendsten Produktionsstätten für Schreibgeräte entwickelte. Die Füllfedern wurden in die ganze Welt exportiert. Und natürlich gibt es keinen geeigneteren Ort als Zagreb, um diesen Alltagsgegenstand zu erwerben.

Elegante Krawatten in einer Auslage im Zentrum von Zagreb

Delikatessen

Die gastronomischen Delikatessen Kroatiens und regionalen Produkte sind so vielfältig wie das Land selbst.

Zu den bekanntesten Erzeugnissen des Landes zählt der Lavendel. Dieser wird getrocknet in kleinen Beuteln oder als Essenz in Flaschen verkauft. Er ist mehr oder weniger überall im Land erhältlich, wird aber vor allem mit der Insel Hvar in Verbindung gebracht *(siehe S. 126f)*, wo seine Farbe und sein Duft über der ganzen Landschaft liegen, wenn die Sträucher in Blüte stehen. Besonders stark ist der Geruch, wenn man an den Lavendelständen in der Nähe des Hafens vorbeigeht. Hier werden neben Sträußchen auch zahlreiche aus Lavendel hergestellte Kosmetikprodukte angeboten.

***Paški sir*, der Schafkäse aus Pag, wird auf der Insel verkauft**

Auch die gastronomischen Leckereien Kroatiens eignen sich als Souvenir. Viele Orte besitzen ihre eigenen Spezialitäten. Dazu zählen der Senf (in traditionellen Behältnissen), der in Samobor, in der Nähe von Zagreb, hergestellt wird, der Honig aus Grohote auf der Insel Šolta und die köstlichen *cukarini*-Kekse aus Korčula.

Eine weitere Delikatesse sind die köstlichen Trüffeln. Der Edelpilz wird vor allem rund um Buzet über dem Mirna-Tal in Istrien gefunden. Er ist aber nur nach Saison erhältlich. Weitere Spezialitäten sind *pršut* (Räucherschinken) und *kulen* (Räucherwurst).

Die begehrteste Delikatesse des Landes ist der Käse. Kroatien produziert eine Reihe von Käsesorten. Die bekannteste ist der *paški sir*, ein reifer Schafkäse, der nach traditioneller Methode auf der Insel Pag hergestellt wird *(siehe S. 102f)*. Der typische Geschmack kommt durch die Kräuter zustande, die auf den Wiesen wachsen, wo die Schafe weiden.

Man bekommt den Käse in Bauernhäusern mit dem Schild *»paški sir«*.

AUF EINEN BLICK

Einkaufszentren

Avenue Mall
Avenija Dubrovnik 16, Zagreb.
☎ *(062) 283 683.*
◯ *Mo–Sa 9–22 Uhr, So 10–21 Uhr (Cafés, Restaurants und Kino sind länger geöffnet).*

Importanne Center
Starčevićev trg bb, Zagreb.
☎ *(01) 457 70 76.*
◯ *Mo–Sa 9–21 Uhr.*

Importanne Galerija
Iblerov trg, Zagabria.
☎ *(01) 461 95 03.*
◯ *Mo–Sa 9–21 Uhr.*

Nama
Ilica in der Nähe des Trg bana Jelačića, Zagreb.
☎ *(01) 480 31 11.*

Westgate Shopping Center
Zaprešićka 2, Jablanovec, Donja Bistra *(kostenloser Bus von Zagreb).* ☎ *(01) 555 33 33.*

Läden

Boutique Croata
Prolaz Oktogon, Ilica 5, Zagreb.
☎ *(01) 481 27 26.*

Heruc Galeria
Ilica 26, Zagreb.
☎ *(01) 365 08 19.*

Lace Gallery and Shop
Vela ulica 14, Pag.

Mala Galerija
Užarska 25, Rijeka.
☎ *(051) 335 403.*

Rukotvorine
Trg bana Jelačića 7, Zagreb.

Verkäuferin von Lavendelprodukten auf der Insel Hvar

Unterhaltung

Obwohl sicherlich die wenigsten Besucher des Landes Kroatisch sprechen, ist das Angebot an Veranstaltungen für Gäste aller Altersgruppen erstaunlich groß. Bei den zahlreichen Opern- und Ballettaufführungen, den Volksmusikfestivals, den Discos, Nachtclubs, Kinos und Casinos sowie den vielfältigen Sportveranstaltungen ist für jeden Geschmack etwas dabei. Auch die Veranstaltungsorte sind häufig sehr eindrucksvoll. Einzelheiten wie Anfangszeiten und Kartenverkauf erfährt man in den Wochen- und Monatsmagazinen, in Fremdenverkehrsbüros und im Internet. Auch an Karten gelangt man relativ leicht. Man bekommt sie entweder an der Abendkasse oder ebenfalls im Fremdenverkehrsbüro. Es lohnt sich, sich über das Veranstaltungsprogramm zu informieren.

Klassisches Ballett im Kroatischen Nationaltheater

Der prachtvolle Innenraum des Kroatischen Nationaltheaters in Zagreb

Information und Tickets

Informationen hinsichtlich der Termine, Anfangszeiten, Preise und Reservierungen von Veranstaltungen erteilt das jeweilige Fremdenverkehrsbüro der Stadt oder Region. Die Büros sind bestens über die Opern- und Theateraufführungen sowie über Festivals und andere Kulturevents in der Umgebung unterrichtet. Auch das Internet ist eine gute Informationsquelle, etwa die Website des kroatischen Fremdenverkehrsamts (www.croatia.hr).

Darüber hinaus hängen in den meisten Städten Plakate für die Veranstaltungen der kommenden Tage und Wochen aus.

Möchten Sie sich während Ihres Aufenthalts in Kroatien eine Theateraufführung ansehen, können Sie sich auch an die Abendkasse des jeweiligen Theaters wenden und die Karten unmittelbar vor Ort kaufen.

Theater und Tanz

Theaterstücke werden meist auf Kroatisch aufgeführt. Sind Sie der kroatischen Sprache nicht mächtig, kann dies das Theatervergnügen natürlich schon etwas schmälern. Bei Opern- und Ballettaufführungen sind Sprachkenntnisse allerdings zweitrangig, und diese Aufführungen sind in Kroatien von solch erstklassiger Qualität, dass Sie sie sich keinesfalls entgehen lassen sollten. Die besten Adressen sind die **Kroatischen Nationaltheater** in Zagreb, Zadar und Split sowie das **Kroatische Nationaltheater Ivan pl Zajc** in Rijeka.

Wer es etwas ungewöhnlicher mag, kann das **Zagrebačko Kazalište Lutaka**, das wirklich einzigartige Puppentheater in Zagreb, besuchen. Es eignet sich vor allem für Familien mit jüngeren Kindern. Auch hier stellt die Sprachbarriere kein Problem dar. Aufführungen des Puppentheaters finden an fast jedem Wochenende statt.

Die vielen traditionellen Feste in Kroatien sind nicht nur mit bestimmten Gerichten *(siehe S. 236f)* verbunden, sondern auch mit speziellen Tänzen. Am berühmtesten ist sicherlich der Schwerttanz von Korčula, der alljährlich abends am Tag des hl. Theodor (29. Juli) im Zentrum der Stadt aufgeführt wird. Die *moreška* aus dem 15. Jahrhundert zieht inzwischen allerdings so viele Besucher an, dass sie den ganzen Juli und August über – manchmal sogar auch im Juni und September – jeweils montags und donnerstags um 21 Uhr veranstaltet wird. Die Karten sind erschwinglich, und trotz des touristischen Charakters ist die Aufführung durchaus sehenswert. Darüber hinaus stößt man zu fast allen festlichen Anlässen in Kroatien auf verschiedene berühmte Volkstänze: die *poskočica* etwa, bei der die Tänzerpaare komplizierte, ineinander verschlungene Bewegungen ausführen, den Rundtanz *kolo* und die *drmeš*, eine sehr schnell getanzte Polka.

Historisches Drama in Dubrovnik, Rektorenpalast

Musiker, die traditionelle kroatische Musik spielen

Musik

Zwar hat Kroatien einige klassische Komponisten und aufstrebende Rockbands hervorgebracht, doch sind diese außerhalb des Landes leider relativ unbekannt.

Kroatien verfügt über eine lange Tradition an Volksmusik. Die Gruppen, die diese Musik spielen, treten im Sommer an der ganzen Adriaküste auf – neben Open-Air-Konzerten auch auf verschiedenen Festivals und sogar in den Lobbys größerer Hotels.

Zu den landestypischen Instrumenten gehören die *tamburica*, eine türkische Mandoline, und die *citra*, eine Art Zither. Mit der *klapa*, einem fünf- bis zehnstimmigen Harmoniegesang, der vor allem von Männern aufgeführt wird, und dem lebendigen *linđo*, einer Tanzmusik aus der Region Dubrovnic, die von dem dreisaitigen Instrument *lijerica* begleitet wird, versucht man, etwas Abwechslung ins Thema »Volksmusik« zu bringen. Die Lieder aus Međimurje im Norden Kroatiens sind auch sehr schön.

Der **Aquarius Club** in Zagreb bietet eine große Auswahl an verschiedenen Musikstilen, seien es international bekannte, einheimische oder auch avantgardistische.

Beeindruckend ist auch das **Sommerfestival in Dubrovnik**. Es findet fünf Wochen lang im Juli und August statt. Ebenfalls nicht versäumen sollten Sie die Veranstaltungen im wunderschönen **Römischen Amphitheater** in Pula.

Nachtclubs

In den Cafés, Bars und Kneipen in ganz Kroatien wird häufig Live-Musik gespielt, vor allem am Wochenende. Wer darüber hinaus die Nacht zum Tag machen möchte, kann das in der Hauptstadt und im Sommer auch an der Küste tun. Der Eintritt kostet zwischen 50 und 100 Kuna, die Clubs haben meist ab 22 Uhr geöffnet. Im Winter schließen sie sonntags bis donnerstags um 23 Uhr, freitags und samstags um 24 Uhr. Im Sommer geht der Clubbetrieb bis in die frühen Morgenstunden. In den Open-Air-Bars an der Adria bekommt man bis 3 Uhr etwas zu trinken, die Open-Air-Discos schließen um 5 Uhr.

Die jüngeren Leute in Kroatien haben meist nicht genug Geld, um allzu oft auszugehen. Spielt am Wochenende jedoch irgendwo eine kroatische Band, lassen sie sich das Vergnügen nicht entgehen. Die Partys, die unter der Woche in den Ferienorten stattfinden, sind deshalb meist für Urlauber gedacht. Viele Einheimische findet man jedoch in den Café-Bars, Kinos und Discos der großen Unterhaltungskomplexe in Zagreb oder Split.

Zagreb, Rijeka, Split, Pula und Dubrovnik verfügen alle über berühmte Discos und Nachtclubs. Die Szene ändert sich jedoch ständig, informieren Sie sich also am besten direkt vor Ort.

Im allseits beliebten Zagreber **Aquarius Club**, vier Kilometer außerhalb des Stadtzentrums, kann man auf der Terrasse am Jarun-See neben Kommerziellem und Techno auch kroatische Bands hören. Die Klientel des **Saloon** ist etwas anspruchsvoller. Hier lauern auch Paparazzi auf die eine oder andere Berühmtheit, die vielleicht auftaucht. In dem vor allem bei jungen Kroaten beliebten **Boogaloo Club** spielt man die neuesten Hits aus Kroatien und den internationalen Charts. Gelegentlich heizen in dem Club auch renommierte DJs aus anderen Ländern ein. Das **Močvara** liegt in einer alten Fabrik am Ufer der Save. Der Club zählt zu den populärsten der Stadt, hier treten häufig Indie-Bands auf, und neben den Konzerten finden auch Ausstellungen statt.

Im Amphitheater in Pula finden im Sommer spektakuläre Konzerte statt

Für Nachtschwärmer: Bar in Dubrovnik

In einer Nebenstraße in Rijeka befindet sich seit vielen Jahren ein Veranstaltungsort mit Kultstatus: der **Club Palach**. Er ist nach dem tschechischen Studenten benannt, der sich aus Protest gegen den Einmarsch der Russen 1968 selbst in Brand steckte. Wer nach einer großen Techno-Party voller Teenager sucht, ist im **Colosseum** im ansonsten eher gesetzten Opatija genau richtig.

Viele Clubs in Split haben Terrassen mit Blick auf das Meer. Die besten findet man im zweistöckigen **O'Hara** und im **Tropic Club Ecuador**. Die **Hemingway Bar** bietet neben gutem Sound und Cocktails auch Live-Bands.

Im **Rock Club Uljanik** in Pula finden in einem alten Werftgebäude alternative Konzerte statt. Außerhalb des Stadtzentrums finden sich die beiden Klassiker **Aruba Club** (Lounge-Bar mit Disco) und **Aquarius**, einer der größten Open-Air-Nachtclubs in Kroatien.

Dubrovnik hat ein sehr breites Angebot: Im etwas teureren, trendigen **Gil's** kann man nicht nur tanzen, sondern auch essen. Der etwas saloppere **Latino Club Fuego** zeichnet sich durch Musikvielfalt aus, im **Club Lazareti** gibt es Partys und Konzerte.

Mittlerweile hat sich Hvar zu einem Zentrum des Nachtlebens entwickelt. Früh am Abend besucht man die Bar-Clubs am Hafen, etwa das **Carpe Diem**. Später verausgaben sich die Tänzer in einer alten venezianischen Festung, die in den Open-Air-Nachtclub **Veneranda** umgewandelt wurde. Im **Papaya Club** am Strand von Fag heizen DJs ein, etwas ruhiger geht es im **Faces Club** auf der Insel Brač in der Nähe von Bol zu.

Casinos

Wie nicht anders zu erwarten ist, hat die Hauptstadt Zagreb die meisten Casinos zu bieten. Wie überall in Kroatien sind sie auch dort oft an große und teure Hotels angeschlossen. Einen Besuch lohnen die Casinos im **Hotel International**, im **Hotel Esplanade** und im **Hotel Antunović**. In jedem Casino gibt es auch Spielautomaten sowie eine Reihe von Kartentischen, an denen die Einsätze relativ niedrig sind. In der Regel ist saloppe Kleidung ausreichend. Es empfiehlt sich jedoch, vorher in dem Casino oder Hotel anzurufen – in den gefragtesten Etablissements kann es vorkommen, dass Sie am Eingang Ihren Pass vorzeigen müssen.

Kino

Da es in fast jeder größeren Stadt in Kroatien ein Kino gibt, ist auch in dieser Hinsicht für Unterhaltung bestens gesorgt. In Zagreb gibt es einige Multiplexe wie **Cinestar Avenue Mall**, **Branimir Centar** und **Movieplex**. Im **Kinoteka** werden Kult-, Kunst- und experimentelle Filme gezeigt. Der Eintritt kostet 20 bis 40 Kuna, die Filme laufen im Original mit kroatischen Untertiteln. Natürlich sind auch die neuesten Hollywood-Blockbuster im Programm. In kleineren Städten sowie auf den vielen Open-Air-Kinofestivals im Sommer geht es etwas ländlicher zu. Hier müssen Sie mit Holzstühlen vorliebnehmen. Doch die Atmosphäre macht kleinere Unannehmlichkeiten wett.

Sportveranstaltungen

Das Nachkriegsjugoslawien Titos, zu dem auch Kroatien gehörte, hat hervorragende Handball-, Fußball-, Basketball- und Wasserpoloteams hervorgebracht. Seit der Unabhängigkeitserklärung des Landes im Jahr 1991 kann Kroatien mit seinen nur ungefähr 4,5 Millionen Einwohnern immer noch stolz auf seine Ausnahmeathleten sein. Inzwischen ist auch Tennis als Disziplin hinzugekommen. Unter www.croatiaopen.hr finden Sie alles zu den ATP Croatia Open Championships, die jedes Jahr im Juli in Umag stattfinden.

Die Kroaten lieben Fußball. In den 1990er Jahren bejubel-

Im Hotel Esplanade in Zagreb befindet sich ein Casino

te man legendäre kroatische Spieler wie Štimac, Boban und Šuker. In dieser Zeit entwickelten sich die Kroaten auch international zu ernst zu nehmenden Konkurrenten. 1996 und 2008 schafften sie es bei Europameisterschaften ins Viertelfinale, 1998 wurden sie bei der Weltmeisterschaft Dritter. Die Mannschaft Dinamo Zagreb kann man im **Maksimir-Stadion** sehen, die Mannschaft Hajduk Split im **Poljud-Stadion**. Die Spiele finden traditionsgemäß das ganze Jahr über am Sonntagnachmittag statt, nur im Sommer gibt es eine kleine Pause.

Neben hervorragenden Fußballmannschaften gibt es auch zwei sehr gute Basketballteams: KK Split war mehrfach europäischer Meister, und auch das Zagreber Team Cibona kann sich sehen lassen. Fans werden die Namen der einheimischen Stars kennen, allen voran Ćosić, Petrović, Kukoč, Tabak und Rađa. Bei der Weltmeisterschaft 1994 in Toronto wurde Kroatiens Team Dritter.

Wenn Sie ein Basketballmatch des Cibona-Teams in Zagreb besuchen wollen, sollten Sie sich an das **Dražen-Petrović-Basketballzentrum** wenden. Dort wird zwischen Oktober und April am Samstagabend gespielt. Karten gibt es an der Abendkasse.

Das Basketballteam Cibona aus Zagreb in Aktion

AUF EINEN BLICK

Theater

Kroatisches Nationaltheater
Trg Gaje Bulata 1, Split.
(021) 344 999.

Kroatisches Nationaltheater
Široka ulica 8, Zadar.
(023) 314 552.

Kroatisches Nationaltheater
Trg Maršala Tita 15, Zagreb.
(01) 488 84 18.

Kroatisches Nationaltheater Ivan pl Zajc
Uljarska 1, Rijeka.
(051) 355 900.

Zagrebačko Kazalište Lutaka
Ulica Baruna Trenka 3, Zagreb.
(01) 487 84 44.

Musik

Dubrovnik Sommerfestival
Placa, Dubrovnik (Kartenverkauf).
(020) 321 509

Römisches Amphitheater
Fremdenverkehrsbüro: Forum 3, Pula.
(052) 219 197, 212 987.

Nachtclubs

Aquarius
Medulin, Pula.

Aquarius Club
Aleja Matije Ljubeka, Jarun, Zagreb.
(01) 364 02 31.

Aruba Club
Šijanska cesta 1a, Pula.

Boogaloo Club
Ulica grada Vukovara 68, Zagreb.
(01) 631 30 22.

Carpe Diem
Riva, Hvar.

Club Lazareti
Frana Supila 8, Dubrovnik.

Club Palach
Kružna 6, Rijeka.
(099) 315 85 22.

Colosseum
Am Lido, Opatija.

Faces Club
In der Nähe von Bol, Brač.

Gil's
Svetog Dominika bb, Dubrovnik.

Hemingway Bar
8 Mediteranskih igara 5, Split.
(099) 211 99 93.

Latino Club Fuego
Brsalje 11, In der Nähe des Pile-Tors, Dubrovnik.

Močvara
Trnjanski Nasip bb, Zagreb.
(01) 615 96 68.

O'Hara
Uvala Zenta 3, Split.
(098) 364 262.

Papaya Club
Zrće-Strand, Novalja, Pag.

Rock Club Uljanik
Dobrilina 2, Pula.

Saloon
Tuškanac 1a, Zagreb.
(01) 481 07 33.

Tropic Club Ecuador
Kupalište Bačvice 11, Split.
(021) 323 571.

Veneranda
Auf dem Hügel hinter dem Delphin Hotel, Hvar.

Casinos

Hotel Antunović
Zagrebačka Avenija 100a, Zagreb.
(01) 387 05 30.

Hotel Esplanade
Mihanovićeva 1, Zagreb.
(01) 456 66 66.

Hotel International
Miramarska 24, Zagreb.
(01) 610 88 00.

Kino

Branimir Centar
Kneza Branimira 29, Zagreb.
(01) 469 90 31.

Cinestar Avenue Mall
Avenija Dubrovnik 16, Zagreb.
(062) 283 683.

Kinoteka
Kordunska 1, Zagreb.
(01) 377 17 53.

Movieplex
Kaptol Centar, Nova Ves 17, Zagreb.
(01) 486 07 77

Sportveranstaltungen

Dražen-Petrović-Basketballzentrum
Savska cesta 30, Zagreb.
(01) 484 33 33.

Maksimir-Stadion
Maksimirska 128, Zagreb.
(01) 238 61 11.
www.nk-dinamo.hr

Poljud-Stadion
8 Mediteranskih igara 2, Split.
(021) 323 650.
www.hajduk.hr

Sport und Aktivurlaub

Kroatien ist als Reiseland nicht zuletzt deswegen so beliebt, weil sich hier viele Naturschätze finden: Wasserfälle, Inseln, Berge, Flüsse, Seen, Schluchten und Wälder, alle durchflutet von der mediterranen Sonne. Darüber hinaus hat das Land eine gute Infrastruktur geschaffen, und das Angebot an Kletter-, Rafting-, Segel-, Surf-, Wander- und Radausflugsmöglichkeiten ist reichlich.

Segelschule an der Küste

Wer es im Urlaub lieber ruhig angehen lassen möchte, wird hier auch nicht enttäuscht. Kroatien verfügt über mehrere Thermen und Wellness-Einrichtungen, die zwar manchmal sehr zweckmäßig anmuten, doch allmählich heimeliger werden. Und natürlich kommen auch Sonnenanbeter auf ihre Kosten: Sie haben die Wahl zwischen den Küstenorten und unzähligen Inseln.

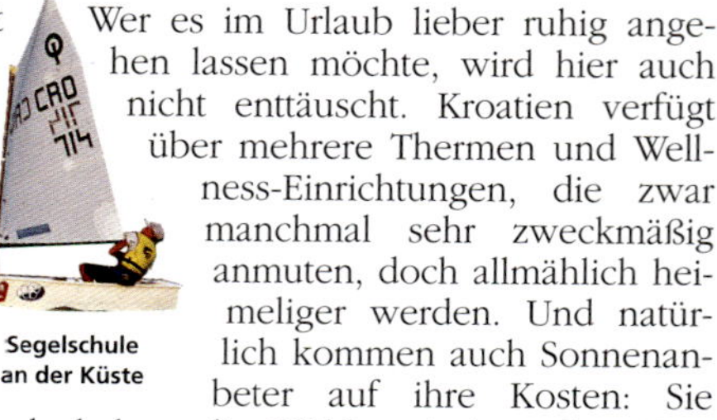

Segeln an der kroatischen Küste

Segeln

An der kroatischen Küste finden sich viele natürliche Häfen, was sie zu einem wahren Paradies für Freunde des Segelsports macht. Am besten erkundet man die Schönheit der zerklüfteten Adriaküste also nicht per Auto, sondern mit der Yacht oder dem Motorboot. Und es gibt viel zu entdecken: kristallklares, sauberes Wasser, stetige, aber gemäßigte Winde und das ganze Jahr über geöffnete, gut ausgestattete Yachthäfen. Meiden Sie, wenn möglich, die Monate Juli und August. Dann herrscht an der Küste Hochsaison. Im Mai, Juni, September und Oktober ist es ruhiger und preiswerter – und mit dem Wetter werden Sie auch dann Glück haben.

Das **Kroatische Fremdenverkehrsamt** (www.croatia.hr) führt über 140 Verleiher von rund 2700 Booten auf, die man in der Regel wochenweise von Samstag, 17 Uhr, bis zum nächsten Samstag, 9 Uhr, mieten kann. Die wichtigste Entscheidung, die vorab getroffen werden muss, ist, ob man das Boot allein oder mit Skipper möchte. Bei ersterer Variante braucht man einen Segelschein, mindestens zwei Jahre Praxiserfahrung und eine Crew. »Mit Skipper« bedeutet zusätzliche 130 Euro pro Tag plus Essen – dafür bekommt man aber auch einen Einheimischen, der sich auskennt. Die Preise hängen von der Größe des Boots und der Jahreszeit ab. Das Unternehmen **Club Adriatic** z. B. hat einige zehn Meter lange Boote mit vier Kojen im Angebot, die wochenweise für 1800 Euro vermietet werden.

Jeder, der mit dem eigenen Boot nach Kroatien segelt, muss sich beim nächsten Hafenmeister melden, wenn das Boot mehr als drei Meter lang und mit einem Motor von über vier Kilowatt Leistung ausgestattet ist.

Zwischen Umag und Dubrovnik gibt es 50 Yachthäfen mit allem, was das Herz begehrt: Treibstoff, Werkstätten, Wasser, elektrischen Schaltern, medizinischer Hilfe, Cafés, Bars und Restaurants. Die Häfen werden nach Serviceangebot klassifiziert und sind entsprechend preiswert oder teurer. Der **Adriatic Croatia International Club**, besser bekannt als **ACI**, unterhält 21 Yachthäfen. Mit diesen kann man einen jährlichen Vertrag abschließen, der zur Nutzung aller Einrichtungen berechtigt. Wer das Angebot an Liegeplätzen nicht nutzen will, kann auch in einer einsamen Bucht vor Anker gehen.

Des Weiteren gibt es an der kroatischen Adriaküste etliche Segelschulen. Der Veranstalter **Adriatica.net** etwa bietet Segelurlaube in verschiedenen Schwierigkeitsgraden an.

Die Radiosender an der Küste bringen täglich Wetterberichte in kroatischer und englischer Sprache. Nützlich sind Radio Rijeka, UKW-Kanal 24, Radio Split, UKW-Kanäle 07, 21, 23, 81, und schließlich Radio Dubrovnik auf den UKW-Kanälen 07 und 04.

Ein Schiff vor Anker im Hafen von Makarska

Windsurfen

In fast allen kroatischen Küstenorten kann man Surfbretter mieten und auch Surfunterricht nehmen. Fans dieser Sportart werden sich an zwei Orten besonders wohlfühlen: in Bol auf der Insel Brač und in Viganj auf der Pelješac-Halbinsel. In beiden Orten gibt es viele renommierte Windsurf-Clubs, die Ausrüstung sowie Anfänger- und Fortgeschrittenenkurse anbieten. Im Juli finden auch internationale Windsurf-Meisterschaften statt.

Die Saison geht von Anfang April bis Ende Oktober, am stärksten ist der Westwind am frühen Nachmittag. Ideal sind die Bedingungen Ende Mai/Anfang Juni sowie Ende Juli/Anfang August – Letzteres ist leider auch Hochsaison.

Windsurfen ist in Kroatien sehr beliebt

Tauchen

Obwohl Kroatien mit exotischen Destinationen wie der Karibik oder dem Roten Meer vielleicht nicht mithalten kann, hat es dennoch interessante Tauchplätze zu bieten. Die Natur hat im porösen Kalkstein an der Küste zahlreiche Unterwasserhöhlen geschaffen, zudem locken Korallenbänke und Schiffswracks. All das findet man beispielsweise rund um die Insel Lošinj. Wer besonders viele Fische sehen will, sollte es in der Nähe der Insel Vis probieren – da das Gebiet lange Zeit militärisches Sperrgebiet war, hatte man kommerzielles Fischen in der

Korallenriff vor der kroatischen Küste

Nähe der Insel verboten, weshalb sich hier ein besonders reiches Unterwasserleben erhalten konnte. Die schönsten Höhlen finden sich rund um die Kornati-Inseln, Wracks kann man bei Rovinj (*Baron Gautsch*, Passagierfähre von 1914), Dubrovnik (*Taranto*, Handelsschiff von 1943) und der Pelješac-Halbinsel (*S57*, Handelsschiff von 1944) erkunden.

Wo man tauchen darf, unterliegt speziellen Bestimmungen. Generell braucht man den Tauchschein einer international anerkannten Tauchschule. Gegen eine geringe Gebühr erhält man bei Vorlage des Tauchscheins eine Jahresgenehmigung der **Kroatischen Tauchervereinigung**, die auch Vertretungen in verschiedenen Hotels, Tauchclubs und Reisebüros hat. Tauchclubs gibt es an der Adria viele. Dort kann man sich nicht nur die nötige Ausrüstung ausleihen, es werden auch Tauchkurse mit Englisch sprechenden Lehrern angeboten.

In der Nähe militärischer Anlagen, geschützter Kulturdenkmäler und einiger Naturschutzgebiete ist das Tauchen verboten. In den Nationalparks Krka und Brijuni darf man zum Beispiel nicht tauchen, im Nationalpark Kornati und bei Mljet nur mit Spezialerlaubnis. Erkundigen Sie sich im Voraus danach.

Fischen

Die Adria gehört zu den fischreichsten Gewässern Europas und zieht viele Sportangler an. Dafür braucht man allerdings eine Genehmigung, die man in Fremdenverkehrsbüros, bei autorisierten Veranstaltern sowie in Tauchclubs bekommt, die mit dem Amt für Land- und Forstwirtschaft zusammenarbeiten. Die Lizenzgebühr ist relativ gering und hängt von der Gültigkeitsdauer ab – man kann Tages-, Drei-Tage-, Wochen- und Monatslizenzen erwerben. Mit dieser Angelgenehmigung kann man dann überall außer in den geschützten Gewässern (Kornati, Brijuni-Inseln, Krka und Mljet) angeln. Mit der Lizenz bekommt man eine Auflistung der Stellen, an denen Fischen verboten ist. Darüber hinaus enthält die Liste auch noch Angaben darüber, wie viel von einer Fischart an einem Tag gefangen werden darf.

Fischer zeigen stolz den Fang des Tages

Wandern

Kroatien ist von einem Netz an Wanderwegen und Trekkingpfaden durchzogen. Gekennzeichnet sind sie durch einen weißen Punkt in rotem Kreis, der auf Bäume oder Felsen gemalt ist. Informationen über Wanderclubs und Übernachtungsmöglichkeiten in den Bergen sowie Karten bietet die **Kroatische Wandervereinigung HPS**. Die beste Wanderzeit ist zwischen April und Oktober. Die Krisengebiete des Kriegs von 1991–95 werden immer noch nach nicht detonierten Minen abgesucht. Halten Sie sich hier unbedingt an die vorgeschriebenen Wege. Genaue Informationen dazu bietet die Website des Kroatischen Minenzentrums (www.hcr.hr).

Zu den besten Wanderwegen gehört der Premužić-Kammweg, der 50 Kilometer lang auf 914 Metern Höhe durch das Velebit-Massiv führt. Er befindet sich östlich der mittleren dalmatinischen Küste und bietet atemberaubende Aussichten sowohl ins Landesinnere als auch aufs Meer, auf die Schluchten und Wälder des Nationalparks Paklenica, 40 Kilometer nordöstlich von Zadar, auf den Ilija-Berg oberhalb von Orebić, auf die befestigten Hügelstädte Istriens, auf Samobor und den Nationalpark Risnjak in Zentralkroatien sowie auf die Burgen der Zagorje im nördlichen Teil des Landes.

Bergsteigen und Klettern

Die beste Zeit für das Klettern ist – ebenso wie für das Wandern – zwischen April und Oktober. Ab November kann es zu plötzlichen Schneefällen kommen, und die Bora, ein kalter Nordostwind, sorgt für ein unangenehmes Klima. Kroatien assoziiert man nicht automatisch mit berühmten Alpinisten, doch verfügt das Land über eine eigene Bergsteigervereinigung und zahlreiche Gebiete, in denen dieser Sport ausgeübt werden kann. Der Nationalpark Paklenica steht auch hierbei an erster Stelle. Er verfügt über mehr als 400 Klettersteige. Ebenfalls beliebt ist das Cetina-Tal in der Nähe von Omiš im mittleren Dalmatien. Klettern und anschließend baden kann man auf den Inseln Brač, Vis, Mljet, Krk, Hvar, Cres und Lošinj sowie auf der istrischen und der Pelješac-Halbinsel.

In Kroatien kommen auch Kletterfans voll auf ihre Kosten

Wanderer im Nationalpark Paklenica

Radfahren

Radfahrer kommen ebenso wie Wanderer nicht nur in den vollen Genuss aller Vorzüge der Natur, sondern haben auch die Chance, bei der Ausübung ihrer Sportart Einheimische kennenzulernen. Die regionalen Fremdenverkehrsbüros haben sich in letzter Zeit viel Mühe gegeben, das Netz an Radwegen urlauberfreundlich auszubauen. Die meisten – gut beschilderten – Radwege, darunter auch Rundwege, gibt es in den Nationalparks und Naturschutzgebieten. Die Plitvicer Seen bieten eine sagenhafte Aussicht, auf Rab, Hvar und Mljet hat man die Möglichkeit, sich nach einer Radtour im Meer zu erfrischen. In Istrien führen die Radwege in ländlichere Gegenden wie das Gebiet um Rovinj, Labin und Novigrad. Weitere Informationen finden Sie im Internet (www.istra.hr). Wer kein eigenes Rad dabeihat, kann sich natürlich auch eines leihen. Im Angebot ist dieser Service vor allem auf den Inseln. Die Leihgebühr für ein Fahrrad beträgt 10 bis 15 Euro pro Tag.

Tennis ist in Kroatien eine ausgesprochen beliebte Sportart

Tennis

Nach Fußball ist Tennis Kroatiens beliebteste Sportart. In fast jeder Stadt, in jedem Ferienhotel und auf jedem Campingplatz finden sich entsprechende Einrichtungen. Die beiden empfehlenswertesten Clubs sind der **Tennisclub Pećine** in Rijeka und der **Tennisclub Smrikve** in Pula. Wer lieber zuschaut, ist mit den ATP Croatia Open Championships im Juli in Umag gut beraten. Bis heute unvergessen ist der international berühmteste Tennisstar Kroatiens: Goran Ivanišević gewann 2001 in Wimbledon das Einzel der Männer.

Golf

Golf wird in Kroatien nach und nach immer beliebter. Mittlerweile verfügt das Land über fünf große Golfanlagen: **Golf & Country Club Zagreb**, **Golf Centre Novi Dvori** nahe Zagreb, **Golf & Country Club Dolina Kardinala** nahe Karlovac, **Kempinski Golf Adriatic** nahe Umag und **Spa & Golf Resort Sveti Martin** nahe Čakovec. Daneben gibt es auch einige kleinere Golfplätze, die man während des Urlaubs nutzen kann.

Um auf einem der Golfplätze spielen zu können, muss man den Mitgliedsausweis eines heimischen Golfclubs vorzeigen. Darauf muss auch das persönliche Handicap vermerkt sein.

Rafting

Die zugänglichste unter den Extremsportarten wird in Kroatien seit den späten 1980er Jahren betrieben. Seit dieser Zeit sind auch abgelegenere Schluchten und Flüsse nicht mehr ausschließlich Kajakfahrern und Sportanglern vorbehalten. Am spektakulärsten ist die Landschaft um die dalmatinischen Flüsse Zrmanja bei Zadar und Cetina bei Omiš sowie in der Nähe der beiden Flüsse Dobra und Kupa bei Karlovac in Zentralkroatien. Angenehm ist auch, dass es dort keine tückischen Stromschnellen gibt. Ausflüge organisiert zum Beispiel **Kompas** in Zagreb. Führer und Ausrüstung werden zur Verfügung gestellt. Informationen liefert auch das Internet (www.activeholidays-croatia.com).

Thermalbäder

Nach sportlichen Aktivitäten kann man sich in einem der Thermalbäder erholen. Dort wird deutlich mehr Wert auf Wellness-Ambiente als auf Anwendungen gelegt *(siehe Tour: Thermalbäder, S. 212f)*.

Golferin auf einer Übungsanlage

AUF EINEN BLICK

Segeln

ACI Marinas
M. Tita 151, Opatija.
(051) 271 288.
www.aci-club.hr

Adriatica.net
Heinzelova 62a, Zagreb.
www.adriatica.net

Club Adriatic
www.clubadriatic.com

Windsurfen

www.croatia.hr

Tauchen

Kroatische Tauchervereinigung
Dalmatinska 12, Zagreb.
(01) 484 87 65.
www.diving-hrs.hr

Wandern/Klettern

Kroatische Wandervereinigung (HPS)
Kozarćeva 22, Zagreb.
(01) 482 41 42.
www.hps.inet.hr

Radfahren

www.croatia.hr
www.istria.hr

Tennis

Tennisclub Pecine
Šetalište XIII Divizije 33, Rijeka.
(051) 421 782.

Tennisclub Smrikve
Stinjanska cesta 91, Pula.
(052) 517 011.

Golf

Golf Centre Novi Dvori
(01) 334 07 77.

Golf & Country Club Dolina Kardinala
(091) 173 11 00.

Golf & Country Club Zagreb
(01) 651 11 77.

Kempinski Golf Adriatic
(052) 707 371 111.

Spa & Golf Resort Sveti Martin
(040) 371 111.

Rafting

Kompas
www.kompas.hr

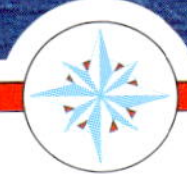

Grund-informationen

Praktische Hinweise

Der Tourismus ist in Kroatien ein bedeutender Wirtschaftsfaktor, weshalb alles getan wird, um ihn zu fördern. Seit der Unabhängigkeit des Landes im Jahr 1991 wurde eine Reihe von Maßnahmen ergriffen, um Kroatien für Besucher aus dem Ausland attraktiv zu machen. So wurden etwa die Grenzformalitäten erleichtert und touristische Einrichtungen wie Hotels modernisiert. Darüber hinaus wurde die Verkehrsinfrastruktur – insbesondere Straßen und öffentliche Transportmittel – deutlich verbessert. Das Netz an Schiffsverbindungen zwischen Festland und Inseln ist nun wesentlich dichter. Das Land präsentiert sich als beliebte Urlaubsdestination mit vielfältigen Attraktionen von internationalem Niveau zu günstigen Preisen. Vom Beitritt zur Europäischen Union verspricht sich das Land einen weiteren Schub für den Fremdenverkehr.

Logo der Kroatischen Zentrale für Tourismus

Reisezeit

Die beliebtesten Monate für einen Besuch der kroatischen Küste sind Juli und August. Mit ihrem kristallklaren Wasser sowie unzähligen Inseln und Buchten ist die Küste die bevorzugte Urlaubsregion – auch, weil hier Sonnenschein garantiert ist.

In der Hauptsaison herrscht in den Hotels und Urlaubszentren Hochbetrieb. Wer einen ruhigeren Urlaub verbringen möchte, sollte besser in den Monaten Mai, Juni oder September verreisen, in denen das Wetter ebenfalls schön ist, die Orte aber weniger überfüllt sind. Ein weiterer Vorteil der Nebensaison sind die viel günstigeren Preise. Frühling und Herbst eignen sich gut für Outdoor-Aktivitäten wie Wandern, Klettern und Radfahren.

Im Landesinneren von Kroatien findet man zahlreiche Thermalbäder. Hier kann man ein paar erholsame Tage mit therapeutischer Behandlung *(siehe S. 212f)* mit dem Besuch der umliegenden Städte verbinden, die ein reiches historisches und künstlerisches Erbe aufweisen.

In Kroatien ist die Infrastruktur für den Winterurlaub noch nicht ausgebaut, wenngleich es einige Skipisten gibt (Platak, im Medvednica- und Bjelolasica-Massiv).

Die Hauptstadt Zagreb bietet viele Sehenswürdigkeiten und ist das ganze Jahr über ein beliebtes Reiseziel.

Einreise

Bereits vor dem Beitritt zur Europäischen Union gestaltete sich die Einreise für Bürger aus EU-Staaten und der Schweiz in der Regel problemlos. Diese benötigen für die Einreise nach Kroatien einen Reisepass oder Personalausweis, dessen Gültigkeit über die geplante Reisedauer hinaus reicht. Seit 2012 ist auch für jedes Kind ein eigenes Ausweisdokument mitzuführen. Für einen Aufenthalt von bis zu 90 Tagen ist kein Visum erforderlich. Falls Sie vorhaben, sich länger in Kroatien aufzuhalten, müssen Sie vor der Einreise bei der zuständigen kroatischen Auslandsvertretung ein Visum beantragen. Dies ist bei Aufnahme einer Arbeit nicht erforderlich. Die Homepage des Kroatischen Außenministeriums (www.mfa.hr) zeigt eine Liste die Länder, deren Bürger ein Visum benötigen.

Alle Besucher müssen sich binnen 48 Stunden bei der Polizei oder über das örtliche Tourismusbüro anmelden. Wenn Sie in einem Hotel absteigen, kümmert sich die Rezeption darum. Reisende mit Haustieren müssen den EU-Heimtierausweis mit Kennzeichnung des Tieres (Chip oder Tätowierung) und ein aktuelles Impfzeugnis (v. a. gegen Tollwut) vorweisen. Andernfalls droht Quarantäne.

Eine Flasche Wein aus Kroatien

Zoll

Bürger aus EU-Staaten können Waren für den persönlichen Gebrauch zollfrei ein- und ausführen. Diese Regelung gilt allerdings nicht für Tabak und Alkohol, für die – als Abgrenzung zur gewerblichen Verwendung – Höchstmengen festgelegt sind. Diese wurden mit dem Beitritt Kroatiens zur Europäischen Union entsprechend angepasst und liegen nun bei 800 Zigaretten oder 400 Zigarillos oder 200 Zigarren oder einem Kilogramm Tabak sowie zehn Litern Spirituosen oder 90 Litern Wein oder 110 Litern Bier.

Informationen (auch auf Englisch) zu den aktuellen Zollvorschriften findet man auf der Website des kroatischen Zolls (www.carina.hr). Auch die Website des Auswärtigen Amts (www.auswaertiges-amt.de) ist eine gute Informationsquelle zu aktuellen Einreise- und Zollbestimmungen.

Information

In jeder Stadt gibt es ein Fremdenverkehrsbüro, das normalerweise **Turistički Ured**, **Turistička Zajednica** oder **Turistički Informativni Centar** heißt. Diese Büros informieren über Ausflugsmöglichkeiten und Verkehrsmittel und helfen den Gästen in aller Regel auch bei der Suche nach Hotels oder

◁ **Die Magistrala-Strecke *(siehe S. 275 u. 278)* führt entlang der dalmatinischen Küste**

Privatzimmern *(siehe S. 218f)*. In kleineren Orten haben die Büros oft nur im Sommer geöffnet.

Vor der Abreise können Sie auch den kroatischen Tourismusverband in Ihrem Heimatland kontaktieren. Das Kroatische Ministerium für Fremdenverkehr hat in allen größeren Ländern Zweigstellen eingerichtet, die die Attraktionen Kroatiens bewerben. Auch das Internet ist eine nützliche Quelle. Besonders hilfreich ist die Website der Kroatischen Zentrale für Tourismus (www.croatia.hr).

Manchmal erleichtert ein Blick in die Karte die Orientierung

Eintrittspreise

Für die Besichtigung der meisten Museen und historischen Stätten zahlt man zehn bis 70 Kuna, Kinder erhalten oft 50 Prozent Ermäßigung. Der Kirchenbesuch ist kostenlos, für die Besichtigung einer Schatzkammer oder einen Turmaufstieg muss man eventuell bezahlen.

Öffnungszeiten

Öffentliche Ämter haben wochentags von 8 bis 16 Uhr bzw. 9 bis 17 Uhr geöffnet, die meisten anderen Büros und Einrichtungen haben in der Regel ähnliche Öffnungszeiten.

Nur manche Institutionen wie Banken *(siehe S. 270f)* oder Postämter *(siehe S. 272f)*, die auch samstags geöffnet sind, haben längere bzw. kürzere Öffnungszeiten. Läden und auch viele Cafés öffnen bereits früh am Morgen *(siehe S. 250)*, manche schon um 6 Uhr.

Viele Museen und andere kulturelle Attraktionen bleiben montags geschlossen. Im Sommer hingegen haben sie oft länger geöffnet. In Küstenregionen schließen Museen nachmittags, sind dafür aber abends zu besichtigen.

Sprache

Kroatien wird in der Landessprache *Hrvatska* genannt. Kroatisch *(hrvatski)* ist nicht einfach zu erlernen. Die meisten Kroaten sprechen aber zumindest eine oder zwei Fremdsprachen, weshalb die Verständigung meist kein Problem darstellt. Besonders in den Urlaubszentren an der Küste können viele Kroaten Italienisch, Deutsch und Englisch, vor allem jene, die häufig Kontakt mit Gästen aus dem Ausland haben und in Hotels, Restaurants und Läden arbeiten.

Jüngere Kroaten sprechen oft sehr gut Deutsch oder Englisch. Wenden Sie sich daher eher an jüngere Personen wie Studenten, wenn Sie eine Auskunft benötigen.

Rauchen

Rauchen ist in Kroatien in öffentlich genutzten Räumen untersagt – mit Ausnahme von Gaststätten, die über eine ausreichende Entlüftung verfügen. Wenn Sie sich in Lokalen keinem Rauch aussetzen wollen, achten Sie auf ein entsprechendes Zeichen an der Eingangstür.

Trinkgeld und Verhandeln

Trinkgelder, meist in Höhe von zehn Prozent, sind in Kroatien üblich und sogar in Restaurants, wo der Service im Preis inbegriffen ist, gebräuchlich. In Bars oder bei der Bezahlung von Taxis wird zumindest eine Aufrundung der Summe erwartet. Auch bei Führungen in Museen etc. sind Trinkgelder üblich.

In Kaufhäusern, Supermärkten und Läden sind die Warenpreise festgelegt. Auf den vielen Straßenmärkten kann man durchaus einen besseren Preis aushandeln.

Behinderte Reisende

In Kroatien, auch in Urlaubsregionen, ist man im Allgemeinen gut auf die Bedürfnisse behinderter Reisender eingestellt. Bahnhöfe, Flughäfen, größere Hotels und Restaurants mit einem gewissen Standard sowie die wichtigsten Ämter in den größeren Städten sind behindertengerecht gestaltet und für Rollstühle geeignet.

Die Häfen sind weniger gut ausgestattet, und Behinderte könnten Schwierigkeiten beim Betreten und Verlassen der Fähren haben.

In den meisten staatlich betriebenen Museen zahlen Behinderte nur 50 Prozent des regulären Eintrittspreises. Weitere Informationen zu diesem Thema erhalten Sie bei der **Hrvatski Savez Udruga Tjelesnih Invalida** (HSUTI), einer kroatischen Organisation für Behinderte, die ihren Hauptsitz in Zagreb hat.

Fußgänger auf der Steinbrücke zum Ploče-Tor, Dubrovnik

Mit Kindern reisen

Urlauberzentren wie große Hotelanlagen sowie die Urlaubsorte entlang der Küste und in den größeren Städten verfügen meist über Einrichtungen für Kinder wie Spielplätze, eigene Schwimmbecken für die Kleinen oder einen Babysitter-Dienst.

In den weniger gut besuchten kleineren Städten und im Landesinneren ist es meist etwas schwieriger bis unmöglich, Unterkünfte mit kinderfreundlichen Einrichtungen zu finden.

In den meisten Museen ist für Kinder nur der halbe Eintrittspreis zu entrichten.

Schwule und Lesben

Mit Homosexualität geht man in Kroatien weniger offen um als in Mitteleuropa. Gleichgeschlechtliche Paare sollten in der Öffentlichkeit keine Zärtlichkeiten austauschen. Informationen über schwul-lesbisches Leben in Kroatien findet man online (www.friendlycroatia.com).

Preisgünstig reisen

Die meisten für Urlauber interessanten Orte verfügen auch über günstige Unterkünfte wie Jugendherbergen und Privatzimmer. Beliebt bei preisbewussten Reisenden sind vor allem die Jugendherbergen in Zagreb, Split, Dubrovnik, Rijeka, Pula, Zadar und Šibenik sowie auf den Inseln Hvar und Lošinj. Sie befinden sich meist im Zentrum der Städte bzw. Hauptorte, ihre Ausstattung entspricht mitteleuropäischen Standards.

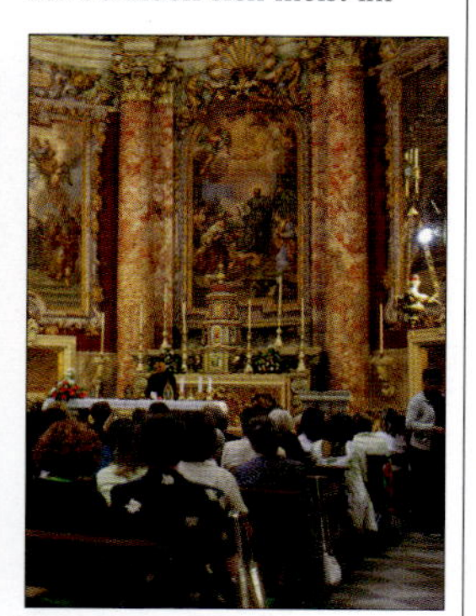

Besucher eines Gottesdienstes in einer kroatischen Kirche

Idyllischer Strand an der dalmatinischen Küste

Mit dem Internationalen Studentenausweis (ISIC) erhält man in vielen Museen und anderen Sehenswürdigkeiten Preisnachlässe von bis zu 50 Prozent, bei Bahnreisen 25 Prozent.

Kleidung

Im Sommer sollten Sie neben leichter Bekleidung auch eine Jacke mitnehmen. Auch an der Küste können nämlich die Abende bei stärkeren Winden durchaus kühl sein. Im Winter dürfen im Reisegepäck Pullover und Mantel nicht fehlen. Für Streifzüge durch die kopfsteingepflasterten Straßen vieler mittelalterlicher Stadtzentren sind stabile Schuhe hilfreich.

Formelle Kleidung wird in der Regel nur in Restaurants der Spitzenklasse erwartet, in T-Shirts und mit Turnschuhen wird Ihnen dort der Zutritt verweigert.

Die kroatische Bevölkerung ist sehr religiös. Betreten Sie Kirchen nicht in Shorts, und halten Sie Ihre Schultern bedeckt.

Begrüßung

Die Kroaten sind Fremden gegenüber eher reserviert, vor allem im weniger von Besuchern frequentierten Landesinneren. Wer ein paar Worte Kroatisch beherrscht, zeigt Interesse an Land und Kultur. Für die Anrede sollten Sie sich folgende Ausdrücke merken: *gospodin* (ein Mann), *gospođa* (eine verheiratete Frau) oder *gospođica* (eine junge unverheiratete Frau).

Die Begrüßung richtet sich nach der Tageszeit: *dobro jutro* (Guten Morgen), *dobar dan* (Guten Nachmittag, im weiteren Sinn allerdings auch Guten Tag), *dobra večer* (Guten Abend), *laku noć* (Gute Nacht). *Bok* und *Ciao* sind saloppe Grüße, die von jüngeren Leuten oder Menschen, die miteinander vertraut sind, verwendet werden. *Doviđenja* ist eine eher förmliche Variante der Verabschiedung.

Wichtige Höflichkeitsworte sind *molim* (bitte) und *hvala* (danke). Nicht so gebräuchliche Grußworte sind *zbogom* oder *zdravo* (hallo). Weitere für den Alltag wichtige Vokabeln finden Sie im Sprachführer *(siehe S. 295f)*.

FKK

Kroatien ist bei Nudisten sehr beliebt. Es gibt zahlreiche FKK-Strände und -Zentren, die für ihre Schönheit und ihren hohen Qualitätsstandard bekannt sind. Die Freikörperkultur, die von der Internationalen Naturisten-Föderation als »eine Lebensart in Harmonie mit der Natur, die durch die gemeinschaftliche Nacktheit zum Ausdruck kommt«, definiert wird, hat in Kroatien schon eine lange Tradition. Bereits im Jahr 1934 wurde der erste Urlaubsort für Nudisten in Rajska (am Paradies-Strand) auf der Insel Rab eröffnet.

Heute ist das Nacktbaden sehr verbreitet. Es gibt an der kroatischen Küste annähernd 20 FKK-Zentren, von denen einigen die Blaue Flagge (sauberer Strand) zuerkannt wurde. Diese Plätze werden entsprechend gepflegt, wodurch die Gäste Freiheit und Frieden in der Natur genießen und Entspannung finden können.

Die für das Nacktbaden vorgesehenen Strände sind teilweise mit Feriendörfern und Campingplätzen kombiniert.

Eine Übersicht der FKK-Gebiete findet man auf der Homepage des Veranstalters **Croliday Reisen**.

Zeit

In Kroatien gilt die Mitteleuropäische Zeit (MEZ). Da auch in Kroatien die europäische Sommerzeit gilt, besteht kein Zeitunterschied.

Elektrizität

Die Stromversorgung in Kroatien beträgt 230 V, 50 Hz. Da die Steckdosen wie in Deutschland sind, braucht man keine Adapter.

Umweltbewusst reisen

Auf vielen Märkten werden frische Produkte aus der Umgebung angeboten. Besonders groß ist die Auswahl auf den überdachten Märkten in Zagreb, Rijeka und Pula sowie auf dem Freiluftmarkt in Split. In fast jedem Ort gibt es einen Wochenmarkt.

Spezialitäten der jeweiligen Region kann man auch direkt beim Erzeuger kaufen – z. B. *paški sir* (Schafkäse) auf der Insel Pag, Lavendelprodukte auf der Insel Hvar, *pršut* (Schinken) in vielen Gegenden, *tartufi* (Trüffel) in Istrien, getrocknete Feigen an der dalmatinischen Küste. In Kroatien wird auch Wein produziert, viele Weingüter bieten Degustationen an.

Die Natur bietet Raum für Outdoor-Aktivitäten wie Wandern, Klettern, Radfahren sowie Wassersport wie Segeln, Kajak und Rafting. Einige Agenturen organisieren Touren, u. a. **Biokovo Active Holidays** und **Adria Adventure**.

Bunter Marktstand mit frischem Obst und Gemüse in Trogir

AUF EINEN BLICK

Kroatische Zentrale für Tourismus

In Kroatien
Iblerov trg 10/IV,
10000 Zagreb.
Tel. (01) 469 93 33.
FAX (01) 455 78 27.
www.croatia.hr

Botschaften und Konsulate

Deutsche Botschaft
Ulica grada Vukovara 64,
10000 Zagreb.
Tel. (01) 630 01 00.
FAX (01) 615 55 36.
www.zagreb.diplo.de

Deutsches Honorarkonsulat
Svačićeva 4,
21000 Split.
Tel. (021) 409 347.
FAX (021) 486 401.

Österreichische Botschaft
Radnička cesta 80,
10000 Zagreb.
Tel. (01) 488 10 50.
FAX (01) 483 44 61.
www.aussenministerium.at/zagreb

Österreichisches Honorarkonsulat
Stipana Istranina
Konzula 2,
51000 Rijeka.
Tel. & FAX (051) 338 554.

Schweizerische Botschaft
Bogovićeva 3,
10000 Zagreb.
Tel. (01) 487 88 00.
FAX (01) 481 08 90.
www.eda.admin.ch

Organisationen für Behinderte

Hrvatski Savez Udruga Tjelesnih Invalida
Šoštarićeva 8,
Zagreb.
Tel. (01) 481 2004.
www.hsuti.hr

Zugvogel e.V.
Achtermannstr. 12,
48143 Münster.
Tel. (0251) 987 96 88.
www.muenster.org/zugvogel

FKK

Adria Reisen
Tel. (0043) 1 526 36 30.
www.adriareisen.at

Croliday Reisen
Tel. (0711) 614 25 43
www.croliday.de

Umweltbewusst reisen

Adria Adventure
Tel. (020) 332 567.
www.adriaadventure.hr

Biokovo Active Holidays
Tel. (021) 679 655.
www.biokovo.net

Kroatien im Internet

Banken, Wechselstuben, Geldautomaten
www.zaba.hr
www.hnb.hr
www.diners.com.hr

Allgemeine Informationen
www.croatia.net
www.croatia.hr

Zagreb Information
www.zagreb-convention.hr

Sicherheit und Gesundheit

Kroatien ist ein sicheres Reiseziel, die Kriminalität ist relativ gering. Natürlich sollte man aber auch hier die auf Reisen üblichen Sicherheitsvorkehrungen treffen. Die Gesundheitseinrichtungen des Landes entsprechen europäischem Standard. Für Besucher bestehen im Allgemeinen keine besonderen Gesundheitsrisiken, auch endemische Krankheiten gibt es nicht. Das Leitungswasser ist im ganzen Land trinkbar. Die meisten Beschwerden, an denen Urlauber leiden, sind durch einen zu langen Aufenthalt in der Sonne oder durch Insektenstiche bedingt.

Kroatischer Polizist vor einem Polizeiauto

Polizei

Für die Sicherheit der einheimischen Bevölkerung und der Besucher des Landes ist die Polizei *(policija)* zuständig. Die Polizeibeamten tragen dunkelblaue Uniformen und halten sich meist im Hintergrund. Darüber hinaus sind vereinzelt auch speziell ausgebildete Sicherheitskräfte im Einsatz, die man an ihrer dunkelblauen oder khakifarbenen Militäruniform erkennt. Sollten Sie bei Ihrem Aufenthalt Opfer einer Straftat werden, so melden Sie dies umgehend der Polizei.

Persönliche Sicherheit

Kroatien hat insgesamt eine relativ niedrige Kriminalitätsrate. Das Sicherheitsniveau auf den Straßen ist auch in größeren Städten hoch, Gewaltverbrechen kommen vergleichsweise selten vor. Vor Taschendieben sollte man sich vor allem in überfüllten Bussen und auf Bahnhöfen in Acht nehmen.

Es ist höchst unwahrscheinlich, dass die Polizei Besuchern aus dem Ausland Probleme bereitet, sofern sie sich keiner Gesetzesübertretung schuldig gemacht haben. Dennoch ist es empfehlenswert, immer den Personalausweis oder Reisepass bei sich zu haben, da die Polizei jederzeit verlangen kann, dass man sich ausweist.

Nach internationalem Recht hat ein Besucher, wenn er aus irgendwelchen Gründen vernommen wird, das Recht, einen diplomatischen Vertreter seines Landes (der Botschaft oder des Konsulats, *siehe S. 267*) zu kontaktieren. Dieser ist dann bei der Suche nach einem Anwalt behilflich, der vorzugsweise Deutsch spricht. Eventuell anfallende Anwaltskosten trägt der Beschuldigte.

Notfälle

Wenn Sie Hilfe benötigen, wenden Sie sich an den entsprechenden Dienst, die Telefonnummern finden Sie im Kasten rechts. Bei Unfällen oder anderen medizinischen Notfällen rufen Sie die Ambulanz *(hitna pomoć)*. In allen größeren Städten gibt es Krankenhäuser, in ländlichen Gegenden und auf dem Land werden Sie zum nächsten Arzt gebracht. In schweren Fällen erfolgt ein Hubschraubertransport ins nächstgelegene Krankenhaus.

Verlust von Wertsachen

Wie auch in anderen Ländern sollten Sie entsprechende Vorkehrungen gegen Diebstahl und den Verlust von Dokumenten und persönlichen Dingen treffen. Lassen Sie Wertgegenstände nicht aus den Augen, achten Sie im Gedränge auf Ihr Gepäck und Ihre Handtasche. Tragen Sie darüber hinaus keinen kostspieligen, auffallenden Schmuck, der Aufmerksamkeit erregt.

Vor der Reise sollten Sie Fotokopien von Ihren Dokumenten anfertigen und diese an einem sicheren Ort aufbewahren. Im Fall eines Verlusts kommt man so schneller zu einem Duplikat. Wer bestohlen wird, sollte unverzüglich die örtliche Polizei verständigen.

Krankenhäuser und Apotheken

Die Krankenhäuser in Kroatien entsprechen in Bezug auf die Ausstattung westeuropäischen Standards. Bei kleineren Beschwerden wendet man sich am besten an eine Apotheke *(ljekarna)*, man erkennt sie am grünen Kreuz über dem Eingang. Apotheken gibt es auch in

Krankenwagen vor einem Hospital

Sonnenbaden an der dalmatinischen Küste

kleineren Orten. Das Personal ist qualifiziert und kann in den allermeisten Fällen weiterhelfen. Obwohl man keine Probleme haben dürfte, in den Apotheken die üblichen, nicht rezeptpflichtigen Medikamente zu bekommen, sollte man verschreibungspflichtige Medikamente besser selbst mitnehmen.

Manche Medikamente sind nicht unter dem Handelsnamen bekannt, unter dem sie im Herkunftsland verkauft werden. In diesem Fall ist es hilfreich, wenn man dem Apotheker die Inhaltsstoffe nennen kann. Nehmen Sie ein gut leserliches Rezept Ihres behandelnden Arztes mit, aus dem hervorgeht, dass Sie ein bestimmtes Medikament benötigen, und das die Inhaltsstoffe auflistet. Die Apotheken sind in der Regel von 8 bis 20 Uhr geöffnet, an manchen Tagen jedoch nur halbtags.

Erkrankungen

Die meisten Beschwerden, die bei Urlaubern in Kroatien auftreten können, sind für Ferienreisen typisch.

Ausgedehnte Sonnenbäder können Verbrennungen, Hitzschlag und Dehydrierung verursachen. Es empfiehlt sich, Sonnencremes mit hohem Lichtschutzfaktor zu verwenden und einen Sonnenhut zu tragen. Um einen Hitzschlag zu vermeiden, sollte man ausreichend Flüssigkeit trinken und anstrengende Aktivitäten in der Mittagshitze vermeiden.

Eine Ernährungsumstellung kann Magenbeschwerden verursachen, die zwar unangenehm, meist aber einfach zu behandeln sind. Ruhr oder ähnliche Erkrankungen sind nicht zu befürchten.

An den Stränden und in Küstennähe werden die meisten Probleme durch Insektenstiche, insbesondere von Moskitos, verursacht. Es empfiehlt sich daher, ein Antihistaminikum sowie ein Insektenschutzmittel mitzunehmen.

Den ganzen Sommer über sollte man vor allem in ländlichen Gegenden auf Zecken achten. Hält man sich viel im Freien auf, sollte man sich mit langärmeligen Oberteilen und Insektenschutzmittel schützen.

Wanderer und Kletterer im Landesinneren sollten sich insbesondere vor Schlangen in Acht nehmen und das entsprechende Serum bei sich tragen.

Im Allgemeinen lassen sich die meisten gesundheitlichen Probleme mit etwas Vorsicht und Sachverstand vermeiden.

Schiffsreisen sind eine gängige Art der Fortbewegung zwischen den Küstenstädten und die einzige Möglichkeit, die vielen Inseln zu besuchen. Leider werden viele Reisende seekrank, auch wenn die See nicht besonders rau ist. Sensible Personen sollten Medikamente gegen Seekrankheit einnehmen, bevor sie an Bord gehen. Halten Sie sich im mittleren Schiffsbereich auf, wo das Schaukeln weniger spürbar ist.

Medizinische Versorgung

Bürger aller Mitgliedsstaaten der Europäischen Union können das kroatische Gesundheitswesen in Anspruch nehmen. Bei Reisen sollten Sie die Europäische Krankenversicherungskarte EHIC dabeihaben.

Wer kein Risiko eingehen möchte, sollte eine Auslandskrankenversicherung abschließen, die u.a. auch den Rücktransport ins Heimatland beinhaltet. Die Kosten richten sich u.a. nach der Dauer des Aufenthalts und der Anzahl der versicherten Personen. Bewahren Sie die entsprechenden Dokumente und Quittungen auf, da sie der Versicherung vorgelegt werden müssen.

Manche Freizeitaktivitäten wie etwa Tauchen und Klettern oder auch Bergwandern und Motorradfahren sind von Reiseversicherungen nicht abgedeckt, da sie als riskant eingestuft werden. Überprüfen Sie die Details Ihrer Versicherungspolice. Eventuell muss zur Deckung dieser Sportarten ein Aufschlag bezahlt werden.

Für einen Besuch Kroatiens sind keine bestimmten Impfungen erforderlich, außer man reist aus einem infizierten Gebiet ein. Im Sommer gibt es in den Urlaubsorten eigene Ambulanzen für Besucher aus dem Ausland.

AUF EINEN BLICK

Notruf

Polizei *(policija)*
92 oder 112.

Feuerwehr *(vatrogasci)*
93 oder 112.

Ambulanz *(hitna pomoć)*
94 oder 112.

Rettungsdienst
112.

Hrvatski Autoklub (HAK)
987 (Pannendienst).
981 (Information).
www.hak.hr

ADAC
01 344 06 66.

Banken und Währung

Die Landeswährung ist die Kuna, die 1994 den Dinar ersetzte. Somit ist die Kuna zwar erst seit ungefähr zwei Jahrzehnten im Umlauf, doch handelt es sich eigentlich um eine sehr alte Währung, die schon 1256 in Slawonien verwendet wurde. Kuna bedeutet übersetzt »Marder«. Der Name geht darauf zurück, dass man die Felle des Tieres früher als Zahlungsmittel benutzte. Man kann überall im Land in den Wechselstuben und Banken Kuna einwechseln. Schon Jahre vor dem Beitritt Kroatiens zur Europäischen Union wurde der Euro an vielen Orten akzeptiert.

Banken und Wechselstuben

Geld wechseln kann man in den Banken und autorisierten *bureaux de change* oder Wechselstuben. Banken haben gewöhnlich montags bis freitags von 8 bis 19 Uhr, samstags von 8 bis 13 Uhr geöffnet. In kleineren Städten halten die Banken von 12 bis 15 Uhr eine Mittagspause und schließen samstags bereits um 12 Uhr. Von diesen genannten Zeiten können sich jedoch auch von Bank zu Bank größere Abweichungen ergeben.

Wechselstuben haben recht flexible Öffnungszeiten und sind in den meisten Urlaubsregionen sogar bis spätabends geöffnet. Für das Wechseln wird jeweils eine Gebühr zwischen 1 und 1,5 Prozent erhoben. Banken stellen hingegen geringere oder gar keine Gebühren in Rechnung.

Auch auf Postämtern oder in Fremdenverkehrsbüros kann man Geld wechseln. Wenn es sich vermeiden lässt, sollten Sie nicht in Hotels oder auf Campingplätzen wechseln, da dort der Wechselkurs meist erheblich ungünstiger ist. Wechseln Sie nie bei Personen, die nicht dazu autorisiert sind und Sie auf Bahnhöfen, an Häfen oder auf der Straße ansprechen. Die Konditionen mögen auf den ersten Blick günstig erscheinen, doch besteht häufig genug die Gefahr, dass man gefälschte Banknoten erhält.

Einer der vielen Geldautomaten in den Städten

Wenn Sie nach einem Geldwechsel bei einer Bank die Empfangsbestätigung aufbewahren, können Sie am Ende Ihres Aufenthalts nicht benötigte Banknoten wieder umtauschen. Dieser Service wird allerdings ausschließlich von Banken angeboten.

Zentrale der Zagrebačka banka, des größten Bankhauses in Kroatien

Geldautomaten

In allen Städten kann man mit international anerkannten Kreditkarten und der **girocard** (früher Maestro-/EC-Karte) Bargeld aus Geldautomaten ziehen. Vergewissern Sie sich, dass das Logo Ihrer Karte auf dem Automaten *(bankomat)* zu finden ist.

Kredit- und Debitkarten

Die gängigsten Kreditkarten sind **MasterCard**, **Visa**, **American Express** und **Diners Club**. Sie werden in den größeren Urlaubsorten Kroatiens, vor allem an der Küste, sowie in großen Hotels und Restaurants akzeptiert. Falls Sie sich nicht sicher sind: Am Eingang vieler Lokalitäten sind die Logos akzeptierter Karten abgebildet.

Neben Kreditkarten kommen auch Debitkarten immer öfter zum Einsatz. Bekannteste Debitkarte ist die girocard, die es mit Maestro- und VPay-Logo gibt. Beide funktionieren in Kroatien.

Wenn Sie Ihre Karte verloren haben oder sie Ihnen gestohlen wurde, dann sollten Sie diese unverzüglich sperren lassen. Dies ist rund um

AUF EINEN BLICK

Banken

Zagrebačka banka
www.zaba.hr

Hrvatska narodna banka
www.hnb.hr

Kartenverlust

Allg. Notrufnummer
(0049) 116 116.
www.116116.eu

American Express
(1800) 528 48 00.

Diners Club
(0800) 11 44.

MasterCard
(001) 63 67 22 71 11.

Visa
(0800) 220 111.

girocard
(0049) 69 740 987.

die Uhr möglich. Die Telefonnummern der einzelnen Geldinstitute finden Sie im Kasten auf S. 270.

Reiseschecks werden in Kroatien nicht mehr als Zahlungsmittel akzeptiert.

Währung

Eine Kuna ist in 100 Lipa unterteilt (Lipa bedeutet übersetzt »Linde«). Die allgemeine Abkürzung für Kuna ist KN, die internationale Abkürzung lautet HRK. Die kroatische Zentralbank gibt Banknoten im Wert von 1000, 500, 200, 100, 50, 20 und 10 Kuna aus. Auf den Banknoten sind folgende berühmte Kroaten abgebildet: Juraj Dobrila (10 Kuna), Josip Jelačić (20 Kuna), Ivan Gundulić (50 Kuna), Ivan Mažuranić (100 Kuna), Stjepan Radić (200 Kuna), Marko Marulić (500 Kuna) und Ante Starčević (1000 Kuna). Münzen sind mit 5, 2 und 1 Kuna sowie 50, 20, 10, 5, 2 und 1 Lipa im Umlauf.

Die kroatische Regierung hält den Wechselkurs zum Euro stabil, um das Land für ausländische Investoren attraktiv zu gestalten.

Bitte beachten Sie: Kuna sind in Kroatien definitiv die Hauptwährung, auch wenn hin und wieder Euro akzeptiert werden.

Banknoten

Die Zentralbank gibt Banknoten im Nennwert von 1000, 500, 200, 100, 50, 20 und 10 Kuna aus.

20 Kuna (Josip Jelačić)

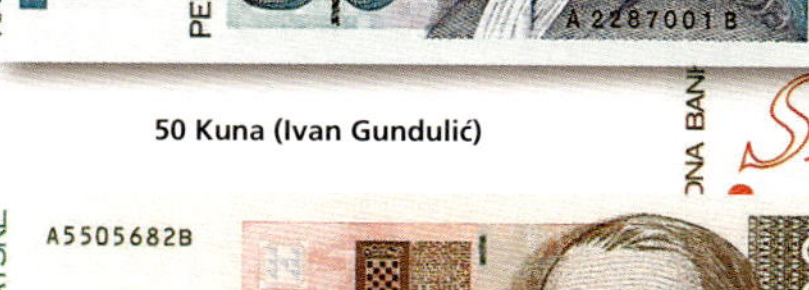

50 Kuna (Ivan Gundulić)

100 Kuna (Ivan Mažuranić)

200 Kuna (Stjepan Radić)

Münzen

Eine Kuna entspricht 100 Lipa. Die Münzen sind in Nennwerten von 5, 2 und 1 Kuna sowie 50, 20, 10, 5, 2 und 1 Lipa erhältlich. Die 5- und 10-Lipa-Münzen sind bronzefarben, 1- und 2-Lipa-Münzen sind kaum in Umlauf.

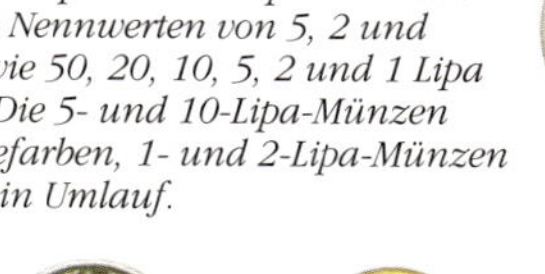

1 Kuna

2 Kuna

5 Kuna

1 Lipa

2 Lipa

5 Lipa

10 Lipa

20 Lipa

50 Lipa

Kommunikation

Kroatischer Briefkasten

Das Kommunikationssystem des Landes hat ein hohes Niveau, die öffentlichen Dienste wie Post und Telekommunikation funktionieren reibungslos. Das Nachrichten- und Informationsnetz ist gut organisiert, wenngleich die Sprachbarriere für die meisten Besucher ein Problem darstellt. Ausländische Fernsehprogramme kann man über Satellit empfangen, ausländische Zeitungen und Magazine bekommt man in den größeren Städten an jedem Kiosk – wie überall im Ausland allerdings häufig mit einem Tag Verspätung.

Mobiltelefone erfreuen sich auch in Kroatien großer Beliebtheit

Telefonieren

Das Kommunikationswesen hat sich auch in Kroatien in den letzten Jahren stark verändert – dies gilt auch für das Telefonieren. Immer mehr Anbieter offerieren günstige Tarife, was erfreulicherweise auch für Telefonate ins Ausland gilt.

Aus dem Ausland in Kroatien anzurufen, ist recht einfach: Nach der Ländervorwahl für Kroatien (00385) wird die Ortsvorwahl ohne die Null und dann die Rufnummer gewählt. Die kroatischen Telefonvorwahlen richten sich nach der nationalen Einteilung in Gespanschaften. Um von Kroatien ins Ausland zu telefonieren, wählen Sie die Ländervorwahl (Deutschland: 0049, Österreich: 0043, Schweiz: 0041), dann die Ortsvorwahl ohne die Null und schließlich die Rufnummer.

Bei Nummern, die mit 060 beginnen, handelt es sich um Informationsdienste. Sie sind aus allen Landesteilen unter dieser Nummer zu erreichen. Die kroatische Telefongesellschaft hat im Internet ein Telefonbuch eingerichtet, das auch in englischer Sprache abrufbar ist (http://imenik.tportal.hr).

Mobiltelefone

In Kroatien gibt es mehrere Mobilfunkanbieter (GSM-Netz): Tele 2 mit der Vorwahl 095, T-Mobile mit der Vorwahl 098 bzw. 099 und Vipnet mit der Vorwahl 091 bzw. 092. Das HT-GSM-Netz deckt ungefähr 98 Prozent des Landes ab.

Alle in Europa gängigen GSM-Handys funktionieren in Kroatien problemlos. Die Europäische Union begrenzt schrittweise die Roaming-Gebühren in den Mitgliedsstaaten. Der Minutenpreis für ein abgehendes Telefonat beträgt demnach ab Juli 2013 maximal 0,24 Euro, für ein ankommendes Gespräch 0,07 Euro. Eine SMS kostet maximal 0,08 Euro, Datenübertragung pro MB maximal 0,45 Euro (alle Angaben zuzüglich Mehrwertsteuer).

Denken Sie daran, dass die Benutzung von Handys für Autofahrer während der Fahrt verboten ist.

Öffentliche Telefone

Mit zunehmender Nutzung von Mobiltelefonen geht die Zahl öffentlicher Telefonzellen zurück. Sie funktionieren mit Telefonkarten *(telefonska kartica)* zu je 15, 30, 50 und 100 Einheiten (1 Kuna je Einheit). Sie sind auf Postämtern, an Kiosken und bei Zeitungshändlern erhältlich.

Gespräche von Telefonzellen sind wesentlich günstiger als von Hotels aus, da diese in der Regel einen nicht unerheblichen Gesprächszuschlag verrechnen.

Internet

Internet und E-Mail sind auch in Kroatien aus dem Alltag nicht mehr wegzudenken und verbreiten sich rapide. In allen Städten und sogar auf vielen Inseln gibt es zahlreiche Internet-Cafés, die schnelle Verbindungen bieten.

Wer seinen Laptop in den Urlaub mitnehmen möchte, profitiert von den Internet-Anschlüssen (häufig WLAN), die in vielen Hotels, Restaurants und Cafés oft kostenlos zur Verfügung stehen. Über weitere Hotspots informieren die Tourismusbüros.

Post

Die nationale Postgesellschaft HP unterhält überall im Land Filialen und bietet ein breites Spektrum von Dienstleistungen, u.a. auch Faxservice und Telefonkarten,

In einem Internet-Café in Dubrovnik

Typischer Zeitungskiosk in Valpovo

an. Briefmarken *(poštanska marka)* sind in Postämtern sowie an Kiosken *(trafika)* erhältlich.

Briefe und Postkarten kann man in den Postämtern aufgeben oder in die gelben Postkästen werfen, die in den Straßen angebracht sind. Die Kosten variieren je nach Art der Korrespondenz und der Destination. Die Postämter sind in der Regel montags bis freitags von 7 bis 19 sowie samstags von 7 bis 13 Uhr geöffnet. Im Sommer haben die Postämter in den Urlaubszentren sogar bis 22 Uhr offen.

Wer auch im Urlaub Post empfangen will, kann sich Briefe, Pakete und andere Sendungen postlagernd zustellen lassen. Jede Post, die an eine der folgenden Adressen gesandt wird, wird aufbewahrt, bis sie vom Empfänger abgeholt wird. Die Adresse für Zagreb lautet: Poste Restante, 10000 Zagreb, Kroatien, die für Split: Poste Restante, Hauptpostamt, 21000 Split, Kroatien.

Eingang des Postamtes (HP) in Dubrovnik

Zeitungen und Zeitschriften

Die wichtigsten kroatischen Tageszeitungen sind *24 Sata*, *Jutarnji List*, *Večernji List* und *Slobodna Dalmacija*. Deutschsprachige Zeitungen und Magazine sind in den größeren Urlaubszentren – in der Regel mit einem Tag Verspätung – in Zeitungsläden und an Kiosken erhältlich. Im Landesinneren findet man lediglich in Zagreb eine größere Auswahl an internationalen Tageszeitungen und Zeitschriften.

Fernsehen und Radio

Die größte kroatische Radio- und Fernsehanstalt ist Hrvatski radiotelevizija (HRT). Es gibt zwei nationale TV-Kanäle: Kanal 1 und Kanal 2, die beide einheimische und ausländische Programme senden. Zu den weiteren Sendern gehören RTL und Nova TV sowie etwa 20 lokale Fernsehkanäle. Fast alle Filme werden in Originalsprache mit kroatischen Untertiteln gezeigt. Im Radio gibt es täglich Nachrichten auf Deutsch und Englisch.

Viele Hotels verfügen über Satellitenfernsehen, wobei den Hotelgästen eine große Auswahl an europäischen Sendern zur Verfügung steht.

Das Programm der kroatischen Radiosender ist bis auf die Verkehrsnachrichten in kroatischer Sprache. Der zweite Kanal (RDS-HRT2) bringt Nachrichten in deutscher, englischer und italienischer Sprache.

AUF EINEN BLICK

Ortsvorwahlen

Bjelovarsko-Bilogorska: 043
Brodsko-Posavska: 035
Dubrovačko-Neretvanska: 020
Istarska: 052
Karlovačka: 047
Koprivničko-Križevačka: 048
Krapinsko-Zagorska: 049
Ličko-Senjska: 053
Međimurska: 040
Osječko-Baranjska: 031
Požeško-Slavonska: 034
Primorsko-Goranska: 051
Šibensko-Kninska: 022
Sisačko-Moslavačka: 044
Splitsko-Dalmatinska: 021
Varaždinska: 042
Virovitičko-Podravska: 033
Vukovarsko-Srijemska: 032
Zadarska: 023
Zagreb: 01
Zagrebačka: 01

Nützliche Nummern

Internationale Auskunft
902.

Internationale Vermittlung
901.

Nationale Auskunft
988.

Deutschland Direkt
0800 220 049.

Zeitansage
95.

Telegramme
96.

Weckruf
9100.

Wetterbericht und Verkehrsinformation
060 520 520.

Postämter

Dubrovnik
Branitelja Dubrovnika 2.
(020) 411 265.

Split
Kralja Tomislava 9.
(021) 348 990.

Zagreb
Jurišićeva 13.
(0800) 303 304.

Reiseinformationen

Am schnellsten und bequemsten ist die Anreise mit Flugzeugen, die einen der großen Flughäfen in Zagreb, Split oder Dubrovnik anfliegen. Während der Hauptsaison im Sommer gibt es auch zahlreiche Charterflüge, die kleinere Flughäfen bedienen. Fast 70 Prozent der Urlauber, die Kroatien besuchen, kommen aus Deutschland und den Nachbarländern Italien und Österreich. Die Verbindungen in diese Länder sind ausgezeichnet. Besucher aus den Nachbarstaaten reisen auch gern mit dem eigenen Auto oder Motorrad an. Die Regierung Kroatiens investierte viel in die Verbesserung der Infrastruktur – mit Erfolg. Mittlerweile bestehen gute Direktverbindungen mit vielen Ländern Europas. Auch die Anreise mit der Bahn ist möglich. Allerdings nimmt eine Bahnreise viel Zeit in Anspruch.

Straßenschild Zoll

Mit dem Flugzeug

Von mehreren Flughäfen in Mitteleuropa (u. a. Berlin, Frankfurt am Main, Stuttgart, München, Zürich und Wien) gehen Direktflüge nach Zagreb. Linienflüge nach Zadar, Split und Dubrovnik führen alle über Zagreb. Nur die auf die Sommermonate beschränkten Charterflüge (*siehe* Pauschalreisen) fliegen auch andere Städte – u. a. Rijeka – direkt an.

Zahlreiche Fluggesellschaften bieten Flüge nach Kroatien an, darunter auch die nationale Fluggesellschaft **Croatia Airlines** (www.croatiaairlines.com) sowie **Lufthansa** (www.lufthansa.de), **Austrian** (www.aua.com), Swiss (www.swiss.com), Alitalia (www.alitalia.it), KLM (www.klm.com) und Air France (www.airfrance.com). Die Flugzeit von Frankfurt am Main nach Zagreb beträgt 1,5 Stunden.

Der Billigfluganbieter Ryanair fliegt nach Ancona an der italienischen Adriaküste. Von dort gibt es gute Fährverbindungen mit einigen Hafenstädten an der dalmatinischen Küste. Ryanair fliegt außerdem Triest im Nordosten Italiens an. Von dort bestehen regelmäßige Zugverbindungen nach Kroatien.

Wer risikobereit und eventuell etwas flexibler ist, kann auch versuchen, »Restplätze« zu ergattern, die meist ein bis zwei Wochen vor Abflug mit zum Teil deutlicher Ermäßigung verkauft werden. Restplätze bietet u. a. der Reiseveranstalter **L'TUR** an (www.ltur.com).

Flugpreise

Die Tarife für Flüge nach Kroatien variieren je nach Fluglinie und Jahreszeit. In den Sommermonaten, vor allem in der Hochsaison (Juli/August), sind die Preise tendenziell höher. Charterflüge – Urlaubsflüge, die nur von April bis Oktober verkehren – werden im Allgemeinen nur im Rahmen von Pauschalreisen angeboten. Die Tickets sind vergleichsweise günstig. Außerdem handelt es sich um Direktflüge, was höheren Komfort und Zeitersparnis bedeutet.

Eine Maschine der Croatia Airlines auf dem Flughafen von Split

Transfer vom Flughafen

Kroatien hat drei große Flughäfen. Der Flughafen von Zagreb liegt 17 Kilometer südöstlich der Stadt und ist mit dem Busbahnhof in Držićeva durch einen Shuttlebus verbunden. Die Fahrt dauert ungefähr 25 Minuten. Der Bus fährt täglich zwischen 5 und 20 Uhr von der Stadt zum Flughafen, in umgekehrter Richtung von 7 bis 20 Uhr.

Der Flughafen von Split liegt 24 Kilometer nordwestlich der Stadt und ist ebenfalls durch regelmäßigen Busverkehr mit der Stadt verbunden. Die Bushaltestelle liegt am Fährhafen, die Fahrt dauert rund eine halbe Stunde.

Der Flughafen von Dubrovnik befindet sich 18 Kilometer südöstlich der Stadt. Die Fahrt vom Airport zum Busbahnhof nimmt etwa 20 Minuten in Anspruch. Der Bus hält auch am Pile-Tor, dem wichtigsten Zugang zur befestigten Altstadt von Dubrovnik.

Pauschalreisen

Eine Reihe von Reisebüros bietet Pauschalreisen nach Kroatien an, in denen Flug (meist Charterflüge) und Unterkunft inbegriffen sind. Zu den renommiertesten Reiseveranstaltern, die Pauschalangebote im Programm haben, zählen **TUI**, **Neckermann**, **Kuoni Österreich**, MISIR, **Oböna** und FTI.

Segelyachten kann man beispielsweise bei Scansail Yachts (www.scansail.de) chartern.

Mit der Bahn

Das kroatische Eisenbahnnetz entstand im 19. Jahrhundert, als das Land Teil der österreichisch-ungarischen Monarchie war. Es ist mit allen europäischen Ländern verbunden. Von Deutschland aus fahren Intercitys die Strecke München–Zagreb (9 Stunden). Der Eurocity »Mimara« bedient die Route München–Salzburg–Villach–Ljubljana–Zagreb. Der Intercity »Croatia« fährt von Wien über Maribor nach Zagreb (6:30 Stunden). Die Fahrtzeit von Wien nach Rijeka beträgt etwa acht Stunden.

Interessant für viele Urlauber sind auch die Zugverbindungen von Italien nach Kroatien. Vom Hauptbahnhof in Triest gibt es eine Direktverbindung mit Schlafwagen nach Zagreb.

Das Hauptbüro der **Kroatischen Bahn (Hrvatske Željeznice)** befindet sich in der Hauptstadt Zagreb.

Mit dem Reisebus

Kroatien ist auch per Bus bequem zu erreichen. Internationale Reisebusunternehmen fahren Kroatien von den Nachbarländern an sowie von Frankreich, der Schweiz, Deutschland und natürlich von und nach Slowenien. Die Verbindungen von und nach Österreich sind ausgezeichnet: Busse fahren regelmäßig von Wien nach Rijeka, Zadar, Split und Zagreb. Auch vom Nachbarland Bosnien und Herzegowina aus bestehen ausgezeichnete Busverbindungen: Von Dubrovnik fahren täglich drei Busse nach Mostar und zwei nach Sarajevo. Von Split fahren fünf Busse täglich nach Medjugorje, acht nach Mostar und fünf nach Sarajevo. Zwei Busse fahren täglich von Zagreb nach Mostar, sechs nach Sarajevo.

Autofahrt entlang der Küstenstraße Magistrala

Von mehreren deutschen Großstädten (darunter Berlin, Köln, Frankfurt am Main, Mannheim, München, Nürnberg und Stuttgart) bestehen mehrmals die Woche Verbindungen nach Zagreb sowie in die kroatischen Küstenstädte, die zwischen Rijeka und Split liegen.

Auch mehrere italienische Städte sind per Bus mit Zagreb verbunden. So gibt es mindestens eine wöchentliche

Straßenschild, das die slowenische Grenze anzeigt

Verbindung zwischen Zagreb und den Städten Bergamo, Bologna, Florenz, Mailand, Rom, Turin, Verona und Venedig sowie eine wöchentliche Verbindung von Triest.

Der Hauptbusbahnhof Kroatiens ist der **Autobusni Kolodvor Zagreb** in der Hauptstadt des Landes. Der Autoservizio Friuli Venezia Giulia SAF Trieste fährt im Sommer viermal täglich und im Winter zweimal täglich nach Pula. Von Triest gelangt man nach Rijeka. Von dort aus fährt viermal täglich ein Bus nach Split und einmal täglich nach Buzet und Labin. In Istrien werden diese Busse von der italienischen Firma SITA betrieben, die mit kroatischen Unternehmen zusammenarbeitet.

Mit dem Auto oder Motorrad

Zahlreiche Urlauber aus den Nachbarländern reisen gern mit dem eigenen Auto oder mit dem Motorrad an. Trotz der Grenzübertritte ist die Anreise auf dem Straßenweg vollkommen unproblematisch. Zwischen Kroatien und Slowenien gibt es 29 Grenzübergänge, zwischen Kroatien und Bosnien und Herzegowina 23, zwischen Kroatien und Serbien acht, zwischen Kroatien und Montenegro zwei und zwischen Kroatien und Ungarn sechs Grenzübergänge.

Der aus Italien kommende Verkehr wird über die Grenzübergänge zu Slowenien nach Kroatien geleitet, die alle als internationale Grenzübergänge klassifiziert sind und 24 Stunden täglich das ganze Jahr hindurch geöffnet sind. Wer nach Istrien reist, passiert die Grenze in Rabuiese-Muggia, wer nach Rijeka und an die kroatische Küste fährt, überquert die Grenze bei Basovizza-Pesek, und wer nach Zagreb unterwegs ist, wählt den Grenzübergang Fernetti-Villa Opicina.

Für die Einreise nach Kroatien benötigt man einen gültigen nationalen Führerschein und den Zulassungsschein. Die Mitnahme der »grünen Versicherungskarte« wird empfohlen, da sie als Versicherungsnachweis dient. Bei der Einreise sollten aus versicherungstechnischen Gründen auch alle noch nicht reparierten Autoschäden gemeldet werden.

Mit dem Schiff

Die wichtigsten internationalen Fährverbindungen Kroatiens bestehen nach Italien. Die Schiffe laufen die Häfen Triest, Ancona, Venedig und Bari an.

Die größte kroatische Schifffahrtsgesellschaft **Jadrolinija** unterhält eine Verbindung von Ancona nach Split (dreimal wöchentlich), die Überfahrt dauert neun Stunden. Die Fähre Ancona–Zadar verkehrt dreimal in der Woche, für die Fahrt benötigt man acht Stunden. Die Strecke Bari–Dubrovnik wird im Sommer sechsmal, im Winter dreimal wöchentlich befahren. Die Fahrzeit beträgt mit der Nachtfähre zehn Stunden, tagsüber 7,5 Stunden. Von Mitte Juli bis Mitte August legt die Fähre von Ancona nach Split einen Zwischenstopp in Stari Grad auf der Insel Hvar ein.

Blue Line unterhält einen Fährbetrieb zwischen Ancona und Split, die Fahrt dauert zehn Stunden. Zudem werden im Sommer die Strecken Ancona–Hvar und Ancona–Vis bedient. Alle Schiffe von Blue Line sind mit Restaurant, Bar und Duty-free-Shop ausgestattet. In der nördlichen Adria bieten die Fähren von **Venezia Lines** von April bis September Verbindungen zwischen italienischen und kroatischen Häfen (u. a. auf den Routen zwischen Venedig und istrischen Häfen wie Poreč, Rovinj Pula und Rabac sowie Mali Lošinj auf Lošinj). Von Ende Juni bis Mitte September sind zwischen Trieste, Rovinj und Pula Fähren von **Trieste Lines** im Einsatz. Im gleichen Zeitraum befahren die Schnellboote der italienischen Fährgesellschaft **SNAV** die Strecke Ancona–Split (5 Std.).

Schiff der Gesellschaft Jadrolinija, die kroatische Häfen mit dem übrigen Mittelmeer verbindet

JADROLINIJA

Logo der Schifffahrtsgesellschaft Jadrolinija

AUF EINEN BLICK

Kroatische Zentrale für Tourismus

In Kroatien
Iblerov trg 10/IV,
10000 Zagreb.
(01) 469 93 33.
FAX (01) 455 78 27.
www.croatia.hr

Fluglinien

Croatia Airlines
In Kroatien (Info)
(01) 667 65 55.
www.croatiaairlines.hr

Lufthansa
(069) 86 79 97 99 (D).
www.lufthansa.com

Austrian
05 17 66 10 00 (Ö).
(01) 626 59 00 (Kroatien).
www.aua.com

Flughäfen

Dubrovnik
(020) 773 100.

Split
(021) 203 555.

Zagreb
(060) 320 320.

Pauschalreisen

Adria Reisen
(089) 231 10 00 (D).
www.adriareisen.at

Kuoni Österreich
www.kuoni.at

L'TUR
www.ltur.com

Neckermann
www.neckermann-reisen.de

Oböna (FKK)
www.oboena.de

TUI
www.tui.com

Reisebusse

Autobusni Kolodvor Zagreb
Information
(060) 313 333.
www.akz.hr

Busbahnhof Dubrovnik
(060) 305 070.
www.libertasdubrovnik.hr

Busbahnhof Split
(060) 327 777.
www.ak-split.hr

Busbahnhof Trieste
0039 040 425 020.
www.autostazionetrieste.it

Busbahnhof Zagreb
(060) 313 33,
(01) 611 2789.
www.akz.hr

Eisenbahn

Kroatische Bahn
(01) 453 38 13.
www.hznet.hr

Deutsche Bahn
Auskunft in Deutschland
01805 99 66 33.
www.bahn.de

Fähren

Blue Line
(0045) 3672 2001.
www.blueline-ferries.com

Jadrolinija
Riva 16, Rijeka.
(051) 666 111.
www.jadrolinija.hr

SNAV
Ancona, Italien.
0039 071 207 6116.
www.snav.it

Trieste Lines
Viale Miramare 9,
Trieste, Italien.
0039 0923 873 813.
www.triestelines.it

Venezia Lines
Trg Matije Gupca 11,
Poreč.
(052) 422 896.
www.venezialines.com

In Kroatien unterwegs

Das Verkehrs- und Transportsystem innerhalb des Landes ist recht effizient, vor allem wenn man auf der Straße oder mit der Fähre unterwegs ist. Die Verbindungen zwischen dem Festland und den Inseln sind ausgezeichnet. Dank eines gut ausgebauten Busnetzes sind auch kleinere, weniger bekannte Städte gut zu erreichen. Die größeren Städte sind durch Binnenflüge miteinander verbunden. Allerdings wird diese Reisemöglichkeit selten genutzt. Bahnreisen empfehlen sich nur, wenn man viel Zeit hat: Aufgrund des modernisierungsbedürftigen Bahnnetzes dauern Reisen auf Schienen unverhältnismäßig länger als Autofahrten.

Mountainbiken in einer gebirgigen Region Kroatiens

Umweltbewusst reisen

Im Jahr 2007 wurden die Busse in Zagreb erstmals mit Biokraftstoff betankt. Das ebenfalls in der kroatischen Hauptstadt tätige Taxiunternehmen Eko Taxi hat sich ebenfalls die Verwendung von Biosprit auferlegt.

In den vergangenen Jahren entwickelte sich Zagreb durch die Anlage von immer mehr Radwegen im Stadtzentrum zu einer fahrradfreundlichen Stadt. Auch in ländlichen Regionen wird Radfahren immer populärer, mittlerweile machen immer mehr Besucher des Landes Fahrradurlaub in Istrien oder an der dalmatinischen Küste. Auch Mountainbiken im gebirgigen Hinterland erfreut sich wachsender Beliebtheit. Viele Einheimische und Urlauber nutzen die hervorragenden Wandermöglichkeiten, die besten Jahreszeiten hierfür sind Frühling und Herbst. Auch Segeln ist eine in Kroatien häufig praktizierte umweltfreundliche Art der Fortbewegung.

Inlandsflüge

Es gibt regelmäßige Flugverbindungen zwischen den drei größten Flughäfen des Landes in Zagreb, Split und Dubrovnik. Von diesen Flughäfen bestehen Verbindungen zu kleineren Flughäfen, z. B. nach Osijek, Zadar, Rijeka (auf der Insel Krk), Pula und Brač, der nur im Sommer in Betrieb ist.

Mit dem Auto

Auf den Straßen Kroatiens herrscht Gurtpflicht: Sicherheitsgurte müssen sowohl auf Vorder- und Rücksitzen angelegt werden. Kinder unter zwölf Jahren müssen auf dem Rücksitz befördert werden.

Die zulässige Höchstgeschwindigkeit beträgt innerorts 50 km/h, außerhalb von Ortschaften 80 km/h, auf Autobahnen 130 km/h. Für Gespanne gilt eine Höchstgeschwindigkeit von 80 km/h.

Alle Autofahrer müssen eine Warnweste mit sich führen. Neben dem nationalen (oder internationalen) Führerschein müssen Kfz-Schein und (möglichst auch) grüne Versicherungskarte mitgeführt werden. Ein Europäisches Unfallprotokoll (EUP), das Sie von Ihrer Versicherung erhalten, ist empfehlenswert. Die Promillegrenze liegt bei 0,5.

Tankstellen haben in aller Regel täglich von 7 bis 19 oder 20 Uhr, im Sommer bis 22 Uhr geöffnet. An den Hauptstraßen und den internationalen Routen gibt es Tankstellen, die rund um die Uhr geöffnet haben.

Straßen und Mautgebühren

Das Netz an Autobahnen *(autocesta)* wird kontinuierlich erweitert, wofür auch viele Brücken und Tunnel angelegt werden. Die Autobahnen in Kroatien zählen nun zu den modernsten und sichersten in Europa. Die A1 zwischen Zagreb und Split wurde 2007 eröffnet, der Abschnitt zwischen Split und Ploče 2012. Die Verlängerung an der Küste bis Dubrovnik soll bis 2015 fertig sein.

Autobahngebühren werden für diese Strecken erhoben: Zagreb–Karlovac, Zaprešić–Krapina, Varaždin–Gorican, Zagreb–Oprisavci, Rijeka–Delnice und Zagreb–Split. Auch die Brücke zur Insel Krk und der Ućka-Tunnel sind gebührenpflichtig.

Parken

Wie in den meisten anderen Ländern Europas ist auch in Kroatien das Parken in Städten schwierig. Einige Hotels verfügen über Parkplätze für ihre Gäste. Erkundigen Sie sich frühzeitig danach. In kleineren Küstenorten sind die Strandpromenaden im Sommer gesperrt, was das Parkplatzangebot erheblich schmälert.

Wo Parkscheine verlangt werden, sollten sie deutlich sichtbar hinter der Windschutzscheibe angebracht werden. Autos in Halteverbotszonen können abgeschleppt werden.

Straßenverkehr im Zentrum von Osijek

Pannenhilfe und Verkehrsinformation

Für Pannenhilfe ist der kroatische **Hrvatski Autoklub (HAK)** zuständig, der das ganze Jahr über rund um die Uhr unter der Nummer 1987 erreichbar ist. Der Automobilclub übernimmt Reparaturen vor Ort oder in einer Werkstatt sowie den Abtransport beschädigter Autos über eine Strecke von bis zu 100 Kilometern. Er wird vom kroatischen Automobilclub und örtlichen Firmen betrieben.

Zusätzlich zu diesem Notfallservice bietet der HAK auch Informationen über den Straßen- und Schiffsverkehr, Autobahngebühren, Verkehrsstörungen, Benzinpreise und Abfahrtszeiten der Fähren.

Straßenzustand

Das kroatische Straßennetz ist sehr gut ausgebaut, der Zustand der Straßen gut. Der Ausbau des Autobahnnetzes *(siehe S. 277)* macht das Reisen mit dem Auto immer bequemer. Die Magistrala (E65) zwischen Rijeka und Dubrovnik zählt zu den schönsten Küstenstraßen Europas. Doch wird den Autofahrern vor allem im Sommer hier größte Vorsicht abverlangt. Die Küstenstraße ist bergig und kurvenreich, das Verkehrsaufkommen hoch. In ländlichen Regionen und auf den Inseln sind manche Straßen sehr eng.

Autovermietung

Autoverleihfirmen gibt es in allen größeren Städten, Urlauberzentren und an den Flughäfen. Der Fahrer muss mindestens 21 Jahre alt sein. Neben den bekannten internationalen Firmen wie **Avis**, **Budget** und **Hertz** gibt es auch viele kroatische Firmen, die ähnliche Autos und Versicherungsleistungen zu günstigeren Preisen anbieten.

Größere Firmen bieten aber den Vorteil, dass man den Wagen auch in einer anderen Stadt zurückgeben kann. Nicht alle Firmen offerieren diesen Service, der sich auch im Preis ausdrückt.

Blick über den Vorplatz des Hauptbahnhofs von Zagreb

Eisenbahn

Trotz allmählicher Modernisierung des Schienennetzes ist der Zug in Kroatien kein beliebtes Transportmittel. Mit Ausnahme Dubrovniks, das keinen Bahnhof hat, sind alle größeren Städte an das Bahnnetz angeschlossen.

Zentraler Knotenpunkt ist der Hauptbahnhof in Zagreb (Glavni Kolodvor Zagreb). Von hier bestehen Verbindungen nach Rijeka mit Anschlüssen in istrische Städte sowie nach Split mit Anschlusszug nach Zadar und Šibenik, der die dalmatinische Küste entlangfährt. Auch Varaždin im Norden und Osijek im Osten werden angefahren.

Reisende müssen mit folgenden Fahrtzeiten rechnen: vier Stunden für die Strecke Zagreb–Rijeka, sechs Stunden von Zagreb nach Split, zwei Stunden für die Strecke Zagreb–Varaždin und vier Stunden für die Fahrt von Zagreb nach Osijek. Die Eisenbahngesellschaft Hrvatske Željeznice hat ihren Sitz in der Hauptstadt Zagreb.

Reisebus oberhalb der Altstadt von Dubrovnik

Busse

Busse werden von den Einheimischen gern benutzt und stellen auch für Besucher eine interessante Alternative dar. Das Busnetz ist sehr gut ausgebaut und verbindet zahlreiche Ziele. Die Fahrkarten sind ein wenig teurer als vergleichbare Bahntickets.

Es gibt »Intercity-Busse« (Direktverbindungen zwischen den größeren Städten) und Nahverkehrsbusse (Verbindungen zwischen den kleineren und größeren Städten). Die Intercity-Verbindungen zeichnen sich durch kürzere Reisezeiten aus, preislich besteht kein Unterschied.

Ein täglicher Busverkehr verbindet die Städte Kroatiens, darüber hinaus gibt es eigene Nachtbusse für Langstrecken.

Informationen erhalten Sie an der jeweiligen Bushaltestelle *(Autobusni Kolodvor)*, an der auch die Fahrpläne aushängen. *Vozi svaki dan* zeigt die täglichen Verbindungen an, *ne vozi nedjeljom ni praznikom* besagt, welche Busse an Sonn- und Feiertagen nicht fahren. Der Bushauptbahnhof des Landes ist der **Autobusni Kolodvor Zagreb**.

Reisebusse

Das Reiseunternehmen **Atlas** organisiert Ausflüge mit Reisebussen. Zu den beliebtesten Touren gehören vor allem die achttägige Busrundfahrt »Höhepunkte von Kroatien«, die von Dubrovnik u. a.

nach Split, Trogir, Zadar, Zagreb und Plitvice führt, sowie die neuntägige Tour »Kroatien entdecken«, bei der man mehrere UNESCO-Welterbestätten kennenlernt. Darüber hinaus gibt es ein sehr großes Angebot an eintägigen Ausflügen, bei denen man z. B. Attraktionen in der Nähe von Dubrovnik erreicht (u. a. Ston und Korčula sowie Mostar im Nachbarstaat Bosnien und Herzegowina).

Inselfähren

Zwischen dem Festland und den Inseln bestehen ausgezeichnete Schiffsverbindungen. Der größte Teil des Fährverkehrs wird vom staatlichen Unternehmen **Jadrolinija** bedient. Passagiere können dabei auch ihr Fahrzueg mitnehmen. Die Routen des kroatischen Fährnetzes sind in fünf Regionen gegliedert:

In der Region Rijeka sind die Inseln Cres und Lošinj mit dem Festland durch die Route Valbiska–Merag und Brestova–Porozina verbunden. Eine weitere Fähre verkehrt zwischen Rijeka und Mali Lošinj mit Stopps in Cres, Unije und Susak. Die Insel Rab ist mit der Küste durch die Route Jablanac–Mišnjak verbunden und mit der Insel Krk durch die Route Lopar–Valbiska. Die Insel Pag liegt auf der Route Prizna–Žigljen, Novalja auf Pag erreicht man auch von Rijeka aus.

In der Region Zadar gibt es Schiffsverbindungen nach Preko auf der Insel Ugljan, nach Bribinj und Zaglav auf der Insel Dugi Otok sowie von Biograd nach Tkon auf der Insel Pašman.

In der Region Šibenik fahren Schiffe von Šibenik zu den Inseln Zlarin und Prvić.

In der Region Split bestehen Verbindungen zwischen Split und den Inseln Brač (Supetar), Korčula (Vela Luka), Hvar (Starigrad), Šolta (Rogač), Vis (mit dem gleichnamigen Hafen) und Lastovo (Ubli). Zudem verkehren Fähren zwischen Makarska und Sumartin (Insel Brač), zwischen Ploče und Trpanj auf der Halbinsel Pelješac, zwischen Orebić und Dominče (auf der Insel Korčula), zwischen Drvenik und Korčula (auf der gleichnamigen Insel) sowie zwischen Drvenik und Sućuraj (Insel Hvar).

In der Region Dubrovnik verläuft die Hauptverbindung von Dubrovnik zur Insel Mljet (Sobra). Von Dubrovnik erreicht man auch die Elaphitischen Inseln Koločep, Lopud und Šipan.

Fahrpläne der Fähren

Für alle erwähnten Routen gilt, dass die Fähren in der Hauptsaison (Juli und August) häufig verkehren, die Frequenz außerhalb der Sommermonate aber erheblich sinkt. Auf manchen kurzen Strecken, wie von Jablanac nach Mišnjak und von Drvenik nach Sućuraj, fahren die Fähren im Nonstop-Betrieb.

Für Reisende ohne Auto gibt es reine Passagierfähren. Diese Schiffe verkehren meist nur von Juni bis September von Split zu den Inseln Brač, Hvar, Vis, Korčula und Lastovo. Die Überfahrtszeit beträgt etwa 45 Minuten zur Insel Hvar und zwei Stunden bis nach Lastovo.

Neben Jadrolinija gibt es noch einige private Fähranbieter, die bestimmte Routen befahren. Die Katamarane von **G & V Line** fahren von Dubrovnik nach Mljet und von Zadar zu einigen vorgelagerten Inseln. Boote von **Linijska Nacionalna Plovidba** bedienen u. a. die Strecken Split–Brač, Split–Šolta und Pula–Zadar. Tragflügelboote von **Miatours** fahren von Zadar zu einigen Inseln, Fähren von **Rapska Plovidba** u. a. von Jablanac nach Mišnjak (auf der Insel Pag).

AUF EINEN BLICK

Flughäfen

Brač
(021) 559 711.
www.airport-brac.hr

Dubrovnik
(020) 773 100.
www.airport-dubrovnik.hr

Osijek
(031) 514 400.
www.osijek-airport.hr

Pula
(052) 530 105.
www.airport-pula.hr

Rijeka
(060) 300 301.
www.rijeka-airport.hr

Split
(021) 203 555.
www.split-airport.hr

Zadar
(023) 205 800.
www.zadar-airport.hr

Zagreb
(060) 320 320.
www.zagreb-airport.hr

Pannenhilfe

Hrvatski Autoklub, HAK
1987.
(062) 777 777
(Verkehrsinformation).

Autovermietung

Avis
(01) 467 36 03.
www.avis.com.hr

Budget
(062) 300 331.
www.budget.hr

Hertz
(01) 484 67 77.
www.hertz.hr

Busse

Autobusni Kolodvor Zagreb
Information
(060) 313 333.
www.akz.hr

Autobusni Kolodvor Split
Information
(060) 327 777.
www.ak-split.hr

Reisebusse

Atlas
Vukovarska 19,
Dubrovnik.
(020) 442 222.
www.atlas-croatia.com

Fähren

Jadrolinija
(051) 666 111.
www.jadrolinija.hr

G & V Line
(020) 313 119
(Dubrovnik),
(023) 250 733
(Zadar).
www.gv-line.hr

Linijska Nacionalna Plovidba
(021) 338 310.
www.lnp.hr

Miatours
(023) 254 300.
www.miatours.hr

Rapska Plovidba
(051) 724 122.
www.rapska-plovidba.hr

In Zagreb unterwegs

Die Stadt Zagreb hat ein effizientes Transportnetz entwickelt, das mittels Straßenbahnen, Bussen und einer Seilbahn, die zwischen der Ober- und der Unterstadt verkehrt, gute Verbindungen zwischen dem Zentrum und den Außenbezirken gewährleistet. Die Straßenbahnen fahren in regelmäßigen Intervallen, auch einige Nachtlinien sind in Betrieb. Gradec, die Altstadt, verfügt über zahlreiche Fußgängerzonen, die für den normalen Autoverkehr gesperrt sind. Eine U-Bahn gibt es in Zagreb nicht.

Weiße Fassade der Katharinenkirche in Zagreb

Zu Fuß

Da Zagreb eine sehr große Stadt ist, sind Besucher auf die öffentlichen Verkehrsmittel angewiesen. Das Zentrum, die Gegend um Kaptol und Gradec (Gornji Grad oder »Oberstadt«), lernt man jedoch am besten zu Fuß kennen. Bei einem Spaziergang lässt sich die Schönheit der vielen Sehenswürdigkeiten am besten erfassen. Das gilt insbesondere für die Altstadt von Zagreb mit ihren altehrwürdigen Kirchen und imposanten Prachtbauten.

Am besten besorgen Sie sich in einem Fremdenverkehrsbüro einen Stadtplan, bevor Sie die Stadt erkunden. Sollten Sie sich trotzdem nicht zurechtfinden – die Einheimischen zeigen sich meist ausgesprochen hilfsbereit gegenüber Besuchern.

Straßenbahnen

Für den öffentlichen Verkehr der Stadt ist die Gesellschaft **Zagrebački Električni Tramvaj (ZET)** zuständig. Das Straßenbahnnetz ist sehr effizient und erschließt ein weites Gebiet.

Tagsüber verkehren insgesamt 15 Straßenbahnlinien (von 4 Uhr morgens bis Mitternacht), während der Nacht sind vier Linien in Betrieb (von Mitternacht bis 4 Uhr morgens).

Tagsüber werden folgende Routen bedient:

1 Zapadni kolodvor–Borongaj,
2 Črnomerec–Savišće,
3 Ljubljanica–Žitnjak,
4 Savski most–Dubec,
5 Jarun–Kvaternikov trg,
6 Črnomerec–Sopot,
7 Savski most–Dubrava,
8 Mihaljevac–Žapruđe,
9 Ljubljanica–Borongaj,
11 Črnomerec–Dubec,
12 Ljubljanica–Dubrava,
13 Žitnjak–Kvaternikov trg,
14 Mihaljevac–Zapruđe,
15 Mihaljevac–Dolje,
17 Prečko–Borongaj.

Die Bahnen dieser Linien fahren tagsüber alle sechs bis zehn Minuten. Die Linien 3 und 8 sind an Sonn- und Feiertagen nicht in Betrieb.

Die vier Nachtlinien befahren in Intervallen von 20 bis 40 Minuten die folgenden Strecken:
31 Črnomerec–Savski most,
32 Prečko–Borongaj,
33 Dolje–Savišće,
34 Ljubljanica–Dubec.

Das Zentrum des Straßenbahnnetzes ist der Trg bana Jelačića, an dem sich sieben Linien kreuzen.

Busse

Zagreb verfügt über ein komplexes Netz von Busverbindungen mit zahlreichen Linien zu folgenden Destinationen: Britanski trg, Jandrićeva, Jankomir, Savski most, Ljubljanica, Trg Mazuranica, Črnomerec, Mandaličina, Zaprešić, Kaptol, Petrova, Svetice, Dubrava, Kvaternikov trg, Glavni kolodvor, Žitnjak, Sesvete, Borongaj, Mihaljevac und Velika Gorica.

Fahrkarten

Fahrkarten für Busse und Straßenbahnen kann man bei Zeitungshändlern oder an Kiosken kaufen (oder auch direkt im Bus oder in der Straßenbahn, allerdings zu einem höheren Preis). Das Ticket gilt für eine einfache Fahrt. Es muss sofort nach dem Einsteigen am Automaten entwertet werden und gilt von diesem Zeitpunkt an 90 Minuten lang. Ein Ticket kostet 12 KN (oder 15 KN beim Busfahrer). Es gibt auch eine Tageskarte für 40 KN, die sich bezahlt macht,

Eine der vielen modernen Straßenbahnen Zagrebs

wenn man mehrere Routen für einen Tag plant (diese Tickets sind bis 4 Uhr morgens am folgenden Tag gültig). Auch Monatskarten sind erhältlich. Nützliche Informationen findet man im Internet (www.zagreb-touristinfo.hr).

Standseilbahn

Ein interessantes Transportmittel ist die **Uspinjača**, eine Standseilbahn, die seit 1890 in Betrieb ist. Sie ist eine der kürzesten Standseilbahnen der Welt und legt die nur 66 Meter in weniger als einer Minute zurück. Sie verbindet die Unter- mit der Oberstadt, wo sie nahe dem Lotrščak-Turm haltmacht. Die Abfahrtsstation befindet sich in der Tomićeva-Straße. Die Seilbahn fährt in Intervallen von zehn Minuten zwischen 6.30 und 22 Uhr (im Sommer bis Mitternacht). Ein Einzelfahrschein kostet 5 KN.

Standseilbahn, die Ober- und Unterstadt von Zagreb verbindet

Drahtseilbahn

Die **Žičara** ist eine Drahtseilbahn, die Zagreb mit Sljeme, dem Gipfel des Medvednica-Massivs, verbindet. Die Fahrt dauert 20 Minuten. Die Seilbahn nahm ihren Betrieb 1963 auf, fährt aktuell aber nicht, da eine neue Drahtseilbahn in Planung ist. Bis diese fährt, wird die Strecke zwischen Zagreb und Sljeme von Bussen bedient.

Taxis fahren in allen größeren Städten Kroatiens

Taxis

Wie in jeder anderen größeren Stadt besteht in Zagreb kein Mangel an Taxis. Es gibt mehrere private Taxiunternehmen, darunter **Eko Taxi**, **Radio Taxi Zagreb** und **Taxi Cammeo Zagreb**. Sämtliche Taxis sind mit einem Taxameter ausgestattet. Die Preise variieren, rechnen Sie mit einer Grundgebühr von 15 KN und mit 6 KN für jeden Kilometer. An Sonn- und Feiertagen sowie nachts wird ein Zuschlag in Rechnung gestellt. Dies gilt auch für mitgeführtes Gepäck.

Mietwagen

In der kroatischen Hauptstadt kann man bei einer der großen Verleihfirmen wie beispielsweise **Budget**, **Hertz** oder **Avis** einen Leihwagen mieten. Wenn Sie eine Panne haben, hilft Ihnen der kroatische **Hrvatski Autoklub (HAK)** weiter, der auch aktuelle Verkehrsinformationen bietet *(siehe S. 278f)*.

Fahrräder

In den letzten Jahren wurden in Kroatiens Hauptstadt immer mehr Radwege angelegt *(siehe S. 277)*. Sie sind gut markiert, man erreicht auf ihnen eine Reihe von Sehenswürdigkeiten. Ausgenommen hiervon ist jedoch die Oberstadt. Verleihfirmen sind über die Stadt verteilt. Einige von ihnen (u. a. **Zagreb by Bike**) organisieren auch geführte Touren zu den Attrraktionen der Stadt.

AUF EINEN BLICK

Nützliche Nummern

ZET
(01) 365 15 55 bzw. 060 100 001.
www.zet.hr

Taxis

Eko Taxi
1414 bzw. (060) 77 77.
www.ekotaxi.hr

Radio Taxi Zagreb
1777 bzw. (060) 800 800.
www.radio-taksi-zagreb.hr

Taxi Cammeo Zagreb
(060) 7100.
www.taxi-cammeo.hr

Mietwagen

Avis
Oreškovićeva 21, Zagreb.
(01) 467 36 03.
www.avis.com.hr

Budget
c/o Hotel Sheraton, Kneza Borne 2, Zagreb.
(062) 300 331.
www.budget.hr

Hertz
Vukotinovićeva 4, Zagreb.
(01) 484 67 77.
www.hertz.hr

Fahrradverleih

Zagreb by Bike
Trg Franklin Roosevelt 5, Zagreb.
(01) 370 77 92.
www.zagrebbybike.com

Textregister

Fett gedruckte Seitenzahlen verweisen auf Haupteinträge.

A

B

L

N

O

P

T

U

V

W

Y

Z

Danksagung und Bildnachweis

Dorling Kindersley dankt allen Personen, durch deren Arbeit und Engagement dieses Buch möglich wurde.

Hauptautor
Leandro Zoppé ist gebürtiger Venezianer und hat an der Universität von Padua Politikwissenschaften studiert. Zurzeit lebt er in Mailand, wo er als Historiker, freier Journalist und Autor von Reiseführern sowie Büchern über Geschichte und Kunst arbeitet.

Nebenautoren
Božidarka Boža Gligorijević, Public Relations Manager beim Kroatischen Fremdenverkehrsamt in Mailand. Graeme Harwood, Autor und Feinschmecker.

Publisher
Douglas Amrine.

Managing Art Director
Marisa Renzullo.

Publishing Manager
Anna Streiffert.

Redaktion
Sanja Rojić, Iva Grgic.

Senior Editor, UK Edition
Jacky Jackson.

Senior DTP Manager
Jason Little.

Map Coordinator
Dave Pugh.

Überprüfung der Daten und Fakten
Lucia Čutura, Viktor Jovanović Marušić, Jane Foster.

Korrektorat
Alessandra Lombardi, Stewart J. Wild.

Register
Helen Peters.

Fact Check
Katarina Bulic.

Design- und redaktionelle Assistenz
Claire Baranowski, Marta Bescos, Sonal Bhatt, Nadia Bonomally, Louise Cleghorn, Karen D'Souza, Anna Fischel, Anna Freiberger, Prerna Gupta, Kaberi Hazaraki, Juliet Kenny, Sumita Khatwani, Carly Madden, Sam Merrell, Nataša Novakovic, Ellen Root, Julie Thompson, Ajay Verma, Dora Whitaker.

Besondere Unterstützung
Dorling Kindersley bedankt sich bei folgenden Personen und Institutionen für ihre Hilfe:

Kroatisches Fremdenverkehrsamt, Zagreb, besonders bei Direktor Niko Bulić; Kroatisches Fremdenverkehrsamt, Mailand, besonders bei Direktor Klaudio Stojnic und Public Relations Manager Božidarka Boža Gligorijević; den regionalen und lokalen Fremdenverkehrsverbänden von Kroatien; Vinko Bakija (Direktor des Fremdenverkehrsverbands in Supetar, Brač); Zdravko Banović (Fremdenverkehrsverband in Split); Daniela Barac (Fremdenführerin in Crikvenica); Nikša Bender (Fremdenverkehrsverband in Dubrovnik); Maja Boban (Fremdenführerin in Zagreb); Ankita Boksic Franchini (Fremdenverkehrsverband in Split); Tanja Bunjevac (Fremdenverkehrsverband in Varaždin); Rujana Bušić (Fremdenführerin in Vinkovci); Vanja Dadić (Fremdenführerin in Šibenik); Mirjana Darrer (Fremdenverkehrsverband in Dubrovnik); Marchese Doimo Frangipane di Aiello del Friuli; Danijela Duić (Fremdenführerin in Karlovac); Jurica Dužević (Direktor des Fremdenverkehrsverbands in Stari Grad, Hvar); Daniela Fanikutić (Fremdenverkehrsverband in Poreč); Ennio Forlani (Direktor des Fremdenverkehrsverbands in Vodnjan); Vesna Gamulin (Fremdenführerin in Dubrovnik); Miljenko Gašparac (Nationalpark Risnjak); Boris Gržina (Hotel Esplanade in Zagreb); Vesna Habazin und Snježana Hrupelj (Fremdenführer in Thermalbädern); Mladenka Jarac-Rončević (Kroatischer Konsul in Italien); Zoran Jelaska (Fremdenführer in Split); Vesna Jovičić (Fremdenführerin in Pula); Darko Kovačić (Fremdenführer im Naturpark Lonjsko Polje); Darko Kovačić (Direktor des Fremdenverkehrsverbands in Omiš); Stanka Kraljević (Direktor des Fremdenverkehrsverbands in Korčula); Vlasta Krklec (Museum Krapina); Tonći Lalić (Fremdenführer in Makarska); Damir Macanić (Direktor des Fremdenverkehrsverbands in Osijek); Damir Mihalić (Fremdenverkehrsverband in Varaždinske Toplice); Josip Mikolčić (Fremdenverkehrsverband in Virovitica); Danijela Miletić (Fremdenverkehrsverband in Zagreb); Smiljan Mitrović (Fremdenführer in Zadar); Franjo Mrzljak (Direktor des Nationalmuseums für Naive Kunst, Zagreb); Andro Krstulović Opara (ehem. Kroatischer Konsul in Italien); Ottone Novosel (Fremdenführer in Križevci); Ankica Pandzic (Direktor des Museums für Kroatische Geschichte in Zagreb); Danika Plazibat (Meštrović-Galerie, Zagreb); Gordana Perić (Fremdenverkehrsverband in Zadar); Ante Rendić-Miočević (Direktor des Archäologischen Museums, Zagreb); Mladen Radić (Direktor des Museums von Slawonien, Osijek); Ljubica Ramušćak (Stadtmuseum Međimurje, Čakovec); Ljiljana Sever (Fremdenführerin in Varaždin); Josipa Šipek (Direktor des Hotel Coning in Trakošćan); Doris Staničić (Fremdenführerin in Osijek); Alka Starac (Archäologisches Museum Istrien, Pula); Branka Tropp (Direktor des Fremdenverkehrsverbands in Varaždin); Đuro Vanđura (Direktor der Galerie Alter Meister, Zagreb); Klara Vedriš (Galerie Moderne Kunst, Zagreb); Vjenceslav Vlahov (Fremdenführer in Zagreb); Igor Zidić (Direktor der Galerie Moderne Kunst, Zagreb); Marko Zoričić (Direktor des Fremdenverkehrsverbands in Opatija).

Dorling Kindersley dankt Lady Beresford-Peirse vom International Trust for Croatian Monuments für ihre Zeit und ihre Anregungen.

Bildrechte
Dorling Kindersley bedankt sich bei allen Personen und Institutionen, die uns freundlicherweise die Wiedergabe von Fotografien aus ihrem Besitz und ihren Archiven gestattet haben.

Weitere Fotografien
Adriano Bacchella, Nataša Novakovic, Also Pava, Lucio Rossi, Rough Guides/Tim Draper, Tony Souter, Leandro Zoppé.

Bildnachweis
o = oben; m = Mitte; u = unten; l = links; r = rechts; d = Detail.

Wir haben uns bemüht, alle Urheber ausfindig zu machen und zu nennen. Sollte dies in einzelnen Fällen nicht gelungen sein, so bitten wir, dies zu entschuldigen. In der nächsten Auflage dieses Buches werden wir die versäumten Nennungen selbstverständlich nachholen.

Dorling Kindersley dankt zudem folgenden Personen, Institutionen und Bildbibliotheken für die freundliche Genehmigung zur Reproduktion ihrer Fotografien:

Dorling Kindersley Archives: 12ul, 238mr.

Archivio Ente Nazionale Croato per il Turismo, Mailand: 1m, 2–3, 19ul, 20mu, 21om, 19ml, 23ml, 24om, 24ur, 25ol, 26–27 (alle), 28, 32o, 33mu, 34mu, 38om, 46or, 67o, 98mru, 99ol, 106mlo, 107mr, 112ur, 113ol, 115ml, 124 (alle), 130o, 131or, 131ur, 133 (alle), 134mr, 134ul, 135ol, 135m, 136or, 136ul, 137ol, 137mro, 137ur, 138–139, 140m, 143mo, 146m, 146ur, 147 (alle), 152ul, 158ol, 175ul, 180, 186ol, 194ur, 200ml, 201ur, 202ml, 212m, 213or, 219ur, 221ol, 234om, 252ol, 253om, 255ur, 257or, 258om, 259ml, 259ur, 261mu, 264om, 266ul, 273 (alle), 274ul, 276ml, 277ml, 278mu.

Mondadori-Archiv: 9 (Rahmen), 18uml, 21mr, 30ol, 31or, 31mu, 37 (alle), 38mr, 38mu, 39 (alle), 40ol, 40ul, 40ur, 41mu, 42ol, 45 (Rahmen), 121ol, 157om, 157ml, 177mo, 192ol, 194or, 195mro, 195mru, 195ul, 206ur, 217 (Rahmen), 239olm, 259om, 263 (Rahmen).

Alamy Images: Comstock Images: 15m; Europe/Peter Forsberg 281or; Jason Wallengren Photography 237ol; Jon Arnold Images/Alan Copson 11ml; Peter Adams Photography/Peter Adams 10ul; toto 237m.

Aldo Pavan, **Aura Agency, Mailand**: 15om, 24ml, 46mu, 68ur, 97mru, 112mlo, 132ml, 132mr, 134ol, 135u, 136ml, 136mr, 137mlu, 239ml, 250ml, 254om, 254ml, 255ol, 256ol.

Andrea Pistolesi: 111or.

Archäologisches Museum, Zagreb: 31om, 31ur, 164m, 165m, 169m, 190m.

The Art Archive: 35ur.

Corbis: Ruggero Vanni: 144u; Reuters/Matko Bijlak 238ml; Seth Joel 272ur.

Doimo Frangipane: 177mlo, 177mr.

Dreamstime.com: Photoinsel 270ul.

Galerie Moderne Kunst, Zagreb: 8–9, 162u.

Galerie Alter Meister, Zagreb: 164–165 (alle).

Image Bank, Mailand: 56ur, 67ur, 86ml, 87or, 91ol, 145ur, 151mru, 160ol.

Kroatische Eisenbahn: Dragutin Staničić 278or.

Lonely Planet Images: Wayne Walton 13or.

Meštrović-Galerie, Zagreb: 20or, 154ol, 157mr, 157ul, 157ur.

Marco Lissoni: 20ur, 70mr, 106ol, 114ml, 132ol, 253ur, 254ur.

Museum Kroatischer Geschichte, Zagreb: 40mu, 41om, 41mlu, 42mu, 154ml.

Nationalmuseum für Naive Kunst, Zagreb: 21ul, 154ul, 159ol.

Paklenica-Nationalpark: 18ml, 101m, 101u, 260 (alle).

Stadtmuseum, Ilok: 187ur.

Umschlag

Vorderseite – **Photolibrary**: Ellen Rooney.
Rückseite – **AWL Images**: Travel Pics Collection ol;
Dorling Kindersley: Lucio Rossi ul; Tony Souter mlu; Leandro Zoppé mlo.
Buchrücken – **Photolibrary**: Ellen Rooney o.

Sprachführer Kroatisch

Aussprache

aj – »ai« wie in Hai
c – »tz« wie in Katze
č – »tsch« wie in klatschen
ć – »tj« wie in tja
đ – »d« wie in Dame
g – »g« wie in gut
j – »j« wie in ja
š – »sch« wie in schön
ž – wird wie das französische »j« wie z. B. in Jacques ausgesprochen

Im Notfall

Hilfe!	**Pomoć!**
Halt!	**Stani!**
Rufen Sie einen Arzt!	**Zovite doktora!**
Rufen Sie einen Krankenwagen!	**Zovite hitnu pomoć!**
Rufen Sie die Polizei!	**Zovite policiju!**
Rufen Sie die Feuerwehr!	**Zovite vatrogasce!**
Wo ist das nächste Telefon?	**Gdje je najbliži telefon?**
Wo ist das nächste Krankenhaus?	**Gdje je najbliža bolnica?**

Grundwortschatz

Ja.	**da**
Nein.	**ne**
Bitte.	**molim vas**
Danke.	**hvala**
Entschuldigen Sie bitte.	**oprostite**
Guten Tag.	**dobar dan**
Auf Wiedersehen.	**dovidenja**
Gute Nacht.	**laku noć**
(der) Morgen	**jutro**
Nachmittag	**popodne**
Abend	**večer**
gestern	**jučer**
heute	**danas**
morgen	**sutra**
hier	**tu**
dort	**tamo**
Was?	**što?**
Wann?	**kada?**
Warum?	**zašto?**
Wo?	**gdje?**

Nützliche Redewendungen

Wie geht es Ihnen?	**Kako ste?**
Sehr gut, danke.	**Dobro, hvala**
Schön, Sie kennenzulernen.	**Drago mi je!**
Bis bald.	**Vidimo se**
Das ist schön.	**U redu**
Wo ist/sind …?	**Gdje je/su?**
Wie weit ist es zu …?	**Koliko je daleko do …?**
Wie komme ich zu …?	**Kako mogu doći do …?**
Sprechen Sie Englisch?	**Govorite li engleski?**
Ich verstehe nicht.	**Ne razumijem**
Könnten Sie bitte etwas langsamer sprechen?	**Molim vas, možete li govoriti sporije?**
Entschuldigung.	**Žao mi je**

Nützliche Wörter

groß	**veliko**
klein	**malo**
heiß	**vruć**
kalt	**hladan**
gut	**dobar**
schlecht	**loš**
genug	**dosta**
gut (Adv.)	**dobro**
geöffnet/offen	**otvoreno**
geschlossen	**zatvoreno**
links	**lijevo**
rechts	**desno**
geradeaus	**ravno**
in der Nähe	**blizu**
weit/entfernt	**daleko**
oben	**gore**
unten	**dolje**
früh	**rano**
spät	**kasno**
Eingang	**ulaz**
Ausgang	**izlaz**
Toilette	**WC**
mehr	**više**
weniger	**manje**

Shopping

Was kostet das?	**Koliko ovo košta?**
Ich hätte gerne …	**Volio bih …**
Haben Sie …?	**Imate li …?**
Ich sehe mich nur um.	**Samo gledam.**
Nehmen Sie Kreditkarten?	**Primate li kreditne kartice?**
Wann machen Sie auf?	**Kad otvarate?**
Wann schließen Sie?	**Kad zatvarate?**
dieses	**ovaj**
jenes	**onaj**
teuer	**skupo**
preiswert	**jeftino**
Größe (Kleidung)	**veličina**
Größe (Schuhe)	**broj**
weiß	**bijelo**
schwarz	**crno**
rot	**crveno**
gelb	**žuto**
grün	**zeleno**
blau	**plavo**
Bäckerei	**pekara**
Bank	**banka**
Buchhandlung	**knjižara**
Metzger	**mesnica**
Konditorei	**slastičarna**
Apotheke	**apoteka**
Fischgeschäft	**ribarnica**
Markt	**tržnica**
Friseur	**frizer**
Zeitungs-/Tabakladen	**trafika**
Post	**pošta**
Schuhladen	**prodavaonica cipela**
Supermarkt	**supermarket**
Reisebüro	**putnička agencija**

Sehenswürdigkeiten

Kunstgalerie	**galerija umjetnina**
Kathedrale	**katedrala**
Kirche	**crkva**
Garten	**vrt**
Bibliothek	**knjižnica**
Museum	**muzej**
Information	**turistički ured**
Rathaus	**gradska vijećnica**
Wegen Ferien geschlossen	**Zatvoreno zbog praznika**
Bushaltestelle	**autobusni kolodvor**
Bahnhof	**željeznički kolodvor**

Im Hotel

Haben Sie ein Zimmer frei?	**Imate li sobu?**
Doppelzimmer	**dvokrevetna soba**
Einzelzimmer	**jednokrevetna soba**
Zimmer mit Bad	**soba sa kupatilom**
Dusche	**tuš**
Portier	**portir**
Schlüssel	**ključ**
Ich habe ein Zimmer reserviert.	**Imam rezervaciju.**

Im Restaurant

Haben Sie einen Tisch für … Personen?	**Imate li stol za …?**
Ich möchte einen Tisch reservieren.	**Želim rezervirati stol.**
Die Rechnung, bitte.	**Molim vas, račun.**
Ich bin Vegetarier.	**Ja sam vegeterijanac.**
Kellner/Kellnerin	**konobar/ konobarica**
Speisekarte	**jelovnik**
Weinkarte	**vinska karta**
Glas	**čaša**
Flasche	**boca**
Messer	**nož**
Gabel	**viljuška**
Löffel	**žlica**
Frühstück	**doručak**
Mittagessen	**ručak**
Abendessen	**večera**
Hauptgericht	**glavno jelo**
Vorspeisen	**predjela**

Auf der Speisekarte

bijela riba	»weißer« Fisch
blitva	gedünsteter Mangold
brudet	Fischeintopf
čevapčići	Fleischbällchen
crni rižot	schwarzes Risotto (mit Tintenfisch)
desert	Dessert
glavno jelo	Hauptgericht
grah	Bohnen
gulaš	Gulasch
jastog	Hummer
juha	Suppe
kuhano	gekocht
maslinovo ulje	Olivenöl
meso na žaru	gegrilltes Fleisch
miješano meso	Grillteller
na žaru	gegrillt
ocat	Essig
palačinke	Pfannkuchen
papar	Pfeffer
paški sir	Schafkäse von Pag
pečeno	gebacken/gebraten
piletina	Hühnchen
plava riba	gekochter Fisch
predjela	Vorspeisen
prilog	Beilagen
pršut	geräucherter Schinken
pržene lignje	frittierter Tintenfisch
prženo	gebraten
ramsteak	Rumpsteak
ražnjići	Schaschlik aus Schweinefleisch
riba na žaru	gegrillter Fisch
rižot frutti di mare	Meeresfrüchterisotto
rižot sa škampima	Risotto mit Scampi
salata	Salat
salata od hobotnice	Tintenfischsalat
sarma	Kohl-Hackfleisch-Gericht
sir	Käse
škampi na buzaru	Scampi in Tomatensauce mit Zwiebeln
školjke na buzaru	Meeresfrüchte in Tomatensauce mit Zwiebeln
sladoled	Eiscreme
slana srdela	eingelegte Sardinen
sol	Salz
špageti frutti di mare	Spaghetti mit Meeresfrüchten
tjestenina	Pasta gefüllt mit Fleisch und Reis
ulje	Öl
varivo	gekochtes Gemüse

Getränke

bijelo vino	Weißwein
čaj	Tee
crno vino	Rotwein
gazirana mineralna voda	Mineralwasser mit Kohlensäure
kava	Kaffee
negazirana mineralna voda	stilles Mineralwasser
pivo	Bier
rakija	Schnaps
tamno pivo	Dunkelbier
travarica	Kräuterschnaps
voda	Wasser

Zahlen

0	**nula**
1	**jedan**
2	**dva**
3	**tri**
4	**četiri**
5	**pet**
6	**šest**
7	**sedam**
8	**osam**
9	**devet**
10	**deset**
11	**jedanaest**
12	**dvanaest**
13	**trinaest**
14	**četrnaest**
15	**petnaest**
16	**šestnaest**
17	**sedamnaest**
18	**osamnaest**
19	**devetnaest**
20	**dvadeset**
21	**dvadeset i jedan**
22	**dvadeset i dva**
30	**trideset**
31	**trideset i jedan**
40	**četrdeset**
50	**pedeset**
60	**šezdeset**
70	**sedamdeset**
80	**osamdeset**
90	**devedeset**
100	**sto**
101	**sto i jedan**
102	**sto i dva**
200	**dvjesto**
500	**petsto**
700	**sedamsto**
900	**devetsto**
1000	**tisuću**
1001	**tisuću i jedan**

Zeit

eine Minute	**jedna minuta**
eine Stunde	**jedan sat**
eine halbe Stunde	**pola sata**
Montag	**ponedjeljak**
Dienstag	**utorak**
Mittwoch	**srijeda**
Donnerstag	**četvrtak**
Freitag	**petak**
Samstag	**subota**
Sonntag	**nedjelja**

Dorling Kindersley Vis-à-Vis

Vis-à-Vis-Reiseführer

Ägypten Alaska Amsterdam Apulien Argentinien Australien Bali & Lombok Baltikum Barcelona & Katalonien Beijing & Shanghai Belgien & Luxemburg Berlin Bologna & Emilia-Romagna Brasilien Bretagne Brüssel Budapest Bulgarien Chile Chicago China Costa Rica Dänemark Danzig & Ostpommern Delhi, Agra & Jaipur Deutschland Dresden Dublin Florenz & Toskana Florida Frankreich Genua & Ligurien Griechenland Griechische Inseln Großbritannien Hamburg Hawaii Indien Irland Istanbul Italien Japan Jerusalem Kalifornien Kambodscha & Laos Kanada Kanarische Inseln Karibik Kenia Korsika Krakau Kroatien Kuba Las Vegas Lissabon Loire-Tal London Madrid Mailand Malaysia & Singapur Mallorca, Menorca & Ibiza Marokko Mexiko Moskau München & Südbayern Neapel Neuengland Neuseeland New Orleans New York Niederlande Nordspanien Norwegen Österreich Paris Peru Polen Portugal Prag Provence & Côte d'Azur Rom San Francisco St. Petersburg Sardinien Schottland Schweden Schweiz Sevilla & Andalusien Sizilien Slowenien Spanien Stockholm Straßburg & Elsass Südafrika Südtirol & Trentino Südwestfrankreich Thailand Thailand – Strände & Inseln Tokyo Tschechien & Slowakei Türkei USA USA Nordwesten & Vancouver USA Südwesten & Las Vegas Venedig & Veneto Vietnam & Angkor Washington, DC Wien

Straßenkarte Kroatien
ITALIEN
SLOWENIEN
ISTRIEN UND KVARNER BUCHT
ZENTRAL-KROATIEN
ZAGREB
Jadransko More / Mare Adriatico (Adriatisches Meer)
ITALIEN
Trieste (Triest)
Venedig
Umag
Buje
Novigrad
Motovun
Poreč
Vrsar
Limski-Kanal
Rovinj
Bale
Fažana
Vodnjan
National-park Brijuni
Pula
Pazin
Buzet
Draguć
Roč
Hum
Boljun
Gračišće
Pićan
Svetvinčenat
Barban
Labin
Plomin
Opatija
Kastav
Rijeka
Lovran
Mošćenice
Porozina
Cres
Osor
Unije
Zeča
Srakane
Susak
Mali Lošinj
Lošinj
Veli Lošinj
Ilovik
Silba
Olib
Premuda
Škarda
Ist
Molat
Sestrunje
Božava
Dugi Otok
Ugljan
Pašman
Lavdara
Sali
National-park Kornati
Kornat
Lavsa
Kaprije
Zlarin
Krk
Malinska
Omišalj
Baška
Plavnik
Grgur
Prvić
Goli
Lopar
Rab
Mišnjak
Jablanac
National-park Risnjak
Bakar
Kraljevica
Crikvenica
Novi Vinodolski
Delnice
Jasenak
Ogulin
Senj
Otočac
National-park Plitvicer Seen
Lički Osik
Gospić
Karlobag
Novalja
Pag
Maun
Nin
Zadar
Posedarje
National-park Paklenica
Benkovac
Biograd Na Moru
National-park Krka
Šibenik
Drniš
Knin
Primošten
Marina
Trogir
Otrić
Doljani
Slunj
Velika Kladusa
Karlovac
Duga Resa
Ozalj
Jastrebarsko
Samobor
Okić
Kerestinec
Zaprešić
Laduč
Zagreb
Sesvete
Brezovica
Velika Gorica
Petrinja
Glina
Gora
Topusko Toplice
Kumrovec
Klanjec
Krapinske Toplice
Tuheljske T.
Pregrada
Vinagora
Veliki Tabor
Rogaska Slatina
Trakošćan
Krapina
Lepoglava
Lobor
Belec
Bedekovčina
Marija Bistrica
Stubičke Toplice
Vinica
Vara
Ancona
Pescara
Svetac
Vis
Paklenj
Can. Pakle
Sava
Dobra
Kupa
E55
E70
E61
E57
E63
E65
E71
E761
E59
E78
E80
A1
A2
A3
A4
A6
A9
A24
16
77
4
10
50
52
0 Kilometer 50
A B C
1 2 3 4 5 6